Bali

& Lombok

Roland Dusik

Gratis-Download: Updates & aktuelle Extratipps des Autors

Unsere Autoren recherchieren auch nach Redaktionsschluss
für Sie weiter. Auf unserer Homepage finden Sie Updates und
persönliche Zusatztipps zu diesem Reiseführer.

Zum Ausdrucken und Mitnehmen oder als kostenloser
Download für Smartphone, Tablet und E-Reader.
Besuchen Sie uns jetzt!
www.dumontreise.de/bali

short.travel/xgvz

W0170936

Reise-Taschenbuch

Inhalt

Unterwegs auf Bali & Lombok

Inhalt

Auf Entdeckungstour

Karten und Pläne

s. hintere Umschlagklappe

▶ Dieses Symbol im Buch verweist auf die
  Extra-Reisekarte Bali & Lombok

Liebe Leserin,
lieber Leser,

»Selamat pagi« – Guten Morgen! Mit der unvergleichlichen Anmut, die einer balinesischen Legong-Tänzerin eigen ist, trägt Rati, die zehnjährige Tochter des Gästehausbesitzers, das Frühstück auf. Am Treppenabsatz streift sie ihre Gummisandalen ab, läuft barfuß zur Veranda und breitet auf meinem Tisch ein Frühstück aus, das jedem Sternehotel zur Ehre gereichen würde. »Silakan«, sagt sie einheimischer Sitte entsprechend – Bitte schön! Dabei schenkt sie mir ein herzliches Lächeln. Bevor sie selbst frühstückt, verteilt Rati, dem Anlass angemessen in einen golddurchwirkten Sarong gehüllt und einen Selendang, einen Zeremonienschal, um die Hüfte geschlungen, die ersten Opfergaben: schlichte Schälchen, aus einem Bananenblatt geflochten, gefüllt mit Blüten und Reiskörnern oder auch Früchten und Räucherstäbchen. Dieses Ritual wiederholt sich tagein, tagaus vieltausendfach überall auf Bali. Fünfmal täglich muss den Hausgöttern in ihren Schreinen, aber auch Geistern und Dämonen geopfert werden. Die Opfergaben sind Symbol des balinesischen ›Volks‹-Hinduismus, der viel zu den Merkmalen der Insel beiträgt: zu jener Leichtigkeit des Daseins, die beschwingt und milde stimmt, und zu jener Generosität und Freundlichkeit der Balinesen. Rati neigt den Kopf, legt die Hände zum Beten zusammen, versinkt in stiller Andacht, vergisst die Welt um sich.

Begegnungen und Beobachtungen wie diese machen Bali für mich so liebenswert. Viele Besucher sind fasziniert von den religiösen Ritualen, Tempelfesten, Prozessionen und Feuerbestattungen, aber ebenso von dem schillernden kulturellen Reigen, den Maskenspielen und Trancetänzen oder den Legong-Darbietungen.

Auch die Landschaft setzt sich auf Bali grandios in Szene. Üppig grüne Reisterrassen wechseln sich ab mit dramatischen Vulkankegeln, dichten tropischen Urwäldern und goldgelben Sandstränden, denen vielfach Korallengärten vorgelagert sind. Vor allem in den Ferienorten an der Südküste locken Hotels mit Flair, exquisite Restaurants, schicke Boutiquen und bestens ausgestattete Wellnesscenter mit angenehmem Ambiente sowie elegante Clubs, hippe Discos und coole Bars, wie man sie eher in Berlin, New York oder Sydney vermuten würde.

Ich wünsche Ihnen einen ebenso erholsamen wie erlebnisreichen Aufenthalt und freue mich auf Ihre Rückmeldung!

Ihr

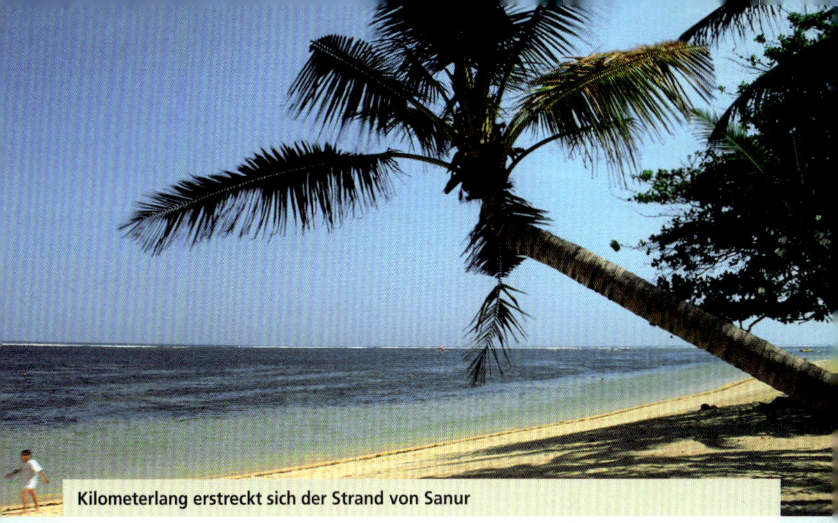

Kilometerlang erstreckt sich der Strand von Sanur

Leser fragen, Autoren antworten

Bali persönlich – meine Tipps

Nach Bali nur zum (Sonnen-)Baden?

Zweifellos kann man in den südbalinesischen Ferienzentren einen herrlichen Urlaub verbringen, doch in den Resorthotels und am Strand oder beim Einkaufsbummel wird man die einzigartige Kultur, für die Bali berühmt ist, nicht entdecken. Auch wer einen Strandurlaub plant, sollte sich unbedingt zumindest für einige Tage ein Auto mieten, um das Inselinnere zu erkunden.

Wer ist wo richtig?

Kuta, Legian und **Seminyak** an der Südküste stehen für Badeurlaub, Brandungssurfen, Shopping und lange Disconächte, während in **Sanur** gepflegter Strandbetrieb herrscht und **Nusa Dua** sich als luxuriöse Hoteloase präsentiert. Einige ruhige Strandtage kann man am **Lovina Beach** im Norden einlegen. Als idealer Ausgangspunkt für Streifzüge im Osten Balis dient **Candi Dasa.** Taucher und Schnorchler zieht es nach **Amed** und **Tulamben** an der Ostküste. Für jeden, der sich für die Kunst und Kultur Balis interessiert, ist **Ubud** ein Muss (vgl. S. 27).

Wie viel Zeit sollte man einplanen?

Bei einem straffen Reiseprogramm und guter Organisation kann man die Highlights von Bali in einer guten Woche

Der richtige Standort

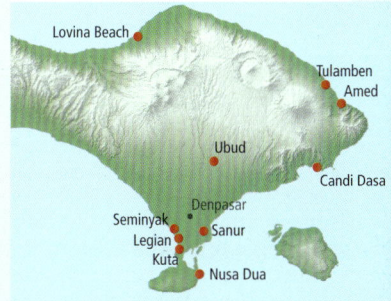

Tempel und Museen auf Bali

Mengwi, **Pura Luhur Batukaru** an der Flanke des Vulkans Gunung Batukaru und das berühmte Meeresheiligtum **Pura Tanah Lot.** Auch das Quellheiligtum **Pura Tirta Empul** bei Ubud sowie der Tempel **Pura Kehen** in der alten Fürstenstadt Bangli sind Höhepunkte einer Balireise. Mit dem Muttertempel **Pura Besakih** an den südwestlichen Ausläufern des heiligen Vulkans Gunung Agung betritt man das Zentrum des religiösen Lebens auf Bali. Außerordentlich malerisch liegt das Heiligtum **Pura Ulun Danu Bratan** am Westufer des Bratan-Sees im Norden Balis. Ungewöhnliche Reliefs zeigen die Tempel **Pura Maduwe Karang** in Kubutambahan, **Pura Beji** in Sangsit und **Pura Dalem Jagaraga** bei Sawan im Norden.

Welche Museen empfehlen sich?

Einen hervorragenden Überblick über die Entwicklung balinesischer Kultur von vor- und frühgeschichtlicher Zeit bis zur Gegenwart bietet das **Bali Museum** in der Inselhauptstadt Denpasar. Wer ein Faible für Malerei hat, darf einen Besuch von Ubuds Kunstmuseen nicht versäumen, etwa der Museen **Puri Lukisan** und **Neka** sowie des **Agung Rai Museum of Art.** Alles über die Bewässerung und die Kultivierung von Reis erfährt man im **Subak Rice Museum** in Tabanan. Auch die mit dem Reisanbau verbundenen sozialen Strukturen und religiösen Bräuche werden anschaulich erklärt.

kennenlernen. Wenn Sie hin und wieder einen Ruhetag einlegen möchten, sollten Sie 12 bis 14 Tage einplanen.

Welche Tempel sind besonders interessant?

An der Südwestspitze der Halbinsel Bukit Badung, einem kargen Korallenkalkplateau im Süden Balis, wacht oben auf einer Klippe der Meerestempel **Pura Luhur Ulu Watu.** Einige der bedeutendsten Tempelanlagen Balis befinden sich im Westen der Insel, etwa **Pura Sadha** in Kapal, **Pura Taman Ayun** in

Warum lohnt sich ein Besuch in Ubud?

Das ›kulturelle Herz‹ Balis schlägt in Ubud, wo man trotz aller Vermarktung **authentische balinesische Kultur** findet – geballt und auf kleinstem Raum: Heiligtümer aus der balinesischen Frühgeschichte wie die Elefantengrotte Goa Gajah, der Relieffries Yeh Pulu und die Königsgräber von Gunung Kawi sowie

Wasserpalast von Tirtagangga

zahlreiche kulturelle Events und eine Palette an Kunst und Kunsthandwerk.

Weitere Kulturziele

Highlights von Ostbali sind die historische Gerichtshalle **Kerta Gosa** in Klungkung, der Fledermaustempel **Goa Lawah**, das Bali-Aga-Dorf **Tenganan** und der **Wasserpalast von Tirtagangga**.

Wo liegen die schönsten Reisterrassen?

Vor allem der Südwesten ist geprägt von grün schimmernden Reisterrassen, die sich wie riesige Himmelstreppen oft Hunderte von Metern die steilen Bergflanken hinaufziehen, etwa bei **Jatiluih** und **Pupuan**, außerdem um **Ubud** sowie um die Dörfer **Sidemen, Muncan, Selat, Sibetan** und **Tista** im Osten der Insel.

Wandern auf Bali

Die **Umgebung von Ubud** empfiehlt sich für schöne Wanderungen durch die für Zentralbali typische Reisfeldlandschaft. Ein ›wanderbares‹ Stück Bali ist auch die von Reisterrassen geprägte **Landschaft um Tirtagangga** im Osten sowie die **Bergwelt um Munduk** im Norden. Bergwanderer locken die beiden aktiven Vulkane **Gunung Batur** und **Gunung Agung** auf Bali sowie **Gunung Rinjani** auf Lombok.

Rundreisen – organisiert oder auf eigene Faust?

Am unproblematischsten ist wohl ein ein- oder mehrtägiger **organisierter Ausflug mit einer Reiseagentur:** Man muss sich um nichts kümmern, die Sprache ist kein Problem – allerdings ist man

Die schönsten Reisterrassen und Wanderziele

Bali persönlich – meine Tipps

auch weniger flexibel. So beginnen fast alle Ausflüge gegen 9 Uhr und kurz darauf stauen sich die Reisebusse bei den Sehenswürdigkeiten. Wer das nicht möchte, sollte einen Wagen mieten und sich nach Möglichkeit gegen den Strom bewegen – also einen Blick in die Broschüren der Veranstalter werfen und versuchen, die Stoßzeiten zu meiden.

Wer nichts mit dem chaotischen Verkehr zu tun haben möchte, kann sich vom Reisebüro auch eine **individuelle Tour** mit Fahrer und Führer zusammenstellen lassen – etwa bei Andre Sewatama Rent a Car, einer Firma unter deutscher Leitung in Sanur (s. S. 23).

Dank der gut entwickelten Infrastruktur lässt sich Bali auch relativ einfach mit **öffentlichen Verkehrsmitteln** entdecken, vorausgesetzt, man hat Zeit. Wesentlich komfortabler und schneller reist man mit **privaten Shuttlebussen,** die die wichtigsten Orte verbinden. Empfehlenswert sind die klimatisierten Fahrzeuge der inselweit vertretenen Agentur Perama Tours & Travel (s. S. 22). Das Unternehmen offeriert auch **Kreuzfahrten** und Touren in die Inselwelt östlich von Bali und Lombok.

Wo kann man gut einkaufen?

Schnäppchenjäger entdecken auf den Souvenirmärkten von **Kuta** und **Legian** oftmals schöne Mitbringsel; dort gibt es meist zu ausgesprochen günstigen Preisen auch Damen- und Herrenbekleidung. In **Seminyak** präsentieren einheimische und internationale Modedesigner ihre Kreationen in schicken Boutiquen. Entlang der ›**Straße der Kunsthandwerker**‹ zwischen Denpasar und Ubud kann man hochwertige Bali-Souvenirs erstehen und den Künstlern über die Schulter gucken. Auch in **Ubud** findet man ein breites Angebot an kunstgewerblichen Souvenirs.

Gute Surfspots

Es gibt kaum einen besseren Platz, um Surfen zu lernen, als Bali. Auch für Anfänger geeignet ist der Strandabschnitt zwischen **Kuta** und **Legian.** Erfahrene Wellenreiter zieht es zum vorgelagerten **Kuta Reef** und zum Strand von **Canggu** nördlich von Kuta und Legian. Als Dorado für unerschrockene Surfer gelten die Brandungsstrände in der Umgebung des **Pura Luhur Ulu Watu.**

Wo findet man heute noch das ursprüngliche Bali?

»Bali kann man doch vergessen«, meinen viele zu wissen. »Ja, vor 20 oder 30 Jahren! Damals war Bali einfach unbeschreiblich! Aber heute?« Keine Frage – Balis Götter haben Konkurrenz bekommen. Vor allem in den Ferienorten im Süden der Insel reiht sich ein Touristentempel an den anderen. Über 4 Mio. Besucher pro Jahr verzeichnet das kleine Tropeneiland. Durch die touristische Invasion scheint Bali Gefahr zu laufen, seine Seele zu verlieren. Doch Ferienhotels und Fast-Food-Restaurants sind noch lange keine Indikatoren für den Ausverkauf einer Kultur. Bali bietet sich an, ohne sich preiszugeben. Trotz aller Wandlungen, so empfinden das

Gute Surfspots

Farbenfrohe Opfergaben für die Götter: auf dem Weg zum Tempelfest

viele langjährige Kenner Balis, blieben die meisten Balinesen in erstaunlichem Maße ihrer tradierten Denk- und Lebensweise treu. Jenseits der Urlauberenklaven verläuft das Leben bis heute in jahrhundertealten Bahnen.

Nur wenige Kilometer abseits von Kuta, Legian und Seminyak, Sanur und Nusa Dua entfaltet Bali seinen exotischen Charme. Kleine verträumte Dörfer, reich geschmückte Tempel, neugierige Kinder, freundliche Dorfbewohner und eine malerische Reisfeldlandschaft – das ist das andere Gesicht der Insel. Kein anderes sogenanntes Traumziel schafft den schwierigen Balanceakt zwischen Mythos und Moderne mit solch tänzerischer Leichtigkeit wie Bali.

Weshalb lohnt sich ein Abstecher nach Lombok?

Noch vor gar nicht allzu langer Zeit war die östliche Nachbarinsel von Bali ein weißer Fleck auf der touristischen Weltkarte. Kaum ein Reisender wusste etwas von den **Bilderbuchstränden,** vom majestätischen **Rinjani-Vulkan** und den **gastfreundlichen Insulanern.** Inzwischen zieht es immer mehr Besucher nach Lombok, das jedoch im Vergleich

zu Bali touristisch noch in den Kinderschuhen steckt. Balis kleine Schwester hält besonders für Ruhe suchende **Strandfans, Taucher** und **Trekker** einige Überraschungen bereit. Die (tägliche) Anreise ab Bali ist sowohl mit dem Flugzeug als auch mit Fähre, Katamaran oder Motorboot leicht zu organisieren (s. S. 22, 271).

Ein persönlicher Tipp zum Schluss

Besuchen Sie unbedingt ein **Odalan-Tempelfest** am frühen Morgen, wenn Männer in der Tempelküche hacken, mörsern, braten und grillen, während Frauen kunstvolle Opfertürme auf ihren Häuptern zum Tempel balancieren.

NOCH FRAGEN?

Die können Sie gern per E-Mail stellen, wenn Sie die von Ihnen gesuchten Infos im Buch nicht finden:
dusik@dumontreise.de
info@dumontreise.de
Auch über eine Lesermail von Ihnen nach der Reise mit Hinweisen, was Ihnen gefallen hat oder welche Korrekturen Sie anbringen möchten, würden wir uns freuen.

11

Spa Sekar Jagat, S. 136

Pura Luhur Ulu Watu, S. 141

Lieblingsorte!

Cabé Bali, S. 232

Brahma Vihara-Arama, S. 254

Sich im Spa Sekar Jagat in Nusa Dua von Kopf bis Fuß verwöhnen lassen oder beim Felsentempel Pura Luhur Ulu Watu einen flammenden Sonnenuntergang erleben. In die mythische Atmosphäre des Bergheiligtums Pura Luhur Batukaru eintauchen und im Badeort Candi Dasa die Seele baumeln lassen. Ruhige Ferientage im kleinen Resort Cabé Bali im Osten der Insel verbringen oder sich beim Aufwachen in einem der Berghäuser der Puri Lumbung Cottages in Munduk gleich wieder ins Träumen versetzen lassen. Im Warung Bambu Pemaron balinesische Gerichte vom Feinsten genießen oder im buddhistischen Kloster Brahma Vihara-Arama beim Meditieren Ruhe finden.

Warung Bambu Pemaron, S. 258

Puri Lumbung Cottages, S. 251

Schnellüberblick

Südwest- und Westbali
Der Südwesten ist geprägt
von grün schimmernden
Reisterrassen, etwa bei
Jatiluih, und besitzt einige
der bedeutendsten Tempel-
anlagen Balis. Im Westen
Balis wird es dann einsam
– der Taman Nasional Bali

Barat ist ein Paradies für
Ornithologen und Trekker.
Schnorchler und Taucher
zieht es zu den farben-
prächtigen Korallengärten
um die Pulau Menjangan.
S. 142

Nordbali
Die karge, wunderschöne
Landschaft um Gunung
Batur und Batur-See oder
Balis grüner Obst-, Gemüse-
und Blumengarten um
den Bratan-See – hier
erlebt man den Reiz von
Balis Vulkanlandschaften.

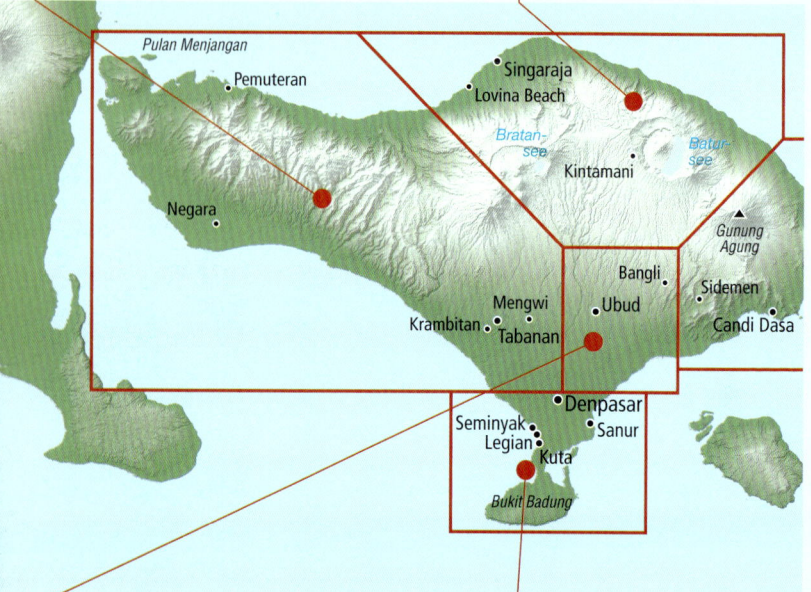

Zentralbali
Die Kunsthandwerksdörfer
an der Straße zwischen
Denpasar und Ubud sowie
Ubud selbst mit seinen
Museen und Künstlern,
seinen Tanzaufführungen
und Tempeln bilden das
›kulturelle Herz‹ Balis.

Wer nicht in Ubud war,
kennt die Insel nicht.
Aber auch Affenwald und
Elefantengrotte,
die Königsgräber von
Gunung Kawi und der
Pura Kehen in Bangli sind
Höhepunkte einer Balireise.
S. 160

Südbali
Hauptattraktion Denpasars
ist das Bali Museum. Kuta,
Legian und Seminyak
sind der Inbegriff für
Badeurlaub, Shopping
und lange Disconäch-
te, während Sanur mit
gepflegtem Strandbetrieb

Lovina Beach ermöglicht ein Stranderlebnis jenseits der Touristenhochburgen. Ein buddhistisches Kloster, hindu-balinesische Tempel, Wasserfälle und die Stadt Singaraja bieten ein buntes Bild der Insel. S. 238

Ostbali
Mit dem Pura Besakih am Fuß des Gunung Agung betritt man das religiöse Zentrum Balis. Einzigartige Deckenmalereien sieht man in Klungkung, herrliche Reisfeldlandschaften in der Gegend um den

Wasserpalast Tirtagangga. Erholung versprechen Padang Bai und Candi Dasa, exzellente Tauchreviere warten bei Amed und Tulamben – und Tenganan entführt den Reisenden in vorhinduistische Zeit. S. 202

Gili Trawangan · Gili Meno · Gili Air

Amed

Gunung Rinjani

Senggigi

Mataram

Rambitan

Sade

lockt. Als luxuriöse Hoteloase präsentiert sich Nusa Dua. Zu den Höhepunkten des Südens zählt die Tempelanlage Pura Luhur Ulu Watu auf der Halbinsel Bukit Badung. S. 104

Ausflug nach Lombok
Kulturelle Highlights von Lombok sind die Tempel von Lingsar und Suranadi sowie der einstige Raja-Palast von Narmada. Ruhige Strandtage verbringt man in Senggigi oder Kuta. Für Schnorchler und

Taucher sind die Gewässer um die drei Gilis beliebte Reviere. Eine Bergwanderung führt auf den Gipfel des Vulkans Gunung Rinjani. S. 268

Reiseinfos, Adressen, Websites

Auf dem Heimweg von einer Prozession

Informationsquellen

Infos im Internet

Die informativsten Websites zur Vorbereitung eines Urlaubs auf Bali sind in englischer Sprache.

Websites in Englisch
www.baliblog.com: aktueller und lebendiger Blog mit vielen Tipps, die Lust aufs Reisen machen.
www.balidiscovery.com: klassisches Online-Kompendium. Viele touristische Infos. Günstige Hotelbuchung.
www.balitourismboard.org: offizielle Website der balinesischen Fremdenverkehrsbehörde mit allem Wissenswerten für die Reisevorbereitung, Tipps zu Unterkunft, Essen und Trinken, lokalen Veranstaltern; Veranstaltungshinweise.
www.balitravelforum.com: Insidertipps zu Unterkunft, Restaurants, Nightlife, Urlaubsaktivitäten und Routenplanung. Interessant: persönliche Berichte, Hintergrundinformationen, das Forum zum Meinungsaustausch und die Links zu Buchungsmaschinen.
www.bali-paradise.com: detaillierte Informationen zur Reiseplanung, Tipps zu Hotels und Restaurants, Nightlife, Shopping und Urlaubsaktivitäten, Veranstaltungskalender, Wechselkurse.
www.indonesia.travel: offizielle Website des Ministry of Tourism mit Links zu Bali. Aktueller Veranstaltungskalender »Calendar of Events«.
www.thebalibible.com: umfassender Online-Guide mit aktuellen Tipps zu Hotels und Restaurants, Ausgehen und Shopping, Sport und Wellness.
www.thejakartapost.com: die Website der bedeutendsten englischsprachigen indonesischen Tageszeitung mit aktuellen Artikeln zum Tagesgeschehen und nützlichen Links.

Websites in Deutsch
www.auswaertiges-amt.de: Die Website des Auswärtigen Amts mit Basisinfos, Hinweisen zu Sicherheit u. Gesundheit, Visa- u. Einreisebestimmungen.
www.botschaft-indonesien.de: offizielle Website der Botschaft Indonesiens in Berlin. Basisinfos, Visa- und Einreisebestimmungen, nützliche Links.
https://indojunkie.com: Blog für Indonesien-Freunde mit aktuellen Infos zu Freizeit und Sport, Ausgehen und Wellness sowie interessanten Reisegeschichten und Interviews.
www.indonesia-forum.de: Treffpunkt für Indonesienfreunde zum Informationsaustausch; viele aktuelle Reisetipps, Hintergrund- und Insider-Infos, Literaturhinweise und Erfahrungsberichte.
www.ingrids-welt.de/reise/bali/ausw. htm: liebevoll und engagiert gestalteter Internetauftritt mit Bildern, Infos und Eindrücken von drei Balireisen.
www.tourismus-indonesien.de: Internetauftritt des indonesischen Fremdenverkehrsamts in Frankfurt/Main, gute Infos zur Reisevorbereitung, Basisinfos zu Reisezielen, Aktivurlaub, Wellness.

Fremdenverkehrsamt

... in Deutschland
Visit Indonesia Tourism Office: c/o Global Communication Experts, Tel. 069 17 53 71-038 u. 069 17 53 71-052, visit.indonesia@gce-agency.com. Die Informationsstelle ist zuständig für Deutschland, Österreich und die Schweiz.

... auf Bali
Bali Tourism Board: Jl. Raya Puputan 41, Renon, Denpasar, Tel. 0062 361 23 56 00, info@balitourismboard. org. Zweigstellen gibt es in Denpasar (s. S. 114) und Kuta (s. S. 125).

Lesetipps

Baum, Vicki: Liebe und Tod auf Bali. Köln 2007. Als fesselndes Porträt der Insel gehört dieser Roman aus den 1930er-Jahren unbedingt ins Reisegepäck.

Flint, Shamini: Der Mann, der zweimal starb, München 2010. Die Geschichte rankt sich um das schreckliche Bombenattentat von Kuta im Jahr 2002. Unter den Leichen wird ein Teil eines Körpers gefunden, der eindeutig einem anderen Verbrechen zum Opfer fiel. Ein Fall für Inspektor Singh, der aus Singapur nach Bali beordert wird.

Gilbert, Elizabeth: Eat, Pray, Love. Berlin 2013. Die lange Selbstfindungsreise einer New Yorkerin nach Italien und Indien endet auf der Insel der Götter, wo sie die Balance zwischen innerem und äußerem Glück findet.

Leitess, Lucien (Hrsg.): Reise nach Bali. Kulturkompass fürs Handgepäck. Zürich 2007. Kurzgeschichten, Forschungsberichte, Glossen, Sagen und Romanauszüge fügen sich zum Bild.

Link, Manolo: Ein neues Leben auf Bali, Schweinfurt 2010. Ein Roman über Liebe und Verlust, eingebettet in die Wärme und den exotischen Zauber von Bali.

Wetter und Reisezeit

Klima

Aufgrund der Nähe zum Äquator besitzt Bali ein tropisch feuchtes Klima mit nur geringen Temperaturschwankungen im Jahresverlauf. Es gibt lediglich zwei Jahreszeiten, die sich hauptsächlich hinsichtlich der jeweiligen Niederschlagsmenge unterscheiden. Von Oktober bis März weht auf der Insel (wie auch auf Java und den Kleinen Sunda-Inseln östlich von Bali) der Westmonsun. Er bringt vor allem den Regionen südlich der zentralen Gebirgskette erhebliche Niederschläge mit Maxima in den Monaten Dezember und Januar. Wer also versucht, dem Kalender ein Schnippchen zu schlagen, und im Winter nach Bali reist, kommt aus dem europäischen Regen in die balinesische Traufe.

Doch auch während der Feuchtperiode sind völlig verregnete und trübe Tage ausgesprochen selten. Oft fällt der meiste Regen nachts oder am frühen Morgen, und auch tagsüber bricht nach kurzen heftigen Schauern

immer wieder die Sonne durch. Auf Nordbali halten sich während der Regenzeit die Niederschläge in Grenzen. Die feuchtesten Monate sind auch die heißesten, zumal die Temperaturen wegen der hohen Luftfeuchtigkeit

Klimadiagramm Denpasar

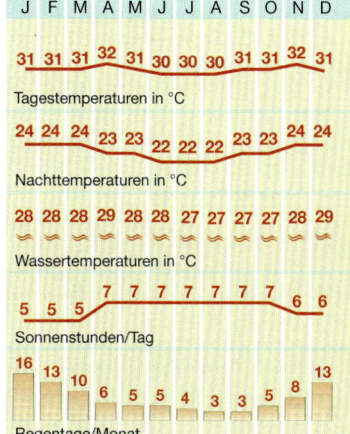

	J	F	M	A	M	J	J	A	S	O	N	D
Tagestemperaturen in °C	31	31	31	32	31	30	30	30	31	31	32	31
Nachttemperaturen in °C	24	24	24	23	23	22	22	22	23	23	24	24
Wassertemperaturen in °C	28	28	28	29	28	28	27	27	27	27	28	29
Sonnenstunden/Tag	5	5	5	7	7	7	7	7	7	7	6	6
Regentage/Monat	16	13	10	6	5	4	3	3	5	8	13	

Reisezeiten und Preise

Bestes Reisewetter, zugleich aber auch Hochsaison, herrscht auf Bali von Juni bis August. Über zwei Drittel aller Balibesucher kommen in diesen Monaten. Zumindest in den Touristenzentren an der Südküste wird es zudem im Dezember und Januar, wenn dort viele Australier ihren Urlaub verbringen, voll und laut. Im islamischen Fastenmonat Ramadan (jährlich veränderlicher Termin) kommen zahlreiche Touristen vom muslimisch dominierten Java nach Bali.

Wer Bali in Ruhe und mit Muße erleben will, richtet seine Reiseplanung besser nach den Touristen- als nach den Regenmassen, zumal vor allem die Übernachtungspreise in den bekannten Feriengebieten erheblichen saisonalen Schwankungen unterliegen (s. S. 26, 41). Vom Preisniveau her am günstigsten ist ein Bali-Urlaub in den Monaten Februar bis April und September bis November.

von bis zu 95 % besonders drückend wirken. Während dieser Zeit stöhnen selbst die Balinesen über Temperaturen von bis zu 35 °C und auch in den Nächten wird es im Tiefland der Insel selten kühler als 30 °C.

Charakteristisch für die Übergangsphase vom West- zum Südostmonsun (etwa April bis Mitte Mai) sind unregelmäßige, aber häufig heftige Gewitterregen. Von Mitte Mai bis September bringt der relativ trockene, von Australien her wehende Südostmonsun sonnenreiche, nur ab und zu von kurzen Tropengewittern unterbrochene Tage. In der Trockenzeit mit durchschnittlich weniger als sechs Regentagen im Monat werden die hohen Temperaturen tagsüber durch erfrischende Seebrisen und nachts durch kühle Bergwinde gemildert. Als trockenster und mit durchschnittlich 26 °C ›kühlster‹ Monat gilt der Juli. Im gebirgigen Inselinneren ist es ständig recht frisch.

www.wetteronline.de/wetter/bali
Das aktuelle Reisewetter auf Bali und in ganz Indonesien.

Was sollte in den Koffer?

Da Bali ein Einkaufsparadies für Sommertextilien ist, sollte man möglichst wenig Kleidung mitnehmen. Es empfiehlt sich legere, aber schickliche Freizeit- oder normale Straßenkleidung. Elegantere Abendgarderobe ist in Hotels, Restaurants und Bars der oberen Kategorien erwartet. Bei festlichen Anlässen ersetzt ein über dem Gürtel getragenes indonesisches Batikhemd den Sakko, eine Wohltat im schwülheißen Klima. Allerdings sind wärmere Kleidungsstücke sowie gutes Schuhwerk für das Bergland unbedingt erforderlich.

Da man auf Bali gelegentlich auf Steckdosen für drei flache Stifte stößt (›englische Steckdosen‹), ist es sinnvoll, schon zu Hause einen Zwischenstecker zu besorgen und im Reisegepäck mitzuführen. Auch Filme und verschreibungspflichtige Medikamente sollte man in ausreichenden Mengen von daheim mitbringen. Digitalfotos kann man in Internetcafés problemlos auf CD oder DVD brennen oder auf einen eigenen USB-Stick kopieren, sodass man mit ein bis zwei Speicherchips auskommt.

Anreise und Verkehrsmittel

Ein- und Ausreisebestimmungen

Touristen aus Deutschland, Österreich und der Schweiz erhalten bei der Einreise auf dem Soekarno-Hatta International Airport von Jakarta, dem Ngurah Rai International Airport von Bali und dem Lombok International Airport gegen Vorlage eines Reisepasses, der noch mind. sechs Monate über den beabsichtigten Aufenthalt hinaus gültig ist und mind. noch eine freie Seite hat, ein sogenanntes **Visa on Arrival.** Es berechtigt zu einem Aufenthalt von bis zu 30 Tagen und kostet 35 US-$. Eine Verlängerung ist vor Ort bei jeder Zweigstelle der indonesischen Einwanderungsbehörde einmalig um 30 Tage möglich (Kosten: 30 US-$). Mitreisende Kinder benötigen einen eigenen Pass. Einzelreisende müssen manchmal ein Rück- oder grenzüberschreitendes Weiterreiseticket und genügend Geldmittel vorweisen (ca. 1000 US-$, auch in Form von Reiseschecks oder Kreditkarten).

Die meisten Fluglinien bestehen nicht mehr darauf, den **Rück- oder Weiterflug** zu bestätigen, doch sollte man die Rück- oder Weiterflugzeiten 2–3 Tage vor Abreise überprüfen, z. B. auf www.checkmytrip.com. Die bei der Ausreise aus Indonesien fällige Flughafensteuer von 200 000 Rp. ist meist schon im Preis für das Flugticket enthalten. Es wird empfohlen, für alle Fälle den Betrag bei Abreise bereitzuhalten.

Zollvorschriften

Die Ein- und Ausfuhr von Devisen ist in unbegrenzter Höhe möglich, die von indonesischer Währung auf 10 Mio. Rp. beschränkt. Zollfrei einführen darf man 200 Zigaretten oder 50 Zigarren oder 100 g Tabak, 1 l Spirituosen, Geschenke im Wert von bis zu 250 US-$, eine kleine Menge Parfum sowie Fotoausrüstung und Aufnahmegeräte. Im Flugzeug füllt man die Zoll- und Devisenerklärung sowie eine Einreisekarte aus.

Anreise und Ankunft

Mit dem Flugzeug aus Europa

Die Flugzeit Europa–Bali (Entfernung 13 000 km) beträgt 14–16 Std. Schnelle Verbindungen mit relativ kurzen Umsteigezeiten bieten ab Frankfurt, Berlin, München, Wien und Zürich Cathay Pacific, Emirates, Etihad Airways, KLM, Malaysia Airlines, Qatar Airways, Singapore Airlines und Thai Airways International.

Attraktive Stopover-Programme (etwa in Bangkok, Hongkong, Kuala Lumpur oder Singapur), bei denen mit dem Ticketkauf günstige Übernachtungen, Stadtrundfahrten oder Kurzbadeurlaube gebucht werden können, offerieren Cathay Pacific, Malaysia Airlines, Singapore Airlines und Thai Airways International. Economy-Class-Tickets von Europa nach Bali und zurück kosten je nach Saison durchschnittlich 800–1200 €. Zudem gibt es Flüge der Air Asia von Singapur und Kuala Lumpur (Malaysia) nach Bali sowie Flüge der Singapore Airlines/Silk Air von Singapur nach Lombok.

Fluggesellschaften: Cathay Pacific, www.cathaypacific.com; Emirates, www.emirates.com; Etihad Airways, www.etihad.com; KLM: www.klm.com; Malaysia Airlines: www.malaysia airlines.com; Qatar Airways: www.qatarairways.com; Singapore Airlines:

www.singaporeair.com; Thai Airways International: www.thaiair.de.

Pauschalreisen bieten viele Reiseveranstalter an. Je nach Saison kosten zwei Wochen Südbali mit Flug ab ca. 1250–1500 €, Last-Minute-Angebote in der Nebensaison bisweilen unter 1000 €.

Mit dem Flugzeug von Java oder Lombok

Von Java fliegen die Linien Air Asia, Garuda Indonesia und Lion Air nach Bali. Die Strecke Bali–Lombok bedienen Garuda sowie Lion Air und deren Tochtergesellschaft Wings Air. Innerindonesische Flüge sollte man vor allem während der Hochsaison und an Feiertagen so früh wie möglich buchen. Da sich die Abflugzeiten oft kurzfristig ändern, stets einen Tag vorher bei der Fluglinie nachfragen. Die Flughafensteuer für Inlandsflüge von 50 000 Rp. ist meist schon im Preis für das Flugticket enthalten.

Air Asia: Tel. 0361 25 76 62 u. 0361 76 02 26, www.airasia.com.

Garuda Indonesia: Tel. 0361 22 53 20 u. 0361 77 16 62, www.garuda-indonesia.com.

Lion Air/Wings Air: Tel. 0361 26 57 26 u. 080 41 77 88 99, www.lionair.co.id.

Ngurah Rai International Airport

Balis internationaler Flughafen (Tel. 0361 75 10 11, www.baliairport.com), offizielles Kürzel DPS für Denpasar, liegt 13 km südlich der Inselhauptstadt. Weitere Entfernungen ab Flughafen: 5 km bis Kuta, 10 km bis Sanur, 15 km bis Nusa Dua, 35 km bis Ubud. Außerhalb der Ankunftshalle befindet sich ein Schalter des **Koperasi Taxi Service** mit den ablesbaren Tarifen (Preisbeispiel: nach Kuta/Legian/Seminyak 125 000–175 000 Rp.). Man bezahlt am Schalter und übergibt dem Fahrer den Coupon. Die meisten Taxifahrer sprechen Englisch.

Wer Geld sparen will, findet tagsüber ca. 1 km vom Terminal entfernt an der Hauptstraße auch **Minibusse** nach Kuta.

Geldwechsler – schlechtere Kurse als die Wechselstuben in den Ferienzentren – finden sich in der Ankunftshalle und am Flughafenausgang.

Mit dem Schiff

Autofähren und Passagierschiffe verbinden Bali mit Java und Lombok. Fähren von und nach Java verkehren zwischen Ketapang (bei Banyuwangi/Ostjava) und Gilimanuk (Westbali) vom frühen Morgen bis zum späten Abend etwa stündlich; Fahrzeit 45 Min.

Fähren von und nach Lombok verkehren zwischen Labuhan Lembar (Lombok) und Padang Bai (Bali) tgl. im 1,5-Std.-Rhythmus; Fahrzeit 4–7 Std.

Zahlreiche Gesellschaften bieten mehrmals tgl. Schnellboot-Verbindungen von Padang Bai und Amed im Osten von Bali nach Gili Trawangan, Gili Meno und Gili Air sowie Teluk Nara bei Senggigi (Lombok). Die 70–90 Min. dauernde Überfahrt kann bei hohen Wellen, vor allem von Dezember bis Februar, unangenehm sein.

Blue Water Express: Tel. 0361 895 11 11, www.bluewater-express.com.

Gili Gili: Tel. 0361 76 33 06, www.giligilifastboat.com.

Marina Srikandi: Tel. 0361 72 98 18, www.marinasrikandi.com.

Ocean Star Express: Tel. 0361 927 10 19, www.lombokfastboats.com/ocean-star-express/.

Perama Tours & Travel: Tel. 0363 414 19, www.peramatour.com.

Verkehrsmittel auf Bali

Busse

Tagsüber kann man mit (Mini-)Bussen fast jeden Winkel der Insel erreichen. Europäischen Komfort darf man nicht erwarten, dafür liegen die

Tarife niedrig. Es gibt drei Arten von öffentlichen Verkehrsmitteln für den Überlandtransport: Busse, Colts und *bemo*. **Überlandbusse** verbinden in erster Linie Denpasar mit den größeren Orten der Insel. Bequemer und schneller sind die **Colts**, Minibusse japanischer Herkunft, die gleichfalls längere Strecken bedienen. Der Stadtverkehr und Kurzstreckenbereich ist die Domäne der **Bemo**, für den Personentransport ausgebaute Kleinlaster. Busse, Colts und *bemo* haben Endhaltepunkte, doch kann man sie meist auch auf offener Straße durch Handzeichen anhalten. Exakte Fahrpläne existieren nicht, die Wagen fahren los, wenn sich genügend Passagiere eingefunden haben. Etwa dreimal so teuer, aber deutlich komfortabler und schneller sind die Shuttlebusse privater Firmen (s. rechts, Mein Tipp), die Nonstop-Transfers zwischen den Touristenorten bieten. Tickets in Reisebüros, Hotels und Pensionen.

Taxis

Taxis mit Taxameter gibt es nur in Denpasar und den Urlaubsorten im Süden. In den Ferienzentren warten vor Hotels und Restaurants oft selbst ernannte Taxifahrer. Hier vor Fahrtantritt unbedingt den Preis aushandeln.

Leihwagen

In den südbalinesischen Urlaubsorten unterhalten internationale Leihwagenfirmen Lizenzbetriebe, einheimische Vermieter sind oft günstiger. In der Regel bringen die Verleiher das Fahrzeug ins Hotel und holen es dort wieder ab. Beliebt sind japanische **Geländewagen**, die 2 Pers. Platz bieten (Suzuki Katana/Jimny, je nach Saison/Mietdauer ab ca. 15–20 Euro/Tag), und Pkws der Mittelklasse für 4–5 Pers. (Toyota Avanza oder Daihatsu Xenia, ca. 25–30 Euro/Tag), beide meist inkl.

Mein Tipp

Überlandtransport

Wenn es um den Überlandtransport auf Bali geht, ist Perama Tours & Travel als sehr zuverlässig zu empfehlen. Klimatisierte Perama-Busse pendeln täglich zwischen den Ferienzentren. Die Firma unterhält in jedem Urlaubsort auf Bali ein Büro mit kompetenten Mitarbeitern, die bei der Routenplanung behilflich sind. Perama bietet zudem eine Bootsverbindung zwischen Bali und Lombok sowie Kreuzfahrten und Touren in die Inselwelt. **Perama Tours & Travel:** www.peramatour.com, s. S. 22.

unbegrenzter Freikilometer. Achten Sie darauf, dass eine Kfz-Versicherung inbegriffen ist, und prüfen Sie das Auto vor Fahrtantritt sorgfältig. Unbedingt kontrollieren, ob die Sicherheitsgurte funktionieren – auf Bali besteht Gurtpflicht (Geldbuße). Benötigt wird ein internationaler Führerschein.

Wenn man sich dem ungewohnten Verkehr nicht gewachsen fühlt, kann man Fahrzeuge (abgesehen von den kleinen Geländewagen) – gegen entsprechenden Aufpreis stunden- oder tageweise – mit Fahrer mieten. Eine **Limousine mit Fahrer** kostet 40–50 €/Tag, ein Kleinbus 60–70 €/Tag.
Andre Sewatama Rent a Car: Sanur, www.andre-sewatama-bali.com.
MBA Tours & Travel: Kuta, www.mba-sensational.com.

Motorrad

Bali per Motorrad – das scheint praktisch und preiswert (5–8 €/Tag), doch besteht aufgrund der Verkehrsdichte und des Fahrstils der Einheimischen enorme

Mein Tipp

Bali aus der Vogelperspektive

Einen Blick in die Vulkankrater und ein grandioses 360-Grad-Panorama der Reisterrassen-Landschaft südlich der Vulkankette genießt man bei einem Rundflug im gecharterten Helikopter. **Auskunft und Buchung:** Air Bali, Tel. 0361 76 74 66, www.airbali.com, 15 Min. 840 US-$, 30 Min. 1420 US-$, 45 Min. 1860 US-$, 60 Min. 2240 US-$, 90 Min. 2880 US-$, jeweils für 1–4 Pers.

Unfallgefahr. Jährlich kommen mehrere Touristen bei Motorradunfällen ums Leben. Verlangt wird ein internationaler Führerschein Klasse eins bzw. A oder eine nur für Bali gültige temporäre Fahrberechtigung, die man vor Ort erwerben kann.

Autofahren

Auf Bali herrschen anarchische Verkehrsverhältnisse. Die Straßenverkehrsordnung, die unter anderem Linksverkehr vorschreibt, hat meist nur theoretische Bedeutung. In geschlossenen Ortschaften gilt (theoretisch) eine Höchstgeschwindigkeit von 40 km/h, außerhalb für Pkw 80 km/h, für Laster 50 km/h. Die Alkoholgrenze liegt bei 0,5 Promille.

Das Autofahren auf den meist sehr schmalen, oft von Schlaglöchern übersäten und überfüllten Landstraßen birgt erhebliche Risiken, etwa Mopedfahrer, die gleichzeitig links und rechts überholen, oder Autofahrer, die Verkehrsampeln ignorieren. Häufig überholen Busfahrer ohne Rücksicht auf den Gegenverkehr, Vorfahrtsregeln bleiben oft unbeachtet, und beim Rechtsabbiegen kürzen viele Fahrer gerne über die Gegenfahrbahn ab.

Nachts ist man vor allem auf den Nebenstraßen auf dem Land niemals vor unbeleuchteten Kraftfahrzeugen oder Tieren, die die Fahrbahn kreuzen, sicher.

Benzin ist auf Bali günstig (40–45 Cent/Liter), das Netz der Tankstellen (*setasiun bensin*, *pompa bensin*) ist weitmaschig.

Beliebtes Verkehrsmittel auf Bali – per Motorrad unterwegs

Übernachten

Bali bietet fast überall für jeden Geldbeutel und Geschmack die passende Übernachtungsmöglichkeit.

Ferienhotels der oberen Kategorien

Die mit vier bis fünf Sternen klassifizierten Ferienhotels sind auf Bali, mit Ausnahme des zehnstöckigen Inna Grand Bali Beach Hotel in Sanur, keine massigen Wolkenkratzer. Nach diesem architektonischen Fauxpas wurde ein Gesetz erlassen, demzufolge kein Bauwerk höher als die Kokospalmen sein darf. Zudem begannen Architekten und Bauherren, sich wieder auf traditionelle Baumaterialien und Stilelemente zu besinnen. Das Ergebnis kann sich sehen lassen: traumhaft schöne, in weitläufige Tropengärten eingebettete, aufgelockerte (Strand-)Hotels im landestypischen Stil, die keinerlei Wünsche offen lassen. Erstklassige Restaurants und Bars sowie elegante Geschäfte und Boutiquen sind ebenso selbstverständlich wie ein reichhaltiges sportives Angebot. In vielen Spitzenhotels bieten großzügige Spas, die auch Außer-Haus-Gästen offenstehen, umfassende Wellness-Programme (s. S. 33).

Hotels der mittleren Preisklasse

Aber auch Unterkünfte der mittleren Preisklasse, also Häuser der 2- bis 3-Sterne-Kategorie haben auf Bali ein recht hohes Niveau. So gehören meist klimatisierte Zimmer mit Kühlschrank, Fernseher und Telefon sowie Swimmingpools zur Standardausstattung. Manche kleineren Hotels unterscheiden sich in der Qualität kaum von Häusern der gehobenen Sternekategorie. Zudem bieten sie oft eine persönliche Atmosphäre, die man in den großen Touristenhotels bisweilen vermisst.

Losmen und Homestay

Wer mit einem Deckenventilator vorliebnehmen kann und keinen großen Wert auf Zimmerservice legt, ist in einem *losmen* oder *homestay* bestens aufgehoben. Dies sind kleine Pensionen, die oft in typische Familienanwesen integriert sind und die Möglichkeit bieten, einen Einblick in den balinesischen Alltag zu gewinnen. In der Regel ist die Ausstattung der Gäs-

Mein Tipp

Traumvilla mit eigenem Pool
Ein Hotel mit Swimmingpool ist gut, eine kleine Villa mit eigenem Pool besser. Ferien in einer **Pool-Villa,** das ist Erholung pur in einem eigenen Häuschen mit Daybed-Terrasse und privatem (Mini-)Pool zum Schwimmen oder Abkühlen. Blickdichte Sträucher und Mauern garantieren absolute Privatsphäre. Pool-Villen gehören zu 4- oder 5-Sterne-Hotelanlagen mit Restaurants, Bars, Spa und Fitnesscenter. Bali ist auch bekannt für seine **Bali Style Villas,** Luxusanwesen mit Vollversorgung, aber ohne Hotelbetrieb. Köchin, Fahrer und Hauspersonal sorgen für einen Traumurlaub ›in den eigenen vier Wänden‹. Informationen hierzu im Internet: www.balistyle villas.ch.

Luxus pur – eine Gästevilla mit Privatpool im Four Seasons in Sayan bei Ubud

tezimmer oder Bungalows einfach, aber ausreichend: ein oder zwei Betten, ein Tisch, zwei Stühle, ein Ventilator sowie ein *mandi*, ein indonesisches Badezimmer, in dem die Schöpfkelle die Brause ersetzt. In den Ferienzentren gibt es auch komfortablere *losmen* und *homestays,* die etwas mehr Komfort bieten, etwa klimatisierte Zimmer und Warmwasserduschen. Meist ist ein kleines Frühstück sowie ›Tee den ganzen Tag über‹ im Preis inbegriffen.

Preise und Rabatte

Einzelzimmer werden auf Bali kaum angeboten. Alleinreisende zahlen für Doppelzimmer aber meist einen günstigeren Preis. Die Hotels der oberen und gehobenen mittleren Kategorien schlagen in der Regel auf den Rechnungsbetrag 11 % **Steuern** und bis zu 10 % **Service Charge (SC)** auf. Denken Sie an die saisonalen Preisschwankungen. Vor allem in Ferienhotels der oberen Kategorien liegen die Preise in der Hochsaison ca. 20–30 %, in den Ferienzentren an der Südküste u. U. 50 % höher. Zusätzliche Aufschläge

werden in der Spitzensaison um Weihnachten und Neujahr erhoben. In der Nebensaison oder bei längeren Aufenthalten geben Manager auf Nachfrage oft erhebliche Nachlässe. Im Allgemeinen gestalten Hotels und Resorts der gehobenen Kategorien ihre Preise meist flexibel nach Marktlage.

Viel sparen kann auch, wer gehobene Hotels über große Veranstalter bucht, denn gerade Tophotels werden in den Katalogen zu oft konkurrenzlos günstigen Preisen angeboten. Faustregel: Je höher die Kategorie, desto eher über Veranstalter buchen. Deutlich weniger als die offiziellen Preise zahlt man in der Regel bei Online-Reservierung, die direkt aber meist nur bei Hotels der oberen Kategorien möglich ist. Allerdings lassen sich Häuser der Mittelklasse oft über Internetagenturen zu Preisen reservieren, die bis zu 75 % unter den *published rates* liegen. Die Agenturen benötigen für die Buchungsbestätigung und die Übersendung der Hotelvouchers in der Regel mindestens 1–2 Tage.

Es empfiehlt sich, in der Hochsaison Reservierungen rechtzeitig schriftlich (per E-Mail oder Fax) vorzunehmen und um eine Bestätigung zu bitten. Sonst hat man kaum Probleme, erst vor Ort eine Bleibe zu finden. Bei Buchungen verlangen bessere Hotels in der Regel als Sicherheit eine Kreditkartennummer oder eine An- bzw. Vorauszahlung. Übernachtungspreise werden außer in Häusern der unteren Kategorien meist in US-$ angegeben, können in der Regel aber in Rupiah bezahlt werden.

Pauschal oder individuell?

Viele Urlauber buchen ihren Bali-Aufenthalt bereits zu Hause, was sich unbedingt empfiehlt, wenn man in einem Tophotel nächtigen will. Pauschalreisen mit umfassendem Besichtigungs- und Kulturprogramm empfehlen sich für Balibesucher, denen das individuelle Reisen in öffentlichen Verkehrsmitteln oder im Mietwagen zu unkomfortabel oder zu riskant erscheint.

Der richtige Standort

Strand- und Badeleben genießt man am besten an den kilometerlangen Sandstränden von Kuta, Legian und Seminyak (Unterkünfte aller Kategorien; **Achtung:** Brandung und Strömung, s. S. 30). An der sanfteren Nordküste können auch **Kinder** am Lovina Beach mit einem weiten Spektrum an Unterkünften gefahrlos baden. Dasselbe gilt für Strände an der Südküste, die von Riffen geschützt werden, etwa bei Sanur und Nusa Dua, die aber Domäne eines gehobeneren Tourismus sind. Vorwiegend Unterkünfte der unteren und mittleren Kategorien bietet Candi Dasa im Osten Balis.

Für **Rucksackreisende** und andere Low-Budget-Touristen ist der Standort Padang Bai, das neue Travellerzentrum in Ostbali, mit preiswerten Pensionen die richtige Adresse.

Wer in erster Linie Interesse an **balinesischer Kunst und Kultur** hat, sollte in Ubud wohnen. Dort gibt es Unterkünfte aller Preiskategorien.

Reisende, die wegen **Nightlife und Shopping** nach Bali kommen, sind in Kuta, Legian und Seminyak gut aufgehoben, denn dieses quirlige Ferienzentrum im Süden hat die höchste Dichte an Bars, Clubs, Discos und Pubs sowie Läden, Einkaufszentren und Märkten.

Nützliche Internetadressen

www.agoda.com: aktuelle Tarife und Rabatte von Hotels der mittleren und gehobenen Kategorien sowie Links zu den alphabetisch und nach Preisklassen (US-$) sortierten Hotels.

www.asiatravel.com: Hotels aller Kategorien, Budgetunterkünfte, günstige Preise, unkomplizierte Buchung.

www.balihotels.com: Hotels nach Orten und Preisklassen (US-$) sortiert, auch sehr preiswerte Häuser. Informationen zu Restaurants, Shopping und Veranstaltungen.

www.baliresorts.com: Hotels der mittleren und gehobenen Kategorien, nach Orten sortiert.

www.baliwww.com: Nach Orten sortierte Hotels aller Kategorien, oft günstige *travel packages* (Übernachtung, Essen und Zusatzleistungen wie Aktivitäten oder Wellness).

www.indo.com: Hotels aller Kategorien, nach Orten sortiert, große Auswahl.

Zimmerpreise

Die Preise in diesem Buch gelten, soweit nicht anders angegeben, für eine Übernachtung im Doppelzimmer mit Frühstück inkl. Steuern und Service Charge (SC).

Essen und Trinken

Was und wo isst man?

Fast überall auf Bali wird heute international gekocht. Auf den Speisekarten bodenständiger Touristenlokale dominieren Pizza und Spaghetti, Fish and Chips oder dem westlichen Geschmack angepasste indonesische Gerichte. Authentische balinesische Speisen, die für Fremde vor allem wegen der Schärfe recht ungewohnt sind, fand man lange Zeit selten, weil sie meist nur für große Feste unter Einhaltung strikter Vorschriften in stundenlanger Arbeit zubereitet werden.

Mittlerweile findet man aber auch in den Touristenzentren Restaurants, die inseltypische Spezialitäten anbieten. Oder man macht es den Einheimischen nach und probiert einmal von den Speisen der ›fliegenden Köche‹, die mit ihren fahr- und tragbaren Garküchen durch Straßen und Gassen ziehen. Die Essensstände unter freiem Himmel, die preiswerte authentische indonesische und balinesische Gerichte bieten, heißen *warung*. Oft formieren sich die meist auf ein Gericht spezialisierten Ein-Mann-Küchen von den frühen Abendstunden an zu Nachtmärkten. Ein Rundgang auf einem *pasar malam* verspricht die Chance, unverfälschte einheimische Küche kennenzulernen. Vor allem bei Essensständen, die von Einheimischen stark frequentiert werden, hat man die Gewähr, frisch zubereitete Speisen zu bekommen.

Neue Gaumenkitzel

Rinderfilet mit Austernfüllung, Lammkotelett mit Macadamiakruste, in Bananenblatt gegartes Fischfilet oder Salat von Langusten und Mangos in Basilikum-Vinaigrette – dies sind nur einige der Delikatessen, mit denen die Küchenchefs mancher Spitzenrestaurants in den balinesischen Ferienzentren ihre Gäste überraschen.

Der wichtigste Aspekt der neuen facettenreichen Restaurantlandschaft Balis ist ihre Inspiration durch die Außenwelt oder, wie es ein Gastrokritiker einmal ausdrückte, ihre »Multikulturalität des Gaumens«. Aufgeschlossen für Einflüsse von außen, kreierten in den letzten Jahren innovative Küchenchefs die **Bali Style Nouvelle Cuisine,** in der sich die Aromen der balinesischen und anderer asiatischer Küchen, insbesondere der thailändischen, mit meist französischen und italienischen Einflüssen verbinden. Feinschmecker schwärmen von den leichten Gerichten der neuen Baliküche, die mitunter europäisch anmutet, aber einen deutlich asiatisch-pazifischen Stil hat. Sie zeichnet sich durch einfache, aber hochwertige Ingredienzen aus. Ins-

Pfannenhilfe
Bei Kochkursen lernen die Teilnehmer nicht nur exotische Kräuter und Gewürze kennen, sie erfahren auch viel über den Stellenwert des Essens in der balinesischen Gesellschaft sowie über die Bedeutung von Essen und Trinken bei religiösen Zeremonien. Kochkurse veranstalten folgende Anbieter:
Sate Bali, s. S. 122
Casa Luna Cooking School, s. S. 186
Warung Bambu Pemaron, s. S. 258

Typisch für die balinesische Küche – hier wird Fisch in ein Bananenblatt gewickelt

besondere Liebhaber von Fischspezialitäten und Meeresfrüchten kommen auf ihre Kosten, denn das meist fangfrische Seafood zählt zum besten der Welt. Hoch im Kurs stehen neben Meeresfischen auch Krustentiere wie Hummer und Krabben oder Schalentiere wie Austern und Muscheln.

Informationen

www.balieats.com: Vollständiger Restaurant-Guide für Bali.

www.baligoodfood.com: Informationen über Restaurants der gehobenen Kategorien.

Noni Siauw, Britta Rath: Essen wie im Paradies. Die Küche auf Bali und Java. Köln 2000. Authentische und kreative Rezepte, Infos zu Esskultur und Kultur auf Bali und Java. Nur noch antiquarisch bzw. im Internet zu erwerben.

Tropische Früchte

Bunt ist die Palette an tropischen Früchten auf Bali, zu der bei uns oft unbekannte Exoten gehören, etwa die apfelgroße, rot-braune Mangosteen mit schneeweißem Fruchtfleisch, die wie eine große stachelige Erdbeere aussehende Rambutan, die Schlangenhautfrucht genannte Salak und natürlich die stachelige Durian, von der man sagt, sie rieche höllisch, schmecke aber himmlisch.

Alkoholische Getränke

Touristen schätzen die unter europäischen Lizenzen gebrauten Biere, Balinesen trinken bei festlichen Anlässen gern den milchigen, leicht säuerlichen Palmwein *tuak* oder den Reiswein *brem. Arak,* aus *tuak* oder *brem* destillierter Branntwein, eignet sich für Cocktails, Longdrinks oder pur als Digestif.

Aus den an der Nordküste reifenden roten Trauben wird der Hatten-Wein gekeltert, ein Rosé, der zu den pikanten indonesischen Gerichten passt.

Aktivurlaub, Sport und Wellness

Baden

Was die Strände betrifft, ist Bali kein Traumziel. Während vor **Sanur** und **Nusa Dua** bei Ebbe Wattflächen die Badefreuden verleiden, türmt sich bei **Kuta, Legian** und **Seminyak** die schwere Brandung oft meterhoch. Wiederholt haben hier Unterströmungen Schwimmer nicht mehr auftauchen lassen. Vor allem Ungeübte sollten sich an der Südküste nie allzu tief ins Wasser wagen, auch nicht an von Rettungsdiensten überwachten und mit Flaggen gekennzeichneten Strandabschnitten.

Ein kilometerlanger, flach abfallender, grauer Sandstrand, an dem Kinder gefahrlos baden können, ist der **Lovina Beach** etwa 5–10 km westlich von Singaraja an der Nordküste. Von minderer Qualität erweist sich der nur noch abschnittsweise vorhandene Strand bei **Candi Dasa** in Ostbali. Dort trüben scharfe Korallen die Badefreuden. Herrliche, in den letzten Jahren erschlossene Sandstrände gibt es auf **Lombok** vor allem bei Senggigi und Kuta sowie auf den Lombok vorgelagerten Inseln **Gili Air, Gili Meno** und **Gili Trawangan.**

Balinesische Kultur und Kunst

Kochkurse: s. S. 28
Kunst- und Kunsthandwerkskurse: s. S. 186.

Bergsteigen und Wandern

Die aktiven Vulkane Gunung Batur und Gunung Agung auf Bali sowie Gunung Rinjani auf Lombok sind Ziele für **Bergsteiger.** Während der 1717 m hohe **Gunung Batur** auch von Ungeübten in 2–3 Std. ›bezwungen‹ werden kann, erfordern der **Gunung Agung,** mit 3142 m der höchste Gipfel Balis, und der 3726 m hohe **Gunung Rinjani** auf Lombok eine gute körperliche Konstitution. Agenturen bieten geführte Bergwanderungen an den drei Vulkanen an.

Nur mit geländekundigen Führern sollte man **Dschungelwanderungen** am Fuß des 2276 m hohen Vulkans **Gunung Batukaru** und im **Taman Nasional Bali Barat** wagen.
Bali Sunrise Trekking and Tours: Kuta, Tel. 0818 55 26 69, www.balisunrise tours.com. Besteigung des Gunung Agung ab 115 US-$/Person.
Bali Adventure Tours: Sanur, Tel. 0361 72 14 80, www.baliadventuretours. com. Auch Dschungel-Trekking, Tagestouren ab 70 US-$, Kinder ab 50 US-$.

Wanderer finden in der **Reisfeldlandschaft um Ubud** ein ideales Terrain. Gut eignen sich auch die von Reisterrassen geprägte Landschaft um **Tirtagangga** in Ostbali und die **Bergwelt um Munduk** nordwestlich vom Bratan-See, allerdings ist dort die touristische Infrastruktur weniger entwickelt.

Golf

Neun-Loch-Golfplätze gibt es in Sanur (Bali Beach Golf Course, Tel. 0361 28 77 33) und südlich von Kuta (New Kuta Golf, Tel. 0361 848 13 33), **18-Loch-Plätze** in Nusa Dua (Bali Golf & Country Club, Tel. 0361 77 17 91) und bei Tanah Lot (Nirwana Bali Golf Club, Tel. 0361 81 59 00). Der Bali Handara Golf Course in der Berglandschaft zwischen Bratan- und Buyan-See gilt als einer der weltweit schönsten 18-Loch-Plätze

(s. S. 249). Nach telefonischer Anmeldung ist es unter der Woche kein Problem, als Gast zu golfen. Die Ausrüstung kann stunden- oder tageweise geliehen werden. Mitglieder europäischer Golfclubs sollten sich daheim nach Abkommen mit den Clubs auf Bali erkundigen. Meist dürfen sie mit einem Empfehlungsschreiben die Anlagen des balinesischen Partners kostenlos benutzen. Die Greenfees betragen 100–200 US-$. Fast alle Plätze sind tgl. von Sonnenaufgang bis -untergang geöffnet.

Kreuzfahrten

Benoa Port ist Ausgangsort von Kreuzfahrten zu den Inseln Lembongan und Penida sowie in die Inselwelt östlich von Bali. Auskunft und Buchung bei den Veranstaltern oder bei Reisebüros.

Bali Hai Cruises: Tel. 0361 72 03 31, www.balihaicruises.com. Luxuriöser Katamaran zur Insel Lembongan, z. B. ganztägige Bali Hai Beach Club Cruise 105 US-$, Kinder 70 US-$.

Bounty Cruises: Tel. 0361 72 66 66, www.balibountycruises.com. Luxuriöser Katamaran zur Insel Lembongan, Tagesausflug mit wassersportlichen Aktivitäten 119 US-$.

Island Explorer Cruises: Tel. 0361 72 80 88, www.bali-activities.com. Ein- und Mehrtagesfahrten zu den Inseln Lembongan und Penida, 1 Tag ab 95 US-$.

Lembongan Island Fast Boat: Tel. 0361 836 17 17, www.lembonganislandfastboat.com. Mit einer schnellen Motorjacht nach Nusa Lembongan, einfache Fahrt 25 US-$, hin und zurück 40 US-$.

Quicksilver: Tel. 0361 72 15 21, www.quicksilver-bali.com. Ausflug im komfortablen Katamaran nach Nusa Penida. Bei den Korallengärten wird ein Glasbodenboot zu Wasser gelassen, Ganztagestour ab 110 US-$.

Sea Safari Cruises: Tel. 0361 72 12 12, www.seasafaricruises.com. Segeltörns zu den Kleinen Sunda-Inseln und den Molukken, z. B. Bali–Komodo–Bali, 7 Tage/6 Nächte ab 2450 US-$.

Waka Louka: Tel. 0361 72 36 29, www.wakahotelsandresorts.com. Segelkatamaran nach Nusa Lembongan, Tagestour 135 US-$.

Radfahren und Mountainbiking

Für Radfahrer ist **Ubud** ein guter Standort. Seine Reisfeldlandschaft mit einem engen Netz von Pfaden und wenig befahrenen Straßen bietet viele Möglichkeiten. Fahrräder (oder auch Mountainbikes) kann man in allen Touristenzentren mieten. Längere Distanzen und anstrengende Bergstrecken lassen sich teils samt Fahrrad in *bemo* bewältigen.

Beliebt sind geführte Radtouren. Die Teilnehmer starten in Penelokan oder Kintamani am Batur-Krater und radeln abwärts mit dem Mountainbike auf wenig befahrenen Nebenstraßen, vorbei an Dörfern und Tempeln (s. S. 186).

Sobek: Kuta, Tel. 0361 76 80 50, www.balisobek.com. Batur Cycling 85 US-$, Kinder 55 US-$.

River Rafting

Eine andere Seite Balis zeigt sich bei Wildwasserfahrten mit dem Schlauchboot. 2–3 Std. Nervenkitzel und Naturerleben auf dem Ayung-Fluss bei Ubud oder auf dem Telaga-Waja- und Unda-Fluss am Fuß des Gunung Agung. Auch Anfänger meistern die Stromschnellen der Klasse zwei und drei.

Ayung River Rafting: Denpasar, Tel. 0361 344 57 58, http://ayungriverrafting.net. Touren auf dem Yeh Ayung, ab 75 US-$, Kinder ab 58 US-$, Familien ab 242 US-$.

Taucherparadies Bali – Korallenriff mit Rotfeuerfisch

Bali River Rafting: Denpasar, Tel. 0361 835 26 68, http://bali-river-rafting. com. Touren auf Telaga Waja und Yeh Ayung ab 65 US-$, Kinder ab 40 US-$.
Sobek: Kuta, Tel. 0361 76 80 50, www. balisobek.com. Touren auf den Flüssen Telaga Waja und Yeh Ayung, ab 85 US-$, Kinder ab 55 US-$.

Surfen

Die herrlichen Surfstrände Balis ziehen Wellenreiter aus aller Welt an. **Anfänger** tummeln sich in der Brandung des Kuta Beach (preiswerter Verleih von Surfboards).

Erfahrene Surfer hingegen zieht es hinaus zum Kuta Reef, an den Canggu Beach nördlich von Kuta, zum Medewi Beach in Westbali sowie zu den Brandungsstränden bei Ulu Watu, etwa zum Suluban Beach, Padang Padang Beach, Nyang Nyang Beach und Dreamland Beach.

Als Dorado für **ambitionierte Wellenreiter** gelten auch die wilden Brandungsstrände bei Jungutbatu auf der kleinen Balis Südostküste vorgelagerten Nusa Lembongan.

Surfschulen konzentrieren sich in Kuta, dem besten Ort auf Bali, um das Wellenreiten zu erlernen (s. S. 123).

Tauchen und Schnorcheln

Die Korallenbänke der balinesischen Außenriffe bilden eine außerordentlich vielfältige Unterwasserwelt. In eine wundersame submarine Welt taucht man bei der **Pulau Menjangan** ein, die zum Taman Nasional Bali Barat gehört. Vor **Amed** in Ostbali locken spektakuläre Korallenbänke, vor **Tulamben** das Wrack eines im Zweiten Weltkrieg versenkten, korallenüberwucherten Schiffes. Bei **Nusa Lembongan** können Sie Unterwassergrotten erforschen. Bekannt für ihren Fischreichtum sind die bis zu 600 m steil abfallenden Riffwände vor **Nusa Penida**. Gute Tauch- und Schnorchelgründe findet man am **Lovina Beach**, bei **Sanur, Nusa Dua** und **Padang Bai** mit der (Insel) Nusa Kambing sowie bei **Gili Air, Gili Meno** und **Gili Trawangan** nordwestlich von Lombok.

Tauchschulen

Viele Tauchschulen bieten für Anfänger drei- bis viertägige Tauchkurse nach internationalen Prüfungsvorschriften (300–450 US-$) und eintägige Tauchexkursionen für Fortgeschrittene (2 Tauchgänge, 75–150 US-$). Teils bieten sie auf Kinder abgestimmte Programme.

Gute Firmen finden sich auf Bali u. a. in Candi Dasa, Kuta, Legian, Lipah (Amed), Lovina Beach, Padang Bai, Pemuteran, Sambirenteng, Sanur, Seminyak und Tulamben sowie auf Lombok in Senggigi und Gili Trawangan.

Tennis

Fast alle Hotels der oberen Kategorien bieten ihren Gästen sowie gegen Gebühr auch Besuchern, die andernorts nächtigen, gepflegte Tennisplätze (meist auch Schlägerverleih).

Wellness

Bali bietet sich für einen Wellnessurlaub geradezu an. Die Insel blickt auf eine lange Geschichte der Heilkunst zurück. Viele Kenntnisse wurden schon vor mehr als 2500 Jahren aus China und Indien eingeführt, mit lokalem Wissen verbunden und erweitert. Stets geht es um eine ganzheitliche Behandlung mit dem Ziel, Körper, Geist und Seele zu harmonisieren.

Heute gibt es auf Bali viele **Spa-Hotels,** wobei der Name Spa jedoch missverständlich ist. Nicht Wasser, sondern Heilmassagen stehen im Zentrum der Anwendungen, ergänzt durch Kräuterdampfbäder, Ganzkör-

Mein Tipp

Hotels für Taucher

Zwei Hotels an der Nordostküste haben sich besonders auf Taucher eingestellt. Sie bieten Tauchexkursionen unterschiedlicher Schwierigkeitsgrade und Kurse für Anfänger, die von deutschsprachigen Tauchlehrern geleitet werden: **Alam Anda** in Sambirenteng (s. S. 264) und **Tauch Terminal** in Tulamben (s. S. 234).

perpeelings, Gesichtsbehandlungen, Masken und Packungen, die meist auf traditionellen balinesischen Techniken basieren. Zum Angebot vieler Hotels gehören zudem Yoga, Meditation und Empfehlungen für eine ausgewogene Ernährung. Wer nicht den ganzen Urlaub im Wellnesshotel verbringen will, kann sich in romantischen **Day Spas** verwöhnen lassen. Europäische Reiseveranstalter bieten **Pauschalreisen** inklusive Wellnesspaketen an.

Ausgewählte Spa-Hotels

Como Shambhala Estate at Begawan Giri: Begawan Giri, Ubud, Tel. 0361 97 88 88, www.comohotels.com/como shambhalaestate/, s. S. 183.
Matahari Beach Resort & Spa: Pemuteran, Tel. 0362 923 12, www.mataha ri-beach-resort.com, s. S. 159.
Maya Ubud Resort & Spa: Jl. Gunung Sari, Peliatan, Ubud, Tel. 0361 97 78 88, www.mayaubud.com, s. S. 181.

Spa-Informationen im Internet

www.balispaguide.com
www.balidiscovery.com/spas
www.balihealthandspa.com

Feste und Unterhaltung

Feste und Zeremonien

Der offizielle Festkalender von Bali verzeichnet etwa 200 feierliche Anlässe pro Jahr, von denen einige an vielen Orten der Insel gleichzeitig begangen werden. Aufgrund dieser Fülle stehen auch für Besucher mit begrenzter Zeit die Chancen gut, ein Balifest mitzuerleben, sei es ein glanzvoller Tempel-›Geburtstag‹ (s. S. 85) oder eine prunkvolle Totenverbrennung (s. S. 77). Die Feste sollen die Götter erfreuen und zugleich die Dämonen beschwichtigen, also dem Ausgleich zwischen Gut und Böse dienen.

Was, wann und wo

Fast alle Feste auf Bali werden nach dem 210 Tage umfassenden Pawukon-Kalender festgelegt, daher variieren ihre Termine in unserem Kalender. Über die genauen Daten informiert der jährlich erscheinende **»Calendar of Events«,** erhältlich bei den Touristenbüros vor Ort. Dieser Festkalender enthält auch Hinweise auf aktuelle Tanz- und Theateraufführungen. Termine von Festen und Veranstaltungen findet man zudem im Internet (s. S. 18).

Die wichtigsten Feiertage

Melasti

Drei Tage vor Nyepi (s. rechts oben) findet ein **Melasti-Fest** statt, eine inselweite Reinigungszeremonie, bei der die Gläubigen an die Strände ziehen. In Prozessionen bringen sie Tempelreliquien, in denen die Seelen der Götter während ihres Besuchs auf Erden leben, ans Meer, wo sie von Priestern rituell gereinigt werden. Besonders spektakulär ist das Melasti an den Stränden Seseh und Canggu zwischen Kuta und Pura Tanah Lot.

Nyepi

Während sich alle anderen Inselfeste nach dem 210 Tage umfassenden balinesischen Pawukon-Kalender richten, wird Nyepi nach dem Mondkalender festgelegt.

Am letzten Tag des alten Jahres, dem **ersten Nyepi-Tag,** werden inselweit Opferzeremonien in Form von exorzistischen Ritualen abgehalten. Alle bösen Geister und Dämonen sollen zumindest zeitweise von Bali vertrieben werden. Um sie aus ihren Verstecken zu locken, werden den Mächten der Unterwelt reiche Opfergaben – vor allem Fleisch – dargebracht. Während sich die Geister und Dämonen an den Köstlichkeiten laben, sind sie schutzlos und können von Hohepriestern durch magische Zauberformeln von der Insel verbannt werden. Gleichzeitig finden überall auf Bali Hahnenkämpfe statt, bei denen es sich ursprünglich um Blutopfer an die Dämonen handelte.

In der **folgenden Nacht** sind alle auf den Beinen, um mit Trommeln, Gongs, Zimbeln und Knallkörpern an der Vertreibung der bösen Geister teilzuhaben. Jetzt ist auch Zeit für die spektakulären Paraden der *ogoh ogoh,* der übermannsgroßen Pappmachéfiguren, die als Symbole alles Bösen Dämonen und Hexen darstellen. Am ausgelassensten ist das Treiben an der Jalan Gajah Mada in Denpasar. Der Zug durch die Straßen endet auf einem abgeernteten Reisfeld oder am Strand, wo die Gebilde in Brand gesetzt werden.

Nach dem nächtlichen Radau herrscht am **zweiten Nyepi-Tag** absolute Stille – das bedeutet auch das Wort *nyepi.* Nichts regt sich, man arbeitet nicht, Radio und Fernseher werden nicht angeschaltet, selbst die Küche bleibt kalt. Die Gläubigen bleiben daheim, beten und meditieren. Dämonen, die mit unheilvollen Absichten zurückkehren, sollen glauben, die Insel sei verlassen, und wieder abziehen.

Der **dritte Tag** ist der Besinnung gewidmet, heute nutzt man ihn auch für Familientreffen.

Galungan und Kuningan

Die wichtigsten Feiertage des liturgischen Jahres der Balinesen konzentrieren sich auf die zwei Wochen um die Galungan- und Kuningan-Tage. Nach balinesischer Überlieferung steigt am **Galungan-Tag** das Allerhöchste Wesen, Sanghyang Widhi Wasa, mit anderen Gottheiten und den Seelen der Vorfahren vom Himmel zu den Tempeln herab, bis sie zehn Tage später, am **Kuningan-Tag**, in ihre himmlischen Gefilde zurückkehren.

Die Tage vor Galungan gelten als gefährlich, da vor Ankunft der Götter auch Unheil bringende Wesen aus der Unterwelt heraufsteigen. Ihnen müssen ebenso Opfer dargebracht werden wie den Göttern der himmlischen Sphäre, denn das Göttliche und das Dämonische sollen im Gleichgewicht gehalten werden, damit Frieden und Harmonie auf Erden herrschen.

Saraswati- und Pagerwesi-Tag

Der Göttin der Weisheit, der Literatur und Kunst ist der nach ihr benannte Sa-

Symbol für alles Böse – die Ogoh Ogoh

raswati-Tag gewidmet. In den Tempeln segnen Priester alte Lontar-Schriften mit Weihwasser. Schüler und Studenten danken der Göttin dafür, dass sie ihnen die Möglichkeit gewährt zu lernen und zu studieren. Eine Zeremonie zu Ehren von Dewi Saraswati findet im Pura Jagatnatha in Denpasar statt.

Der **Saraswati-Tag** fällt immer auf den letzten Tag eines Pawukon-Zyklus und leitet eine weitere Abfolge heiliger Tage ein. Frühmorgens am ersten Tag des neuen Pawukon-Jahres ziehen Balinesen an die Strände, zu Flüssen und zu Quellen, um sich mit rituellen Bädern körperlich sowie mit Gebeten und innerer Einkehr spirituell zu reinigen. Am nächsten Tag wird die Reisgöttin Dewi Sri verehrt, dann darf keinerlei Arbeit in

Vergnügungsstopp

Den **zweiten Tag von Nyepi** müssen die Touristen im Hotel verbringen. Auch Balis internationaler Flughafen ist geschlossen. Ausnahmen bilden lediglich Fahrten von Polizei, Ambulanz und Feuerwehr.

35

den Reisfeldern verrichtet werden. Am dritten Tag finden Opferrituale für Gold und Schmuck statt.

Am **Pagerwesi-Tag** endet die Festperiode. Vor allem in Nordbali gedenkt man dann des imaginären Zaunes *(pagerwesi* = eiserner Zaun), der Bali seit Menschengedenken vor Invasoren und einem Überhandnehmen der Mächte des Bösen bewahrt hat. Gleichzeitig erbittet man von den Göttern Schutz und Sicherheit für die Familie und das Dorf.

Tumpek-Feste
Als besonders heilig gelten auch die alle 35 Tage stattfindenden Tumpek-Feste, an denen bestimmte Gruppen der hindu-balinesischen Glaubensgemeinschaft dem Allerhöchsten Wesen in seinen vielen Erscheinungsformen Dankesopfer darbringen.

Eka Dasa Rudra
Neben den *odalan* (s. S. 85) genannten Jahresfesten werden in den neun Reichstempeln Zehnjahresfeiern begangen, sogenannte Landreinigungszeremonien. Als Fest aller Feste gilt das Eka Dasa Rudra, das nur alle 100 Jahre einmal im Tempel von Besakih stattfindet. Während der mehrwöchigen Feierlichkeiten kommen alle Balinesen mit Opfergaben zum großen Muttertempel.

Auf dem Höhepunkt des Jahrhundertfestes werden Tiere geopfert – eines von jeder der auf Bali vorkommenden Arten. So soll das Universum gereinigt werden.

Events

Bali Arts Festival
Juni/Juli. Kunst- und Kulturspektakel in der Inselhauptstadt Denpasar mit Musik-, Tanz- und Theateraufführungen sowie Sonderausstellungen im

Festkalender

Feste nach dem Mondkalender
Melasti-Zeremonie: 14.3.2018, 19.3.2019, 27.3.2020

Nyepi: 17.3.2018, 3.3.2019, 23.3.2020, 14.3.2021

Feste im 210-Tages-Zyklus
Galungan: 1.11.2017, 30.5.2018, 26.12.2018, 22.7.2019, 19.2.2020, 16.9.2020, 14.4.2021

Kuningan: 11.11.2017, 9.6.2018, 5.1.2019, 3.8.2019, 29.2.2020, 26.9.2020, 24.4.2021

Saraswati: 19.8.2017, 17.3.2018, 13.10.2018, 19.5.2019, 29.12.2019, 23.7.2020, 16.2.2021

Pagerwesi: 23.8.2017, 21.3.2018, 17.10.2018, 23.5.2019, 2.1.2020, 27.7.2020, 20.2.2021

Werdhi Budaya Art Centre (Programm unter www.baliartsfestival.com).

Bali Kite Festival
Meist an einem Juliwochenende. Alljährlich wird in Padang Galak östlich von Denpasar ein Drachenwettbewerb ausgetragen. Das Festival ist nicht nur Volksbelustigung und Touristenspektakel, sondern soll auch die alte malaiisch-chinesische Tradition des Drachenbauens bewahren und fördern.

Kuta Karnival
Sept./Okt. Einwöchiges, großes, buntes Fest am Strand von Kuta mit Musik, Tanz und kostenlosen Open-Air-Veranstaltungen; parallel dazu findet in Kuta das **Bali Food Festival** statt.

Reiseinfos von A bis Z

Apotheken

Apotheken tragen die Bezeichnung *apotik* oder *toko obat* (Drogerie). Erhältlich sind auch viele der in Europa gebräuchlichen Medikamente.

Ärztliche Versorgung

Die öffentlichen Krankenhäuser *(rumah sakit umum)* entsprechen in Ausstattung und Hygiene meist nicht europäischem Standard. Wer auf Bali erkrankt, sollte eine der Privatkliniken aufsuchen oder in schwereren Fällen nach Singapur oder Bangkok fliegen.

Englisch sprechende Ärzte
Englisch sprechende Ärzte gibt es in den Ferienzentren im Süden der Insel.
Bali International Medical Centre: Jl. Bypass Ngurah Rai 100 X, Kuta, Tel. 0361 76 12 63, www.bimcbali.com
International SOS: Jl. Bypass Ngurah Rai 505 X, Kuta, Tel. 0361 72 01 00, www.sos-bali.com
Siloam Hospitals Denpasar: Sunset Road 818, Kuta, Tel. 0361 77 99 11, www.siloamhospitals.com
Bali 911 Dental Clinic: Jl. Pattimura 9–11, Denpasar, Tel. 0361 22 24 45 u. 0812 36 28 09 11, www.bali911dental clinic.com

Diplomatische Vertretungen

… Indonesiens in Deutschland
Botschaft: Lehrter Str. 16–17, 10557 Berlin, Tel. 030 47 80 72 00, www.botschaft-indonesien.de

… Indonesiens in Österreich
Botschaft: Gustav-Tschermak-Gasse 5– 7, 1180 Wien, Tel. 01 476 23-0, www.kbriwina.at

… Indonesiens in der Schweiz
Botschaft: Elfenauweg 51, 3006 Bern, Tel. 031-352 09 83, www.kemlu.go.id/bern/lc/default.aspx

… von Deutschland
Botschaft: Jl. M.H. Thamrin 1, Jakarta Pusat, Java, Tel. 021 39 85 50 00, Notfall-Tel. 0811 15 25 26, www.jakarta.diplo.de
Konsulat: Jl. Pantai Karang 17, Sanur, Bali, Tel. 0361 28 85 35, sanur@hk-diplo.de
Öffnungszeiten: Mo–Fr 8/9–12/13 Uhr

… von Österreich
Botschaft: Jl. Diponegoro 44, Menteng, Jakarta Pusat, Java, Tel. 021 23 55 40 05, Notfall-Tel. 0811 83 37 90, www.austrian-embassy.or.id
Öffnungszeiten: Mo–Fr 8/9–12/13 Uhr

…. der Schweiz
Botschaft: Jl. Rasuna Said, Blok X 3/2, Kuningan, Jakarta Selatan, Java, Tel. 021 525 60 61, Fax 021 520 22 89, www.eda.admin.ch/jakarta
Konsulat der Schweiz und von Österreich: Jl. Ganetri 9D (Gatsu Timur), Denpasar, Bali, Tel. 0361 26 41 49, bali@honrep.ch, Öffnungszeiten: Mo–Fr 9–13 Uhr

Drogen

Strenge Gesetze verbieten in Indonesien den Besitz, Verkauf und Konsum von Drogen. Dazu zählen auch Ecstasy und andere Designerdrogen. Bei Verstößen – auch wenn es sich nur um kleinste Mengen handelt – drohen drakonische Urteile bis hin zur Todesstrafe.

Elektrizität

In den größeren Städten und Touristenzentren beträgt die Netzspannung meist 220 Volt/50 Hertz. Vor allem in den Abendstunden treten bisweilen Stromschwankungen auf, was bei empfindlichen elektronischen Geräten wie Laptops zu Problemen führen kann. Auf Bali gibt es sowohl sogenannte deutsche Steckdosen, für die kein Adapter erforderlich ist, als auch englische Steckdosen‹ für die man einen dreipoligen Zwischenstecker benötigt. In einfachen Gästehäusern ist die Verkabelung oft recht abenteuerlich und ihr ist mit Vorsicht zu begegnen.

Feiertage

Staatliche Feiertage
1. Januar: Neujahrsfest
Karfreitag, Ostersonntag
Christi Himmelfahrt
17. August: Unabhängigkeitstag
25. Dezember: Erster Weihnachtstag.
Halboffiziellen Charakter haben der **Kartini-Tag,** eine Art indonesischer Muttertag (21. April) sowie der **Pancasila-Tag** (1. Oktober) und der **Tag der Streitkräfte** (5. Oktober).

Frauen unterwegs

Kulturell interessierte Frauen, die auf lokale Bekleidungssitten Rücksicht nehmen, haben in der Regel keine Belästigungen von einheimischen Männern zu befürchten. Auf ein anderes Klientel haben sich einheimische Beach Boys eingestellt. Sie flanieren in den Touristenzentren entlang der Strände, immer auf der Suche nach Touristinnen, denen sie gegen Bezahlung mit diversen Dienstleistungen die Zeit vertreiben.

Frauen, die nicht angemacht werden wollen, sollten dies durch entsprechendes Verhalten signalisieren, also etwa auf knappe Miniröcke und allzu tiefe Dekolletés sowie auf oben ohne beim Sonnenbaden und andere lockere Umgangsformen verzichten. Frauen, die sich abgrenzen wollen, sollten direkten Blickkontakt mit einheimischen Männern vermeiden. Auf nächtliche Spaziergänge an einsamen Stränden und in dunklen Straßen sollten Frauen verzichten.

Geld und Geldwechsel

Landeswährung ist die Indonesische Rupiah (Rp.). Im Umlauf sind Scheine zu 1000, 2000, 5000, 10 000, 20 000, 50 000 und 100 000 Rp. sowie Münzen zu 50, 100, 200, 500 und 1000 Rp. Für Taxi- und Busfahrten sollte man Kleingeld bei sich haben, denn kein Wechselgeld zu haben ist eine Ausrede, um dieses zu sparen.

Wechselkurse (Oktober 2016):
10 000 Rp. = 0,70 €/0,76 CHF/0,77 US-$
1 € = 14 183 Rp.
1 CHF = 13 118 Rp.
1 US-$ = 13 037 Rp.

In Indonesien sind die Kurse deutlich besser als zu Hause. Am günstigsten tauscht man **Bargeld** (€, CHF, US-$) und auf €, CHF oder US-$ ausgestellte **Reiseschecks** bei lizenzierten Wechselstuben *(money changers).* Allerdings sind nicht alle Geldwechsler ehrlich, immer wieder werden Touristen Opfer von trickreichen Betrügereien. Man sollte den Betrag stets selbst ausrechnen, da die Rechenmaschinen manipuliert sein könnten, und immer nachzählen. Sinnvoll ist es, sich an der Hotelrezeption einen Geldwechsler empfehlen zu lassen. Bei mitgebrachten US-$-Noten darauf achten, dass sie unbeschädigt und nicht älter als von 1999 sind.

Rupiah kann man in ausländische Währungen zurücktauschen. Dafür benötigt man die offiziellen Umtauschquittungen der Banken oder Wechselstuben. Es dürfen maximal 10 Mio. Rp. ein- bzw. ausgeführt werden.

Mit MasterCard, Visa, American Express und anderen gebräuchlichen **Kreditkarten** kann man in den meisten Hotels und besseren Restaurants sowie in vielen Geschäften und Reiseagenturen bezahlen. Leider ist Kreditkartenbetrug weit verbreitet. Man sollte deshalb bei der Bezahlung stets die Kreditkarte im Auge behalten, um sicherzugehen, dass nur ein einziger Ausdruck erstellt wird.

In Verbindung mit dem PIN-Code kann man mit Kreditkarten sowie teilweise sogar mit der Bankkarte in den Touristenzentren an vielen **Geldautomaten** (Automatic Teller Machines = ATM) Bargeld ziehen. Die meisten ATM verfügen über eine Bedienerführung auf Englisch. Da in der Regel relativ hohe Auslandsgebühren anfallen, sollte man keine Minimalbeträge abheben. Zuverlässig sind die Geldautomaten der Bank Nasional Indonesia (BNI), der Bank Central Asia (BCA) und der Nippo Bank.

Gesundheitsvorsorge

Wenn man seinen Aufenthalt auf Bali sowie die Touristenregionen von Java und Lombok beschränkt, sind Impfun-

gen nicht unbedingt nötig. Grundsätzlich gilt jedoch: Standardschutz gegen Polio, Tetanus und Diphtherie überprüfen und gegebenenfalls auffrischen. Bei einer Weiterreise nach Ostindonesien, nach Sumatra, Sulawesi oder Kalimantan empfehlen sich prophylaktische Maßnahmen gegen Hepatitis A und Malaria.

Vor der Abreise sollte man eine Reisekrankenversicherung abschließen, die einen Krankenrücktransport im Flugzeug einschließt.

Märkte

Jeder bedeutende Ort hat einen großen Markt *(pasar besar* oder *pasar pusat),* in dessen Zentrum meist eine Markthalle steht. Hier finden vom frühen Morgen bis in die Mittagszeit die **Morgenmärkte** *(pasar pagi)* statt, auf denen die Einheimischen wegen fehlender Kühlschränke ihre Lebensmittel täglich frisch einkaufen. Auf **Nachtmärkten** *(pasar malam)* weisen Gerüche den Weg zu Imbissständen. Dort kann man sich auch mit Kleidung und Haushaltswaren eindecken.

Auf den Märkten wird gehandelt (s. S. 42). Lebensmittelläden und Supermärkte in den Touristenzentren haben Fixpreise.

Medien

Internet und E-Mail

Schon nach ein, zwei Reisetagen kann man sich eines Eindrucks nicht erwehren – ein Großteil der Indonesier ist permanent online. Möglich machen das zahlreiche sogenannte *Free WiFi Hot Spots* in Hotels, Restaurants, Cafés und Einkaufszentren, ja sogar an Bord von Bussen und Fähren. Damit wird über WLAN kostenlos drahtloser Internetzugang ermöglicht. Eine weitere gute und preiswerte Option

Informationen zur Gesundheitsvorsorge im Internet
www.die-reisemedizin.de
www.fit-for-travel.de
www.tropenmedizin.de

ist die Nutzung von mobilen Internet-diensten (s. S. 43).

Zudem besteht in den größeren Städten und Touristenzentren kein Mangel an Internetcafés mit sehr günstigen Gebühren. Die Geschwindigkeit der Verbindungen ist gut, auf vielen Rechnern sind MSN, Skype und Yahoo Messenger installiert.

Fernsehen und Radio

Die meisten größeren Touristenhotels bieten ihren Gästen Satellitenfernsehen, sodass man auch in Südostasien nicht auf den Lieblingssender verzichten muss. Ein Kurzwellenempfänger ermöglicht den Empfang der Deutschen Welle (www.dw.de).

Zeitungen und Zeitschriften

Die bedeutendste überregionale englischsprachige Tageszeitung ist die »Jakarta Post«. Internationale Zeitungen auf Englisch erhält man in den Touristenzentren in Buchhandlungen, Supermärkten und großen Hotels, die gelegentlich auch – teuer! – deutsche Tages- und Wochenzeitungen sowie Magazine und Illustrierte vorrätig haben.

Notruf

Polizei: Tel. 110, 112
Feuerwehr: Tel. 113
Krankenwagen: Tel. 118, 119
Rettungsdienst Search and Rescue: Tel. 111, 115, 151
Tourist Police in Kuta: Tel. 0361 22 41 11
Zentrale Sperr-Telefonnummer für Kredit-, Bankkarten und Handys: 00149 116 116

Öffnungszeiten

Banken: Mo–Do 9–16, Fr 9–14, häufig Sa 9–12 Uhr.

Geldwechsler: meist tgl. 8/9–19/20 Uhr.
Geschäfte: meist tgl. 8/9–19/20 Uhr, teils Mittagsruhe 13–16 Uhr. Boutiquen etc. in den Ferienzentren sind allgemein bis in die Nacht und sonntags offen.
Märkte: meist tgl. 6/7–19/20 Uhr.
Postämter: Mo–Do 8–16, Fr 8–11, Sa 8–12.30 Uhr.
Tempel: Kleinere Tempel meist tgl. vom frühen Morgen bis späten Abend, sie können aber auch unerklärlicherweise geschlossen sein. Meist kein Eintritt, aber bisweilen Spende erbeten. Feste Öffnungszeiten und Eintrittsgebühren haben nur größere Tempel, die von Touristen besucht werden.

Post

Die Postämter *(kantor pos* oder *postal agent)* befinden sich meist im Ortszentrum. Luftpostbriefe nach Mitteleuropa brauchen von Denpasar fünf bis sieben Tage, von Provinzpostämtern oft erheblich länger. Bei kleineren Postämtern sollte man darauf achten, dass die Briefmarken sofort abgestempelt werden. Pakete werden nur bis zu einem Gewicht von 10 kg befördert und müssen in braunem Papier verpackt sowie verschnürt sein. Luftpostpakete brauchen bis Mitteleuropa 2–3 Wochen; auf dem Seeweg dauert es mindestens 2–3 Monate.

Reisekasse und Preise

Im Vergleich zu Mitteleuropa ist Indonesien ein sehr preiswertes Reiseland. Vor allem die Kosten für Übernachtungen, Restaurantbesuche und Dienstleistungen sowie für Mietwagen und Benzin sind deutlich niedriger als bei uns. Öffentliche Verkehrsmittel sind billig. Preiswert einkaufen kann man auf Bali vor allem Textilien und Lederartikel. Wer in Straßenlokalen isst, öffentliche Verkehrsmittel benutzt und in Pensionen oder einfacheren Hotels übernachtet, kommt mit 40–50 € am Tag aus, in der Nebensaison sogar mit deutlich weniger. Reisende mit höheren Ansprüchen sollten mit einem Tagesbudget von 80–100 € rechnen.

Kosten für Essen und Trinken

Eine Schüssel Nudelsuppe kostet im einfachen Lokal ab 0,50 €, eine Portion gebratener Reis ab unter 1 €. In einem mittleren Restaurant bekommt man ein Gericht ab 2–2,50 €. Selbst ein mehrgängiges Abendessen in einem gehobenen Restaurant schlägt inkl. Getränke mit kaum mehr als 20–25 € zu Buche. Für eine kleine Flasche (0,375 l) Bir Bintang zahlt man in einem einfachen Lokal rund 1,50 €, in einem besseren Restaurant 2,50–3,50 €.

Übernachtungskosten

In einem einfachen Gästehaus in Kuta, Ubud, Lovina oder Candi Dasa bekommt man ein schlichtes Zimmer mit Ventilator und einfachem *kamar mandi* (Bad) schon für 12–15 €. Wer mehr Komfort wünscht, etwa Klimaanlage (AC) und Dusche/WC europäischen Standards, muss für eine Übernachtung in einem besseren Gästehaus oder kleinen Hotel mit 20–40 €, in einem Mittelklassehotel mit 50–70 € rechnen. Nach oben sind in der Luxuskategorie kaum Grenzen gesetzt.

Reisen mit Handicap

Leider gibt es auf Bali kaum behindertengerechte Einrichtungen. Öffentliche Verkehrsmittel wie Busse, Schiffe und Flugzeuge sowie die meisten Hotels und Restaurants verfügen über keine behindertengerechte Ausstattung. Rollstuhlfahrern und Gehbehinderten wird das Leben durch fehlende, schadhafte oder schlecht angelegte Fußgängerwege schwer gemacht, die zudem häufig zugeparkt oder durch Garküchen und fliegende Händler verstellt sind. Schwierig für Behinderte ist die Besichtigung von Tempeln mit vielen Treppen. Am besten geeignet für Rollstuhlfahrer ist das ebene Nusa Dua, am wenigsten Ubud, das sich über Hügel und zwischen Schluchten ausbreitet.

Zahlreiche Hotels der gehobenen Kategorie bieten behindertengerechte Zimmer, etwa das Grand Hyatt Bali in Nusa Dua (Auskunft: Hyatt Service Centre Frankfurt, Tel. 0180 523 12 34, www.hyatt.com). Rundreisen, die auf die Bedürfnisse von Menschen mit körperlichen Behinderungen zugeschnitten sind, bietet der Veranstalter Bali Access Travel an (Infos auf www.baliaccesstravel.com).

Sicherheit

Bali ist nicht unsicherer als Berlin oder Boston. Gewaltverbrechen wie Raubüberfälle und Vergewaltigungen kommen selten vor. Andere Delikte wie Einbrüche in Hotelzimmer, Taschen- und Trickdiebstähle in öffentlichen Verkehrsmitteln sowie im Gedränge von Märkten und Festveranstaltungen, Entreißen von Umhängetaschen durch Motorradfahrer konzentrieren sich auf die Touristenzentren im Süden. An der Tagesordnung sind jedoch kleinere Betrügereien von Kellnern (verrechnen), Taxifahrern (manipulierte Taxameter), Geldwechslern (manipulierte Rechner), Tankwarten (Tankuhr nicht zurückstellen) sowie Kassierern in Bussen und *bemo* (s. S. 22, 23).

Auf die Bombenanschläge in den Jahren 2002 und 2005 haben die balinesischen Behörden mit verschärften Sicherheitsvorkehrungen und Kontrollen reagiert. Das Auswärtige Amt empfiehlt dennoch ein »sicherheitsbewusstes und situationsgerechtes Verhalten«. Als besonders gefährdet gelten Orte, die bevorzugt von Ausländern frequentiert oder mit dem westlichen Ausland identifiziert werden, etwa Hotels, Botschaften, Einkaufszentren und touristische Einrichtungen. Das Auswärtige Amt rät außerdem zu erhöhter Vorsicht beim Konsum von Alkohol. Mehrere Kranken- und Todesfälle nach dem Genuss von alkoholischen Getränken, vor allem billigen Arak-Cocktails, in Touristenregionen von Bali und Lombok lassen auf mit Methanol verunreinigte Getränke schließen. Methanolvergiftungen können schwere gesundheitliche Schäden verursachen und im schlimmsten Fall tödlich verlaufen.

Immer wieder kommt es auf Bali zu tödlichen Badeunfällen (s. S. 30).

Vorsicht ist beim Auto- und Motorradfahren geboten (s. S. 23).

Souvenirs

Bali gilt als Einkaufsparadies – daher reisen viele Touristen grundsätzlich mit halbleerem Koffer an, um genügend Platz für Mitbringsel zu haben. Für den Erwerb von Kunsthandwerk gilt: Beste Ware, größte Auswahl und meist günstigste Preise hat man in der Regel in den Herstellungsorten.

Außer in Geschäften der gehobenen Kategorie ist es üblich zu **handeln.** In der Regel nennt der Verkäufer zunächst den doppelten Preis. Was man tatsächlich bezahlt, hängt vom Verhandlungsgeschick ab. Ein günstiger Zeitpunkt für einen Einkauf ist der frühe Vormittag. Viele Händler locken mit *morning prices,* denn für sie gilt der Abschluss des ersten Geschäfts als

Omen für den Tag. Sparen kann man, wenn man einen Laden ohne Führer aufsucht, dann fällt dessen Provision weg. Billiger wird es meist auch, wenn man bar bezahlt statt mit Kreditkarte.

Abstand nehmen sollte man vom Kauf von Souvenirs, die von geschützten Tierarten stammen, etwa Mitbringsel aus Schildpatt, Reptilienleder, Elfenbein und Korallen. Die Einfuhr solcher Produkte nach Europa ist ohnehin verboten.

Die Preise für **Sommerkleidung** liegen niedriger als in Europa, die Qualität lässt allerdings oft zu wünschen übrig. Hochwertige im Verfahren des **Doppel-Ikat** hergestellte Handwebarbeiten kommen aus dem Bali-Aga-Dorf Tenganan. Auch die handgewebten **Endek-Stoffe** aus Gianyar sowie die mit Goldfäden durchwirkten **Songket-Handwebstoffe** aus Blayu zeichnen sich durch gute Qualität aus. Teuer sind handgemalte **Batiken** *(batik tulis),* billiger hingegen Stempelbatiken *(batik cap).* Man(n) sollte sich nach **Batikhemden** umsehen. Diese sind nicht nur originelle Mitbringsel, sondern dienen bei Einladungen oder feierlichen Anlässen auch als Sakko-Ersatz. Ein Muss sind ein **Sarong** und eine **Selendang-Tempelschärpe**.

Hochwertige **Holzmasken** und andere Schnitzereien findet man in Mas. Billigere Holzarbeiten kommen aus Tegalalang und Pujung.

Als Zentren der **Silberschmiedekunst** gelten Celuk und Kamasan. Spezialitäten sind kunstvoll zisielierte Silberarbeiten in Filigrantechnik. Bei zahlreichen Silberschmieden kann man Schmuck nach individuellen Vorstellungen in Auftrag geben.

Weitere Balisouvenirs sind handgeschnitzte Schattenspielfiguren aus Büffelleder, Schnitzereien aus Büffelhorn, Lontar-Manuskripte, Gemälde, Lederwaren, Gewürznelken-

Zigaretten *(kretek)* sowie CDs und Kassetten mit *gamelan*-Musik.

Nur mit Glück entdeckt man noch **Antiquitäten,** etwa chinesische Exportkeramik oder Stücke aus der holländischen Kolonialzeit. Für Gegenstände, die älter als 50 Jahre sind, ist allerdings eine Exportgenehmigung erforderlich, darüber hinaus muss Ausfuhrsteuer bezahlt werden.

Telefonieren

Vorwahl Indonesien: 0062
Vorwahl Deutschland: 00149
Vorwahl Österreich: 00143
Vorwahl Schweiz: 00141
Bei Telefonaten aus Indonesien folgt auf die Landesvorwahl die Ortskennzahl ohne die erste Null, dann die Teilnehmernummer.

Auskunft international: 101
Auskunft national: 108

Am preiswertesten sind Auslandsgespräche mit dem **Handy,** wenn man eine Prepaid-SIM-Card eines lokalen Anbieters verwendet. Es gibt Starter-Kits (SIM-Karte plus Aktivierung) von allen lokalen Mobilfunkanbietern, etwa Simpati von Telkomsel oder Mentari von Indosat, die in jedem größeren Ort in Telefonläden erhältlich sind und 50 000–100 000 Rp. kosten; sie sind je nach Anbieter 3–6 Monate gültig. Voraussetzung ist ein SIM-lockfreies Handy, das also nicht mehr an den heimischen Vertragsanbieter gebunden ist. Karten zum Aufladen *(pop up)* gibt es in Telefonläden und vielen Supermärkten. Nationale Gespräche kosten etwa 500–1000 Rp./Min., internationale Telefonate im Call-by-Call-Verfahren mit der Simpati-Karte mit der Einwahlnummer 01017 ca. 2500–4000 Rp./Min. Da man eine eigene Rufnummer erhält, entfallen die teuren heimischen Roaming-Gebühren. Auch hat man über die indonesischen Mobilfunknetze günstigen **Internetzugang.** Bei allen Anbietern kann man günstige Internetpakete buchen. Schon für 50 000 Rp. bekommt man 30 Tage Zu-

Souvenirverkäufer mit balinesischen Mobiles und Holzspielzeug

gang bis zu einer Datenmenge von 600 Megabyte. Ansonsten führt man Telefongespräche ins Ausland am billigsten von **Telefonzentralen** *(wartel)*, die manchmal rund um die Uhr geöffnet haben. Günstige Tarife für Festnetztelefonate ins Ausland gibt es mit den Einwahlnummern 007 und 009.

Toiletten und Bäder

Toiletten heißen *kamar kecil,* kleines Zimmer. Auf den Toilettentüren findet man die Bezeichnungen *wanita* (Damen) und *laki-laki* oder *pria* (Herren). Balinesen halten Hocktoiletten, ein Loch im Boden, für hygienischer als Sitztoiletten westlichen Standards, die es häufig nur in Hotels und Restaurants der mittleren und gehobenen Preisklasse gibt.

Für die meisten Balinesen ist Toilettenpapier eine überflüssige Erfindung des Abendlandes; sie verlassen sich bei der Körperhygiene auf Wasser und ihre linke Hand. In den Toiletten vieler Touristenhotels und -pensionen stehen Eimer, in denen man das gebrauchte Toilettenpapier deponiert. Dies dient nicht dem Recycling, sondern soll einer Verstopfung der Abflussrohre vorbeugen.

In einfachen Herbergen gibt es an Stelle von Badezimmern westlichen Standards häufig ein *kamar mandi,* ein typisches indonesisches Badezimmer, zu dessen spartanischer Einrichtung ein Wasserbecken, eine Schöpfkelle, ein Abflussrohr und ein Nagel zum Aufhängen der Kleider gehört. Um ein Eimerduschbad zu nehmen, schöpft man das Wasser aus dem Behälter und schüttet es mit großen Güssen aus dem Plastiknapf über den Körper.

Trinkgeld

Trinkgelder sind in Indonesien nicht obligatorisch, aber man sollte bedenken, dass für viele Einheimische kleinere Dienstleistungen die einzige Einnahmequelle darstellen und dass wegen des sehr niedrigen Lohnniveaus darüber hinaus viele Erwerbstätige auf Trinkgelder angewiesen sind. Kellnern, Hotelpersonal und Gepäckträgern steckt man 5000–10 000 Rp. zu. In besseren Restaurants und größeren Hotels sind im Rechnungsbetrag meist 10 % Bedienungszuschlag enthalten, trotzdem ist es üblich, 5–10 % Trinkgeld zu geben.

Trinkwasser

Leitungswasser sollte man nicht trinken. Bedenkenlos trinken kann man hingegen das in Flaschen abgefüllte Mineralwasser. Kauft man Flaschenwasser von fliegenden Händlern auf der Straße, sollte man aber darauf achten, dass der Plastikverschluss unversehrt ist. Unbedenklich sind mit Eiswürfeln gekühlte Getränke, da das Eis unter staatlicher Kontrolle aus abgekochtem Wasser industriell hergestellt wird.

Umgangsformen

Das Alltagsleben der Balinesen ist vom Streben nach Harmonie gekennzeichnet, also der Vermeidung jeglicher Art von offener Konfliktaustragung. Wichtig ist vor allem, das Gesicht zu wahren. Mit Gesicht ist nicht etwa das Antlitz gemeint, sondern die Würde des Einzelnen. Sie anzutasten ist ein Sakrileg, das selbst einem Fremden nicht verziehen wird. So entsprechen Konfrontation und Diskussion ganz und gar nicht dem Naturell der Balinesen.

Als Verstöße gelten auch lautstarke Auseinandersetzungen in der Öffentlichkeit sowie ein harter, aggressiver Tonfall und kompromisslose Äußerungen. Selten ist ein *tidak* (nein) zu hören; viel lieber wird *belum* (noch nicht) oder *mungkin* (vielleicht) gesagt. Um Misstöne zu vermeiden, sagt man häufig auch ja, wenn man nach Lage der Dinge eigentlich mit nein antworten müsste. Balinesische Ohren können Zustimmung oder Ablehnung heraushören, ausländische Besucher verwirrt dieses ›Reden um den heißen Brei‹ dagegen oft.

Bei **Einladungen** sollte man unbedingt auf korrekte Kleidung achten. Pünktlichkeit bedeutet bei privaten Terminen eine 15- bis 30-minütige Verspätung. Man nennt dies *waktu karet* – Gummizeit. Vor Betreten eines Hauses zieht man grundsätzlich die Schuhe aus. Zur Begrüßung reicht man die rechte Hand zu einer leichten Berührung und legt sie dann an die eigene Brust, um die ›Herzlichkeit‹ des Grußes zu unterstreichen. Geschenke werden immer verpackt überreicht – und immer mit der rechten Hand. Der Gastgeber wird das Päckchen scheinbar achtlos zur Seite legen, da ein sofortiges Öffnen ihn als gierigen Menschen entlarven würde.

Gibt es keine Stühle, lässt man sich auf Kissen oder Matten nieder – Männer im Schneidersitz, Frauen mit seitwärts untergeschlagenen Beinen –, wobei jeder darauf achtet, seine Fußsohlen nicht auf eine andere Person zu richten.

Beim **Essen** ruht die linke Hand. Sie ist nur auf der Toilette nützlich! Speisen empfängt und isst man ausschließlich mit der rechten Hand. Die Höflichkeit gebietet, von allem ein Häppchen zu probieren. Man lässt einen Rest auf dem Teller zurück, um nicht den Eindruck zu erwecken, der Gastgeber hätte zu wenig angeboten. Bei **Gesprächen** tragen verfängliche Themen, etwa Politik, nicht unbedingt zur Stimmung bei.

Fettnäpfchen

Kleidung: Schmutzige und zerrissene Kleidungsstücke oder legere Urlaubsbekleidung abseits von Strand und Hotelpool empfinden Balinesen als ein Zeichen der Nichtachtung.

Berührung: Die Berührung durch einen Fremden wird als Respektlosigkeit empfunden. Vor allem der Kopf ist tabu, gilt er doch als Wohnsitz von Geist und Seele. Er ist auch bei Kindern nicht nur unantastbar, sondern sollte von einem Jüngeren oder Rangniedrigeren nach Möglichkeit auch nicht überragt werden.

Gesten: Auch der Austausch von Zärtlichkeiten in der Öffentlichkeit ist ebenso tabu wie mit ausgestrecktem Finger auf einen Menschen zu deuten. Wer den Kellner rufen möchte, sucht den Blickkontakt und winkt ihm mit ausgestrecktem Arm, die Handfläche nach unten gerichtet. Es gilt als Beleidigung, beim Gespräch die Hände in die Hüfte zu stützen oder die Arme vor der Brust zu verschränken.

Verhalten im Tempel: s. S. 83

Hat man doch einmal einen Fauxpas begangen, gibt es nur eins – **lächeln**. Das Lächeln ist auf Bali ein Joker in sämtlichen Lebenslagen, der selbst die schwierigsten Situationen zu meistern hilft. Auch für Besucher gilt auf der Götterinsel daher stets die Devise: lächeln!

Zeit

Bali und Lombok zählen zur zentralindonesischen Zeitzone, für die mitteleuropäische Zeit (MEZ) plus 7 Std. gilt, für Java MEZ plus 6 Std. Wenn es in Denpasar 12 Uhr mittags ist, zeigt die Uhr in Lauf an der Pegnitz also 5 Uhr morgens. Während unserer Sommerzeit verringert sich der Unterschied um 1 Std.

Panorama – Daten, Essays, Hintergründe

Reisfelder prägen weite Teile der balinesischen Landschaft

Steckbrief Bali und Indonesien

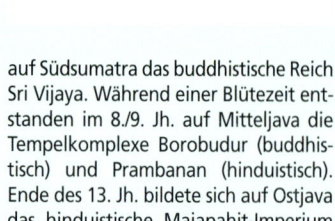

Lage und Fläche: Bali liegt im Zentrum des indonesischen Archipels. Die Landfläche Indonesiens beträgt ca. 2 Mio. km², die von Bali ca. 5600 km².
Hauptstadt: Denpasar (Indonesien: Jakarta)
Amtssprache: Indonesisch (Bahasa Indonesia)
Einwohner: Indonesien ca. 255 Mio., davon auf Bali rund 4,5 Mio. (800 000 in Denpasar)
Währung: Indonesische Rupiah (Rp.)
Zeitzone: Bali und Lombok MEZ + 7 Std., Java MEZ + 6 Std.; während der europäischen Sommerzeit jeweils 1 Std. weniger.

Geografie und Natur

Bali ist eine der 17 500 Inseln des indonesischen Archipels, der sich, von Nebenmeeren des Indischen und Pazifischen Ozeans umspült, in einem 5000 km langen Bogen beiderseits des Äquators von der Malaiischen Halbinsel bis nach Neuguinea erstreckt. Durch eine seichte Meerenge im Westen von Java und eine ca. 35 km breite und sehr tiefe Meeresstraße von Lombok im Osten getrennt, liegt Bali 8° südlich des Äquators. Eine Kette aktiver Vulkane durchzieht die Insel in Längsrichtung. Südlich davon prägen Reisfelder und -terrassen das Bild der Landschaft. Von tropischem immergrünem Regenwald, der einst die ganze Insel überzog, ist nur noch ein Drittel des westlichen Bali bedeckt.

Geschichte und Kultur

Ab dem 1. Jh. n. Chr. gelangten indische Einflüsse in den westlichen Teil des heutigen Indonesien. Zwischen 400 und 700 dominierten auf Zentraljava das hinduistische Sanjaya-Imperium und auf Südsumatra das buddhistische Reich Sri Vijaya. Während einer Blütezeit entstanden im 8./9. Jh. auf Mitteljava die Tempelkomplexe Borobudur (buddhistisch) und Prambanan (hinduistisch). Ende des 13. Jh. bildete sich auf Ostjava das hinduistische Majapahit-Imperium heraus, das gegen 1520 mit dem Vordringen des Islam zerfiel. Die Hinduelite Javas floh nach Bali und gründete dort das Königshaus von Gelgel.

1596 leiteten die Niederländer auf Westjava ihre Kolonisation ein, Anfang des 20. Jh. kontrollierten sie ganz Indonesien. 1942, mit der Eroberung Indonesiens durch die Japaner, endete die holländische Kolonialherrschaft. Am 17.8.1945 verkündete Sukarno die Unabhängigkeit der Republik Indonesien. Am 17.8.1950 wurde die Republik Indonesien konstituiert, Sukarno zum Präsidenten gewählt. Dem Scheitern eines kommunistischen Putschversuchs am 30.9.1965 folgte ein Massaker an 500 000 bis 1 Mio. (mutmaßlichen) Kommunisten. Nach der Entmachtung Sukarnos wurde 1968 General Suharto zum Staatspräsidenten gewählt. Nach wochenlangen blutigen Unruhen trat Suharto am 21.5.1998 vom Präsidentenamt zurück. Den dritten und vierten Präsidenten der Republik, Bacharuddin Jusuf Habibie und Abdurrahman Wahid, folgte 2001 Megawati

Sukarnoputri, die Tochter des Gründervaters der Nation, im Präsidentenamt nach. Am 12.10.2002 riss ein von muslimischen Terroristen gezündeter Sprengsatz auf Bali über 200 Menschen in den Tod. Am 5.10.2004 gewann der frühere General Susilo Bambang Yudhoyono die ersten direkten Präsidentschaftswahlen in Indonesien. Am 26.12.2004 starben über 175 000 Menschen, als ein Tsunami die Provinz Aceh auf Nordsumatra verwüstete.

Staat und Verwaltung
Indonesien ist eine zentralistisch geführte Präsidialrepublik. Oberstes gesetzgebendes Organ ist der Beratende Volkskongress mit 1000 Abgeordneten, zweite legislative Instanz das Repräsentantenhaus mit 400 Abgeordneten. Der für fünf Jahre gewählte Präsident der Republik, dessen Wiederwahl nur einmal möglich ist, besitzt umfangreiche exekutive und legislative Befugnisse. Eine dominierende Rolle spielt die Armee, die sich als wichtiger Garant der äußeren Sicherheit und als Instrument zur Erhaltung der staatlichen Einheit, einer stabilen politischen Ordnung und der gesellschaftlichen Entwicklung sieht. Die Wahl von Joko Widodo, allgemein bekannt als Jokowi, zum neuen Präsidenten Indonesiens am 20.10.2014 symbolisiert einen Neustart für Indonesiens Demokratie.

Bevölkerung
Die Bevölkerung Indonesiens teilt sich in ca. 360 Ethnien meist malaiischer Herkunft auf den westlichen Inseln sowie austronesischer Abkunft im Osten des Archipels. Die Bevölkerungsdichte beträgt 130 Einwohner/km^2 (Java: ca. 1000 Einwohner/km^2, Bali: ca. 700 Einwohner/km^2, Deutschland: ca. 200 Einwohner/km^2). Auf Java und Bali, die nur 7 % der Landfläche einnehmen, konzentrieren sich zwei Drittel der Gesamtbevölkerung. Während auf Java der Verstädterungsgrad bei 40 % liegt, leben über 80 % aller Balinesen auf dem Land. Das jährliche Bevölkerungswachstum von 2 % ist eines der höchsten der Welt.

Wirtschaft und Tourismus
Bedeutendste Devisenbringer für Indonesien sind Erdgas und Agrarprodukte. An Bedeutung hat die exportorientierte verarbeitende Industrie gewonnen. Über die Hälfte aller Beschäftigten ist im Agrarsektor tätig, der aber nur einen geringen Beitrag zum Bruttosozialprodukt leistet. Hauptprobleme sind ein Rückgang der wirtschaftlichen Produktion, enorme Ungleichgewichte bei der Einkommensverteilung, die hohe Arbeitslosigkeit und Unterbeschäftigung, eine hohe Auslandsverschuldung. Bali besitzt keine bedeutenden natürlichen Ressourcen, Hauptwirtschaftsfaktor auf der Insel ist der Tourismus.

Religion
Ca. 87 % der Indonesier bekennen sich zum islamischen Glauben sunnitischer Richtung, damit ist Indonesien der größte muslimische Staat der Welt. Religiöse Minderheiten sind Christen (ca. 9,5 %), Hindus (knapp 2 %, vorwiegend auf Bali) sowie Buddhisten, Taoisten und Konfuzianer (1 %, meist Chinesen). Naturreligionen hängen ca. 0,5 % der Indonesier an. In der balinesischen Hindu-Dharma-Religion verschmelzen Hinduismus, Buddhismus, Naturreligionen und Ahnenverehrung zu einem weltweit einzigartigen Glauben.

Vor- und Frühgeschichte

Ab 500 000 v. Chr. Funde weisen den indonesischen Archipel als eines der am frühesten besiedelten Gebiete der Erde aus (Javamensch).

2500–1500 v. Chr. In mehreren Einwanderungsintervallen dringen proto- oder altmalaiische Völker aus dem Gebiet des heutigen Südchina auf die indonesischen Inseln vor.

Ab ca. 300 v. Chr. Die Einwanderung von Jung- bzw. Deuteromalaien aus dem südchinesischen Raum markiert den Beginn der Bronze- und Eisenzeit. Auch Bali ist besiedelt – dies belegt die riesige Bronzetrommel (»Mond von Pejeng«), die man bei Ubud entdeckte.

Unter indischem Einfluss

Ab 1. Jh. n. Chr. Händler, Brahmanen und buddhistische Mönche bringen indische Einflüsse in den westlichen Teil des heutigen Indonesien.

5.–9. Jh. Auf Sumatra und Java bilden sich indisch beeinflusste Königreiche heraus. Das bekannteste ist Sri Vijaya, dessen Machtbereich weit über die Grenzen des malaiischen Archipels hinausreicht. Auf Java entstehen die beeindruckenden Tempelanlagen Borobudur (buddhistisch) und Prambanan (hinduistisch).

Ab 10. Jh. Auf Bali setzt eine Hinduisierung ein. König Airlangga (reg. 1019–1042) vereint Java und Bali unter seiner Herrschaft. Nach Airlanggas Tod entstehen kleine Fürstentümer auf dem unabhängigen Bali.

Ende 13. Jh. Auf Java steigt das hinduistische Majapahit-Imperium auf, dessen Einflussbereich im 14. und 15. Jh. ein Gebiet umfasst, das der heutigen Republik Indonesien entspricht. Bali wird dem Großreich 1343 als Provinz angegliedert.

Islamisierung und Kolonisation

Anfang 16. Jh. Unter dem Ansturm des Islam bricht das Majapahit-Reich zusammen. Bali wird daraufhin zur letzten Zufluchtsstätte für die Hinduelite Javas und deren Kultur. Hindu-javanische Adelige gründen auf der Insel das Königshaus von Gelgel, dessen Macht sich schließlich über ganz Bali erstreckt.

1597 Holländer landen erstmals auf Bali, zeigen aber kein Interesse an einer Kolonisation der Insel.

Mitte 17. Jh. Das balinesische Reich zerfällt in etwa ein Dutzend selbstständige Königreiche.

Balinesischer Adliger mit Gefolge, Aufnahme aus dem Jahr 1888

1846	Die Niederländer erobern Nordbali mit der Hafenstadt Singaraja und unterwerfen bis Anfang des 20. Jh. weitere Regionen der Insel.
1906	Um der holländischen Kolonisation zu entgehen, zieht das Königshaus von Badung mitsamt dem Hofstaat in die rituelle Selbstvernichtungsschlacht (*puputan*).
1920–1940	Europäische Maler, Musiker und Schriftsteller wie Walter Spies, Adrien Jean Le Mayeur und Vicki Baum lassen sich auf Bali nieder.

Der Zweite Weltkrieg und die indonesische Revolution

1941–1942	Die Japaner erobern Niederländisch-Ostindien.
17.8.1945	Zwei Tage nach der Kapitulation Japans verkündet Sukarno die Unabhängigkeit der Republik Indonesien.
1945–1949	Die zurückgekehrten Holländer versuchen, ihre Herrschaft mit Waffengewalt wiederherzustellen. Am 20.11.1946 fallen der heutige Nationalheld I Gusti Ngurah Rai und 1371 seiner Gefolgsleute in einer Selbstvernichtungsschlacht gegen die holländische Kolonialarmee.

Das unabhängige Indonesien

17.8.1950   Die zentralistische Republik Indonesien wird konstituiert und Sukarno zum Präsidenten gewählt.

1963–1965   Wirtschaftliche Probleme und eine zunehmende Polarisierung zwischen den Streitkräften, muslimischen Gruppierungen und der Kommunistischen Partei kennzeichnen die innenpolitische Situation.

30.9.1965   Kommunisten und sympathisierende Offiziere unternehmen einen Putschversuch, der schon bald von loyalen Truppen unter General Suharto niedergeschlagen wird. Es folgt ein Massaker an 500 000 bis 1 Mio. (mutmaßlichen) Kommunisten; allein auf Bali werden 100 000 Menschen getötet. Hiervon betroffen ist nicht zuletzt die chinesische Minderheit in Indonesien.

1966   Sukarno wird von General Suharto entmachtet.

1968   Der Volkskongress wählt General Suharto zum neuen Staatspräsidenten (Wiederwahlen 1973, 1978, 1983, 1988, 1993 und 1998).

1997   Die asiatische Wirtschaftskrise erfasst auch Indonesien. Vor allem in den Metropolen von Java kommt es zu Protesten und Straßenkämpfen.

1998   Nach wochenlangem Chaos tritt Präsident Suharto am 21.5.1998 zurück. Auch unter dem neuen Präsidenten Bacharuddin Jusuf Habibie flackern in Jakarta und anderen Großstädten weiterhin Unruhen auf.

1999   Die Oppositionspartei PDI-P unter Megawati Sukarnoputri, der Tochter des ersten Staatschefs und Gründervaters der Nation, geht bei den ersten freien Parlamentswahlen seit 44 Jahren als Sieger hervor. Nach der Unabhängigkeitserklärung von Osttimor ermorden proindonesische Banden Tausende von Zivilisten.

2000   Indonesien geht mit einer demokratisch gewählten Regierung ins neue Jahrtausend: Der gemäßigte Muslimführer Abdurrahman Wahid ist Präsident, Vizepräsidentin ist Megawati Sukarnoputri.

2001   In einem Machtkampf setzt die Volksversammlung Präsident Abdurrahman Wahid einstimmig ab und wählt dessen Stellvertreterin Megawati Sukarnoputri zum neuen Staatsoberhaupt.

2002   Jakarta entlässt die Provinz Osttimor in die Unabhängigkeit. Erster Präsident wird der Rebellenführer Xanana Gusmao.

12.10.2002	Im Ferienort Kuta auf Bali explodieren vor zwei Diskotheken Bomben und reißen über 200 Touristen und Einheimische in den Tod. Drahtzieher sind muslimische Extremisten mit Verbindungen zu Al Qaida.
5.10.2004	Der frühere General Susilo Bambang Yudhoyono gewinnt die ersten direkten Präsidentschaftswahlen in Indonesien deutlich.
26.12.2004	Über 100 000 Menschen sterben, als ein durch ein Seebeben ausgelöster Tsunami die Provinz Aceh auf Nordsumatra verwüstet.
2.10.2005	Bali wird von politisch motivierten Bombenanschlägen erschüttert.
2007	UN-Klimakonferenz in Nusa Bua (Bali) zum globalen Klimaschutz.
8.7.2009	Präsident Susilo Bambang Yudhoyono wird mit klarer Mehrheit im Amt bestätigt.
9.4.2014	Die Parlamentswahl, aus der die Demokratische Partei des Kampfes als stärkste Kraft hervorgeht, leitet einen politischen Wechsel ein.
20.10.2014	Die Wahl von Joko Widodo zum neuen Präsidenten Indonesiens gilt vielen Beobachtern als Sieg für die Demokratie in der Inselrepublik.
14.1.2016	Bei einem Anschlag der Terrororganisation »Islamischer Staat« sterben in Jakarta sieben Menschen.

Anlässlich der UN-Klimakonferenz übergeben Jugendliche eine Petition

53

Gewaltige tektonische Bewegungen werden für die Entstehung der indonesischen Inselwelt verantwortlich gemacht. Da sich die Kontinentalplatten weiterhin auf Kollisionskurs befinden, ist die Erdkruste unter den indonesischen Inseln noch immer nicht zur Ruhe gekommen.

Am Anfang, so die Schöpfungsmythologie der Balinesen, war das Wasser. Aber weder gab es Licht, noch Wärme, noch Lebewesen. Dann teilten sich die Fluten und überirdische Kreaturen begannen ihr Schöpfungswerk. Mit ihrer Energie und ihren Kräften erschufen unermüdlich und oft unbarmherzig an dem kleinen Eiland. So riss im März 1963 auf Ostbali der Gunung Agung, der als höchster Gipfel der Insel über 3000 m hoch in den Tropenhimmel ragt, seinen Schlund auf und spie Gift und Feuer. Hunderte Kubikmeter Magma quollen pro Sekunde nach oben, verwandelten die Flanken und das Vorland des Berges in eine graue Ödnis. Annähernd 2500 Menschenleben forderte die Jahrhunderteruption, über 250 000 Balinesen verloren Haus und Hof. Flammend und donnernd hatten die Götter von ihren mächtigen steinernen Wohnsitzen zu den Menschen

Geboren aus Feuer und Wasser

sie die Schildkröte Bedawang und setzten sie in den Urozean. Auf ihrem mächtigen Rücken begannen Pflanzen zu sprießen, bildeten sich Flüsse und Seen, Berge und Täler – Bali war entstanden. Als die göttlichen Wesen ihr Werk vollbracht hatten, zogen sie sich auf die himmelsnahen Vulkane und heiligen Berge zurück. Zuvor jedoch verbannten sie die Dämonen und bösen Geister in die Tiefen des Meeres.

Balis ›Feuerberge‹

Die Schöpfungsgeschichte von Bali scheint noch lange nicht beendet, denn die Götter modellieren weiterhin

Gunung Agung – der Große Berg

gesprochen, um ihnen ihren Unwillen kundzutun. So deuteten balinesische Priester die Naturkatastrophe.

Wissenschaftler erklären die Vulkanausbrüche und Erdbeben mit der Lage der Inselkette in einer Region, die zu den geologisch instabilsten gehört, dem Feuergürtel der Erde. Für das ständige Grummeln im Bauch der Erde Balis und vieler anderer indonesischer Inseln machen sie die Kollision zweier Kontinentalplatten verantwortlich. Mit einer Geschwindigkeit von wenigen Zentimetern im Jahr schiebt sich von Süden her die australische Kontinentalplatte unter den asiatischen Erdteil, wodurch an den Bruchstellen die Erdkruste aufplatzt und das flüssige Erdinnere herausquillt. Die Nordwärtsdrift des australischen Kontinentalsockels führte dazu, dass vor 15 Mio. Jahren die ca. 17 500 Inseln des größten Archipels der Erde aus den Tiefen des urzeitlichen Ozeans emporstiegen.

Noch heute deuten Landschaftsformationen darauf hin, dass Bali einst das östliche Anhängsel von Java war. Nur durch eine außerordentlich schmale und seichte Meeresstraße von der westlichen Nachbarinsel getrennt, liegt Bali in der Verlängerung der Vulkanachse Javas. Beim Landeanflug auf den Ngurah Rai International Airport nahe Denpasar bieten sich bei wolkenlosem Himmel überwältigende Blicke auf die Inselvulkane. Im Zentrum ragen die mächtigen Massive des Gunung Batukaru und des Gunung Batur aus Palmenhainen und Reisfeldern, während im Osten der Gunung Agung, der Große Berg, die weißliche Dunstschicht durchstößt. Dünne Rauchfahnen, die sich von Zeit zu Zeit aus ihren Kratern kräuseln, erinnern daran, dass sie noch aktiv sind.

So gefährlich die kaum berechenbaren Feuerberge, wie die Übersetzung des indonesischen Begriffs *gunung api* lautet, sein können, so nützlich sind sie auch. Java und Bali verdanken ihre Fruchtbarkeit nicht nur den regelmäßigen Monsunregen, sondern ebenso den feinen, mineralhaltigen Vulkanaschen, einem natürlichen Superdünger, der sich in Jahrtausenden über das Land verbreitete. Letztlich haben diese Vulkanböden die Entwicklung der Hochkulturen auf Java und Bali gefördert und die heutige sehr hohe Bevölkerungsdichte erst ermöglicht.

Spektrum der Landschaften

Die schönsten und reichsten Regionen Balis erstrecken sich südlich der Vulkankette, welche die Insel in Längsrichtung

durchzieht. Hier staffeln sich die grünen Nassreisfelder, die *sawah,* in Terrassen die Berghänge hinauf. Seit Jahrhunderten haben die Balinesen an dieser Kulturlandschaft gearbeitet. Dabei haben sie jeden Quadratmeter Boden umgepflügt und nichts so belassen, wie es die Natur einst geschaffen hatte. Dies ist auch die am dichtesten besiedelte Region der Insel, wo die Dörfer eng aneinandergrenzen, wo die wuchernde Hauptstadt Denpasar und die bekannten Ferienzentren liegen.

Auf der paradiesisch grünen Vulkaninsel, die sich in ihrer äußersten

Auf fruchtbaren Vulkanböden sprießt das Grün – Reisterrassen bei Pacung

Ausdehnung 150 km von West nach Ost und 80 km von Süd nach Nord erstreckt, kommen sich von Flüssen und tiefen Schluchten zerschnittene Berge und weiße oder vulkanisch graue Sandstrände sehr nahe. Ein gutes Drittel des westlichen Bali nimmt das Hochland von Jembrana ein, vom Urwald dicht überzogen, ohne Wege und so gut wie unbewohnt. Hier erstreckt sich Balis einziger Nationalpark, der Taman Nasional Bali Barat. Der Westspitze vorgelagert ist die kleine Pulau Menjangan, bei der mehrere hundert Korallenarten wachsen.

Während sich im Westen sowie entlang der nach Norden zu ziemlich steil abfallenden, nach Süden flach zum Meer hin auslaufenden Bergkette die Landschaft grandios in Szene setzt, weichen manche Regionen Balis mit ihrer kargen Vegetation vom Traumbild tropischer Fülle deutlich ab. So erinnert die südlich vorgelagerte Halbinsel Bukit Badung mit trockenen Savannen und Kakteenfeldern fast ein wenig an Zentralaustralien. Ursache hierfür sind die unfruchtbaren, wasserdurchlässigen Böden dieses Kalkplateaus.

Bali – Orgie in Grün

Ein Paradies auf Erden, wie man es sich schöner und harmonischer kaum vorstellen kann – so sehen die Balinesen ihre Insel und behaupten auch, dass der Himmel nur ein zweites Bali sei. Auch Besucher Balis sind überwältigt von der Fülle der dortigen Flora.

Tropische Pflanzenwelt

»Stecke einen Spazierstock in den Boden, und er wird grünen und Früchte tragen«, berichtete ein portugiesischer Seefahrer, der Ende des 16. Jh. balinesischen Boden betreten hatte. Bei gleichbleibend hohen Temperaturen von durchschnittlich 28 °C in den tiefer gelegenen Inselregionen und einer extrem hohen Luftfeuchtigkeit wärmt die Tropensonne den fruchtbaren Lavaboden, der von Zeit zu Zeit bei neuen Vulkanausbrüchen Nachschub an mineralienreicher Vulkanasche erhält.

Die üppige Tropenvegetation überzieht das Innere der Insel wie ein dichter Teppich, Regenwälder legen sich als samtige Mäntel um die Vulkankegel. Auch die Menschen haben die Gunst der Natur genutzt und eine Kulturlandschaft geschaffen, die ihresgleichen sucht. Bis zu drei Reisernten pro Jahr sind möglich. Dabei erscheinen die fruchtbaren Ebenen wie ein Patchwork aus Grüntönen in allen Schattierungen, wenn sich aneinandergrenzende Reisfelder in unterschiedlichen Reifestadien befinden. Die Bauern haben im Lauf der Jahrhunderte aber auch die vulkanischen Hänge in immer größere Höhen hinauf kultiviert. Über steile Bergflanken schwingen sich heu-

Grün in allen Schattierungen schimmern die Reisfelder bei Ampadan

te kunstvolle Reisterrassen, klettern hoch bis zu manchem Gipfel.

Zwischen den Feldern wuchern haushohe Bambushaine empor, werfen Kokospalmen ihre Schatten. Wie von Götterhand in die Landschaft gesetzt wirken die meterhohen, buschigen Frangipani-Bäume, die weiße oder karmesinrote Blüten tragen. Diese wie auch Hibiskusblüten stecken sich Balinesen gerne hinter das Ohr, nicht nur zur Zierde, sondern auch als Zeichen dafür, dass sie soeben gebetet haben.

Wer Bali besucht, staunt über die Vielfalt tropischer Blumen und Blüten, über die unzähligen Orchideenarten, die in einem Feuerwerk an Farben explodieren. Bougainvilleen mit rot bis lila getönten Blüten und feurige Weihnachtssterne leuchten in der Sonne. Auf Seen und Teichen schwimmen neben Seerosen Lotosblüten, die als Symbol für Reinheit, Schönheit und ewiges Leben gelten, deren Wurzeln und Samen aber auch zu einem schmackhaften Gemüse verarbeitet werden.

Aus der verschwenderischen Vegetation drängt sich der an seinen charakteristischen Luftwurzeln erkennbare Banyan-Baum (Würgefeige/ *Ficus bengalensis,* auf Indonesisch *waringin*) ins Blickfeld. In jedem balinesischen Dorf steht zumindest einer dieser als heilig erachteten Bäume, die uralt sind und nicht angetastet werden dürfen. Meist beschützen die riesigen Bäume mit ihren weit ausladenden Kronen die Dorftempel.

Die Wallace-Linie

Während seiner achtjährigen Reise quer durch den malaiischen Archipel verbrachte der britische Biologe Alfred Russel Wallace (1823–1913) mehrere Monate auf Bali. Wallace, der zeitgleich mit Charles Darwin die Evolutionstheorie aufstellte, entdeckte auf Bali die Grenze zwischen zwei Tier- und Pflanzenwelten – die nach ihm benannte Wallace-Linie –, wo die Faunen und Floren zweier Kontinente aufeinandertreffen. Sie verläuft hier zwischen Bali und der nur 35 km entfernten östlichen Nachbarinsel Lombok. An den Abbruchkanten des Sundaschelfs liegen die Grenzen der frühen tierischen und vermutlich auch menschlichen Wanderungen.

Die Tierwelt

Besucher von Nationalparks auf Bali und Java halten heute vergeblich Ausschau nach dem indonesischen Königstiger, denn diese Großkatze ist dort so gut wie ausgerottet. Zu den dezimierten Tierarten gehören darüber hinaus der Tapir ebenso wie der nur katzengroße Zwerghirsch Kancil. Dieses scheue, geweihlose Tier gilt als ausgesprochen listig und nimmt in vielen indonesischen Märchen den Part unseres Reineke Fuchs ein. Nur noch in Tierreservaten auf Borneo, Java und Bali lebt der bis zu 1 t schwere Banteng, die Wildform des später domestizierten Balirinds.

Makake

Lesetipp

Wallace, Alfred Russel: The Malay Archipelago – The Land of the Orang-Utan and the Bird of Paradise. A Narrative of Travel with Studies of Man and Nature, London 1869 (aktuellste Ausgabe: Dover Publications Inc., New York 1986). Das Hauptwerk des berühmten Naturforschers, auf Englisch.

Während verschiedene Makakenarten, etwa der sehr freche und zudringliche Javaner Affe, nach wie vor allgegenwärtig sind, sieht man viele Vogelarten mittlerweile häufiger in Gefangenschaft als in freier Natur. Vor allem die Bewohner Javas, aber auch viele Balinesen lieben Singvögel, die sie in meist kunstvoll geschnitzten Käfigen halten.

Als heilig verehrt werden Fledermäuse und Flughunde mit Flügelspannweiten von bis zu 1 m sowie verschiedene Schlangenarten, darunter beispielsweise die Königskobra und die in der Nähe des Meerestempels Tanah Lot vorkommende, mit schwarzweißen Querbändern gezeichnete Seeschlange.

Wie in fast allen Regionen Indonesiens wird auch auf Bali der Kerabau, der domestizierte Wasserbüffel, als vielseitiges Last- und Zugtier eingesetzt. Rotrinder und schwarze Hängebauchschweine sind typische Haustiere, ebenso Enten, die frisch bepflanzte Reisfelder von Schnecken und anderem Ungeziefer freihalten. Hunde undefinierbarer Rassenmischungen, stets kläffende Vierbeiner, sind in balinesischen Dörfern allgegenwärtig.

Weil sie lästige Insekten wie Fliegen und Moskitos vertilgen, sind der kleine, mit Saugnäpfen an den Füßen ausgerüstete Cicak und der bis zu 30 cm große Tokeh (bekannter unter dem Namen Gecko), zwei Eidechsenarten, in jedem indonesischen Haus gern gesehene Gäste. Manche Einheimischen zählen die heiseren Rufe des Tokeh mit, wenn sie wissen wollen, ob sie Glück oder Pech haben werden. Als Glück verheißend gilt eine ungerade Anzahl von Lauten. Ganz besondere Fortüne steht ins Haus, wenn der Tokeh sieben oder neun kehlige Laute ausstößt.

Es stinkt zum Himmel – Umweltsünden auf Bali

»Der Himmel ist nur ein zweites Bali«, sagen viele Balinesen, die sich kaum vorstellen können, dass ihnen das Jenseits mehr an Harmonie bieten könnte als ihre Insel. Doch die Moderne hat aus dem irdischen Garten Eden ein Paradies mit Schönheitsfehlern gemacht. Längst nicht alles steht auf der Götterinsel zum Besten.

Die großen Probleme auf Bali heißen Verkehr und Umweltbelastung. Über der verstädterten Region im Süden der Insel, wo sich ein Großteil des Tourismus konzentriert, sich zudem die meisten Balinesen drängen, hängt an windstillen Tagen eine graue Dunstglocke. Durch die engen Straßen quälen sich Autos und Taxis, *bemo* und Touristenbusse. Tausende von Mopedfahrern zwängen sich durch die wenigen Lücken im dichten Verkehr und laden hier die Luft nahezu pausenlos mit Kohlenmonoxid auf.

Schuld an der ›dicken‹ Luft sind hauptsächlich die endlosen Blechkarawanen, die sich in den Straßen stauen. Aber auch die archaische Müllbeseitigung trägt zur Schadstoffemission bei.

Müllentsorgung

Eine halbwegs organisierte Müllabfuhr gibt es nur in Denpasar und den anderen größeren Städten der Insel sowie in den Ferienzentren des Südens, wo die konsumgewohnten, nach Hunderttausenden zählenden Badeurlauber tonnenweise Müll hinterlassen. Überall sonst muss jeder selbst sehen, wie er seinen Unrat beseitigt.

Früher, als die Speisen noch in Bananenblättern statt in Plastik und Styropor verpackt wurden, gab es wenige Probleme – der Biomüll verrottete und reicherte die ohnehin schon fruchtbare Erde zusätzlich mit Nährstoffen an. Heute aber überschwemmen Kunststoffflaschen, Plastiktüten und anderer Industriemüll die Insel. Ein großer Teil des Unrats wird in die Landschaft gekarrt oder landet auf glimmenden wilden Müllkippen, denn obwohl sich längst Plastikverpackungen daruntergemischt haben, wird immer noch ein großer Teil des Mülls in offenen Feuern verbrannt und damit in zum Himmel stinkender Weise entsorgt.

Auch hat der Abfall an den Stränden von Kuta, Legian und Seminyak schon manchem Weihnachtsurlauber den Badespaß verdorben. In der Regenzeit – gerade um Weihnachten – wird der an den Flussufern liegen gebliebene Müll ins Meer geschwemmt und durch starken Wind und hohe Wellen wieder angetrieben. Zwar werden die Strände täglich gesäubert, aber am nächsten Tag sieht es wieder genauso aus.

Gewässerschutz

Wasser ist in der hindu-balinesischen Religion von großer Bedeutung. Umso trauriger stimmt es, dass in den Ballungsräumen von Südbali oder auf dem Land auch der Gewässerschutz zu den Problembereichen gehört. Nicht einmal in der Hauptstadt gibt es ein umfassendes Abwasserentsorgungssystem, eine unterirdische Kanalisation fehlt gänzlich. Haushalte und Hotels, Fabriken und Farmen leiten ihre mit chemischen Rückständen und Schwermetallen ›angereicherten‹ Abwässer in offene Kanäle und Flüsse. Ungeklärt wälzt sich die Brühe dann Richtung Meer. Wohl verpflichten Gesetze jedes Unternehmen, die Gewässerverschmutzung zu vermeiden, doch hapert es mit der Kontrolle. Kläranlagen, die internationalem Standard entsprechen, gibt es nur in der Retortensiedlung Nusa Dua mit ihren Luxushotels.

Folgen des Baubooms

Zwar dürfen in den Ferienzentren Hotels nicht höher als Palmen in den Himmel ragen, sodass Bali architektonische Monstrositäten wie etwa an der spanischen oder türkischen Mittelmeerküste erspart blieben, doch führte der ungebrochene Bauboom dazu, dass Balis zauberhafte Küsten- und Reisfeldlandschaft immer größeren Eingriffen und Verschandelungen ausgesetzt ist. Kapitalkräftige ausländische Investoren reißen mit Hilfe indonesischer Vertreter die schönsten Grundstücke der Insel an sich, um dort Hotels in zum Teil traumhafter Lage zu bauen. Auf lange Sicht wird der Reichtum der Landverkäufer die traditionelle Geschlossenheit der balinesischen Dorfgemeinschaften beeinträchtigen. Auch könnten die zahlreichen Neubauten das fein ausbalancierte System der Reisterrassen empfindlich stören.

Spekulanten schrecken nicht einmal davor zurück, Hotels an Orten zu bauen, die seit Menschengedenken den Göttern vorbehalten waren. So entstand trotz massiver Proteste zahlreicher Einheimischer und obwohl balinesische Hohepriester dringend davon abrieten, gegenüber vom Meerestempel Tanah Lot ein mondäner Ferienkomplex mit Golfplatz. Anlass zur Sorge gibt auch der exzessive Wasserverbrauch der großen Hotels, den man mit der Bohrung von Tiefbrunnen an der Küste auszugleichen versucht hat. Folge davon war eine Versalzung weiter Landstriche.

Ein Land im Umbruch

Demokratie, Toleranz und soziale Gerechtigkeit sind zwar prinzipiell fest in der indonesischen Verfassung verankert, aber von einer Demokratie nach westlichem Muster ist der Inselstaat heute noch fast ebenso weit entfernt wie vor einem guten halben Jahrhundert, als Sukarno nach 350 Jahren holländischer Kolonialherrschaft die Unabhängigkeit Indonesiens ausrief.

Von der Autokratie zur ›Demokratie‹

Der erste Präsident der Republik wollte seine politischen Vorstellungen nach einem starren, staatlich diktierten Schema verwirklichen, ohne Rücksicht auf Widerspruch. »Gelenkte Demokratie« nannte Sukarno diese Politik. »Neue Ordnung« lautete die Devise nach der Machtübernahme durch General Suharto 1966. Zwar galt das Regime unter Suharto als eines der stabilsten der Dritten Welt, doch wurde diese Stabilität durch die Unterdrückung aller politischen und sozialen Kräfte, die ihm hinderlich werden konnten, erreicht. Als Staatsoberhaupt, Regierungschef und Oberbefehlshaber des Militärs in Personalunion besaß der Präsident weitreichende Vollmachten. Parlament und Volkskongress hatten vor allem eine akklamatorische Funktion. Wahlen konnten nicht darüber hinwegtäuschen, dass die wichtigen Entscheidungen bereits vor dem Urnengang fielen und die Wahlergebnisse nicht dem Zufall überlassen blieben. Zwar gab es Unzufriedenheit und kritische Stimmen im Land, doch erstickte die wahlen in Indonesien gewonnen und war am 8.7.2009 im Amt bestätigt worden. Die Parlamentswahl am 9.4.2014 leitete einen politischen Wechsel ein, die Demokratische Partei des Kampfes wurde zur stärksten Kraft in der Volksvertretung. Bei den Präsidentenwahlen am 20.10.2014 gewann der von der Demokratischen Partei des Kampfes nominierte Gouverneur der Hauptstadt Jakarta, Joko Widodo, ein moderater Politiker, der sich durch Toleranz gegenüber anderen Religionen und Parteien Respekt erworben hat.

Ein Elefant erhebt sich

Omnipräsenz des Herrschaftsapparats und das allgegenwärtige Militär jegliche Opposition bereits im Keim. Erst Entwicklung, dann Freiheit, lautete der Vorwand für die Repressionen.

Zu einer historischen Zäsur kam es, als die asiatische Wirtschaftskrise 1997 auch Indonesien erfasste. Es brachen massive Proteste aus, in denen sich die über Jahrzehnte angestaute Unzufriedenheit entlud. Als auf dem Höhepunkt des Volksaufstands im Mai 1998 ganze Stadtteile Jakartas Schlachtfeldern glichen, trat Suharto zurück.

Der Rücktritt des ›lächelnden Generals‹ signalisierte das Ende einer von Unrecht, Unterdrückung und Gewalt geprägten Epoche. Seit Suhartos Macht gebrochen wurde, blüht in Indonesien eine Art Glasnost auf und es wird über Menschenrechtsverletzungen und Korruption gesprochen.

Trotz der von muslimischen Terroristen auf Bali verübten Bombenanschläge von 2002 und 2005 gelang es Präsident Susilo Bambang Yudhoyono, eine neue, friedliche Ära einzuleiten. Der frühere General hatte am 5.10.2004 die ersten direkten Präsidentschafts-

Nirgendwo ist der Sprung zur Industrienation so deutlich sichtbar wie in den Großstädten der Inselrepublik, deren Bild Einkaufspaläste, ein Meer von Leuchtreklamen, Baukräne und verstopfte Straßen prägen, die das Verkehrsaufkommen kaum noch bewältigen können. Der ›indonesische Elefant‹ hat lange geschlafen. Die ›asiatischen Tiger‹ Singapur, Malaysia, Thailand, Taiwan, Hongkong und Südkorea stürmten ihm in die Moderne voraus.

Noch bis zur Mitte der 1980er-Jahre basierte die indonesische Volkswirtschaft auf Erdöl- und Erdgasförderung sowie Landwirtschaft. In der Folgezeit leiteten indonesische Wirtschaftsstrategen eine Kurskorrektur ein, in deren Zentrum der Aufbau einer exportorientierten verarbeitenden Industrie stand. Seither hat das Land Anschluss an die asiatischen Wirtschaftswunderländer gefunden.

Der sich vorwiegend auf Java konzentrierende Wirtschaftsboom führte nicht nur zur Bildung einer wachsenden Mittelschicht, sondern kommt in Form staatlicher Investitionen allmählich auch den Armen zugute. Staatliche Gelder flossen beispielsweise in die Infrastruktur auf den Dörfern. Doch werden die sozialen Gegensätze zwischen dem Millionenheer der Arbeitslosen, Unterbeschäftigten und Arbeiter sowie den wenigen, die in führenden Positionen in der Exportwirtschaft tätig sind, immer schärfer. Die Schere zwischen Arm und Reich klafft gefährlich auseinander, und die Kraft der indonesischen Dorfkultur, die dadurch entstehenden Spannungen abzufedern, beginnt zu erlahmen. Erkauft wurden die in manchen Jahren zweistelligen Zuwachsraten zudem durch einen Raubbau an der Natur, vor allem der Zerstörung der ursprünglichen Regenwälder durch Abholzung und Brandrodung.

Wirtschaft auf Bali

Jahrhundertelang lebten die Balinesen fast nur vom Nassreisanbau. Die Reisterrassenlandschaft, die Feste und Zeremonien rund um den Reisanbau lassen dabei leicht übersehen, auf welch schmaler wirtschaftlicher Basis die Kultur der Insel ruht.

Aus Mangel an anderen Arbeitsplätzen sind immer noch etwa drei Viertel aller Erwerbstätigen in der Landwirtschaft beschäftigt. Doch obwohl drei Reisernten im Jahr möglich sind und zudem Obst und Gemüse, Tabak und Kaffee, Erdnüsse und Gewürznelken angebaut und exportiert werden, kann die Landwirtschaft die wachsende Bevölkerung immer weniger ernähren.

Bali besitzt keine bedeutenden natürlichen Ressourcen. Zudem gibt es außer dem Kunsthandwerk kein produzierendes Gewerbe. Kein Wunder also, dass man – ungeachtet der warnenden Stimmen – vor allem über den Tourismus versucht, Devisen einzunehmen. Balis Ruf als sonnenverwöhnte ›Insel der Götter und Dämonen‹ lockt jährlich über 4 Mio. Besucher aus aller Welt an. Vielen von ihnen ist aber nicht bewusst, dass Bali mit seiner heilen, bestens organisierten Ferienwelt keine Insel der Glückseligkeit ist, sondern Teil eines krisengeschüttelten Staates, der vor einer ungewissen Zukunft steht.

Früchte und Gemüse werden auf Balis Märkten angeboten

Balinesische Lebensart – Familie und Dorfgemeinschaft

Im Dorf und in der Familie spielt sich das Leben der meisten Balinesen ab. Bis auf die wenigen städtischen Zentren ist Bali eine Insel der Bauern geblieben. Nach wie vor leben über 80 % aller Balinesen auf dem Land. In den Dörfern, oft nur wenige Kilometer abseits der touristischen Zentren, folgt das Leben wie eh und je dem Rhythmus der Jahreszeiten, dem Wechsel von Saat und Ernte, unterbrochen nur von einem der häufigen Feste.

Die Familie – teilen und teilhaben

Unter ein und demselben Dach wohnen Eltern, Kinder und Großeltern zusammen, nicht selten gesellt sich dazu ein verwitweter Onkel oder ein Vetter, der gerade keine Arbeit hat und mitversorgt werden muss. Balinesen glauben an ›starke Familien‹, die als soziale Schutzgemeinschaften verstanden werden und auch so funktionieren. In einem Land, in dem ein Sozialversicherungssystem nach westlichem Muster unbekannt ist, vermittelt der Familienverband dem Einzelnen nicht nur Geborgenheit, sondern auch Sicherheit. Anstelle des Staates knüpft und erhält die Großfamilie das soziale Netz und garantiert jedem Mitglied eine Absicherung bei Altersgebrechlichkeit, bei Krankheit – bei allen nur denkbaren Schicksalsschlägen.

Balinesen leben in einer Welt des Teilens und Teilhabens – die Bindung an die Familie und die damit einhergehenden Pflichten haben Vorrang gegenüber den Bedürfnissen des Individuums. Einzelinteressen sind dem Wohlergehen der Familie unterzuordnen. Die gegenseitige Unterstützung wird von jedem einzelnen Mitglied eingefordert. Ob ein Krankenhausaufenthalt oder ein Familienfest finanziert werden müssen, alte Eltern oder arbeitslose Geschwister zu versorgen sind – stets fühlt sich die ganze Familie dafür verantwortlich. In diesem Versorgungssystem sind Alters- oder Pflegeheime überflüssig. Beim bloßen Gedanken an derartige Einrichtungen reagieren Balinesen fassungslos – wie kann man nur seine eigenen Eltern in ein Heim abschieben und von fremden Menschen versorgen lassen?

Kaum ein Balinese käme auf die Idee, sich den Regeln der Familie zu widersetzen. Hier zeigt sich sehr deutlich der Unterschied zum westlichen Kulturkreis: Werte wie freie Entfaltung des Individuums, Ich-Identität oder Streben nach persönlicher Unabhängigkeit sind, trotz aller Modernisierung und Verwestlichung, den meisten Balinesen immer noch fremd und unverständlich. Konflikte sind innerhalb einer Großfamilie selten, da die Integrationsfähigkeit als wichtigstes Erziehungsziel

Kinder sind ein wichtiger Bestandteil der Großfamilie

gilt. Von Kindesbeinen an wird den Balinesen daher das Streben nach Harmonie als ein gesellschaftlicher Wert von überragender Bedeutung vermittelt, ja geradezu eingetrichtert. Anders als in westlichen Ländern, wo man Kin-

Lesetipp
Fred B. Eiseman jr.: Sekala & Niskala. Singapur 1998 (Periplus Editions). Für dieses zweibändige Standardwerk des Anthropologen Eiseman über Geschichte und Kultur, Religion und Alltag braucht man viel Zeit und gute Englischkenntnisse.

der schon früh ermuntert, Meinungen und Wünsche zu äußern und ihre Persönlichkeit zu entfalten, lernen junge Balinesen, sich in die vorgegebenen sozialen Strukturen einzufügen. Im Sinne der sozialen Harmonie müssen Kinder von klein auf lernen, Respekt zu zeigen, Streit zu vermeiden und ein Gespür für das ›Gesicht‹ anderer zu entwickeln. Einerseits wird dem Nachwuchs auf diese Weise ein hochsensibles Gemeinschaftsdenken anerzogen, andererseits aber ein passives Verhalten gegenüber jeglicher Art von Autorität, mangelnde Eigeninitiative sowie eine Scheu vor jeder Art von Einzelverantwortung.

Während auf dem Land die Großfamilie noch immer die Regel ist, überwiegt in den wenigen städtischen Regionen Balis die Kleinfamilie. Und obwohl auch eine räumliche Trennung zumeist nicht an der Loyalität des Einzelnen gegenüber dem Familienkollektiv rührt und die allermeisten Balinesen zeit ihres Lebens ihren Eltern Achtung und Respekt zollen, empfinden doch immer mehr von westlichen Standards

beeinflusste junge Menschen die familiäre Nähe auch als Enge, Hilfe auch als Kontrolle und Gruppendasein auch als Unfreiheit. Manche sehen in der Abwanderung in die Städte eine Möglichkeit, sich zumindest zeitweilig aus der Umklammerung der (ländlichen) Großfamilie zu befreien. Manche beginnen auch zaghaft ›ich‹ zu sagen – und nicht immer nur ›wir‹.

Die balinesische Dorfgemeinschaft

Zwar ist auf Bali die Familie der Kern der Gesellschaft, aber das Familienleben verläuft in anderen Bahnen als im Westen. So verbringen die Mitglieder einer balinesischen Familie verhältnismäßig wenig Zeit miteinander. Ein Großteil des Lebens spielt sich in der Dorfgemeinschaft ab, die mit ihren Institutionen, Vereinen und Genossenschaften eine weitgehend in sich geschlossene Welt ist. Die Dorfgemeinschaft fordert von ihren Mitgliedern Mitarbeit, viele Pflichten und manche Opfer, allerdings bietet sie auch jedem, der in Not gerät, Halt.

Fast jede Tätigkeit wird in der Gruppe verrichtet – die Verwaltung des Dorfes, die Bestellung der Felder oder die Organisation von Tempelfesten und Familienfeiern. Der soziale Status eines Menschen wird weniger von seinem materiellen Besitz bestimmt als vielmehr durch seinen Einsatz bei gemeinschaftlichen Aufgaben. Das erklärt, warum auf Bali das Streben nach Ruhm und Anerkennung nur schwach ausgeprägt ist. Balinesen empfinden es als beschämend, wenn das eigene Verhalten von der Gruppennorm abweicht. Und die schwerste Strafe, die einer Person drohen kann, ist die Verstoßung aus der Dorfgemeinschaft.

Die meisten balinesischen Dörfer haben bis heute eine erstaunliche Autonomie bewahrt, sie sind kleine ›Dorfrepubliken‹ mit einer funktionierenden Selbstverwaltung. Die Bevölkerung bildet eine Sozialgemeinschaft, deren Zusammenleben auf dem *adat* basiert – dem vorhinduistischen Gewohnheitsrecht, in dem gesellschaftliche und religiöse Normen zusammengefasst sind, das soziale Pflichten und Rechte bis in kleinste Details festschreibt.

Adat-Zeremonien bestimmen Lebensstationen wie Geburt, Heirat oder Tod. *Adat* gibt den Bauern Anleitungen für die Feldbestellung und die Ernte, nach *adat*-Normen werden Siedlungen, Wohnhäuser und Kultstätten angelegt. Es gibt im Dorf niemanden, der Anordnungen treffen kann, da alle wichtigen Fragen durch das *adat* geregelt sind. Abweichungen von den ungeschriebenen, aber tief verinnerlichten *adat*-Regeln könnten das gesamte Dorfgefüge in Chaos stürzen. Daher muss sich jeder den Interessen der Gemeinschaft unterordnen. »Ein Tropfen Farbe verdirbt die ganze Milch«, lautet ein balinesisches Sprichwort – das Fehlverhalten eines einzelnen Menschen schädigt das Ansehen des gesamten Dorfes.

Größere Dörfer sind in kleinere Bezirke, die *banjar*, untergliedert. Einem *banjar* gehören 50 bis 100 Familien an. Ein Balinese kann nur dann Mitglied in einem solchen Selbstverwaltungsgremium werden, wenn er sesshaft ist und geheiratet hat. Einmal im Monat treffen sich die Mitglieder im *bale banjar*, der Versammlungshalle, um über alle Dorfangelegenheiten zu beratschlagen. Dazu gehören die Aufsicht über das Straßen- und Wegenetz, die Verwaltung lokaler Einkünfte, die Organisation von Festen und Prozessionen sowie der Bau und die Pflege von Tempeln. In den Händen dieser ›Exekutivräte‹ liegt auch die niedere Gerichtsbarkeit. Eine wichtige Funktion haben zudem die *subak* genannten Reisbauvereinigungen (s. S. 148).

Feldarbeit wird gemeinsam verrichtet – Reis dreschen auf Bali

Priester kommen bis heute stets aus der höchsten Kaste – sie sind Brahmanen

Jeder Bauer, Händler oder Priester, jede Frau und jedes Kind hat einen fest definierten Rang in der balinesischen Gesellschaft, denn mit der Hinduisierung Balis wurde auch die indische Kastenordnung übernommen. Zwar wird auf Bali das Kastensystem undogmatischer gehandhabt als im Ursprungsland, doch hat es auf der Insel zur Entwicklung einer komplizierten Sprachstruktur geführt.

Kasten, Titel, Namensgebung

Auf Bali werden, vor allem im Süden, weniger im Norden, Kastenprivilegien allgemein akzeptiert und wird der Umgang mit Menschen der eigenen Kaste bevorzugt, doch sind anders als in Indien Abgrenzungen eher locker. So sind Hochzeiten über die Schranken einer Kaste hinweg erlaubt, obwohl sie immer noch die Ausnahme bilden. Auch kann jeder Balinese – zumindest theoretisch – seinen Beruf frei wählen. So mag es sein, dass der Taxifahrer, der einen Besucher zum Hotel bringt, einer verarmten Adelsfamilie der höchsten Kaste entstammt, während der Hotelmanager ein ehrgeiziger *jaba* oder *sudra* ist (s. S. 71). Eine Ausnahme bildet lediglich das Priesteramt, das bis heute nur Mitgliedern der höchsten Kaste offensteht. Der Unterschied zum indischen Kastenwesen besteht darin, dass es auf Bali keine ›Unberührbaren‹ (Paria) gibt.

Die Kastenzugehörigkeit eines Balinesen spiegelt sich im Titel wider, der im vollen Namen seines Trägers enthalten ist. Wie in Indien bilden auch auf Bali die brahmanischen Priester *(pedanda)* die Spitze der Kastenpyramide *(brahmana)*. Sie führen den Titel *ida bagus* (für Männer) bzw. *ida ayu* (für Frauen). Auf die Brahmanen folgt die Kaste des Hochadels, die aus den Nachkommen der ehemaligen Herrscherfamilien *(satria)* mit den Titeln *anak agung, ratu* oder *cokorde* besteht. Die dritte Kaste *(wesia)* setzt sich aus Angehörigen des niederen Adels zusammen, zu dem früher auch die Krieger zählten. Ihren Titel, *gusti* oder *ngurah,* findet man heute in den Namen vieler Künstler wieder.

Diese drei obersten Kasten, denen rund 7 % der Balinesen angehören, werden unter der Bezeichnung *triwangsa* zusammengefasst. Ihre Angehörigen versuchen fast sämtlich, ihre Abstammung von ostjavanischen Adelsfamilien herzuleiten. Bis heute hält man es für ein Zeichen von Vornehmheit, ein *wong majapahit,* ein Mensch majapahitischer Herkunft, zu sein, anstatt von einer balinesischen Dynastie der Vor-Majapahit-Zeit abzustammen.

Am unteren Ende der gesellschaftlichen Hierarchie steht die Kaste des einfachen Volkes, der Bauern und Handwerker *(jaba),* der etwa 93 % der Bevölkerung angehören. Hier werden die Kinder nach der Reihenfolge ihrer Geburt benannt. Für Jungen und Mädchen gilt gleichermaßen Wayan, seltener Pudu oder Gede, für das erstgeborene Kind. Zweitgeborene werden Made, Kadek oder Nengah getauft, Drittgeborene Nyoman oder Komang und Viertgeborene Ketut. Danach beginnt das Namenskarussell wieder von vorn. Zur Unterscheidung von Jungen und Mädchen stellt man bisweilen den Namen ein I (männlich) oder ein Ni (weiblich) voran.

Kastensystem und Sprachstruktur

Das Kastensystem hat auf Bali zur Entwicklung einer komplizierten Sprachstruktur geführt. Man unterscheidet im Balinesischen zwei Sprachebenen: die Respektsprache *alus* sowie die Vulgär- oder Volkssprache *kasar*. Für ein und denselben Begriff gibt es zwei lautlich verschiedene, inhaltlich aber gleichbedeutende Wörter, eines der *alus*- und eines der *kasar*-Ebene. Der Unterschied liegt allein in dem zum Ausdruck gebrachten Status, den die Gesprächspartner in der Kastenhierarchie innehaben.

Das *kasar*-Niederbalinesische, einer der zahlreichen malaiisch-polynesischen Dialekte, ist die Alltagssprache der meisten Balinesen. Will ein *jaba* mit einer Person von höherem Rang (oder über sie) sprechen, so darf er nur das *alus*-Hochbalinesische verwenden. Andererseits redet ein Mitglied einer Adelskaste in der Volkssprache mit einem *jaba* (oder über ihn). Daneben gibt es das aus beiden Sprachen gemischte Mittelbalinesische, das höflicherweise dann angewandt wird, wenn die Standeszugehörigkeiten der Gesprächspartner nicht klar sind.

Eine vierte Variante, das *kawi,* eine Ritualsprache in fast reinem Sanskrit, lebt im traditionellen balinesischen Schauspiel weiter, in der Literatur sowie in den *mantra,* den Gebetsformeln der Brahmanen. In der Praxis verschwindet heute der strikte Sprachgebrauch jedoch ebenso allmählich wie das Kastenwesen.

Als offizielle Amtssprache dient das von Kastenrücksichten freie Nationalidiom *bahasa indonesia*. Und auch in den Schulen wird fast ausschließlich *bahasa indonesia* gesprochen.

Überbevölkerung und Geburtenkontrolle

Steckt man auf Bali einen Zaunpfahl in den Boden, hat er, so heißt es, in zwei Wochen Blätter bekommen und wird ein Baum. Die Fruchtbarkeit der Insel hat magischen Charakter. Doch fruchtbarer noch als das Land sind seine Bewohner.

Rund 4,5 Mio. Menschen drängen sich heute auf der in ihrer äußersten Ausdehnung nur 150 km langen und 80 km breiten Insel. Es wird eng für die Menschen in der Mittleren Welt zwischen der Sphäre der Götter und dem Reich der Dämonen, vor allem in den urbanisierten Zentren Südbalis mit einer Bevölkerungsdichte von weit über 1000 Menschen/km². Überbevölkerung heißt das Problem, nicht nur auf Bali, sondern auch auf Java und anderen indonesischen Inseln. Mit einer geschätzten Einwohnerzahl von rund 255 Mio. Menschen steht Indonesien unter den bevölkerungsreichsten Staaten der Welt nach China, Indien und den USA bereits an vierter Stelle. Und die Bevölkerung des Archipels wächst weiter, mit einer beängstigend hohen Rate von jährlich 2 % – das ist fünfmal so rasch wie in den westlichen Industrieländern. Zu spät verstärkte die indonesische Regierung ihre Anstrengungen, die Zahl der Geburten zu senken. Eine Reduzierung der Geburtenrate – das ließ sich mit der Ideologie des früheren Staatschefs Sukarno, wonach ein volkreiches Indonesien zugleich auch ein starkes Indonesien sei, lange Zeit nicht vereinbaren.

Erst von der Regierung Suharto wurde ab 1970 eine aktive Bevölkerungspolitik betrieben. Die in Stein gehauene oder aus Beton gegossene zukünftige indonesische Musterfamilie, wie man sie in fast jedem Dorf aufgestellt findet, und die damit verbundene staatliche Forderung »*Dua Anak Cukup!*« (»Zwei Kinder sind genug!«) kollidiert aber vielfach mit den traditionellen Vorstellungen und Bedürfnissen der ländlichen Bevölkerungsmehrheit. Vor allem auf Bali funktioniert die Familienplanung nicht, da im Bewusstsein der Balinesen ein reicher Kindersegen der Wille der Götter ist, kommt in jedem neugeborenen Kind doch die Seele eines verstorbenen Familienmitglieds auf die Erde zurück.

Aber es gibt auch prosaische Gründe für die Kinderfreudigkeit der Balinesen. Bei grassierender Armut und mangelhafter staatlicher Sozialfürsorge gelten viele Kinder als beste Investition – sie leisten häufig als unentbehrliche Arbeitskräfte mit kleineren Jobs einen nicht unbedeutenden Beitrag zum Familieneinkommen und sind überdies durchweg die einzige Garantie für die Altersversorgung der Eltern. Vor allem Söhne werden herbeigesehnt. Deren Aufgabe ist es, nach dem Tod der Eltern alle für die Befreiung ihrer Seelen vorgeschriebenen Riten zu vollziehen. Kinderlosigkeit gilt nach wie vor als ein schwerer Schicksalsschlag und rechtfertigt sogar die Verstoßung der Frau durch den Ehemann.

Leben im Einklang mit der kosmischen Ordnung

Auf Bali durchdringt der Glaube das Denken und Fühlen der Menschen, die keinen Unterschied zwischen weltlichen und religiösen Aspekten kennen. Die balinesische Hindu-Dharma-Religion, in der sich alt-malaiische Glaubensvorstellungen sowie Elemente des Mahayana-Buddhismus und vor allem des Hinduismus vermengen, ist einzigartig auf der Welt.

Den balinesischen Alltag bestimmen die Rituale einer tief verwurzelten Religiosität, die den Menschen Orientierung und seelisches Gleichgewicht gibt. So beginnt kein Balinese den Tag ohne ein Opfer: Körbchen, aus Bananenblättern geflochten, mit gefärbtem Reis und frischem Obst gefüllt und mit Blüten geschmückt, werden vor die Haus-

tür gestellt oder in den Familientempel gebracht, Räucherwerk angezündet, damit Böses fern bleibt und Gutes eintreten kann. Fünfmal täglich muss den Hausgöttern, aber auch Geistern und Dämonen geopfert werden. Selbst in Touristenzentren wie Kuta und Legian liegen die Opfergaben vor Hotels und Restaurants, Kneipen und Andenkenläden.

Die balinesische Hindu-Dharma-Religion

Als im 16. Jh. der Islam über den Hinduismus triumphierte, wurde Bali Zufluchtsort für Hinduintellektuelle und Aristokraten, die letzte Bastion des Hinduismus in Indonesien. Dessen ba-

Kein Tag beginnt ohne Opfergabe

linesische Ausprägung ist aber genauso wenig ›rein‹ wie der Islam auf den Nachbarinseln, denn der Hinduglaube vermengte sich rasch mit dem vorhinduistischen Gedankengut der Inselbewohner.

Besonders ausgeprägt ist der altmalaiische Glaube an die allmächtigen Kräfte der Natur und an die Beseeltheit der Umwelt sowie die Verehrung der Ahnen, das Bemühen, mit den vergöttlichten Vorfahren in immerwährender Verbindung zu bleiben. Die später hinzugekommenen Glaubensformen, insbesondere der Mahayana-Buddhismus und der Hinduismus, haben diese alten Vorstellungen nicht verdrängt, sondern verschmolzen mit ihnen zu einem komplexen, aber harmonischen Gebilde, dem einzigartigen Hindu-Dharma-Glauben (agama hindu dharma), dem fast 94 % der Balinesen anhängen.

Kosmische Ordnung

Nach der Vorstellung der Balinesen herrscht im Universum eine wohlgegliederte Ordnung. Dieser Konzeption zufolge ist die Welt zweigeteilt, was in Gegenüberstellungen wie Himmel und Erde, Sonne und Mond, Tag und Nacht, Götter und Dämonen, Leben und Tod zum Ausdruck kommt. Hell und dunkel, rein und unrein, gut und böse – eines ist so wichtig wie das andere. Nur das harmonische Gleichgewicht dieser Gegensätze macht jede Existenz möglich.

Die Aufrechterhaltung der kosmischen Harmonie, die Suche nach dem Gleichgewicht zwischen Gut und Böse ist das höchste Ziel jedes Balinesen. Daher muss den entgegengesetzten Kräften Beachtung geschenkt, Dämonen wie Göttern gleichermaßen gehuldigt werden. Vor allem die Dämonen muss man gewogen stimmen, indem man ihnen täglich Opfer darbringt.

Der heilige Gunung Agung, der höchste Berg der Insel, ist als Sitz von Shiva das Zentrum des Universums und Mittelpunkt des Systems der Weltharmonie. Am Agung-Gipfel richtet sich jegliche Orientierung aus. Ganz gleich, wo man sich auf Bali befindet, die Richtung vom Betrachter aus zum heiligen Vulkan ist immer eine zum Himmel verlaufende, positive Linie, die kaja genannt wird. Kelod dagegen bedeutet flussabwärts, meerwärts. Es ist die Richtung, in der das Dunkel liegt, in der Dämonen und böse Geister lauern. Die Schönheit der Strände hat die Balinesen nie gefesselt. Das Meer war seit jeher die Heimstatt von Wesen der Unterwelt. Daher fürchten die Balinesen das Meer. Zwischen den beiden spirituellen Gegenpolen liegt wie ein Zankapfel, um den sich die Mächte des Guten und des Bösen im ewigen Widerstreit befinden, die Mittlere Welt, in der die Balinesen leben.

Diese kosmische Ordnung durchdringt alle Aspekte des Lebens. Da es nach dem Glauben der Balinesen nichts Beziehungsloses gibt, findet sich das System der Dreiteilung auch bei Dörfern, Tempeln und Gehöften, die alle entlang einer imaginären, zwischen Meer und Bergen verlaufenden Achse angelegt sind. Auch der Körper des Menschen besitzt die gleiche Ordnungsstruktur wie das Universum: Die Oberwelt findet ihre Entsprechung im Kopf, die Mittelwelt im Rumpf, die Unterwelt in den Füßen.

Das Allerhöchste Wesen

Trotz der Göttervielfalt ist agama hindu dharma – ganz im Einklang mit der indonesischen Verfassung, die den Glauben an »den allmächtigen und alleinigen Gott« festlegt – eine

Vishnu auf seinem Reittier Garuda

monotheistische Religion, in der nur ein Gott existiert – Sanghyang Widhi Wasa. Dieser Göttliche Herrscher über das Schicksal wird jedoch nicht als eine oberste Gottheit verehrt, sondern als über dem Kosmos waltender Ordnungsstifter verstanden, in dem alle balinesischen Gottheiten sowie die vergöttlichten Ahnen und Naturkräfte zu einer Einheit verschmelzen.

Die wichtigste Erscheinungsform des Allerhöchsten ist die hinduistische Dreieinigkeit (*trisakti* oder *trimurti*) Brahma-Vishnu-Shiva. Als Brahma ist Sanghyang Widhi Wasa der Schöpfer des Universums, als Vishnu der Lebensspender und Bewahrer und als

Shiva der Todbringer und Zerstörer, der durch Vernichtung jedoch erst die Voraussetzung für die Neuentstehung schafft. Verschiedene Farben symbolisieren diese drei Gottheiten: Rot steht für Brahma, Schwarz für Vishnu und Weiß für Shiva.

Verkörperungen des einen allmächtigen Gottes sind auch die Gattinnen der *trisakti*-Gottheiten. Brahmas Gefährtin ist Dewi Saraswati, die Göttin der Weisheit. Vishnu hat zwei Begleiterinnen: Dewi Sri, die als Göttin der Fruchtbarkeit auf Bali besonders verehrt wird, und Dewi Lakshmi, die Göttin des Glücks und des Wohlstands. Shivas ambivalenter Charakter spiegelt sich auch in seiner Gemahlin Parvati wider, die in Gestalt der Todesgöttin Dewi Durga, aber auch als Göttin der Liebe und der Schönheit, Dewi Uma, erscheinen kann. Daneben gibt es Hunderte von Gottheiten, die nur in einem Dorf oder in einer Region verehrt werden, stets jedoch Manifestationen von Sanghyang Widhi Wasa sind.

Geister und Dämonen

Den überirdischen Heerscharen steht ein ebenso komplexes Reich von bösen Geistern und Dämonen, Hexen und Ungeheuern gegenüber, von deren Wohlwollen es entscheidend abhängt, ob man im Leben, das mit dem Tod nicht endet, Glück und Erfolg hat. Auch die Mächte der Unterwelt werden von den Balinesen als Teil des kosmischen Ordnungssystems akzeptiert, da ohne ihre Existenz das Gleichgewicht der spirituellen Welt gefährdet wäre.

Bilanz der guten und schlechten Taten

Im Mittelpunkt der religiösen Vorstellungswelt im *agama hindu dharma* steht der Glaube, dass das *karma pala* eines Menschen – die Gesamtheit seiner Taten, guter wie böser – über seine Seele *(atman)* und damit über sein Schicksal im nächsten Leben entscheidet, unterliegen sie doch als Hindus dem unaufhörlichen Kreislauf der Wiedergeburten *(samsara)*. Das Dasein auf Erden ist nur ein zeitweiser Aufenthalt für die vorübergehend verkörperten Seelen, aber wichtig, weil sich durch die Lebensführung die Art der Wiedergeburt – auf einer höheren oder tieferen Stufe der Schöpfung – entscheidet. Nur durch ein fehlerfreies Leben im Sinne der Religion kann man sich aus dem Zyklus der Reinkarnationen befreien und das Ziel, die Vereinigung des eigenen *atman* mit dem höchsten göttlichen Prinzip, erreichen.

Reinigung für die Götter und Besänftigung der Dämonen anlässlich des Melasti-Fests

Der Tod als Höhepunkt des Lebens – die Kremation

So paradox es klingen mag – auf Bali ist der Tod ein Freudenfest, das größte im Festkalender des Dorfes, denn wenn der Körper verbrennt, wird die Seele frei.

Zwar bedeutet auch auf Bali das Ableben eines geliebten Menschen einen schmerzvollen Abschied, doch markiert der Tod nicht das Ende, sondern einen Neubeginn. Der Glaube an den Kreislauf von Leben, Sterben und Wiedergeburt nimmt im balinesischen Hinduismus eine zentrale Stelle ein. Erst wenn die fleischliche Hülle, die als unrein gilt, durch die reinigende Kraft des Feuers vernichtet ist, erlangt die Seele die Freiheit, nur so kann sie sich von der alten Inkarnation lösen und eine neue eingehen. War der Verstorbene ein guter Mensch, wird das kommende Leben besser sein als das vergangene – Grund genug, sich zu freuen und nicht sich zu grämen. Der individuelle Tod wird auf Bali also nicht als ein endgültiges Dahinscheiden betrachtet, sondern als ein Übergang in eine andere Form des Seins. Damit verliert er seinen Schrecken und gewinnt einen neuen Sinn. So ist die Einäscherung *(ngaben)* keine Zeremonie der Trauer und der Klage, sondern ein Anlass zur Freude. Geweint wird bei einer balinesischen Kremation nur, wenn beißender Rauch in die Augen steigt, ansonsten sind Tränen verpönt – sie würden der Seele ihren Abschied erschweren.

Die Vorbereitungen

Die Totenverbrennung ist die heiligste Pflicht der Hinterbliebenen, denn wird der Tote nicht eingeäschert, irrt seine Seele ruhelos auf Erden umher. Prachtvoll soll der Aufstieg ins Himmelreich sein – dafür spart die Familie oft jahrelang. Jene, die kaum genug zum Leben haben, warten häufig, bis ein begüterter Mitbürger stirbt, um bei dessen Verbrennung die Seelen der eigenen Verwandten mit auf den Weg zu schicken.

Eine balinesische Leichenverbrennung ist nicht nur ein öffentliches Ereignis, sondern auch ein Höhepunkt des religiösen und sozialen Lebens. Die Vorbereitungen beschäftigen die Dorfgemeinschaft oft Monate. Vor der Feuerbestattung müssen ein Transport- und ein reich geschmückter Verbrennungssarg hergestellt werden. Wichtig sind Symbolfiguren, die Eigenschaften des Verstorbenen darstellen und ihn auf dem Weg ins Jenseits begleiten. Hunderte, manchmal Tausende Menschen in Festtagskleidung nehmen an einer Kremation teil. Gern gesehen sind auch Gäste aus dem Ausland, sofern sie sich der Bedeutung des Ereignisses entsprechend verhalten.

Die Kremation

Am großen Tag dann wird der Leichnam in einem Verbrennungsturm *(bade),* der auf einer Bambusplattform steht, in fröhlicher Prozession vom Familienanwesen zum Verbrennungsplatz gebracht. Mit seinem mehrfach gestaffelten Pagodendach ähnelt der *bade* einem *meru,* einem Tempelturm. An der Zahl der Dächer kann man den sozialen Rang des Verstorbenen ablesen – elf stehen Brahmanen zu, *satria* und *wesia* hingegen nur sieben.

Während Angehörige der *jaba-*Kaste ihre Himmelfahrt in schlichten, einstöckigen Trageschreinen beginnen, sind die Verbrennungstürme für Adelige meist riesige Bauwerke, die eine Höhe von 10 m und mehr erreichen können. Reich geschmückt mit Glanzpapier, Blumensträußen und geschnitzten Dämonenmasken zur Abwehr Unheil bringender Geister, symbolisiert der Bambusturm den balinesischen Kosmos. Oft sieht man am *bade* auch Darstellungen von Vishnus Reittier Garuda, der die Seele in die himmlischen Gefilde emportragen soll.

Die Prozession zum Verbrennungsplatz ist ein spektakuläres Schauspiel.

Alles ist vergänglich – Opferung anlässlich einer Verbrennungszeremonie

Die oft tonnenschweren Verbrennungstürme für eine fürstliche Kremation werden von bis zu 200 jungen Männern unter Geschrei und Gelächter durchs Dorf getragen. An jeder Kreuzung und Weggabelung dreht man den *bade* einige Male wild im Kreis herum. Dies soll, verbunden mit häufigen Richtungsänderungen, die bösen Geister verwirren. Doch auch die Totenseele soll jede Spur zurück verlieren.

Am Verbrennungsplatz, der sich meist in der Nähe des Unterwelttem-

pels befindet, bettet man den Leichnam in einen Kremationsschrein um, der ebenfalls auf den gesellschaftlichen Status des Verstorbenen hinweist. Je nach Kastenzugehörigkeit ist dies ein Sarkophag in Form einer weißen Kuh (für Brahmanen-Priester), eines schwarzen Stieres (für Angehörige des Hochadels), eines Hirsches oder geflügelten Löwen (für Mitglieder des niederen Adels) oder eines Fabelwesens, halb Elefant, halb Fisch (für einen *jaba*). Sehr arme Leute der untersten Kaste müssen sich mit einfachen Holzkisten begnügen.

Nach einer festgelegten Zeremonie, während der ein weiß gekleideter Oberpriester Gebetsformeln rezitiert und die sterblichen Überreste mit Weihwasser besprengt, beenden die Flammen den irdischen Werdegang. Sowohl Verbrennungsturm als auch -schrein werden in Brand gesetzt. Innerhalb weniger Minuten ist von den Kunstwerken, deren Herstellung Monate gedauert und ein Vermögen gekostet hat, nur noch ein Aschehaufen übrig. Nicht besser jedoch könnten die Balinesen die Essenz ihres Glaubens demonstrieren: Alle Materie ist vergänglich, nur die Seele hat ewigen Bestand.

Die Wasserreinigung

Nach der Kremation wird die weiße Knochenasche von der Holzasche getrennt und am folgenden Tag in einer feierlichen Prozession zum Meer oder zu einem Fluss gebracht, um sie dem Wasser zu übergeben. Auf die Feuerreinigung folgt die Reinigung durch das Wasser. Jetzt erst ist die Seele von allen irdischen Bindungen befreit, kann zu den Göttern aufsteigen und in einem der Nachfahren wiedergeboren werden.

Sonnenuntergang am Meerestempel Pura Tanah Lot

Tempel, Tempel, Tempel – wohin man auch schaut. Nirgends sonst gibt es so viele Tempel auf so engem Raum. Offizielle Quellen nennen ca. 20 000 registrierte Tempel. Zählt man die Familien- und Sippentempel hinzu, ist die Summe schier unvorstellbar.

Auf Bali gibt es Berg- und Meerestempel, Natur- und Quellheiligtümer, Schreine auf Reisfeldern und an Brücken. Als Symbole für die spirituelle Ordnung zeugen sie von der Bedeutung der Religion im Alltag der Menschen. Die Tempel Balis sind keine Relikte einer vergangenen Epoche, sondern Stätten der Verehrung und des Gebets, Orte der Spiritualität. Daher die Sorgfalt, Tempel zu erhalten, neue zu errichten, und der Prunk des *odalan,* des Gedenkfests für die Tempelweihe.

Empfangsorte für die Götter

Als Orte der Begegnung von Menschen und Göttern sowie vergöttlichten Ahnen dienen die Heiligtümer nicht nur als Gebetsstätten, sondern auch als Plätze, an denen Göttern Opfer dargebracht werden. Sie werden eingeladen, zu Tempelfesten von ihren Sitzen in den Bergen herabzusteigen auf ihre irdischen Sitze – die Altäre, Schreine und *meru* in den Tempeln. Unsichtbar verweilen sie während des Festes auf ihren prachtvoll geschmückten Thronen. Während es in jedem balinesischen Tempel viele fantasievolle Bildnisse von Dämonen und Hexen gibt, die mit ihrem furchterregenden Aussehen Unheil bringende Wesen

abwehren sollen, sucht man vergeblich nach Götterstatuen. Anders als in den indischen Hindutempeln werden auf Bali die Götter als geistige Mächte und nicht als visuell erfassbare Wesen verehrt. Nach dem Ende des Tempelfests, wenn die Gottheiten in die Obere Welt zurückgekehrt sind, sind die Tempel für den Rest des Jahres funktionslose, leere Hüllen, unbespielte Bühnen.

Elemente der Tempelarchitektur finden sich selbst bei modernen Hotels in Kuta, Sanur oder Nusa Dua – die Götter müssen an allem teilhaben.

Haus- und Dorftempel

Mehrmals täglich bringen Balinesen in ihrem Familien- oder Haustempel, der sich in jedem Anwesen an der bergwärts gewandten Seite befindet, den Göttern ihre Opfer dar. Das Heiligtum besteht meist aus vier mit Reisstroh gedeckten kleineren Schreinen innerhalb eines Gevierts, umfriedet mit einer niedrigen Mauer. Als Stätte der Ahnenverehrung kommt dem Schrein des Ursprungs die größte Bedeutung zu.

Jedes Dorf besitzt als Kultzentren und religiöse Bezugspunkte drei Haupttempel, ausgerichtet entlang der imaginären Berg-Meer-Achse. Da die Götter hoch oben auf den Bergen wohnen, liegt der *pura puseh* (Nabeltempel) im oberen Dorfviertel, an der *kaja*-Seite. Das Heiligtum, das dem Schöpfergott Brahma und den vergöttlichten Dorfgründern geweiht ist, bildet den rituellen Mittelpunkt des Dorfes. Während ihres Besuchs auf Erden dient der *pura puseh* den Göttern als Wohnsitz.

Stets in der gefahrvollen *kelod*-Richtung, also meerwärts, außerhalb des Dorfes und meist nahe dem Begräbnis- und Verbrennungsplatz, liegt der *pura dalem*. Die der Todesgöttin Durga geweihte Kultstätte dient dem Kontakt mit den dämonischen Wesen der Unterwelt. Zwischen dem gefürchteten Meer und dem Dorf gelegen, schützt der *pura dalem* auch gegen böse Geister. Während der *pura puseh* schön und licht erscheint, ist der *pura dalem* düster und unheimlich. Doch sind beide zur Aufrechterhaltung des spirituellen Gleichgewichts im Dorf gleich wichtig.

Als Tempel der Mittleren Welt liegt der zentrale Dorftempel *pura desa (pura bale agung)*, in dem sich Himmlisches und Irdisches vermischen, zwischen Ober- und Unterweltstempel. Dieses Vishnu, dem Lebensspender, geweihte Heiligtum ist Schauplatz religiöser Zeremonien sowie wichtigster Versammlungsort der Gemeinde.

Reichs-, Staats- oder Nationaltempel

Die meisten balinesischen Tempel stellen, im Gegensatz zu Kirchen und Moscheen, keine allgemeinen Gebetsstätten dar, sondern werden nur von bestimmten Gruppen genutzt. Eine Ausnahme bilden die neun Reichs-, Staats- oder Nationaltempel, die als wichtigste sakrale Bauwerke überall auf Bali religiöse Verehrung genießen.

Verbindungen zwischen einzelnen Tempeln werden hergestellt, indem man in einem Tempel Besuchsschreine für die Gottheiten anderer Tempel errichtet. So weiht man in Familientempeln Schreine den Göttern der drei Dorftempel, womit die Verbindung zwischen Haus und Dorf garantiert wird. Wichtig ist die Verknüpfung der Tempel mit dem Pura Besakih, dem Muttertempel am Gunung Agung.

Diese wird gewährleistet, indem die Gruppen der hindu-balinesischen Gemeinschaft Schreine im Tempel aller Tempel errichten und unterhalten.

Die Grundstruktur eines Tempels

Balis Tempel *(pura)* unterscheiden sich nach Bedeutung und Bestimmung, sind sich aber in Anlage und Ausstattung ähnlich. Sie besitzen nichts von der Düsternis mancher abendländischer Kirchen und Kathedralen, sondern spiegeln das lichte Wesen des hindu-balinesischen Glaubens wider. Da die Gesetze des Tempelbaus den Himmel als Dach vorschreiben, sind die Tempel keine geschlossenen Gebäude, sondern offene, in Höfe gegliederte und von Wällen umfriedete Plätze mit Altären, Schreinen, Pavillons und Pagoden *(meru)*.

So groß die Tempel auch sein mögen, stets folgt ihr Grundriss einem festen Schema. Ein *pura* besteht aus drei (auf Nordbali meist aus zwei) durch Tore verbundenen Höfen, die als spirituell reine Kultstätten mit Mauern gegen die unreine, von Dämonen bevölkerte Außenwelt abgegrenzt sind. Auf Südbali sind Tempelgevierte meist ebenerdig, im Norden steigen sie auf Terrassenstufen an. Am aufwendigsten gestaltet sind die oft monumentalen Tore zwischen den Höfen.

Das Gespaltene Tor

Einen balinesischen Tempel betritt man durch ein Gespaltenes Tor *(candi bentar)*, das samt aller Schmuckelemente axial durchtrennt ist. In der Spaltung des *candi bentar* kommt zum Ausdruck, dass alle Erscheinungen des

Lebens auf Gegensätzen beruhen und nichts Einzelnes wirklich vollkommen ist. Das Tor ist stets meerwärts *(kelod)* ausgerichtet. Betritt man den Tempel, geht man zu den Göttern im Allerheiligsten also immer bergwärts, in *kaja*-Richtung.

Die Tempelhöfe

Im ersten Tempelhof, der die irdische Welt symbolisiert, befinden sich neben den Reisspeichern eine Küche für die Zubereitung der Speiseopfer, verschiedene Pavillons als Ruheplätze für die

Mein Tipp

Im Tempel – Kleiner Verhaltenswegweiser
Zwar ist bei manchen besonders heiligen Festen sowie auch in den innersten Bezirken verschiedener Tempel die Anwesenheit von Nicht-Balinesen unerwünscht, doch wird meist niemandem der Zutritt zu einem Tempel oder die Teilnahme an einer öffentlichen Zeremonie verwehrt. Vor allem bei Leichenverbrennungen (s. S. 77) bedeuten zahlreiche Gäste eine Ehre für die Familie des Verstorbenen. Deshalb sind auch Touristen willkommen, vorausgesetzt, sie sind bereit – wie auch bei anderen feierlichen Anlässen sowie generell bei Tempelbesuchen –, die Sitten und Gebräuche zu respektieren. Besucher tun gut daran, sich bei religiösen Zeremonien diskret im Hintergrund zu halten und Rücksicht auf die Empfindsamkeit der Gläubigen zu nehmen.
– Sittsame Kleidung: Unbedeckte Knie und Schultern sind tabu! Obligatorisch sind für Frauen wie Männer *sarong*, ein Wickelrock, und *selendang,* eine Tempelschärpe, die man sich um die Taille schlingt. Diese für wenige Rupiah erhältliche Minimalausstattung sollte man gleich bei Ankunft kaufen und sich das Anlegen erklären lassen. Gelegentlich wird bei religiösen Festen von Männern erwartet, dass sie ein *destar,* ein dreieckiges Tuch, um den Kopf binden.
– Verhalten allgemein: Balinesen fühlen sich gestört, wenn man vor ihnen herumläuft, während sie beten. Unter keinen Umständen darf man auf Mauern klettern (um z. B. ein Foto zu schießen), denn die Füße gelten als unrein, sind sie doch ständig mit dem Boden, der Sphäre der Dämonen, in Berührung. Bei Tempelzeremonien achten die Andächtigen darauf, dass sie mit ihrem Kopf den Priester nicht überragen. Auch der Gast sollte eine gebückte Haltung einnehmen, wenn sich die Gläubigen zum Gebet niederlassen, denn er würde sonst auch die anwesenden Gottheiten überragen.
– Blut: Blut auf dem Tempelboden ist eine rituelle Verunreinigung, die eine aufwendige Reinigungszeremonie erfordert. Daher ist Menschen mit einer blutenden Wunde sowie Frauen während ihrer Menstruation der Zutritt untersagt.
– Fotografieren: Sensibilität ist beim Fotografieren angebracht. Streng verboten ist die Verwendung von Blitzlicht (etwa bei nächtlichen Festen).
– Opferschälchen: Ein Fauxpas im wahrsten Sinne des Wortes wäre es, auf die scheinbar achtlos am Boden liegenden Opferschälchen zu treten.

Gläubigen und meist auch die Hahnenkampfarena. In einer Ecke steht manchmal ein Turm oder ein BanyanBaum mit einer hölzernen Signaltrommel, die geschlagen wird, um die Gläubigen in den Tempel zu rufen oder die Ankunft der Götter zu verkünden.

Durch ein meist reich verziertes, im Gegensatz zum Eingangsportal oben geschlossenes Tor gelangt man in den zweiten Tempelhof. Flankiert wird das vor allem auf Südbali bei weitem prachtvollste Monument des Tempels von zwei steinernen Wächterdämonen *(raksasa)* oder, bei Unterweltstempeln, von Wächterhexen *(rangda).* Diese Statuen sollen ebenso wie die über den Portalen eingelassenen Dämonenfratzen übelwollende Wesen aus der unteren Sphäre am Eintritt hindern. Als zweiter Schutzwall erhebt sich gleich hinter dem Durchgang eine Steinmauer, um die Tempelbesucher herumgehen müssen, an der sich böse Geister und Dämonen jedoch die Köpfe einrennen, da sie in ihrer blindwütigen Raserei nicht fähig sind, nach links oder rechts auszuweichen. Der zweite Hof bildet die Schleuse zum Allerheiligsten. Meist steht hier eine große, offene Versammlungshalle für die *banjar*-Mitglieder *(bale agung).* In anderen Pavillons werden die *gamelan*-Instrumente oder verschiedene Requisiten, die für rituelle Handlungen wichtig sind, aufbewahrt.

Der innerste Bereich – das Allerheiligste

Das eigentliche Heiligtum befindet sich in einem dritten Hof oder, falls es diesen nicht gibt, in dem abgegrenzten hinteren Teil des zweiten Hofes. Dieser innerste Bereich ist für die Götter reserviert. An der bergwärts gewandten Seite reihen sich Altäre,

Schreine und Pagoden – die Ehrensitze für die Gottheiten während ihres Aufenthalts auf Erden. Nie fehlt im Allerheiligsten der *padmasana.* Auf diesem steinernen Lotosthron *(padma* = Lotos), der auf der mythologischen Schildkröte Bedawang ruht und von den Urschlangen Antaboga und Basuki umschlungen wird, nimmt bei Tempelzeremonien das Allerhöchste Wesen, Sanghyang Widhi Wasa, Platz, entweder in seiner Erscheinungsform als Shiva oder als Sonnengott Surya.

Ebenfalls im innersten Tempelbezirk stehen der *bale pesimpangan,* ein gemeinschaftlicher ›Empfangspavillon‹ für jene Götter, die keinen persönlichen Ehrensitz im Tempel haben, der *bale piasan,* in dem die Speiseopfer aufgestellt werden, sowie der *bale pawedaan,* der erhöhte Bambussitz des *pedanda,* des Oberpriesters. In einem geschlossenen Schrein bewahren die Priester die Tempelreliquien auf – Steinskulpturen, Krise, heilige Lontar-Schriften oder *linga,* steinerne Phallussymbole des Shiva.

Im innersten Tempelbezirk erheben sich auch als Symbole für den kosmischen Himmelsberg Mahameru, den Sitz der hinduistischen Götter, die *meru:* Holzpagoden, die auf steinernen Sockeln ruhen, mit unterschiedlich vielen sich nach oben verjüngenden Dächern, die mit Reisstroh, Palmwedeln oder Wellblech eingedeckt sind. Ein *meru* gibt Aufschluss darüber, welchen Rang die Gottheit einnimmt. Je höher die Gottheit in der Hierarchie steht, desto mehr Dächer werden ihr zugestanden. Die Anzahl der Dächer ist immer ungerade und beträgt höchstens elf. Elf Dächer stehen allein Shiva zu, neun sind für Brahma oder Vishnu reserviert.

Prozession zum Tempel anlässlich des Odalan

Zu den Höhepunkten des dörflichen Festkalenders gehören die mit Prunk begangenen Odalan-Feste, die Feier der Weihe der Dorftempel. Die Folge dieser Feste reißt praktisch nie ab, und die Chancen, eine solche farbenprächtige Zeremonie mitzuerleben, sind auch für Touristen recht gut.

Unablässig streben die Bewohner des Dorfes schon ab dem frühen Morgen dem *pura desa* zu, dem zentralen Dorftempel. Dort herrscht bereits Hochbetrieb, denn wenn ein *odalan* bevorsteht, geht die ganze Gemeinde geschlossen ans Werk. Da ein *odalan* als ›Geburtstagsfest‹ des Dorftempels für jeden Balinesen viel wichtiger ist als der eigene Geburtstag, wird eine solche Zeremonie mit enormem Aufwand und großem Prunk begangen.

Tempelschmuck und Opfergaben

In wochenlangen Vorbereitungen in deren Verlauf alle Beteiligten eine Volkskunst von einzigartiger Vielfalt entwickeln, wird der lange Zeit verwaiste Dorftempel hergerichtet und geschmückt. Während die Männer des Dorfes die Tempelanlage säubern, Gestelle aus Bambusrohr errichten und Wedel von den Kokospalmen schlagen, stellen die Frauen Opfergaben für die Götter sowie aufwendige Flecht- und Steckwerke aus Palmblättern her. Typische Palmblattdekorationen sind die *lamak,* bis zu 10 m lange Palmblattschleppen, mit denen Opfernischen und Bambusaltäre geschmückt werden. Den heiligen Gunung Agung

85

Kunstvoll aus Reis hergestellt – ein Sarad

Stamm einer Bananenstaude befestigt werden. Vergängliche Kunstwerke sind sie allesamt, denn sie werden nur einmal gebraucht – nichts darf zweimal geopfert werden.

Drei wichtige Anliegen

Bei einer Tempelfeier, die sich in verschiedenen Schritten abspielt und normalerweise drei Tage dauert, sollen drei Hauptanliegen der Glaubensgemeinschaft realisiert werden: der Empfang des Einen Allmächtigen Gottes in seinen vielfältigen Erscheinungsformen und die Darreichung von Opfergaben an die für kurze Zeit anwesenden Gottmanifestationen, die rituelle Reinigung des Tempels und des Dorfes sowie die Besänftigung oder Vertreibung böser Geister und Dämonen.

Der Tempel wird geschmückt

Vor Beginn der Weihefeier werden die kultischen Gegenstände und Hoheitsschirme aus einem Schrein im innersten Tempelbezirk geholt und in einer Prozession zum nächsten Gewässer getragen, wo Priester an ihnen eine rituelle Waschung vornehmen. Vor den Festlichkeiten reinigen Priester auch die einzelnen Gebäude des Tempels mit Weihwasser *(tirtha)*. Männer und Frauen schmücken die Altäre und Schreine mit Tuchfriesen und Fahnen sowie dem angefertigten Zierrat. Die Wächterdämonen und -hexen kleidet man in schwarz-weiß karierte Tücher, deren magische Kraft sie in die Lage versetzt, übelwollende Geister (und auch nicht der Tempeletikette entsprechend gekleidete Touristen!) vom Heiligtum fernzuhalten.

verkörpern die *penjor,* meterhohe, gebogene Bambusstangen, an denen aus Palmblättern geflochtene Girlanden und Rosetten baumeln.

Besonders prächtig gestalten die Frauen die Reisopfer *(sarad).* Aus Reismasse formen sie Figuren, die in Kokosöl gebacken, bunt bemalt und auf einen mit Stoff bespannten Rahmen gehängt werden. In den *sarad* dominiert die *cili*-Figur, eine stilisierte Darstellung der Reisgöttin Dewi Sri und zugleich Symbol der Fruchtbarkeit und des Glücks. Spektakulär wirken die *gebogan* – bis zu 20 kg schwere, turmartige Kunstwerke, deren Bestandteile – Reiskuchen, exotische Früchte, Blumen, hart gekochte Eier, mitunter sogar gebratene Enten und Hühner – am

Der Höhepunkt des ›odalan‹

Sobald alles zum Empfang der Gottheiten bereit ist, laufen wie von der Hand eines unsichtbaren Regisseurs gelenkt Kulthandlungen, Opferdarreichungen und Ritualtänze in einer perfekten Choreografie ab. Als Vermittler zwischen den Menschen und der Sphäre der Götter sitzen die Hohepriester *(pedanda)* auf erhöhten Bambusthronen, läuten Glocken und beginnen, heilige *mantra* zu rezitieren, wobei sie ihren Sprechgesang mit einer ausdrucksvollen Zeichensprache der Hände, den *mudra,* untermalen. Weihrauchschleier steigen nun in die Höhe, Leitern gleich, die den Gottheiten den Abstieg aus ihren himmlischen Gefilden erleichtern sollen.

Endlich ist es so weit, die göttlichen Wesen haben die Einladung angenommen und auf ihren Ehrensitzen Platz genommen. Ehrfürchtig versinken die Menschen in ein stilles Gebet. Dies ist der wichtigste Augenblick des *odalan,* der Moment, in dem sich die Gläubigen eins mit ihren Göttern und den Gott gewordenen Ahnen fühlen.

Schläge auf die *kulkul*-Trommel verkünden die Ankunft der Götter und rufen alle Gläubigen zum Tempel. Ununterbrochen ziehen festlich gekleidete Menschen zum Dorfheiligtum. Frauen balancieren mit akrobatischem Geschick kunstvoll arrangierte Opfertürme auf ihren Häuptern zum Tempel. So hoch die prachtvollen Opfergaben auch getürmt sind, nie geraten sie ins Schwanken. Im heiligen Tempelbezirk, der von den Klängen des *gamelan*-Orchesters widerhallt, werden die Gaben von den Hilfspriestern *(pemangku)* in Empfang genommen, von einem *pedanda* mit heiligem Wasser gesegnet

und den Gottheiten präsentiert. Mittels Weihrauch fächelt man diesen die geistige Essenz der Speisen zu. Nach der Darreichung der Opfergaben fallen die Gläubigen vor dem Hohepriester auf die Knie, senken die Köpfe und falten die Hände zum Gebet. Was nach der Götterspeisung übrig bleibt, also die weltliche Hülle, dürfen die Opfernden am Ende des Tempelfests schließlich mit nach Hause nehmen und dort als geweihtes Mahl verzehren.

Zu Ehren der Götter und zur Freude der Menschen

Balinesische Tempelfeste sind eine Mischung aus religiöser Hingabe und weltlicher Lebensfreude, sie sollen Götter wie Menschen gleichermaßen erfreuen. Der Tempelvorhof sowie die nähere Umgebung des heiligen Ortes ähneln während des *odalan* einem Dorfplatz am Markttag – das Treiben aber ist noch geschäftiger und fröhlicher. Traditionell schlagen hier heiratsfähige Mädchen einen Imbissstand auf, um von den jungen Männern des Dorfes gesehen zu werden, und natürlich auch, um selbst Ausschau nach einem passenden Partner zu halten. Während tagsüber im äußeren Tempelbezirk Hahnenkämpfe stattfinden, sind die Nächte Tanzdramen und Schattenspielen gewidmet. Besonders heilige Tänze finden nur im innersten Bereich des Tempels statt, wo man in der letzten Nacht des *odalan* auch die Götter verabschiedet. Nachdem diese ihre Besuchsstätten verlassen haben und in die Obere Welt zurückgekehrt sind, werden die Tempelreliquien wieder sorgfältig in ihrem Schrein verschlossen – bis zum nächsten *odalan* in 210 Tagen.

Balis besondere Ausstrahlung hält den Touristenmassen bis heute stand

»Morgen der Welt« – so nannte Indiens einstiger Premier Nehru mit feinem Sprachgefühl einmal Bali. Auch Menschen aus dem westlichen Kulturkreis haben in kaum einer anderen Weltengegend so hartnäckig über viele Jahrzehnte hinweg die Glückseligkeit vermutet, nirgendwo sonst ihre Vorstellung vom Paradies auf Erden so fest in ihrer Fantasie verankert wie auf Bali. Doch längst, so scheint es, hat das paradiesische Bali seine Unschuld verloren.

Entwicklung des Tourismus

Der Fremdenverkehr in Massen veränderte zweifellos vor allem die Südspitze in den letzten Jahrzehnten nachhaltig. Mit sicherem Gespür dafür, wo es besonders schön ist auf der Welt, bildeten Traveller und Globetrotter, Freaks und Hippies die Speerspitze des Massentourismus. Sie kamen in den 1960er-Jahren und bewunderten am Kuta Beach die legendären Sonnenuntergänge, gewöhnlich berauscht von *ganja* (Marihuana) und *magic mushrooms.* Den Einheimischen war es recht, dankbar akzeptierten sie die Dollars der Touristen als willkommenes Zubrot. Einfache Unterkünfte und preiswerte Restaurants entstanden, mehr und mehr Touristen und Traveller kamen. Fließendes Wasser und elektrischen Strom gab es damals allerdings nicht und die langsam aufkommende Geschäftstüchtigkeit hatte noch etwas nachgerade Unbeholfenes, Rührendes an sich.

Doch die Götter meinten es gut mit Bali, vielleicht zu gut. Der Touristenstrom schwoll von Jahr zu Jahr an. Als vor allem die Australier begannen, Bali als ihr billiges Mallorca zu entdecken, tauchte in den 1980er-Jahren in einem Reiseführer der gut gemeinte Ratschlag auf, doch dringend jetzt nach Bali zu fahren, weil in spätestens fünf Jahren alles kaputt und ausgemerzt sein würde. Doch allen Unkenrufen zum Trotz nungen des Fremdenverkehrs ist die hindu-balinesische Kultur noch weit davon entfernt, in eine bloße Touristenkultur abzugleiten. Bali, so hat es den Anschein, bietet sich an, ohne sich dabei preiszugeben. Die Insel trotzt standhaft der mächtigen Freizeitindustrie. Dies gelingt bisher, weil die allermeisten Balinesen weiterhin ein Leben führen, das fest in einer alles durchdringenden Religiosität verankert ist, in einer Geisteshaltung, die

hält die besondere Ausstrahlung der Insel bis heute dem Ansturm der Touristenmassen stand. in einer solchen Intensität nur noch in wenigen Regionen dieser Erde anzutreffen ist.

Negative Begleiterscheinungen

Kritiker halten dem entgegen, dass bei keinem religiösen Fest entlang der touristischen Hauptroute die Dorf- oder Glaubensgemeinschaft mehr unter sich bleibt, dass sich zahlreiche Balinesen von oft rücksichtslosen Touristen in Shorts und Bikinis bei ihren Zeremonien und Tempelfesten gestört fühlen, dass Leichenverbrennungen, Ereignisse von höchster religiöser Bedeutung, von lokalen Reiseagenturen hemmungslos vermarktet werden, dass sogar schon Kremationen eigens für Touristen in Szene gesetzt wurden. Dies alles stimmt und ist schlimm. Aber trotz dieser negativen Begleiterschei-

Ihr und wir

Geschickt verstehen es die Balinesen immer noch, sich aus dem Dilemma, in das sie der lukrative Fremdenverkehr gestürzt hat, zu ziehen. Dies gelingt ihnen, indem sie die Touristen, wenn man so will, in die Dualität ihrer Weltsicht integrieren und normalerweise strikt zwischen ihr und wir trennen. Sondervorführungen – insbesondere von Kecak, Legong und anderen Tänzen – vor einem zahlenden Touristenpublikum, das ist die eine Seite. Die andere aber sind Tänze für die Götter und Ahnen, nachts und hinter den Mauern ihrer Tempel und Höfe, womöglich im allerheiligsten Bereich. Ein Spagat, der bisher noch gelingt und Geld in die Kassen bringt.

Tanzen für Götter und Touristen

In den Ferienorten bieten Hotels, Restaurants und Bühnen Vorführungen klassischer Tänze an, meist gekürzt und dem Geschmack der ausländischen Gäste angepasst. Doch die Balinesen tanzen nicht nur für Dollars, sondern vor allem zu Ehren der Götter. Tanz und -dramen sind – wie die sie begleitende Musik – Ausdruck einer tief verwurzelten Religiosität.

Zu Ehren der Götter

Als anmutigster und femininster unter den klassischen Tänzen Balis soll der Legong (s. rechts) die Götter erfreuen. Aber er ist nicht die einzige Hommage an die Gottheiten, die fern im Rauch der Vulkane die Insel behüten. Tänze und Tanzdramen sind auf Bali – wie die sie begleitende Musik – ein Ritual, das den Göttern und vergöttlichten Ahnen dargebracht wird. Bis heute sind sie eine organisch im gesellschaftlichen und religiös-kulturellen Leben der Insel wurzelnde lebendige Kunstform geblieben. In den balinesischen Tänzen lebt uraltes Kulturgut bis in unsere Tage fort. Alle modernen Umwälzungen haben nicht vermocht, die Beliebtheit der teils noch aus der balinesischen Frühgeschichte stammenden Tanzzeremonien zu schmälern. So erklingen in den Städten und Dörfern allabendlich die Rhythmen der

Barong-Tänzer in Aktion

gamelan-Orchester, strömen Männer und Frauen zu Tanzproben in die Musikpavillons. Dies liegt nicht allein am schlechten Niveau des indonesischen Fernsehens, sondern daran, dass Tanz und Musik für die Balinesen bis heute eine gewissenhaft ausgeübte religiöse Pflicht sind.

Die meisten klassischen und rituellen Tänze Balis, erfordern – wie der Legong – ein langes und intensives Training. Mit der Ausbildung beginnt man daher für gewöhnlich schon im zarten Kindesalter, wenn der Körper noch biegsam und geschmeidig ist. Die Tanzschüler werden stets nur in einem bestimmten Tanz unterrichtet, die Mädchen meist im Legong, die Jungen häufig im Kriegstanz Baris. Prinzipiell lernen die Eleven durch Imitation, durch ständiges Wiederholen der vom Lehrer oder der Lehrerin vorgetanzten Bewegungen.

Legong – der anmutigste Tanz Balis

Jeden Sonntag übt Komang – seit ihrem fünften Lebensjahr – im Königspalast von Peliatan bei Ubud den Legong. Jedes balinesische Mädchen träumt davon, eine berühmte Legong-Tänzerin zu werden, gelten diese doch als Darstellerinnen des himmlischen Tanzes der göttlichen Nymphen. Aber nur außergewöhnlich hübsche, feingliedrige Mädchen mit vornehm-blasser Hautfarbe und ohne körperlichen Makel werden für die Ausbildung in diesem alten, königlichen Tanz ausgewählt. Sie dürfen nur bis zum Beginn der Pubertät tanzen, da sie mit Einsetzen der ersten Monatsblutung die erforderliche rituelle Reinheit verlieren.

Komang wiegt ihren Kopf sanft im Rhythmus des *gamelan,* neigt ihn seitlich, um ihn gleich darauf abrupt nach rechts und links zu rucken. Sie rollt dabei ihre Pupillen in die äußersten Augenwinkel und reißt in dramatischen Momenten die Augen groß und starr auf. Die Bewegungen des Kopfes unterstreicht sie mit denen der Arme und Hände, während der Rumpf gerade bleibt und die Knie stets ein wenig eingeknickt sind. Komang gleicht nun eher einem schwebenden Engel als einem verspielten Schulmädchen.

Gerade der Legong mit seinem hochstilisierten Bewegungsablauf, der eine Legende aus dem 13. Jh. erzählt, den Kampf zweier Könige um eine entführte Prinzessin, unterliegt einer strengen Choreografie, die keinerlei Spielraum für Improvisation und Individualität zulässt. Alle Bewegungen, insbesondere das schnelle Vibrieren der Finger und das kontrollierte Spiel der Augen, laufen, genauestens abgestimmt auf die komplizierten Rhythmen des *gamelan*-Orchesters, mit der Präzision eines Uhrwerks ab und sprechen in einer feinen Symbolik. Ausländischen Zuschauern fällt es schwer, die subtile Nuancierung dieses Tanzspiels zu verstehen, was den rein ästhetischen Genuss jedoch kaum mindert.

Tänze für Touristen

Kritiker befürchten, dass mit der zunehmenden Expansion des Fremdenverkehrs Balis Kultur, insbesondere die Tanzkunst, zur folkloristischen Staffage verkommt. Sie bemängeln den Verlust des ursprünglichen Sinngehaltes der Tänze. Sie seien keine Beschwörungsrituale mehr, sondern nur noch exotische Ethno-Events zur Unterhaltung von Touristen. In der Tat bieten in den Ferienzentren bessere Hotels und Bühnen mit professionellen Ensembles Vorführungen klassischer Tänze an. Dabei setzt man im Allgemeinen gekürzte, dem Geschmack und Verständnisvermögen der Touristen angepasste Versionen von Tänzen und

Hochstilisiert prägen dezidiertes Fingerspiel und ausdrucksstarke Blicke den Legong

Tanzdramen in Szene, die aber dennoch – vor allem in Ubud – von hohem künstlerischem Niveau sein können.

So lässt die Ausdruckskraft, Dramatik und Virtuosität der Darsteller des spektakulären ›Affentanzes‹ Kecak kaum einen Zuschauer unbeeindruckt. Dieses bisweilen von 100 und mehr nur mit einem schwarz-weiß gewürfelten Hüfttuch bekleideten Männern dargebotene Rhythmusspiel wurzelt in magischen Beschwörungs- und Reinigungszeremonien, die ursprünglich nur der Vertreibung böser Geister dienten. Die heutige Form des Kecak, eine der beliebtesten Touristenattraktionen, entstand unter dem anregenden Einfluss des deutschen Malers Walter Spies in den 1930er-Jahren (s. S. 175). Die lautmalerische Ekstase des Tanzes begleitet heute Episoden aus dem »Ramayana«-Epos. Die um eine von Fackeln oder Öllampen beleuchtete Tanzfläche sitzende Männergruppe übernimmt dabei den Part des von Hanuman geführten Affenheers, was dem Kecak seinen Beinamen eingebracht hat. Charakterisiert wird dieses Rhythmusspiel

93

durch sich ständig wiederholende Bewegungen des Kopfes, der Arme und des Oberkörpers, wobei die Männer mit ihrem monotonen und eindringlichen »Ke-tschak, Ke-tschak«-Rufen einen der Darsteller in Trance versetzen. Dieser ist nun in der Lage, über glimmende Kokosnusshälften zu laufen, ohne sich dabei die Füße zu verbrennen.

Sehr beliebt bei Balibesuchern ist auch der Barong- oder Kris-Tanz, eine symbolische Darstellung des Konflikts zwischen Gut und Böse. Die Hauptakteure Barong (Abb. S. 90) und Rangda kommen aus der jenseitigen Welt und stehen einander in ewiger Feindschaft gegenüber. Trotz seines wilden Aussehens und seiner furchterregenden Gebärden verkörpert der Barong, ein drachenähnliches Ungeheuer mit Löwenmähne, gewaltigen Eckzähnen und hervorquellenden Augen, als Beschützer der Menschheit das positive Prinzip. Machtvoll kämpft er gegen die mit zotteligen Haaren, roter Flammenzunge, hauerähnlichen Fangzähnen und langen Krallen noch furchteinflößendere Hexe Rangda, als Königin der unteren Welt die Inkarnation des Bösen.

Das Barong-Drama wird – abgesehen von den für Touristen inszenierten Veranstaltungen in Batubulan und Ubud – aufgeführt, wenn das Böse die Oberhand gewinnt und der Dorfgemeinschaft ernste Gefahr droht. Es soll das verschobene Kräftegleichgewicht wieder austarieren.

Auf dem Höhepunkt des Tanzdramas treffen Barong und Rangda aufeinander und schleudern sich ihre gewaltigen Zauberkräfte entgegen. In der Schlussszene kommen dem in Bedrängnis geratenen Barong Kris-Tänzer mit einer Attacke auf Rangda zu Hilfe. Doch die Hexenfürstin schwenkt ein weißes Tuch, dem magische Kräfte innewohnen, und verzaubert die Män-

ner, worauf diese in Ekstase verfallen und die tödlichen Waffen gegen sich selbst richten. Mit aller Gewalt drücken sie die geflammten Dolche gegen die Brust, bis sich die Klingen unter dem Druck krümmen. Sosehr sie aber auch zustoßen, die Spitzen dringen nicht in ihre nackten Oberkörper ein, denn der Barong hat die Männer in Trance versetzt und unverwundbar gemacht. Nachdem ein Priester die Kris-Tänzer mit geweihtem Wasser aus der Trance erweckt hat, ziehen sich alle Akteure vom Schauplatz zurück. Der balinesischen Philosophie entsprechend, endet der Kampf unentschieden – es gibt weder Sieger noch Besiegte. Gut und Böse halten sich die Waage, die Welt bleibt im Gleichgewicht.

Renaissance der Tanzkultur

Auch die vor Touristen aufgeführten Tänze sind heute ein fester Bestandteil balinesischer Kultur. »Dank der Aufführungen vor einem großen Publikum hat unsere Tanzkultur eine wahre Renaissance erlebt«, sagt Made Bandem, der Direktor der Hochschule für darstellende Künste in Batubulan, »heute besitzt fast jedes Dorf seine eigene Tanzgruppe und sein eigenes *gamelan*-Orchester. Mit Aufführungen für Touristen verdienen sich die Ensembles das Geld für die Erhaltung oder Neuanschaffung von Musikinstrumenten, Kostümen und Masken.«

»Bei den Darbietungen vor Fremden«, erklärt er weiter, »handelt es sich zudem um Schautänze mit profanem Charakter. Unsere authentischen Tänze sind nach wie vor religiösen Festen vorbehalten, viele finden nur im inneren Tempelbereich statt. Und zu diesem haben Touristen keinen Zutritt.«

Wayang Kulit – das Spiel der tanzenden Schatten

Eine Aufführung eines Schattenspiels ist weit mehr als eine Theateraufführung. Es ist eine magische und kulthafte Handlung, in der Sagen und Mythen aus der hindu-javanischen Epoche lebendig in die Gegenwart hineinwirken.

Das flackernde Licht eines Öllämpchens wirft Schatten auf eine Leinwand. Sie gestikulieren, zucken, tanzen, kämpfen gegeneinander. Bisweilen verschwindet eine Figur und eine andere taucht auf. Ohne Mühe erkennen die Zuschauer die Kombattanten: den edlen Fürsten, die zarte Prinzessin, den tapferen Krieger, den bösen Dämonenkönig. Trotz Fernsehen, Video und Kino erfreut sich das jahrhundertealte Wayang Kulit, das Schattenspiel mit flachen Puppen aus Leder (*wayang*=Schatten, *kulit*=Leder), auch heute noch einer ungebrochenen Popularität, nicht nur auf Bali und Java, sondern fast überall in der indonesischen Inselwelt. Ursprünglich war das aus vorhinduistischen Zeiten stammende Wayang Kulit eine magisch-kulthafte Handlung, die dazu diente, böse Geister zu bannen sowie Kontakt mit den Ahnen aufzunehmen, die symbolisch in Gestalt der Schatten auf der Leinwand erscheinen. Auch heute noch ist es weit mehr als Puppentheater oder Volksbelustigung. Es gilt noch immer als eine magische Handlung, mit der die Verbindung zwischen den drei kosmischen Sphären hergestellt sowie die Ordnung des Universums erneuert und gestärkt wird.

Handelt es sich nicht um Vorführungen für Touristen, werden Schattenspiele nicht zu beliebigen Zeiten aufgeführt, sondern im Rahmen religiöser Zeremonien.

Magische Klänge – das *gamelan*-Orchester

Begleitet wird das Schattenspiel von einem *gamelan*-Orchester, dessen pentatonische Klänge die Seele berühren. Mystisch, zaghaft beginnen die Musiker, um sich bei dramatischen Szenen zu leidenschaftlichen, überschäumenden, stürmischen Rhythmen hinreißen zu lassen. Die Klänge des *gamelan* sind ohne Anfang, ohne Ende. Der ununterbrochene Strom der Töne ergibt sich aus dem harmonischen Zusammenspiel der Gemeinschaft, bei dem die reißverschlussartig eine Gruppe Musiker auf ein Zeichen des Orchesterleiters hin, der selbst die rhythmisch-kontrapunktierende *kendang*-Trommel spielt, präzise eine andere ergänzt bzw. ablöst. Virtuose Solodarbietungen und individuelle Improvisationen sind dabei nicht gefragt. Keine Schattenspielvorführung und auch kein Tanz ist ohne *gamelan*-Begleitung denkbar.

gamelan-**Musiker**

»Ramayana« und »Mahabharata«

Auf der vergilbten Leinwand lässt derweil der *dalang* 1000-jährige Sagen lebendige Wirklichkeit werden. Balinesische Schattenspiele befassen sich meist mit Legenden aus den symbolgeladenen Sanskrit-Dichtungen »Ramayana« und »Mahabharata«, Erzählungen, die von himmlischen Tugenden wie ehelicher Hingabe, kindlicher Ehrfurcht, kriegerischer Tapferkeit und brüderlicher Treue handeln. Das Grundmotiv ist stets der ewig währende Kampf zwischen den Mächten des Guten und des Bösen. Die Charaktere sind entweder unsterbliche Helden oder auf ewig verdammte Schurken. Sie treffen wieder und wieder in Schattenschlachten aufeinander, trotzdem weiß jeder der von der Dramatik der Handlung gefesselten Zuschauer, dass Prinz Rama am Ende den schrecklichen, zehnköpfigen Dämonenfürst Ravana, der Ramas Gattin Sita entführt hat, besiegen wird.

Dalang – der Puppenspieler

Die Schlüsselfigur bei einem Schattenspiel ist der *dalang,* unter dessen Händen die Puppen zu leben beginnen. Er ist eine hoch angesehene Persönlichkeit im Rang eines priesterlichen Zeremonienmeisters, der auf magische Weise die Verbindung zwischen der Sphäre der Menschen und der Oberen oder Unteren Welt herstellt. Fast übermenschlich ist seine Aufgabe, denn er muss nicht nur in der Lage sein, gleichzeitig bis zu acht Figuren zu führen, sondern auch alle Rollen zu sprechen, wozu er die verschiedenen Sprachebenen fließend beherrschen muss.

Die großen Hinduepen »Ramayana« und »Mahabharata«

Auf Bali werden alte Epen, Legenden und Märchen durch Tänze und Tanzdramen sowie durch das Schattenspiel immer wieder zum Leben erweckt. Die beliebtesten Erzählungen sind die Sanskrit-Dichtungen des »Ramayana« und des »Mahabharata«.

Im **»Ramayana«** verkörpern Rama, Sita und Lakshmana, unterstützt vom weisen Affen Hanuman, das positive Prinzip. Als Inkarnation Vishnus stellt Rama den Idealmenschen dar – er ist tapfer, edel und tugendhaft. Seine schöne Frau Sita verkörpert die perfekte Gemahlin, ein Vorbild ehelicher Treue und Liebe. Ramas Bruder Lakshmana versinnbildlicht brüderliche Ergebenheit und Tapferkeit. Als Widersacher und Repräsentant des Bösen tritt der Dämonenkönig Ravana mit seiner Gefolgschaft übelwollender Riesen auf. In ca. 24 000 Doppelversen beschreibt das »Ramayana« die Geschichte des Helden Rama, die Entführung und spätere Befreiung seiner Gattin Sita.

Das **»Mahabharata«** schildert den Machtkampf zwischen zwei Zweigen der königlichen Bharata-Dynastie, den edlen Pandava und den missgünstigen Kaurava, die wiederum das Gute und das Böse versinnbildlichen. Nach Intrigen und kriegerischen Auseinandersetzungen kommt es zur Entscheidungsschlacht, aus der die Pandava siegreich hervorgehen. Sie verzichten jedoch auf den Thron, um sich einem asketischen Leben zuzuwenden. Die wichtigsten Figuren dieses Heldengedichts sind als Verkörperung des Guten Arjuna, sein Bruder Bima und Krishna, eine Inkarnation Vishnus und Schwager Arjunas, sowie als Symbol des Bösen Duryodhana, der Führer der Kaurava.

So sprechen in einem Schattenspiel Personen von Stand im altjavanischen *kawi* und die Gottheiten in Sanskrit, während die Narren und Bediensteten dem Publikum die Geschichte in ihren auf Niederbalinesisch abgegebenen Kommentaren verständlich machen. Der *dalang* ist zudem Dirigent des hinter ihm sitzenden *gamelan*-Orchesters – die Zeichen zum Einsatz gibt er nicht mit einem Taktstock, sondern indem er mit einem Hämmerchen, das er zwischen die Zehen geklemmt hat, an die Requisitenkiste klopft.

Während der Aufführung sitzt der *dalang* hinter einem mit einem weißen, transparenten Stoff bespannten Holzrahmen. Über seinem Kopf brennt ein Öllämpchen oder eine Glühbirne, deren Licht die Schatten der Puppen auf die Leinwand wirft. Die zweidimensionalen, aus gegerbtem Büffelleder gefertigten Figuren steckt der *dalang* mit Haltestielen aus Horn in zwei Bananenstämme, zu seiner Rechten die Guten, zu seiner Linken die Bösen.

Es wird Mitternacht, aber keiner kann sich losreißen von diesem Ritual, das die rätselhafte, exotische Kultur Balis vielleicht am eindringlichsten widerspiegelt. Ab und zu huscht, die geheimnisvolle Atmosphäre noch steigernd, eine Fledermaus durch den nachtschwarzen Himmel. Niemand weiß, wie lange das Spiel dauern wird, vielleicht bis drei oder vier Uhr morgens. Aber keiner wird nach Hause gehen, bevor nicht der Puppenspieler den *kekayon,* das Symbol für die Weltachse, in die Mitte vor die Leinwand gestellt hat – das Zeichen dafür, dass die lange Vorstellung zu Ende ist.

Gaumenfreuden für Götter und Menschen

Essen ist auf Bali weit mehr als bloße Nahrungsaufnahme – es erfüllt eine wichtige soziale und religiöse Funktion.

Odalan – bereits am frühen Morgen des Jahrestages der Tempelweihe herrscht im Vorhof des *pura desa* Hochbetrieb. Die Szenen im Tempelvorhof erinnern westliche Besucher unwillkürlich eher an eine Breughelsche Bauernhochzeit als an die Vorbereitungen zu einem heiligen Ereignis. Einige Männer schlachten ein Schwein, andere bearbeiten auf großen Brettern das Fleisch, wieder andere zerkleinern Gemüse und Zwiebeln. Unter Anleitung des ›Küchenchefs‹ wird geschält und geschnitten, gehackt und gemörsert, gebraten und gegrillt.

Bald füllen Rauchschwaden aus Feuern von Kokosnussschalen das Tempelareal. Es duftet nach frisch gebratenen Hühnchen und *sate* (Saté, Satay), Holzspießchen mit gegrillten Fleischwürfeln von Huhn oder Schwein. In riesigen Woks brutzeln Reis- und Nudelgerichte. Für den Geschmack und die Haltbarkeit der Speisen sorgen Gewürze und Kräuter wie Chili und Ingwer, Muskat und Gewürznelken, Kardamom und Gelbwurz, Zitronenblätter und Garnelenpaste. Ein besonders feines Aroma erhalten viele Gerichte durch die Zugabe von Kokosmilch und Kokosraspeln. Nicht fehlen dürfen süße Kleinigkeiten wie Puddings aus Reis, Soja und Sago.

Bei all dem Treiben in der Tempelküche, einem langen, halb offenen Pavillon, herrscht ein Riesenlärm. Es wird viel gescherzt und gelacht sowie vor allem dem *tuak,* dem balinesischen Palmwein, kräftig zugesprochen – ein ganz und gar unernstes Verhalten an solch einer heiligen Stätte. In der Luft hängt der würzig-süßliche Duft von *kretek,* knisternd abbrennenden, mit Gewürznelken aromatisierten Zigaretten.

Auf Betrachter wirkt das alles reichlich chaotisch. Dabei läuft der Kochbetrieb nach uralten, komplizierten Vorschriften ab, die genau festlegen, welche Gerichte nach welchen Rezepten zubereitet werden müssen.

Kochen für die Götter

Wichtig ist, dass die farbliche Komposition der Menüs, die von hohem Symbolgehalt ist, strikt eingehalten wird. So stehen manche Speisen – je nach ihrer Farbe – mit bestimmten Göttern in Zusammenhang. Bei keinem balinesischen Festmahl darf *lawar* fehlen, die balinesische Blutwurst, eine Mischung aus rohem, feingehacktem Fleisch mit zerkleinertem Gemüse, Gewürzen und Schweineblut. Tendiert die Farbe des Gerichts mehr zu Rot *(lawar merah),* besteht eine Verbindung zum Schöpfergott Brahma, überwiegt hingegen Grün *(lawar hijau),* ist die Speise mit Vishnu, dem Welterhalter, verknüpft.

Gelber Reis in Kegelform bildet oft den Mittelpunkt eines Festmahls

Weitere lukullische Schmankerln auf der Speisekarte der Götter sind *bebek betutu,* in Bananenblättern über schwelenden Reisschalen gegarte Ente, und *babi guling,* über offenem Feuer gegrilltes Spanferkel. Bei diesen beiden Delikatessen müssen sich Götter wie Menschen in Geduld üben, denn die Zubereitung dieser Gerichte nimmt Stunden in Anspruch. Zu jedem Festbankett gehört auch *sate lilit,* meist höllisch scharfes Hühner- oder Fischhack am Spieß. Eine weitere balinesische Spezialität ist die pikante Blutsuppe *komoh,* die westlichen Besuchern ein kulinarisches Abenteuer verspricht.

Die Kochkunst ist untrennbar mit dem religiösen Leben der Balinesen verbunden – nicht »ora et labora« lautet die Devise, sondern beten und essen. Die Zubereitung der Mahle, die religiösen Charakter haben und sich nach strengen Regeln und Ritualen vollziehen, ist den Männern vorbehalten. In erster Linie kochen sie für die Götter, und die sind Gourmets, ebenso wie die zu Gast geladenen Ahnen, die es gleichfalls fürstlich zu bewirten gilt. Aber auch die Erdenbürger wissen es zu schätzen, kräftig mitschmausen zu dürfen – aber erst, nachdem die innere Substanz der Speisen von den göttlichen Wesen entgegengenommen wurde. Frauen sind in der Tempelküche nur für die riesigen Reisportionen zuständig. Gekocht, zu Reishügeln aufgeschichtet, symbolisieren sie den kosmischen Himmelsberg Meru (Abb. S. 99).

Traditionelle Esskultur

Balinesen ziehen mehrere kleine Mahlzeiten wenigen opulenten Mahlen vor. Doch bei einer religiösen Zeremonie, einem festlichen Anlass darf ein gemeinsames Mahl nicht fehlen. Dann isst man gern in geselliger Runde. Im Gegensatz zur europäischen Küche wird nicht Gericht nach Gericht serviert, sondern es kommen viele Köstlichkeiten gleichzeitig auf den Tisch. So kann jeder sich sein Menü selbst zusammenzustellen, wobei auf ein ausgewogenes Verhältnis von scharf/mild, süß/sauer, gebraten/gedünstet geachtet wird. Als höflich gilt es, sich mehrfach nachzunehmen! Und am Schluss bleibt ein kleiner Rest auf dem Teller zurück, damit der Gastgeber gewiss sein kann, genug aufgetischt zu haben.

Im Alltagsleben aber messen die Balinesen dem Essen im Familienkreis oder in größerer Runde unter Bekannten keine Bedeutung bei. Zum einen entspricht dies nicht ihrer traditionellen Esskultur, zum anderen übersteigen aufwendige Mahle die

Gegessen wird mit der rechten Hand, Bananenblätter dienen auch als Teller

finanziellen Möglichkeiten der meisten Familien.

Auf dem Land kochen Frauen in den frühen Morgenstunden vor der Feldarbeit die Speisen für den ganzen Tag vor. Diese werden dann zu einem Büfett aufgebaut, von dem sich jeder bedient, wann immer er Hunger hat. Im Gegensatz zu den oft Stunden dauernden Festbanketten, die neben der religiösen auch eine wichtige soziale Funktion erfüllen, ist für Balinesen im Alltag Essen nichts anderes als reine Nahrungsaufnahme: Man isst schnell und allein, häufig sogar zurückgezogen in einem stillen Winkel des Gehöfts. Basis der meisten Mahlzeiten ist *nasi putih,* weißer, gedünsteter Reis. Als Beilage kommt bei einfachen Leuten Gemüse von Auberginen bis Zucchini auf den Tisch, nur ab und zu hingegen Fleisch und ganz selten Fisch. Sehr beliebt zum Frühstück ist *bubur ayam,* Reisbrei mit ein wenig Huhn. *Beras ketupat,* in Bananenblättern gegarten Reis, nehmen Bauern gerne zur ›Brotzeit‹ mit auf die Felder.

Essbesteck gibt es in der traditionellen Esskultur nicht. Es wurde und wird (vor allem in einfachen Lokalen und auf dem Land) mit den Fingern gegessen – und zwar nur mit den Fingern der rechten Hand (die linke gilt als unrein). Das ist unproblematisch, da die Speisen meist kalt oder lauwarm sind. Isst man mit Besteck, so meist mit Löffel und Gabel. Hierbei benutzt man den Löffel wie unsere Gabel, führt also ihn zum Mund – hält ihn aber mit der rechten Hand. Messer sind unnötig, da alles kleingeschnitten serviert wird. Stäbchen gibt es in chinesischen Restaurants.

Unterwegs auf Bali & Lombok

Abendstimmung am Meerestempel Pura Tanah Lot

Südbali

Highlight!

Kuta Beach: Obwohl schon längst vom Massentourismus erobert, gehört der halbmondförmige, weit geschwungene Küstenstreifen bei Kuta, Legian und Seminyak immer noch zu den schönsten des gesamten indonesischen Archipels. Besonders spektakulär wirkt der Kuta Beach bei den berühmten Sonnenuntergängen, zumeist feurigen Dramen, bei denen Farbtöne in allen Rotnuancen ineinanderfließen und den Himmel verzaubern. S. 115

Auf Entdeckungstour

Bali Museum – Überblick über die Kulturgeschichte Balis: Ein Besuch des weitläufigen Kunst- und Völkerkundemuseums in Denpasar ist ein Muss für alle Baliliebhaber, denn es dokumentiert anschaulich die Entwicklung balinesischer Kultur von vor- und frühgeschichtlicher Zeit bis zur Gegenwart. S. 110

Kultur & Sehenswertes

Werdhi Budaya Art Centre: Dauer- und Wechselausstellungen balinesischer Mal- und Holzschnitzkunst vermitteln einen guten Überblick über das Kunstschaffen auf der Insel. S. 113

Pura Luhur Ulu Watu: Das im 10. Jh. gegründete Felsenheiligtum Pura Luhur Ulu Watu ist der wegen seiner Lage und Schönheit wohl berühmteste Tempel im Süden von Bali. S. 138, 141

Aktiv & Kreativ

Balinesisch kochen: Das Restaurant Sate Bali in Seminyak bietet Kochkurse in englischer Sprache. S. 122

Surfen: Anfänger tummeln sich zwischen Kuta und Legian, Erfahrene am Kuta Reef oder am Canggu Beach bei Kuta, Unerschrockene am Suluban, Nyang Nyang, Padang Padang und Dreamland Beach auf Bukit Badung. S. 123, 125, 139

Genießen & Atmosphäre

Restaurant Pregina: In diesem Restaurant in Sanur genießen Sie authentische balinesische Gerichte vom Feinsten zu moderaten Preisen. S. 131

Spa Sekar Jagat: Das Spa Sekar Jagat am Rand von Nusa Dua bietet balinesische Heilmassagen, traditionelle Lulur-Peelings und vieles mehr. S. 136

Abends & Nachts

Velvet Rooftop Bar: Die Terrasse der hippen Bar ist der ideale Ort, um bei einem Sundowner die berühmten Sonnenuntergänge von Kuta zu genießen. S. 124

Ku De Ta: Der Top-Spot in Seminyak mit minimalistischem Design für stilbewusste Szenegänger gehört zum Coolsten, was Balis Nightlife derzeit zu bieten hat. S. 125

Stadtgewühl und weite Strände

Wer per Flugzeug nach Bali kommt, landet auf dem Ngurah Rai International Airport und lässt Denpasar zumeist links liegen. Doch obwohl die Stadt laut und übervölkert ist, sollte man ihr vielleicht einen Besuch abstatten, um einmal eine größere asiatische (Provinz-)Stadt zu erleben. Von den balinesischen Ferienorten, die sich hier im Süden der Insel konzentrieren, lässt sich dies als Tagesausflug organisieren.

Und danach geht es zurück an den Kuta Beach, einen der schönsten Strände Indonesiens, nach Sanur oder Nusa Dua – um Sonne und Meer, Brandungssurfen oder Tauchen zu genießen. Balis Süden bietet dem, der auf der Suche nach ›Balidorm‹ ist, ebenso ein Ziel, wie dem hippen Szenegänger, dem gehobenen Pauschalurlauber oder dem, der Luxus pur genießen möchte.

Infobox

Anreise und Weiterkommen

Autofahren in Denpasar – nein, danke! Wegen des hohen Verkehrsaufkommens sollte man nicht mit dem Mietwagen in die Inselhauptstadt fahren. Auch die preiswerte, aber zeitaufwendige Anreise von den südlichen Ferienorten mit öffentlichen Verkehrsmitteln ist eher etwas für Hartgesottene: mit dem *bemo* von Kuta, Legian, Seminyak oder Nusa Dua zum Terminal Tegal, von Sanur zum Terminal Kereneng, dann umsteigen in ein innerstädtisches *bemo*. Bequemer ist es, ein Taxi zu nehmen (ca. 150 000–200 000 Rp.). Auch bieten in den Ferienorten Agenturen Halbtagesausflüge nach Denpasar an.

Als Ausflugsmöglichkeiten und Abwechslung zum Strand- und Hotelleben lassen sich die Pulau Serangan oder die Halbinsel Bukit Badung mit dem Tempel Pura Luhur Ulu Watu besuchen.

Denpasar ► H 6

Der erste Eindruck von der Inselhauptstadt ist eher ernüchternd: Staubig, laut, übervölkert ist die 800 000-Einwohner-Metropole, chaotisch der Verkehr, geradezu erschreckend die Umweltverschmutzung. Ein unkontrollierter Bauboom hat das Flair der alten Königsstadt weitgehend zerstört. Mag Balis Kapitale, die sich mit modernen, mehrstöckigen Betonbauten als eine typische indonesische Provinzstadt präsentiert, auch keine Schönheit sein, so lässt sich hier doch manches entdecken. Denpasar ist eine asiatische Stadt, die lärmt, stinkt und schwitzt, aber ein unverfälschtes Stück Bali ist. Und dass die meisten Touristen einen Bogen um sie machen, trägt zu ihrem Reiz bei.

Vor der holländischen Kolonisation zu Beginn des 20. Jh. war die Stadt unter dem Namen Badung, der unter Einheimischen heute noch gebräuchlich ist, Mittelpunkt des Königreichs gleichen Namens. Nach der Unabhängigkeitserklärung Indonesiens wurde der Marktflecken in Denpasar umgetauft, was so viel wie Neuer Markt bedeutet.

Am Badung-Fluss

Bereits im Namen der Hauptstadt klingt an, dass hier der Handel eine vorrangige Rolle spielt. Ein bedeutender Warenumschlagplatz ist der **Pasar Badung** **1** , auf dem landwirtschaftliche Erzeugnisse und handwerkliche Produkte des Hinterlands feilgeboten werden. Man sollte früh aufstehen, wenn man das pulsierende Treiben des Marktes erleben will. Der Pasar Badung, der sich über die drei Stockwerke eines riesigen Betonkomplexes erstreckt, teilt sich in einen ›nassen‹ Bereich mit Obst, Gemüse, Fisch und Fleisch sowie einen ›trockenen‹ Sektor mit Haushaltswaren und konfektionierten Lebensmitteln – ein buntes und stellenweise geruchsintensives Fest für die Sinne.

Auf der anderen Seite des Badung-Flusses erstreckt sich der **Pasar Kumbasari** **1**, ein Einkaufszentrum für Bekleidung, Stoffe, Batiken und kunstgewerbliche Artikel. Gelegenheit für ein spätes Frühstück bieten einige gute Restaurants. Im Untergeschoss wird vom späten Nachmittag an ein **Nachtmarkt** **1** (pasar malam, tgl. ca. 17– ca. 22 Uhr) abgehalten.

Westlich des Badung-Flusses

Der **Pura Maospahit** **2**, dessen Ursprünge in das 14. und 15. Jh. zurückreichen, ist eine der ältesten Tempelanlagen Balis. Man betritt den aus rotem Ziegelstein errichteten Bau, der durch seine Schlichtheit besticht, durch einen Seiteneingang im Gang III der Jalan Dr. Sutomo.

An der Kreuzung Jalan Thamrin/ Jalan Hasanuddin steht der von den Holländern wieder aufgebaute Königspalast **Puri Pemecutan** **3**. Die ursprüngliche Residenz des *raja* von Badung wurde während des *puputan* (s. rechts) 1906 ein Raub der Flammen. Im Empfangspavillon sind Memorabilia der Königsfamilie ausgestellt, darunter die Instrumente eines *gamelan*-Orchesters, Lontar-Manuskripte und alte Waffen.

Rund um den Puputan-Platz

Um den Puputan-Platz konzentrieren sich Denpasars wichtigste Sehenswürdigkeiten. An der nordwestlichen Ecke des Platzes wacht inmitten eines Kreisverkehrs **Bhatara Guru** **4** über Verkehrschaos und Lärm. Mit steinernem Stoizismus blickt die 1972 errichtete, viergesichtige Götterstatue, eine Darstellung des Allerhöchsten Wesens als Wächter der vier Himmelsrichtungen, auf waghalsige Mopedfahrer.

Ein Stückchen weiter steht das bronzene **Puputan-Monument** **5**. Das Heldendenkmal, das einer stilisierten Lotosblüte entwächst, erinnert an die rituelle Selbstvernichtungsschlacht im Jahr 1906. Mitte des 19. Jh. war es den Niederländern gelungen, den Norden Balis in ihre koloniale Machtsphäre einzubeziehen, die meisten *raja* im Süden aber zeigten sich widerspenstig. Schließlich erklärten die Holländer dem Badung-König und seinen Verbündeten den Krieg. Im Herbst 1906 landete eine Strafexpedition an Balis Südküste. Mit Kanonenbooten und Marineinfanterie sollte sie den Widerstand der balinesischen Herrscher brechen. Die Krieger des *raja*, mit Krisen und Speeren nur primitiv bewaffnet, stemmten sich den Invasoren entgegen, mussten jedoch bald erkennen, dass sie ihrem Feind hoffnungslos unterlegen waren. Um einer Niederlage und der Kolonisation zu entgehen, wählten der Herrscher und seine Familienangehörigen den Freitod in einem rituellen Amokangriff *(puputan)*. Ungeschützt rannten rund 2000 Balinesen in die Gewehrsalven der Kolonialtruppen, alle Aufforderungen, sich zu ergeben, missachtend. Und wer dabei nicht umkam, bohrte sich selbst seinen ▷ S. 113

Denpasar

Sehenswert

1. Pasar Badung
2. Pura Maospahit
3. Puri Pemecutan
4. Bhatara Guru
5. Puputan-Monument
6. Bali Museum
7. Pura Jagatnatha
8. Gereja St. Yoseph
9. Werdhi Budaya Art Centre
10. Sekolah Tinggi Seni Indonesia

Übernachten

1. Inna Bali Hotel
2. The Grand Santhi Hotel

Essen & Trinken

1. Nachtmarkt
2. Warung Bendega
3. Warung Subak
4. Hongkong
5. Bali Bakery

Einkaufen

1. Pasar Kumbasari
2. Mega Art Shop
3. Toko Pelangi
4. Kenanga Gold Shop
5. Melati

Auf Entdeckungstour: Das Bali Museum – Überblick über die Kulturgeschichte Balis

Im Bali Museum **6** hat man die Chance, einen hervorragenden Überblick über die Kultur der Insel zu gewinnen – und das alles in einer weitläufigen Anlage, deren Gebäude die balinesische Palast- und Tempelarchitektur widerspiegeln.

Adresse und Start: Jl. Wisnu/Jl. Beliton, Tel. 0361 22 26 80, Eingang südöstliche Seite des Puputan-Platzes.

Öffnungszeiten: Sa–Do 8–16, Fr 8.30–12.30 Uhr

Eintritt: 20 000 Rp., Kinder 10 000 Rp.

Dauer: gut 2 Std.

Tipp: Ein Englisch sprechender Führer (beim Kassenhäuschen) kann hilfreich sein, denn viele Exponate sind nur unzureichend kommentiert.

Als neue Herren taten die Niederländer viel für die Bewahrung unersetzlicher Kunstschätze, nicht zuletzt durch die Errichtung des Bali Museum im Jahr 1932, das einen hervorragenden Überblick über die Kulturgeschichte der Insel von prähistorischer Zeit bis in unsere Tage vermittelt.

Die Architektur der Museumsanlage selbst weist neben dem Palastbaustil typische Merkmale balinesischer Tempel auf. Hierzu zählen das Gespaltene Eingangstor, die Gliederung der Anlage in mehrere Höfe sowie der *kulkul*-Trommelturm links vom Eingang. Ein guter Überblick bietet sich von dem turmartigen *bale* gegenüber dem Gedung Tabanan.

Im Land der Zeremonien

Die Architektur des dominierenden mittleren Gebäudes, **Gedung Karangasem** ist dem Baustil der ostbalinesischen Paläste von Karangasem nachempfunden. Die Ausstellung ist den sog. *panca yadnya* gewidmet, den wichtigsten Zeremonien der balinesischen Hindu-Dharma-Religion: *dewa yadnya* (Zeremonien für den allmächtigen Gott Sanghyang Widhi Wasa und seine zahlreichen Erscheinungsformen), *pitra yadnya* (Zeremonien für die Seelen der Vorfahren), *rsi yadnya* (Zeremonien für alle Heiligen und Priester) und *bhuta yadnya* (Zeremonien zur Besänftigung oder Vertreibung von Dämonen). Modelldarstellungen veranschaulichen *manusa yadnya*, die bedeutenden Zeremonien im Lebenslauf eines Menschen, etwa Hochzeits- und Verbrennungsfeiern.

Gezeigt wird auch eine Zahnfeilzeremonie, die den Übergang ins Erwachsenendasein markiert: Mädchen und Jungen werden zwischen Pubertät und Heirat von einem Priester die oberen sechs Schneide- und Eckzähne so weit abgefeilt, bis sie eine gerade Linie bilden. Mit dieser Zeremonie soll die Macht sechs schlechter Eigenschaften – Faulheit, Habgier, Fleischeslust, Jähzorn, Dummheit, Eifersucht –, die nur Dämonen mit langen spitzen Zähnen eigen sind, reduziert werden. Dabei müssen die Zahnspäne gesammelt werden, denn auch sie enthalten Seelenhaftes. In einem Gefäß als Talisman aufbewahrt, schützen sie vor bösen Mächten. Die Jugendlichen gelten nach dieser Zeremonie als Erwachsene und sind heiratsfähig. Ohne flachgeschliffene Zähne darf kein Toter eingeäschert werden, denn er gilt als Dämon, der vom Kreislauf der Wiedergeburten ausgeschlossen ist. Aus Kostengründen begnügt man sich heute bisweilen damit, nur die beiden Eckzähne anzufeilen.

Ausgestellt sind zudem Kultobjekte für religiöse Zeremonien sowie traditionelle Zeremonialgewänder.

Die Welt der Masken

Der fensterlose **Gedung Tabanan** – der Pavillon linker Hand – grenzt an den Staatstempel Pura Jagatnatha und steht links neben dem Gedung Karangasem. Der Bau bildet den Königspalast von Tabanan auf Westbali nach und birgt eine exquisite Sammlung von Topeng-Holzmasken und Schattenspielfiguren aus Büffelleder. Eine besondere Faszination üben die dort präsentierten Barong- und Rangda-Gestalten aus, Kombattanten im hochdramatischen, auch bei Balibesuchern sehr beliebten Barong- oder Kris-Tanzspiel, das den

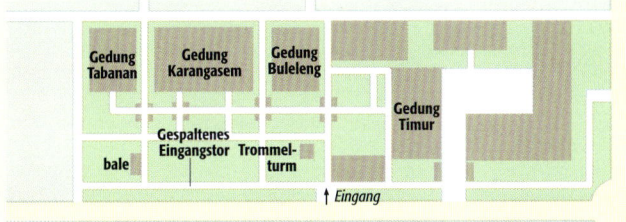

immerwährenden Kampf des Guten gegen das Böse darstellt. Der Barong ist ein löwenähnliches, mythisches Fabelwesen, das als Beschützer der Menschen das positive Prinzip verkörpert, während seine Gegenspielerin, die mit zotteligem Haar und langen Krallen furchteinflößend aussehende Rangda, als Herrscherin über die Mächte der Dunkelheit das zerstörerische Prinzip symbolisiert. Der Ausgang des Kampfes bleibt unentschieden – das Gute wie das Böse sind nach Auffassung der Balinesen feste Bestandteile der kosmischen Ordnung (s. S. 74).

Die grotesken Musikantendarstellungen aus vulkanischem Tuffgestein vor dem Gebäude stellen *gamelan*-Spieler mit ihren Instrumenten dar, etwa der *suling* (Bambusflöte), der *kendang* (Trommel) und der *rebab* (zweisaitiges Streichinstrument).

Kostbare Stoffe und Gewänder

Der südlich anschließende **Gedung Buleleng** – der Pavillon rechter Hand – steht für den nordbalinesischen Buleleng-Stil. Auch hier stehen vor dem Eingang fast lebensgroße Steinfiguren schwangerer Frauen und stillender Mütter. Die weibliche Fruchtbarkeit ist betont, da nach dem Glauben der Balinesen Kinder den Lebensodem der verstorbenen Ahnen aufnehmen, die in ihren Nachkommen wiedergeboren werden.

Im Pavillon befindet sich eine sehenswerte Sammlung traditioneller Zeremonialgewänder und Webarbeiten in Ikat-Technik. Letztere stammen aus dem Bali-Aga-Dorf Tenganan (s. S. 226). Als magische Tücher, die vor dämonischen Kräften schützen, werden sie bei zeremoniellen Anlässen benutzt. Die Färbe- und Webtechnik des Ikat ist derart kompliziert, dass eine Frau zur Anfertigung eines Tuches fünf bis zehn Jahre braucht.

Archäologie, Geschichte, Kunsthandwerk und Volkskunst

Im Erdgeschoss eines vierten modernen Gebäudes mit dem Namen **Gedung Timur**, das schräg gegenüber dem Eingang steht, sind archäologische Fundstücke und historische Exponate zu sehen, die Ausstellung im oberen Stockwerk zeigt Kunsthandwerk und Volkskunst auf Bali.

Das Bali Museum weist Elemente der balinesischen Tempel- und Palastarchitektur auf

Kris in die Brust oder starb unter den Händen der eigenen Gefährten. Das Königshaus von Badung wurde bei dieser Selbstvernichtungsschlacht ausgelöscht.

Pura Jagatnatha 7

Neben dem Bali Museum liegt der **Pura Jagatnatha,** einer der neun Staatstempel. Das Heiligtum ist als einziger der balinesischen Tempel dem allmächtigen Gott, Sanghyang Widhi Wasa, geweiht und nicht einer seiner zahlreichen Erscheinungsformen. Die Gottheit präsentiert sich in tänzerischer Pose als glänzende Metallstatue an der obersten Stelle des zentralen, siebenstufigen Lotosthrons *(padmasana)* aus weißem Korallengestein. In jeder Vollmondnacht ist der Pura Jagatnatha Schauplatz von Opferzeremonien.

Gereja St. Yoseph 8

Die katholische **St.-Joseph-Kirche** etwas weiter östlich in der Jalan Kepundung ist einen Besuch wert, weil hier christliche Motive im balinesischen Stil dargestellt sind. So tragen die Engel an der Fassade *sarong,* und auch die Wächterdämonen hat man nicht vergessen. Im Inneren des roten Ziegelbaus zeigt ein Bild die Muttergottes mit asiatischen Gesichtszügen.

Am Ostrand Denpasars

Werdhi Budaya Art Centre 9

Jl. Nusa Indah, Tel. 0361 22 71 76, Mo–Do 8–15, Fr–So 8–13 Uhr, 20 000 Rp., Kinder 10 000 Rp.; in der Hauptsaison tgl. 18.30 Uhr Vorführung des Kecak-Tanzes, 60 000 Rp., Kinder 30 000 Rp.

Mit einem *bemo,* einem der Sammeltaxis, erreicht man das **Werdhi Budaya Art Centre** am östlichen Ortsrand. Die Pavillons des im ›barocken‹ balinesi-

schen Baustil errichteten Kulturkomplexes beherbergen Museen und Galerien, Verkaufsausstellungen für Kunsthandwerk sowie Übungssäle für Musik und Tanz. Eine kleine Galerie würdigt das Werk des deutschen Malers Walter Spies (s. S. 174), der in den 1930er-Jahren die einheimischen Künste beeinflusste. Das hier alljährlich meist im Juni und Juli stattfindende Bali Arts Festival mit Musik-, Tanz- und Theateraufführungen sowie Sonderausstellungen zieht Kunstliebhaber aus aller Welt an.

Sekolah Tinggi Seni Indonesia 10

Jl. Nusa Indah, Tel. 0361 22 73 16, Mo–Fr 9–13 Uhr, Eintritt frei, Spende erbeten

In der 1967 eröffneten nationalen **Tanzakademie STSI** unweit des Kulturzentrums absolvieren 500 Studenten ein vier bis fünf Jahre dauerndes Studium. Gelehrt wird neben traditionellem Tanz und *gamelan*-Musik auch das Schattenspiel. Besucher haben wochentags die Möglichkeit, den Studenten bei den Proben zuzuschauen. Im großen Gebäude links vom Haupteingang kann man die prachtvollsten *gamelan*-Instrumente Balis bewundern.

Übernachten

Das Angebot an Unterkünften in Denpasar ist eher bescheiden.

Nostalgisches Flair – **Inna Bali Hotel** 1: Jl. Veteran 3, Tel. 0361 23 56 81, www.innabaliheritage.com. DZ 750 000–950 000 Rp., Suite 1 500 000 Rp. Das nahe dem Puputan-Platz gelegene altehrwürdige Hotel in der ehemaligen Residenz des holländischen Gouverneurs präsentiert sich nach einem gründlichen architektonischen Facelifting wieder in kolonialem Glanz – edel in Service und Ausstattung, zwei Restaurants, Bar, Spa und Swimmingpool.

Südbali

Komfortables Stadthotel – **The Grand Santhi Hotel** **2** : Jl. Patih Jelantik 1, Tel. 0361 22 41 83, http://hotelgrand santhi.com. DZ 550 000–600 000 Rp., Suite 700 000–850 000 Rp. Klimatisierte Zimmer in einem älteren und einem modernen, mehrstöckigen Gebäude. Restaurant, Pool, Touragentur und Business-Center.

Essen & Trinken

Neben einer Vielzahl von Garküchen und einfachen Lokalen gibt es in Denpasar kaum eine Handvoll besserer Restaurants. Preiswerte und gute indonesische wie auch chinesische Küche findet man auf dem **Nachtmarkt** **1** *(pasar malam,* tgl. ca. 17–22 Uhr) im Untergeschoss des Pasar Kumbasari in der Jalan Gajah Mada.

Beste Bali-Küche – **Warung Bendega** **2** : Jl. Kapt. Cokorde Agung Tresna 37, Renon, Tel. 0361 24 95 55, http:// warungbendega.com/en, tgl. 9–23 Uhr. Menü 120 000–150 000 Rp. Nur balinesisch-indonesische Küche – hervorragende, authentische Gerichte, frisch, leicht, scharf. Hilfreich ist die bebilderte Speisekarte auf Englisch.

Leckere Landeskost – **Warung Subak** **3** : Jl. Moh. Yamin 18, Renon, Tel. 0851 00 80 25 55, www.warungsubak. net, tgl. 10–22 Uhr. Menü 100 000– 150 000 Rp. Bei Einheimischen wie Besuchern gleichermaßen beliebtes Gartenrestaurant.

Beliebt bei den Einheimischen – **Hongkong** **4** : Jl. Gajah Mada 99, Tel. 0361 43 48 45, tgl. 10–23 Uhr. Gerichte 20 000–75 000 Rp. Gut besuchtes Lokal mit indonesisch-chinesischer Karte. Spezialisiert auf Fisch und Meeresfrüchte.

Energie für den ganzen Tag – **Bali Bakery** **5** : Jl. Hayam Wuruk 181, Tel. 0361 24 31 47, tgl. 6.30–19 Uhr,

Gerichte 20 000–60 000 Rp. Leckere Frühstücksvarianten im westlichen Stil, Croissants und Petits fours.

Einkaufen

Gute Einkaufsmöglichkeiten für Kunstgewerbe, Antiquitäten, Textilien und Lederwaren bieten die Läden in den Hauptgeschäftsstraßen Jalan Gajah Mada, Jalan Veteran, Jalan M. H. Thamrin, Jalan Sulawesi.

Von Bekleidung bis Kunsthandwerk – **Pasar Kumbasari** **1** : s. S. 107.

Kunsthandwerk – **Mega Art Shop** **2** : Jl. Gajah Mada 36, Tel. 0361 22 45 92. **Toko Pelangi** **3** : Jl. Gajah Mada 54, Tel. 0361 22 45 70. Beide bieten einen Querschnitt durch das balinesische Kunsthandwerk.

Goldschmuck nach Gewicht – **Gold**läden *(toko mas),* in denen man den Schmuck nach Gewicht kauft, konzentrieren sich in der Jl. Hasanuddin, z. B. **Kenanga Gold Shop** **4** , Jl. Hasanuddin 43 A, Tel. 0361 22 57 25, und **Melati** **5** , Jl. Hasanuddin 41 F, Tel. 0361 23 78 54.

Infos

Denpasar Government Tourism Office: Jl. Surapati 7, Tel. 0361 22 36 02, www. balidenpasartourism.com, Mo–Do 8– 15.30, Fr 8–11, Sa 8–12.30 Uhr. Hier erhält man den »Calendar of Events« mit den Terminen der bedeutendsten religiösen Feste sowie Hinweisen zu Tanz- und Theateraufführungen.

Verkehr

In der Stadt pendeln auf festen Routen zu Einheitspreisen *bemo* (Minibusse). Es gibt fünf Bus- und *bemo*-Terminals für den innerbalinesischen Fernverkehr.

Terminal Tegal: Jl. Imam Bonjol, 2 km südlich des Zentrums Richtung Kuta. *Bemo* nach Kuta, Legian und zum Flughafen sowie nach Nusa Dua, Benoa und anderen Orten auf der Halbinsel Bukit Badung, sporadisch auch zum Tempel Pura Luhur Ulu Watu.

Terminal Ubung: Jl. Cokroaminoto, 3 km nördl., Tel. 0361 23 71 72. Busse und *bemo* nach Nord- und Westbali, z. B. Bedugul, Singaraja, Mengwi, Kediri, Tanah Lot, Tabanan, Negara, Gilimanuk. Auch Fernbusse nach Java ab hier.

Terminal Kereneng: Jl. Kamboja. *Bemo* zum Terminal Batubulan und nach Sanur.

Terminal Batubulan: 8 km nordöstlich Richtung Ubud, Tel. 0361 29 85 26. Busse/*bemo* nach Ost- und Zentralbali, z. B. Bedulu, Gianyar, Ubud, Tampaksiring, Bangli, Kintamani, Klungkung, Kusamba, Padang Bai, Candi Dasa, Amlapura.

Terminal Suci: Jl. Hasanuddin. *Bemo* nach Benoa Port (Hafen).

Kuta Beach! ▶ G 7

Der in einer langen Kurve vom Ngurah Rai International Airport im Süden über Kuta und Legian bis Seminyak reichende, 10 km lange feinsandige Kuta Beach, der sich genau genommen in drei Abschnitte gliedert – **Kuta Beach, Legian Beach** und **Seminyak Beach** –, gehört zu den schönsten Küstenstreifen des indonesischen Archipels. Aber Achtung: An allen Strandabschnitten ist äußerste Vorsicht geboten, denn die Badefreuden werden von sehr gefährlichen Unterströmungen beeinträchtigt. Immer wieder sind Tote durch Ertrinken zu beklagen.

Man sollte beim Hinausschwimmen stets darauf achten, noch festen Grund unter den Füßen zu haben. Am sichersten ist Schwimmen im mit rot-gelb gestreiften Flaggen markierten Bereich und in Sichtweite der Rettungsdienste.

Kuta und Legian ▶ G 7

Von Reisenden wurde das beschauliche Fischerdorf **Kuta** Anfang der 1960er-Jahre entdeckt. Hippies, zivilisationsmüde Aussteiger und Globetrotter bildeten die touristische Vorhut. Angelockt von den traumhaften Surfbedingungen, folgten schon bald Scharen von Wellenreitern aus aller Welt, vor allem aus dem nahen Australien. Schließlich erkoren die Späher der Tourismusindustrie das lange als Geheimtipp gehandelte Kuta zum Standort für Feriensiedlungen. Der Ort entwickelte sich schnell und wildwüchsig. An das einst verschlafene Fischerdorf erinnert nur noch der Name.

Wer Bali sucht und als Erstes im hektischen Kuta landet, dem ist ein Kulturschock gewiss. Auf der parallel zum Strand verlaufenden, abgasgeschwängerten Hauptstraße Jalan Legian knattern Motorräder, quälen sich Stoßstange an Stoßstange Autos und Busse. Entlang der Gehwege schieben sich die Touristen, dicht umlagert von fliegenden Händlern. *Gamelan*-Orchester kämpfen ebenso verzweifelt wie vergeblich gegen ohrenbetäubenden Hard Rock, der aus Bars und Diskotheken dringt. Verstellt ist der Blick aufs Paradies durch Hotels, Souvenirgeschäfte und Restaurants, die sich an der Flaniermeile sowie in den Nebenstraßen aneinanderreihen. Am Tag grassiert hier das Shopping-Virus, nachts werden viele vom Disco-Fieber befallen.

Schon längst hat die touristische Entwicklung auch auf **Legian** weiter im Norden übergegriffen, mit dem Kuta mittlerweile zur größten ›Ferienfabrik‹ Balis verschmolzen ist. ›Balidorm‹, auf den Gästeansturm gut vorbereitet, bietet mit einer breit gefächerten touristischen Infrastruktur heute Erholungs- und Vergnügungsmöglichkeiten für jeden Geldbeutel. Bunt gemischt ist

115

Kuta Beach

auch das Publikum. Dazwischen flanieren langmähnige einheimische Beach Boys, die ›Kuta-Cowboys‹, die nur allzu gern bereit sind, Urlauberinnen mit diversen Dienstleistungen die Zeit zu vertreiben.

Besonders an Wochenenden zieht es Touristen aus Java in Scharen an den Kuta Beach. Während muslimische Frauen im knöchellangen *sarong* durch das seichte Wasser waten, fotografieren ihre Gatten mit langen Teleobjektiven Touristinnen aus Europa und Australien, die sich oben ohne in der Sonne aalen, obwohl *topless* eigentlich gegen die Moralvorstellungen der Einheimischen verstößt.

In der Nacht vom 12. auf den 13. Oktober 2002 verwandelte sich das Freizeitparadies in ein Schreckensszenario. Vor der Diskothek Sari Club und der Kneipe Paddy's explodierte ein gewaltiger 150-kg-Sprengsatz und riss über 200 Menschen, darunter sechs deutsche Touristen, in den Tod. Als Drahtzieher des bislang schwersten Attentats, das es je in Südostasien gegeben hat, verhaftete man muslimische Extremisten, denen das ›gotteslästerliche‹ Treiben in den Kneipen und Discos auf Balis freizügigen Partymeilen schon seit Langem ein Dorn im Auge war.

An den schrecklichen Terroranschlag erinnert an der Jalan Legian im Zentrum von Kuta das **Human Tragedy Monument** 1 , ein schlichtes Mahnmal aus Marmorplatten, in welche die Namen der Opfer eingraviert sind.

Canggu, Seseh ↑ 7

KEROBOKAN
9
6
8
Jl. Petitenget

14 1
Jalan Laksmana
9
Jl. Drupadi
5
10
13 3
7

BASANGKASA

SEMINYAK
14 15
Jl. Dhyana Pura
11
6
7
11
12
Jl. Arjuna (Jl. Double Six)
10
5
Jl. Padma Utara
Jalan Werkudara
7

Jalan Raya Seminyak

LEGIAN KAJA

Sunset Road

Jl. Raya Kerobokan

Jalan Raya Kuta

Jl. Kayu Aya

Seminyak Beach

9
LEGIAN Jalan Padma
6
Jalan Legian
Legian Beach
2
Jl. Melasti
4
6
12 10

Jalan Dewi Sri

Jl. Patih
Jelantik

Jalan Majapahit

PELASA

Jalan Nakula
1

Denpasar↑

Sunset Road

Kuta Bay

Jl. Pantai Kuta

Poppies Lane II
KUTA
Jl. Legian
Kuta Beach
Bemos nach
Denpasar
Jl. Pantai Kuta
Bali Government
Tourist Info Centre
Jl. Bakungsari
Pasar Malam

7
ABIAN KUTA
2
3
Jalan Kartika Plaza
Gang
Kingkong
Gang Mawar

KUTA PERMAI

Jalan Bypass Ngurah Rai

TUBAN

0   0,5   1 km

Ngurah Rai Airport ↓   Jalan Kediri   ↑ Jimbaran Beach

Samur

Inset map:

3
2
Poppies Lane II
11
1
Jalan Pantai Kuta
3
6
Poppies Lane I
4
8
1
2
KUTA
4
3
1
4 Jl. Tegal Wangi
5 Jl. Bakungsari

Gang Ronta
Jl. Legian
5
1
Perama
Tours & Travel
3
9

Jl. Buni Sari

N

0   125   250 m

Seminyak ▶ G 7

In nördlicher Richtung geht Legian nahtlos in **Seminyak** über, ein ehemaliges Fischer- und Reisbauerndorf, das sich zu einem schicken Ferienort der Jungen und Schönen gemausert hat. An der Flaniermeile Jalan Laksmana reihen sich exquisite Restaurants und Trendboutiquen, elegante Clubs, hippe Discos und coole Bars, die man eher in Sydney oder New York vermuten würde. Abgeschottet vom balinesischen Alltag verstecken sich hinter hohen Mauern Nobelhotels und teure Villenanlagen. Am herrlichen **Seminyak Beach** warten exklusive Szenelokale auf Gäste, die den Sonnenuntergang bei einem Drink oder Dinner genießen. Am Abend zieht es Nachtschwärmer hierher, denn in Seminyak hat sich ein neues Epizentrum brodelnden Nachtlebens aufgetan.

Übernachten

Während der Hauptsaison, vor allem im Juli/August und zu Weihnachten, ist rechtzeitige Buchung dringend empfohlen. In dieser Zeit sind die Zimmerpreise um bis zu 50 % höher.

… in Kuta und Legian

Living next door to Elvis – **Hard Rock Hotel** **1** : s. Mein Tipp S. 119.

Komfort Bali-Style – **Legian Beach Hotel** **2** : Jl. Melasti, Tel. 0361 75 17 11, www.legianbeachbali.com. DZ 185–295 US-$, Bungalow 415–525 US-$, Poolvilla 995 US-$, exkl. Steuer/SC. Das in der Condé Nast Traveller Hot List seit Jahren unter den 99 beliebtesten Hotels der Welt aufgeführte Strandhotel am Südende des Legian Beach präsentiert sich in klassisch-balinesischer Architektur und bietet 218 bestens ausgestattete Zimmer, vier Restaurants sowie einen 25-Meter-Pool in einem herrlichen Tropen-

garten und einen Ocean View Pool mit Bar; günstige Internet-Tarife.

Gut geführt – **Bali Rani Hotel** **3** : Jl. Kartika Plaza, Kuta, Tel. 0361 75 13 69, www.baliranihotel.com. DZ 150–235 US-$ exkl. Steuer/SC. Freundliches Ferienhotel mit komfortablen Zimmern, zwei Restaurants, schönem Pool, etwa sieben Gehminuten zum Strand.

Oase der Ruhe – **Poppies Cottages I** **4** : Poppies Lane I, Kuta, Tel. 0361 75 10 59, www.poppiesbali.com. DZ 1 850 000 Rp., inkl. Frühstück. Stilvolles Resort mit 20 Bungalows in zentraler, sehr ruhiger Lage; herrlicher Garten mit Pool, 300 m zum Kuta Beach; wenige Schritte zu den Restaurants, Läden und Discos an der Jalan Legian.

Alteingesessen und beliebt – **Ramayana Resort** **5** : Jl. Bakungsari, Kuta, Tel. 0361 75 18 64, www.ramayanahotel. com. DZ 125–230 US-$, exkl. Steuer/SC. ›Klassiker‹ unter den Hotels der mittleren Kategorie; zentral, aber strandnah; mit Pool, Spa und ausgezeichnetem Seafood-Restaurant.

Westlich-modern gestylt – **The Lokha Legian** **6** : Jl. Padma, Legian, Tel. 0361 76 76 01, www.thelokhalegian.com. DZ/oF 130–165 US-$. Elegantes Resorthotel in fußläufiger Entfernung zum Legian Beach. Die 49 komfortablen, im westlichen Stil ausgestatteten Zimmer lassen keinerlei Wünsche offen. Schöner Pool mit separatem Kinderbecken.

Ideal für Familien – **Sari Beach Inn** **7** : Jl. Padma Utara, Legian, Tel. 0361 75 65 57, www.saribeachinn.com. DZ 85–125 US-$. Kleines, familienfreundliches Ferienhotel mit persönlichem Service nur wenige Schritte vom Legian Beach; stilvoll in Bambus möblierte, klimatisierte Zimmer in ebenerdigen und doppelstöckigen Bungalows; mit Restaurant und Swimmingpool; frühzeitig reservieren.

Ruhig und gepflegt – **Satriya Cottages** **8** : Poppies Lane II, Kuta, Tel.

0361 75 83 31, www.satriyacottages.com. DZ 75–120 US-$. Das Ferienhotel mit viel balinesischem Flair, das sich in einem tropischen Garten versteckt, ist eine sympathische Oase mitten in Kuta. Klimatisierte, schnörkellos-elegant ausgestattete Zimmer. Mit Restaurant, Bar, Spa und Swimmingpool. Zum Strand sind es nur 2 Min.

Gutes   Preis-Leistungs-Verhältnis – **Three Brothers Bungalows 9** : Jl. Legian Tengah, Legian, Tel. 0361 75 15 66, www.threebrothersbungalows.com, DZ 51–74 US-$, exkl. Steuer. Bungalows in balinesischem Stil mit AC oder Ventilator mitten im Ort; Restaurant, Pool und schöner Garten, 5 Min. vom Strand.

Für Nachtschwärmer – **Un's 10** : Jl. Benasari 16, Kuta, Tel. 0361 75 74 09, www.unshotel.com. DZ 460 000–600 000 Rp., Bungalow 1 015 000 Rp. Mitten im Kuta-Trubel, aber dennoch sehr ruhig, 5 Min. zum Kuta Beach, 30 geräumige Zimmer mit Deckenventilator oder AC, mit Tropengarten und Swimmingpool.

Grüne Oase im Zentrum – **Simpang Inn 11** : Jl. Legian 133, Kuta, Tel. 0361 807 01 81, www.simpanginnkuta.com, DZ 350 000–700 000 US-$. Dreistöckiges Hotel, um einen schönen, von üppigem Tropengrün umrahmten Swimmingpool gruppiert; solide ausgestattete Zimmer mit Ventilator oder Klimaanlage; sehr zentral, aber trotzdem ruhig; Motorrad- und Autoverleih.

Spartanisch – **Komala Indah 1 12** : Jl. Benasari, Kuta, Tel. 0361 75 31 85, komalaindahsunset@yahoo.com. DZ 140 000–200 000 Rp. Familiäre Pension wie aus den Pioniertagen des Balitourismus in ruhiger Lage. Die Bungalows sind einfach ausgestattet, mit Ventilator und Dusche/WC, 5 Min. vom Strand. Ähnlichen Standard bietet das nur wenige Schritte entfernte **Komala Indah 2**, Tel. 0361 75 42 58.

Mein Tipp

Living next door to Elvis

Das ungewöhnliche Hotel direkt an Kutas Beachfront-Promenade steht unter dem Motto »Let's rock!«. Bereits die Lobby ähnelt einem Museum: Gitarren, Konzertkostüme und andere Originalutensilien von Sängern und Bands aus der Rockszene der 1950er-Jahre bis zur Gegenwart sorgen für das typische Hard-Rock-Ambiente. Hard Rock, Rock'n'Roll, Beat und Flower-Power verfolgen die Gäste bis in ihre modern und komfortabel eingerichteten Zimmer, in denen schon mal ein riesiges Porträt von Elvis Presley oder John Lennon über ihren Schlaf wacht. Im Raum installierte DVD- und CD-Anlagen sorgen für Musikgenuss. Bei Essen und Trinken pflegen die Hotelrestaurants und -pubs den klassischen amerikanischen *way of life* – Burger, Pommes und Bier bis zum Abwinken. Auf der Centerstage geht jeden Abend von 22 bis 1.30 Uhr die Rock-Post ab.

Hard Rock Hotel 1 : Jl. Pantai Kuta, Kuta, Tel. 0361 76 18 69, www.hard rockhotels.net. DZ ab 215 US-$, Suite ab 375 US-$, exkl. Steuer/SC.

… in Seminyak

Traumhafte Bungalowanlage – **Bali Oberoi 13** : Jl. Kayu Aya, Tel. 0361 73 03 61, www.oberoihotels.com. DZ/oF 385–475 US-$, Villa/oF 625–770 US-$, mit Privatpool/oF bis 1150–1450 US-$, exkl. Steuer/SC. An einem ruhigen Strandabschnitt nördlich von Legian inmitten eines üppigen Tropengartens. Großzügige Cottages und luxuriöse Privatvillen mit eigenem Pool, dazu mehrere Gourmetrestaurants und ein spektakuläres Poolareal.

Surfen in der Brandung am Kuta Beach

Minimalistisch-edles Boutique-Hotel – **The Elysian** 14: Jl. Sari Dewi 18, Tel. 0361 73 09 99, www.theelysian.com. Villa ab 465 US-$, exkl. Steuer/SC. Angesagtes Designhotel, in dessen Architektur lokale Elemente gekonnt modern umgesetzt sind. 26 Villen mit einem oder zwei Schlafzimmern, Restaurant, Pool. Nur wenige hundert Meter zu den Bars von Seminyak.

Im balinesischen Dorfstil – **Bali Agung Village** 15: Jl. Sarinande 3, Tel. 0361 73 03 67, www.baliagung-village.com. DZ ab 65 US-$, Villa ab 110 US-$. Stilvolles Hotel mit 32 gut ausgestatteten Zimmern in ein- und zweistöckigen Bungalows. 8 komfortable Villen in traditioneller Architektur. Pool und Restaurant. 400 m vom ruhigen Seminyak Beach, 300 m vom Nightlife- und Shopping-Centre. Günstig buchbar über Veranstalter.

Essen & Trinken

Kuta, Legian und Seminyak besitzen eine vielfältige Gastronomieszene, die eine Reise durch fast alle Küchen der Welt erlaubt. Man kann einerseits bodenständig essen, aber auch relativ preiswert in romantischem oder modern gestyltem Ambiente gourmetmäßig speisen.

... in Kuta

Gehobene balinesisch-javanische Esskultur – **Ketupat** 1: Jl. Dewi Sri, Tel. 0361 75 89 69, www.ketupatdewisri restorandbar.com, tgl. 10–23.30 Uhr, Menü ab 300 000 Rp. Stimmungsvolles Restaurant mit einem halb offenen Hauptgebäude und mehreren Pavillons im balinesischen Stil, die sich um einen Pool gruppieren. Authentische Gerichte vom Feinsten; Spezialitäten sind *ikan kuah kuning*, eine pikante Curry-Fischsuppe, und *bebek betutu goreng*, gebratene Ente nach Bali-Art.

Bekannt und beliebt – **Poppies** 2: Poppies Lane I, Tel. 0361 75 10 59, www.poppiesbali.com, tgl. 8–23 Uhr. Menü 250 000–300 000 Rp. Hervorragendes Seafood und balinesisch-chinesische Gerichte, serviert im Gartenrestaurant, Reservierung empfehlenswert. Flotter und freundlicher Service.

Place to go – **Made's Warung** 3: Jl. Pantai Kuta, Tel. 0361 75 52 97, www.madeswarung.com, tgl. 9–24 Uhr.

Menü 200 000–250 000 Rp. Bereits 1969 gegründet, hat sich das Restaurant von einem traditionellen balinesischen *warung* zu einem kosmopolitischen Szenelokal entwickelt. Die Speisekarte gleicht einem Multi-Kulti-Potpourri – von Spareribs *australian style* über Sushi und Sashimi bis zu Thailändischem und Chinesischem. Eine Dependance gibt es in der Jalan Raya Seminyak (Tel. 0361 73 21 30).

Tacos & Co – **TJ's 4** : Poppies Lane I, Tel. 0361 75 10 93, tgl. 11–23 Uhr. Menü 200 000–250 000 Rp. Mexikanische Gerichte, serviert in einem luftigen Gartenrestaurant.

Seafood at its best – **Mini 5** : Jl. Legian 77, Tel. 0361 75 16 51, www.mini restaurantkuta.com, tgl. 10–24 Uhr. Menü 150 000–250 000 Rp. Das alteingesessene Restaurant ist seit Jahren eine kulinarische Wallfahrtsstätte für Seafood-Freunde. Fische und Meeresfrüchte wandern aus Wasserbassins direkt in die Bratpfanne. Die Gäste wählen die Zutaten und die Zubereitungsart selbst aus.

Deftige Kost für Heimwehkranke – **Mama's Restaurant 6** : Jl. Legian, Tel. 0361 76 11 51, www.bali-mamas.com, tgl. 9–23.30 Uhr. Gerichte 30 000–150 000 Rp. Wen es eher nach Schweinebraten mit Klößen als nach frittierten Schweineohren gelüstet, der ist in Balis ältestem deutschen Restaurant richtig. Bintang-Bier vom Fass.

Vielfältig – **B'Couple 7** : Jl. Kartika Plaza, Tel. 0361 76 14 14, www.kuta paradisohotel.com/bcouple/, tgl. 8–24 Uhr. Gerichte 30 000–120 000 Rp. Im Großen, halb offenen, stets gut besuchten Restaurant lässt sich ein Streifzug durch die Küchen der Welt machen – von balinesisch über chinesisch bis international. Zudem eine gute Adresse für frisches Seafood.

Traveller-Oase seit Jahren – **Bamboo Corner 8** : Poppies Lane I, Tel. 0361 75

17 69, tgl. 10–24 Uhr, Gerichte 25 000–60 000 Rp. Szenetreff zum Drinnen- und Draußensitzen, Tipp: Tunasteak auf heißer Platte.

Gut und günstig – **Dayu II 9** : Jl. Bunisari, Tel. 0361 75 22 62, tgl. 10–24 Uhr. Gerichte 20 000–50 000 Rp. Einfaches, beliebtes Lokal mit indonesischen, chinesischen und europäischen Gerichten.

Power Brunch am Legian Beach – **Strandlokale 10** : s. unten, Mein Tipp

… in Seminyak und Kerobokan

Institution für Feinschmecker – **Chez Gado-Gado 11** : Jl. Dhyana Pura 99, Seminyak, Tel. 0361 73 69 66, www.ga dogadorestaurant.com, tgl. 11–2 Uhr. Menü 600 000–800 000 Rp. Das Edellokal am Strand, eine exquisite Kombination aus Restaurant und Cocktailbar im Loungestil, wird für seine ambitionierte Crossover-Küche gerühmt, eine Fusion kreativer Kochideen aus Bali, Thailand, Frankreich und Italien. Vorwiegend Fisch und Meeresfrüchte.

Mein Tipp

Power-Brunch am Legian Beach

Am nördlichen Abschnitt des Legian Beach liegen die **Strandlokale 10** Kuali, Trattoria, The Deck, The BarRel, Zanzibar, Sixtysix und Blue Ocean. Hier treffen sich vom späteren Vormittag an Nightlife-Geschädigte zum Katerfrühstück. Die Frühstücksvarianten kompensieren mühelos einige Stunden Schlaf. So helfen herzhafte Rühreier mit Räucherlachs oder ein Müsli mit frischem Obst den meisten wieder auf die Beine. In den Lokalen kann man auch bei einem Sundowner den berühmten Sonnenuntergang über der Kuta Bay genießen.

Innovative Crossover-Küche – **Cocoon**
12 : Jl. Arjuna (Jl. Double Six) 66, Seminyak, Tel. 0361 73 12 66, http://
cocoon-beach.com, tgl. 11–2 Uhr.
Menü 400 000–600 000 Rp. Das Motto der beiden Küchenchefs Nick
Phillip und Luis Varela Mata lautet:
›East meets west‹. Ihre Kreationen,
vor allem Fischgerichte, sind eine Mischung aus klassischen asiatischen Rezepturen mit einem kräftigen Schuss
Italienisch-Französischem. Unbedingt
reservieren!

Pfiffiges Potpourri – **Ginger Moon 13** :
Jl. Laksmana 7, Seminyak, Tel. 0361 73
45 33, www.gingermoonbali.com, tgl.
11–23 Uhr. Menü 200 000–250 000 Rp.
Das minimalistisch-modern gestylte
Restaurant bietet eine spannende
Melange verschiedener südostasiati-
scher Küchen; der Grundton ist baline-
sisch-indonesisch, die Zwischentöne
sind thailändisch und vietnamesisch.

Für Liebhaber der Baliküche – **Sate
Bali 14** : Jl. Laksmana/Jl. Kayu Aya,
Seminyak, Tel. 0361 73 67 34, sateba
li@yahoo.com, tgl. 10–23 Uhr. Menü
150 000–200 000 Rp. Auf der Karte des
Bambusrestaurants stehen balinesische
Spezialitäten, z. B. *pesan be pasih* –
gedämpftes Fischfilet in Bananenblättern. In Kochkursen auf Englisch (tgl.
9.30–13.30 Uhr, mind. 4 Teilnehmer)
weiht Küchenchef I Nyoman Sudiyasa,
der schon die Gäste des Hyatt Resort
verwöhnte, Interessierte in seine Küchengeheimnisse ein.

Einkaufen

Für Schnäppchenjäger sind Kuta, Legian und Seminyak ein Muss: flippi-
ge Strand- und Freizeitbekleidung,
modische Lederwaren, extravaganter
Silberschmuck, originelle Accessoires,
aber auch CDs und DVDs aller Stile –
hier gibt es alles, meist zu niedrigen
Preisen.

… in Kuta und Legian
Balis bester und buntester Markt –
Kuta Art Market 1 : Jl. Bakungsari,
Kuta. Riesige Auswahl an Strand- und
Freizeitbekleidung sowie kunsthand-
werklichen Souvenirs. Hier werden
auch Plagiate von Markenartikeln an-
geboten – oft von minderer Qualität.

Traum für Shopaholics – **Beachwalk
Shopping Centre 2** : Jl. Pantai Kuta,
Kuta, Tel. 0361 846 48 88, www.beach
walkbali.com. Der angesagteste Shop-
ping-Tempel Balis mit Dependancen
von Armani, Cartier, Gucci, Hermès,
Hugo Boss, Kenzo, Mango, Versace
u. v. a. Übrigens lohnt die Mall allein
schon wegen der Klimaanlage einen
Besuch.

Elegantes Shoppingcenter – **Disco-
very Shopping Mall 3** : Jl. Kartika
Plaza, Kuta, Tel. 0361 755 52, www.
discoveryshoppingmall.com. In dem
Konsumpalast gibt es ausgesuchte
Markenartikel und schicke Designer
Wear internationaler Modeschöpfer
sowie eine hervorragend sortierte
Souvenirabteilung.

Stylish und hipp – **Milo's 4** : Kuta Square, Block E 1, Kuta, Tel. 0361 75 40 81.
Kreationen von balinesischen Mode-
designern für Damen und Herren – von
flippiger Strandkleidung über poppige
T-Shirts bis zu hipper Sportswear.

… in Seminyak und Kerobokan
Schöner wohnen – **Haveli 5** : Jl. Basangkasa 15, Seminyak, Tel. 0361 73
71 60, www.havelishop.com. Wohn-
raum-Accessoires in einer Melange
aus Balistil und westlichem Design.

Schmuckstücke – **Jemme 6** : Jl. Petitenget 125, Kerobokan, Tel. 0361 73
23 92. Extravaganter Designer-Silberschmuck und Accessoires mit fein ver-
arbeiteten Edel- und Halbedelsteinen,
auch individuelle Anfertigungen.

Geschmackvoll und teuer – **Magali
Pascal 7** : Jl. Raya Seminyak, Semin-

yak, Tel. 0361 73 61 47, www.magali pascal.com. An einigen von Seminyaks schickeren Nightspots kann ›frau‹ sich leicht etwas *underdressed* vorkommen. Mit einem Zwischenstopp in dieser Damenboutique beugt sie dem vor.

Kunstgewerbliche Mitbringsel – **Geneva Handicraft Center 8** : Jl. Raya Kerobokan 100, Kerobokan, Tel. 0361 73 35 42, www.genevahandicraft.com. Einkaufszentrum mit einem bunten Querschnitt durch das Kunsthandwerk von Bali und einer Riesenauswahl an diversen Souvenirs.

Designerkleidung für modebewusste Herren – **The Loft 9** : Jl. Laksmana, Seminyak, Tel. 0361 73 67 15. Dinda Rella, Besitzerin der edlen Boutique, beeinflusst, was man(n) in Seminyak trägt. Die Stücke sind zeitgemäß und doch zeitlos, elegant im Zuschnitt.

Aktiv

Pfannenhilfe – **Sate Bali 1** : s. S. 122.

Abkühlen im Wasserpark – **Waterbom Park 2** : Jl. Kartika Plaza, Kuta, Tel. 0361 75 56 76, www.waterbom-bali. com, tgl. 9–18 Uhr, 40 US-$, Kinder (2– 12 Jahre) 30 US-$, Familien 125 US-$. Feucht-fröhliches Vergnügen für Jung und Alt in tropischer Pracht.

Wellness-Oase – **Fling Spa 3** : Poppies Lane I, Kuta, Tel. 0361 75 19 03, tgl. 10–24 Uhr. Eine preiswerte Alternative zu den Wohltat-Tempeln in den teuren Hotels. Einfache, aber klimatisierte und saubere Räume sowie professionelle Heilmassagen, die auf traditionellen balinesischen Techniken basieren (ab 200 000 Rp.).

Let's go surfing – **Pro Surf School 4** , **Rip Curl School of Surf 5** , **Odysseys Surf School 6** : s. rechts, Mein Tipp.

Abtauchen – **Aquamarine Diving 7** : Jl. Petitenget 2A, Seminyak, Tel. 0361 473 80 20, www.aquamarinediving.

Mein Tipp

Let's go Surfing

Anpaddeln, gleiten, aufstehen, Welle reiten – Surfen kann schon beim Zuschauen süchtig machen, und es gibt wohl kaum einen besseren Ort als Bali, um diesen Sport zu erlernen. Für Anfänger werden an ungefährlichen Abschnitten der Strände von Kuta, Legian und Seminyak zahlreiche Kurse angeboten (Anfängerkurs 5 Std. ab 70 US-$). Surfshops verleihen dort Boards. Erfahrene Surfer gehen hinaus zum vorgelagerten Kuta Reef.

Pro Surf School 4 : Jl. Pantai Kuta 21, Kuta, Tel. 0361 75 12 00, www.pro surfschool.com

Rip Curl School of Surf 5 : Blue Ocean Beach, Seminyak, Tel. 0361 73 58 58, www.ripcurlschoolofsurf.com

Odysseys Surf School 6 : Mercure Kuta Hotel Arcade, Jl. Pantai Kuta, Kuta, Tel. 0851 00 42 07 63, www.odysseysurfschool.com.

com. Tauchkurse für Anfänger, Tauchsafaris für Fortgeschrittene, mit britischer Leitung.

Abends & Nachts

Die heißeste Discomeile ist die kilometerlange Jalan Legian, die Kuta und Legian miteinander verbindet. Ein weiteres Zentrum des quirligen Nachtlebens hat sich etwas weiter nördlich im Schickeriaort Seminyak in der Jalan Laksmana entwickelt. Die Szene ist ständig in Bewegung – über Nacht kann out sein, was gestern noch hip war. Einen guten Überblick darüber, was *en vogue* ist, bietet das Monatsmagazin »Hello Bali« (www.hellobalimagazine.com).

Relaxen auf der Terrasse des Ku De Ta

... in Kuta

Multi-Entertainment – **Bounty 1**: Jl. Legian, Tel. 0361 75 40 40, tgl. 11–3 Uhr. Unter einem Dach findet sich für fast jeden Geschmack der richtige Dancefloor oder die geeignete Bar; zudem gibt es ein Restaurant mit Livemusik und eine Lounge, zu der nur Frauen Zutritt haben.

Für Rock-Fans – **Hard Rock Café 2**: Jl. Pantai Kuta, Tel. 0361 75 56 61, www.hardrock.com/cafes/bali, tgl. 11–2 Uhr. Hier weiß man, was man bekommt: Beste Burger in fantasievollen Variationen und jede Menge Rockmusik-Devotionalien. Am Wochenende spielen Livebands aus Jakarta oder von den Philippinen.

Ideal für den Sundowner – **Velvet Rooftop Bar 3**: Beachwalk Shopping Centre, Jl. Pantai Kuta, Tel. 0361 846 49 28, tgl. 10–24 Uhr. Auf der Dachterrasse der trendigen Bar genießt man in elegantem Ambiente den Sonnenuntergang. Mo–Do ab 21, Fr–So ab 17 Uhr Livemusik. Legere, aber schicke Kleidung.

Hipper Dance Spot – **Engine Room 4**: Jl. Legian, Tel. 0361 75 51 88, tgl. 16–4 Uhr. Einer der angesagtesten und größ-ten Clubs von Kuta mit DJs und Livemusik – hip und immer knackevoll. In dem Tanztempel drängen sich auf vier Ebenen Jugendliche aus aller Welt, die hier zu Hip-Hop, R 'n' B, Drum & Bass, Electro, House und Progressive abtanzen.

Cocktails with a view – **Sky Garden Lounge 5**: Jl. Legian 61, Tel. 0361 75 63 62, www.skygardenbali.com, tgl. 19–2 Uhr. Modisch-stilvolle Lounge mit einer coolen Atmosphäre, Soul, Funk, Dancefloor, Jazz und Electronics. Der Blick über Kuta ist atemberaubend – die Getränkepreise sind es auch.

... in Seminyak und Kerobokan

Hangout weltgewandter Bali-Besucher – **Double Six Rooftop 6**: Hotel Double Six, Jl. Arjuna (Jl. Double Six), Seminyak, Tel. 0361 75 66 66, www.doublesixrooftop.com, tgl. 17–2 Uhr. In der eleganten Restaurant-Bar auf der Dachterrasse des Luxushotels schwelgt man bei den berühmten Sonnenuntergängen von Bali in einem internationalen Mix aus asiatischen und mediterranen Gerichten, erlesenen Weinen und fantasievollen Cocktails.

Angesagte Strandbar – **La Plancha** `7` : direkt am Seminyak Beach, Tel. 0361 890 00 00, www.laplanchabali.com, tgl. 16–3 Uhr. Hier sitzt man beim Sonnenuntergang in der ersten Reihe und genießt bei Reggae Sound und relaxter Atmosphäre einen Drink. Regelmäßig finden in dem bunten Laden, in dem man auch gute Fischgerichte serviert, beliebte Full-Moon-Beach-Partys statt.

Cool-minimalistisch – **Hu'u in Bali** `8` : Jl. Petitenget, Kerobokan, Tel. 0361 73 64 43, www.huubali.com, tgl. 11–2 Uhr. Puristisch-elegantes Musikrestaurant der Jungen und Schönen von Bali, kreative Crossover-Küche, gute Livemusik, ideenreiche Cocktailkarte (Probiertipp: Chocolate Martini). Das Preisniveau ist sehr hoch, dafür gibt es den Blick auf Who is who in Kuta/Legian/Seminyak gratis.

Top-Spot für Szenegänger – **Métis** `9` : Jl. Petitenget 6, Kerobokan, Tel. 0361 473 78 88, www.metisbali.com, tgl. 11–2 Uhr. Minimalistisch gestylter Treff der ›beautiful people‹ mit französisch angehauchter mediterraner Küche und dezenter Livemusik (Schwerpunkt: Jazz), hohes Preisniveau.

Sehen und Gesehenwerden – **Ku De Ta** `10` : Jl. Laksmana 9, Seminyak, Tel. 0361 73 69 69, www.kudeta.net, tgl. 17–2 Uhr. Die stylische Lounge-Bar und das asiatisch-italienische Restaurant gehören zu den wichtigsten Treffpunkten der *in-crowd* und allen, die dazugehören wollen (und vom Türsteher eingelassen werden). Im angeschlossenen Club mit DJ-Beschallung tanzt man die Kalorien wieder ab.

Schwulen-Venue – **Mixwell** `11` : Jl. Dhyana Pura 6, Seminyak, Tel. 0361 73 68 46, tgl. 18–3 Uhr. Eine Schwulenbar, in der Heteros nicht unangenehm auffallen, höchstens durch flaueres Outfit. Jeden Abend ab 22 Uhr erstklassige Shows von Travestiekünstlern.

Infos

Bali Government Tourist Information Centre: Jl. Raya Kuta 2, Kuta, Tel. 0361 75 45 65, Mo–Do 9–15, Fr 9–12, Sa/So 9–14 Uhr.

Busse: Verschiedene Agenturen in den Hauptstraßen von Kuta, Legian und Seminyak bieten einen Shuttlebus-Service zwischen Kuta/Legian/Seminyak und Candi Dasa, Lovina Beach, Padang Bai, Sanur, Ubud, z. B. Perama Tours & Travel, Jl. Legian 39, Kuta, Tel. 0361 75 08 08, www.peramatour.com.

Bemo: Minibusse nach Denpasar (Terminal Tegal) stehen an der Kreuzung Jl. Pantai Kuta/Jl. Legian.

Canggu Beach und Seseh Beach ▶ G 6

Obwohl die Zahl der Sonnenhungrigen am Kuta Beach, Legian Beach und Seminyak Beach in die Zehntausende geht, herrscht dort keine Enge wie an vielen mediterranen Stränden. Und wer von Seminyak über Kerobokan eine Stunde lang am Strand nach Norden wandert, kann den Eindruck gewinnen, der einzige Tourist auf Bali zu sein. Am Canggu (beliebt bei erfahrenen Surfern) und Seseh Beach vereben die hohen Wellen der Brandung an kilometerlangen Sandstränden, die der Tourismus noch nicht vereinnahmt hat.

Überdies sind die Strände bei den Dörfern **Canggu** und **Seseh** für Balinesen magische Orte, an denen Opfer- und Reinigungszeremonien abgehalten werden. Nur noch wenige Kilometer sind es von hier zum Pura Tanah Lot (s. S. 154). Allerdings müssen bei der Wanderung einige, bei Flut recht tiefe, Flussmündungen durchquert werden.

Übernachten

Exotischer Wellness-Traum – **Tugu Bali:** Jl. Pantai Batu Bolong, Pantai Canggu (Canggu Beach), Tel. 0361 73 17 01, www.tuguhotels.com, Suite/oF 375–695 US-$, exkl. Steuer/SC. Das Hotel und Spa wirkt wie ein exotischer Traum. Wer einmal in einer der riesigen Zinkbadewannen ein Hibiskusblütenbad genommen hat, ist dem Zauber des Tugu Bali verfallen (div. Anwendungen).

Jimbaran Beach ▸ G 7

Ein heller und feinkörniger, aber nicht immer ganz sauberer, etwa 2 km langer Sandstrand erstreckt sich an der halbmondförmigen Bucht von

Mein Tipp

Gaumenschmaus am Beach
Vor dem Panorama der mit bunten Fischerbooten gesprenkelten Jimbaran Bay schwelgt man in Fisch und Meeresfrüchten. Das Team um Küchenchefin Ibu Indri Artini Arta verarbeitet nur fangfrische Zutaten erster Güte. Serviert werden zudem feine Gerichte der traditionellen Bali-Küche. Die Gäste schätzen das ruhige Ambiente abseits des trubeligen Kuta. Der ideale Platz für ein romantisches Dinner zu zweit ist der Exclusiv Romantik Table. Kostenloser Abholservice. Tgl. 19–21 Uhr klassische balinesische Tänze live.
Bawang Merah Beachfront Restaurant: Jl. Segara Madu, Desa Kelan, Jimbaran, Tel. 0361 77 02 10, www.jimbaranbeach restaurant.com, tgl. 12–22 Uhr. Balinesische Gerichte 70 000–200 000 Rp., Seafood-Gerichte 150 000–500 000 Rp.

Jimbaran südlich vom Flughafen. Da ein Teilstück einer neuen, ins Meer gebauten Start- und Landebahn die tosende Brandung des Indischen Ozeans abfängt, gibt es keine starken Strömungen und man kann am flach abfallenden Strand gut baden und schwimmen.

Im Vergleich zu den nur wenige Kilometer entfernten Touristenhochburgen Kuta und Legian ist Jimbaran eine Oase der Ruhe, allerdings gibt es nur eine Handvoll sehr gute und entsprechend teure Hotels. Und außer Baden und Entspannen kann man am Jimbaran Beach kaum etwas unternehmen.

Lebhaft wird es erst ab dem späten Nachmittag, wenn in über einem Dutzend Open-Air-Restaurants die Köche ihre Kokosnussschalengrills entfachen. An einfachen Holztischen am Strand serviert man frischen Fisch und Meeresfrüchte, während vor der romantischen Kulisse dümpelnder Fischerboote ein tropischer Sonnenuntergang den Himmel verzaubert. Allerdings bemängeln manche Gäste die eher rustikale Umgebung, die Qualität der Gerichte und auch die hygienischen Verhältnisse. Frühaufstehern bietet sich täglich in der Morgendämmerung am nördlichen Ende des Jimbaran Beach eine bunte und betriebsame Szenerie, wenn die Fischer ihren nächtlichen Fang anlanden. Lebhaft geht es auch auf dem nahen Kedonganan-Fischmarkt zu, wo sich viele balinesische Hausfrauen und Küchenchefs versorgen.

Sanur ▸ H 6/7

Sanur, einst ein konservativer Brahmanen-Ort, hat sich zu einer Hotelstadt entwickelt, über der ein Hauch von Saint-Tropez liegt. In den 1930er-Jahren, als Sanur noch ein Fischerdorf

Auslegerboote am Strand von Sanur

war, ließen sich dort Intellektuelle und Künstler aus aller Welt nieder, darunter die amerikanische Anthropologin Margaret Mead und der belgische Maler Adrien Jean Le Mayeur, der hier sein Lieblingsmodell, die berühmte Legong-Tänzerin Ni Pollok, heiratete.

Der Tourismusboom wurde in den frühen 1960er-Jahren mit der Eröffnung des (Inna) Grand Bali Beach Hotel eingeleitet, das im Rahmen japanischer Reparationszahlungen errichtet worden war. Mit zehn Stockwerken wirkt der 605-Zimmer-Koloss wie ein nach Bali verpflanztes Stück Miami Beach. Die ortsansässigen Brahmanen, die das himmelwärts stürmende Hotel als Gotteslästerung empfanden, erhoben Proteste. Und so erließ die Provinzregierung eine Anordnung, nach der kein Neubau mehr die Palmwipfel überragen darf. Am kilometerlangen Strand von Sanur reiht sich Hotel an Hotel, doch fast alle sind geschmackvolle, in die tropische Vegetation eingebettete, aufgelockerte Bungalowanlagen im balinesischen Baustil. Sanur ist die Domäne des gehobenen Pauschaltourismus. Allerdings reicht der Sandstrand nicht an den von Kuta heran.

Zwar schützt ein Korallenriff die Bucht, was das Schwimmen im seichten Wasser aber nur bei Flut sicher macht. Bei Ebbe zieht sich das Meer weit zurück, veraltete, scharfkantige Korallenbänke und Watt trüben den Badespaß.

Am Strand von Sanur sorgen *jukung* genannte Auslegerboote für bunte Farbtupfer. Die traditionellen Fischerboote, mit denen Einheimische nachts, ausgerüstet mit Kerosinlampen, zum Fischen auslaufen, schmückt am holzgeschnitzten Bug ein aufgerissenes Fabeltiermaul – so wollen die Fischer im Meer hausende Dämonen abwehren.

Museum Le Mayeur [1]

Sa–Do 8–16, Fr 8.30–12.30 Uhr, 10 000 Rp., Kinder 5000 Rp.

In dem kleinen Kunstmuseum unweit des Inna Grand Bali Beach Hotel am nördlichen Ende des Sanur Beach sind zahlreiche Gemälde ausgestellt, die der Maler Le Mayeur 1958 dem indonesischen Staat vermachte.

Pura Belancong [2]

Der kleine Pura Belancong am südlichen Ortsrand, ein schlichtes und unauffälliges Heiligtum, hat große histo-

Sanur

Sehenswert
1 Museum Le Mayeur
2 Pura Belancong

Übernachten
1 Tandjung Sari
2 Segara Village
3 Hotel La Taverna
4 Griya Santrian Hotel
5 Diwangkara Beach Hotel
6 Tamukami Hotel
7 Artotel
8 Puri Mango Hotel
9 Santai
10 Agung & Sue Watering Hole

Essen & Trinken
1 The Village
2 Ryoshi
3 Caramel
4 Cinnamon
5 The Caesar
6 Café Kusuma
7 Made Two
8 Café Batu Jimbar
9 Pregina
10 Warung Blanjong

Einkaufen
1 Bali Oding
2 Sanur Beach Market
3 Nogo-Bali Ikat Centre
4 Uluwatu

Aktiv
1 Bali Beach Golf Course
2 Absolute Scuba
3 Bali International Diving Professionals
4 Crystal Divers

Abends & Nachts
1 Jazz Bar & Grill
2 Kafe Wayang
3 Sector Bar & Club
4 The Wicked Parrot

rische Bedeutung. Hier entdeckte man auf einer Steinsäule eine Inschrift in Sanskrit, die beweist, dass die indische Hochsprache für Literatur und Wissenschaft bereits im 10. Jh. als Hofsprache auf Bali gebräuchlich war.

Übernachten

Nostalgischer Charme – **Tandjung Sari 1**: Jl. Danau Tamblingan 41, Tel. 0361 28 84 41, www.tandjungsarihotel. com. Bungalow 275–415 US-$. Das kleine, sehr feine Bungalowhotel am Sanur Beach verbindet Eleganz und Atmosphäre alter Zeiten mit den Annehmlichkeiten eines modernen Strandhotels. Jeder der im balinesischen Stil mit erlesenen alten Möbeln ausgestatteten Bungalows besitzt einen eigenen kleinen Garten. Restaurant und Pool.

Ideal für Familien – **Segara Village 2**: Jl. Segara Ayu, Tel. 0361 28 84 07, www.segaravillage.com. DZ/oF 2 780 000 Rp., Bungalow/oF 3 475 000 Rp., exkl. Steuer/SC. Das Strandhotel im balinesischen Bungalowstil mit zwei Restaurants, Tropengarten, Pool sowie großem Freizeitangebot eignet sich gut für Familien, da Kinder in einem Kids Club betreut werden. Sehr freundliches Personal.

Im italienisch-mediterranen Stil – **Hotel La Taverna 3**: Jl. Danau Tamblingan 29, Tel. 0361 28 84 97, www.latavernahotel.com. DZ 175–285 US-$, Suite 365 US-$. Die schicke, an die einladende Strandpromenade grenzende Bungalowanlage unter europäischem Management bietet 44 mit viel Liebe zum Detail eingerichtete Zimmer und drei Suiten, die keine Wünsche offen lassen. Im luftigen Open-Air-Restaurant mit Blick auf den Strand wird zu allabendlicher Livemusik indonesisch-balinesisch und italienisch aufgetischt.

Gute Wahl pauschal – **Griya Santrian Hotel 4**: Jl. Danau Tamblingan 47,

Tel. 0361 28 81 81, www.santrian.com. DZ/oF 145–175 US-$, Suite/oF 235 US-$, exkl. Steuer/SC. Wer Sanur pauschal in Deutschland bucht, landet oft in diesem familiären Strandhotel, das 86 komfortable Zimmer in ebenerdigen und doppelstöckigen Bungalows, ein balinesisch-internationales Terrassenrestaurant, einen schönen Tropengarten und zwei Pools bietet. Das Personal ist sehr um das Wohl der Gäste bemüht.

Komfortable Zimmer und Bungalows – **Diwangkara Beach Hotel 5**: Jl. Hang Tuah 84, Tel. 0361 28 26 41, www.diwangkarabeachsanur.com. DZ 120–150 US-$, Bungalow 185–225 US-$, mit Privatpool 345–425 US-$. In einen prächtigen Tropengarten eingebettete, ruhige Anlage mit eigenem Strandabschnitt. Im balinesischen Stil errichtetes Haupthaus mit klimatisierten Zimmern, um das sich ebenfalls klimatisierte, geräumige Bungalows gruppieren (die teureren mit Privatpool). Mit Terrassenrestaurant am Strand, Swimmingpool und Spa.

Persönlicher Service – **Tamukami Hotel 6**: Jl. Danau Tamblingan 64X, Tel. 0361 28 25 10, www.tamukamibali. com. DZ 120 US-$, Bungalow 160–195 US-$. Das ruhige, etwas abseits vom Strand gelegene kleine Hotel bietet zehn schnörkellos-elegant ausgestattete Zimmer und sechs geräumige Bungalows. Bemerkenswerter Service, der Name Tamukami ist Programm – Unsere Gäste. In Alise's Restaurant mit unverfälschten balinesischen Gerichten werden die Gäste fast jeden Abend mit Livemusik aus Bali und Sumatra unterhalten.

Jung und hip – **Artotel 7**: Jl. Kusumasari 1, Tel. 0361 472 10 00, www.artotelindonesia.com. DZ 1 050 000 Rp. Das Boutique-Hotel präsentiert sich in einem Mix aus fernöstlichen und westlichen Elementen. In den 88 schick ge-

Der weit geschwungene Sandstrand von Sanur

stylten Zimmern setzen Designermöbel und ungewöhnliche Farbakzente individuelle Noten. In der Lobby zeigen zeitgenössische balinesische Künstler ihre Werke. Bistro mit Bali Style Nouvelle Cuisine, Wellnesscenter und attraktiver Infinity-Pool auf der Dachterrasse.

Gemütliches Familienhotel – **Puri Mango Hotel 8** : Jl. Danau Toba 15, Tel. 0361 28 12 93, www.purimango.com. DZ 35–70 US-$. Zentral, aber sehr ruhig gelegen, bietet das Haus 22 behagliche Zimmer mit Ventilator oder AC und eine angenehme familiäre Atmosphäre. Hervorragende balinesische Gerichte im Mango Café (30 000–80 000 Rp.), kleiner Pool, ca. 5 Gehminuten zum Strand. Günstige Internettarife.

Gut und günstig – **Santai 9** : Jl. Danau Tamblingan 168, Tel. 0361 28 73 14, www.crystal-divers.com. DZ 35–50 US-$. Kleines Ferienhotel etwas abseits vom Strand mit Restaurant, Pool und Tauchschule. Die zweckmäßig ausgestatteten Zimmer verfügen über AC oder Deckenventilator.

Backpacker's Choice – **Agung & Sue Watering Hole 10** : Jl. Hang Tuah 35–37, Tel. 0361 28 82 89, www.wateringholesanurbali.com. DZ/oF 220 000–350 000 Rp., exkl. Steuer/SC. Einfaches strandnahes Gästehaus mit sauberen, ruhigen, teils klimatisierten Zimmern. Das Restaurant ist ein beliebter Travellertreff.

Essen & Trinken

Edelitaliener – **The Village 1** : Jl. Danau Tamblingan 47, Tel. 0361 28 50 25, tgl. 11–23 Uhr. Menü 300 000–500 000 Rp. Küchenchef Giorgio lässt viele Zutaten aus Italien einfliegen und kreiert exzellente Gerichte der klassischen italienischen Küche. Hoch gelobte Weinkarte. Minimalistisch-elegantes Ambiente, zum Drinnen- und Draußensitzen.

Sushi & Sashimi – **Ryoshi 2** : Jl. Danau Tamblingan 150, Tel. 0361 28 84 73, www.ryoshibali.com, tgl. 11–14, 18–24 Uhr. Menü 300 000–400 000 Rp. Japanische Haute Cuisine in elegantem Ambiente. Mo Abend Livejazz.

East meets West – **Caramel** 3 : Kamuela Hotel, Jl. Cemara 33, Tel. 0361 27 05 67, tgl. 11–15, 17.30–23 Uhr. Gerichte 70 000–200 000 Rp. Die Kreationen des Küchenchefs sind eine Mischung aus klassischen asiatischen Rezepturen mit einem kräftigen Schuss italienisch-französischer Raffinesse – das Resultat ist beste Crossover-Küche.

Stilvolles Gartenrestaurant – **Cinnamon** 4 : Jl. Danau Tamblingan 80, Tel. 0361 28 84 57, tgl. 10–23 Uhr. Gerichte 60 000–180 000 Rp. Stimmungsvolles Ambiente und aufmerksamer Service; große Auswahl an balinesischen, indonesischen, thailändischen und internationalen Gerichten; auch für Vegetarier. Mi und So ab 20 Uhr führen Mädchen einen Legong-Tanz auf.

Vielfältig – **The Caesar** 5 : Jl. Cemara 55, Tel. 0361 28 62 25, tgl. 7–23 Uhr. Gerichte 60 000–140 000 Rp. Auf der ellenlangen Speisekarte des halb offenen, gut besuchten Restaurants stehen Klassiker der Landesküche und westliche Gerichte, v. a. Pasta, Pizza und Steaks.

Nettes Outdoor-Lokal – **Café Kusuma** 6 : Jl. Kusumasari 8, Tel. 0361 28 13 92, tgl. 10–22 Uhr. Gerichte 50 000–120 000 Rp. Einfaches Lokal mit Plastikstühlen unter Palmen; fangfrischer Fisch, pikante Currys, freundlicher Service, schöner Blick auf Strand und Meer.

Balinesisch und international – **Made Two** 7 : Jl. Hang Tuah 33, Tel. 0361 28 16 87, tgl. 8–23 Uhr. Gerichte 50 000–110 000 Rp. Hier gibt es beste Pizzas, Steaks und Seafood, aber auch unverfälschte balinesische Gerichte, z. B. *ayam panggang Bali* – gegrilltes Hühnerfilet mit Knoblauch und Gewürzen.

Seit Jahren beliebt – **Café Batu Jimbar** 8 : Jl. Danau Tamblingan 75, Tel. 0361 28 37 69, tgl. 8–23 Uhr. Gerichte 40 000–100 000 Rp. Gut besuchtes, halb offenes Lokal mit asiatisch-europäischer Fusionküche; relaxte Atmosphäre; mehrmals wöchentlich Livemusik.

Mein Tipp

Ente gut, alles gut

Ibu Oka Kresna fühlt sich der traditionellen balinesischen Küche verpflichtet. Ihre Spezialitäten sind *bebek betutu* (in Bananenblättern über schwelenden Reisschalen gegarte Ente) und *bebek panggang* (über Holzkohlenfeuer geröstete Ente). Beide Gerichte muss man mindestens einen Tag im Voraus bestellen. Ein weiterer Bestseller des gemütlichen Lokals mit moderatem Preisniveau ist *siap panggang metok-tok* – Grillhähnchen nach Bali-Art.

Pregina 9 : Jl. Danau Tamblingan 106, Tel. 0361 28 33 53, tgl. 11–23 Uhr. Gerichte 35 000–90 000 Rp.

Ente gut, alles gut – **Pregina** 9 : s. Mein Tipp S. 131.

Leckere Landeskost – **Warung Blanjong** 10 : Jl. Sudamaya, Ecke Jl. Danau Poso, Tel. 0361 28 56 13, tgl. 9–22 Uhr. Gerichte 25 000–65 000 Rp., Set Menu 135 000 Rp. Im angenehmen Ambiente eines landestypischen Holzhauses serviert man authentische Bali-Gerichte zu günstigen Preisen. Küchenchef Ketut Mariani bietet Kochkurse an.

Einkaufen

Andenken-, Antiquitäten- und Kunstgewerbeläden, Boutiquen und Designershops mit teils origineller Kleidung konzentrieren sich parallel zum Strand an der Jalan Danau Tamblingan. Generell ist alles in Sanur etwas teurer und edler als in Kuta und Legian.

Kunstgewerbliche Souvenirs – **Bali Oding** 1 : Jl. Danau Tamblingan 60, Tel. 0361 28 87 69. Bietet einen bunten Querschnitt durch das balinesische Kunsthandwerk, u. a. Holzschnitzereien, Silberschmuck, Batikprodukte und Wayang-Kulit-Puppen.

Für Schnäppchenjäger – **Sanur Beach Market 2** : Jl. Segara Ayu. Riesige Auswahl an Strand- und Freizeitbekleidung sowie kunsthandwerklichen Souvenirs.

Hochwertig und teuer – **Nogo-Bali Ikat Centre 3** : Jl. Danau Tamblingan 104, Tel. 0361 28 87 65, www.nogobali. com. Hemden, Hosen, Blusen, Kleider, Kissen und andere Wohnraumtextilien aus handgewebten Ikat-Baumwollstoffen mit innovativem Design.

Designer-Mode aus Bali – **Uluwatu 4** : Jl. Danau Tamblingan 95, Tel. 0361 28 80 37, www.uluwatu.co.id. Die Filiale der balinesischen Bekleidungsfirma bietet hochwertige Baumwollbekleidung mit feinen Lochstickereien in Schwarz, Weiß und ockerfarbenen Naturtönen für modebewusste Damen und Herren. Trendy oder zeitlos elegant.

Aktiv

Einlochen – **Bali Beach Golf Course 1** : Tel. 0361 28 77 33, www.balibeach golfcourse.com. 9-Loch-Golfplatz.

Tauchen – hier erlebt man die Tiefen: **Absolute Scuba 2** : Jl. Tambligan 27c, Tel. 0361 28 26 64, www. absolutescubabali.com. **Bali International Diving Professionals (BIDP) 3** : Jl. Danau Poso 26, Tel. 0361 27 07 59, www.bidp-balidiving.com. **Crystal Divers 4** : Jl. Danau Tamblingan 168, Tel. 0361 28 67 37, www.crystal-divers. com. Renommierte, bestens ausgestattete PADI-Tauchschule unter dänischer Leitung.

Abends & Nachts

Im Gegensatz zum quirligen Kuta/ Legian/Seminyak geht es im Nachtleben von Sanur eher gesetzt und

gesittet zu – an die strenge Kleiderordnung sollte man sich halten: »No Shorts and T-Shirts, please!«

Spitzenjazz jeglicher Stilrichtung – **Jazz Bar & Grill 1** : Jl. Bypass Ngurah Rai, Tel. 0361 28 58 92, Mo–Do 10–1, Fr–So 10–2 Uhr. Pub-Restaurant mit abendlichem Livejazz, von Swing und Bebop über Dixieland und New Orleans Style bis Free Jazz und Cool Jazz. Vor allem an den Wochenenden treten hier regelmäßig einige der besten Jazzmusiker Indonesiens auf.

Eine Institution – **Kafe Wayang 2** : Jl. Bypass Ngurah Rai, Tel. 0361 28 75 91, tgl. 18–1 Uhr. Als alteingesessener Szenetreff meist proppenvoll, kleine Gerichte und gute Cocktails, wechselnde Livemusik. Jeden Fr und Sa abends Jam-Sessions.

Trendiger Upper-Class-Treff – **Sector Bar & Club 3** : im Inna Grand Bali Beach Hotel, Jl. Hang Tuah 58, Tel. 0361 28 77 33, www.sectorbarrestau rant.com, tgl. 18–24 Uhr. Der beliebte Treffpunkt für Nachtschwärmer ist eine Mischung aus Lounge-Bar, Danceclub und Restaurant. Hier kann man stilvoll tanzen und auch ausgezeichnete balinesische und internationale Gerichte genießen. Allabendlich Livebands, Di Abend ab 19.30 Uhr Salsa Fever.

Exotische Klänge – **The Wicked Parrot 4** : Jl. Danau Tamblingan 47, Tel. 0361 28 18 14, www.wickedparrot. com, tgl. 11–23.30 Uhr. Das inoffizielle irische Kulturzentrum Balis ist ein rustikal gestyltes Pub-Restaurant, in dem in der Hochsaison die Gäste Di, Do und So mit ihrem Guinness in Dreierreihen vor dem Tresen stehen, wenn die Bali Leprechauns live aufspielen.

Infos

Boote: Vom Pier in der Nähe des Inna Grand Bali Beach Hotel legt tgl. um 8 und 10.30 Uhr eine öffentliche Fähre nach Nusa Lembongan (1,5 Std.) und Nusa Penida (2 Std.) ab. Zudem verkehren mehrmals tgl. von 8–17 Uhr Schnellboote verschiedener Gesellschaften nach Nusa Lembongan (30–45 Min.), die meist weiter nach Nusa Penida und z. T. auch bis zu den Gilis und nach Lombok fahren, z. B. Scoot Fast Cruises (Tel. 0361 28 55 22, www.scootcruise.com) und Semaya One Cruise (Tel. 0361 28 41 94, www.semayacruise.com).

Busse: Auf der Jl. Bypass Ngurah Rai zwischen Sanur und Nusa Dua pendeln tgl. 6–21 Uhr im 30-Minuten-Takt klimatisierte Busse (5000 Rp., Kinder 3500 Rp.). Etwa jeden Kilometer gibt es eine Haltestelle.

Nusa Dua ▸ H 7/8

Nusa Dua (›Zwei Inseln‹) gilt als Nonplusultra unter den Touristenzentren der Insel. Wo früher Riesenschildkröten ihre Eier im Sand vergruben, begann man Anfang der 1970er-Jahre eine formvollendete Feriensiedlung aus der Retorte für höchste Ansprüche zu bauen. Es entstand eine künstliche, durch Mauern und Schranken vom wirklichen Bali getrennte Tempelstadt des Tourismus. Eingebettet im üppigen Grün gepflegter Tropenparks warten hier Hotels schön wie königliche Residenzen auf solvente Gäste.

Inzwischen bieten die Hotels Quartier für über 800 000 Gäste im Jahr, die ihre Luxusrefugien nicht verlassen müssen, um einen Einblick in die balinesische Kultur zu erhalten. Denn die Nobelherbergen bieten auch perfekte Präsentationen balinesischer Tänze und Tanzdramen. Im Trend liegen zudem verschiedene Wellness-Einrichtungen, etwa Spas, bei denen balinesische Traditionen mit westlichen Behandlungsmethoden kombiniert werden. Da Korallenbänke bis

an den hellen Sandstrand heranreichen, ist Baden nur bei Flut möglich.

Museum Pasifika [1]
BTDC Area Block P, Tel. 0361 77 49 35, www.museum-pasifika.com, tgl. 10–18 Uhr, 70 000 Rp., Kinder unter 10 Jahren Eintritt frei
Das dem asiatisch-pazifischen Raum gewidmete Kunstmuseum zeigt Werke zeitgenössischer indonesischer Maler. Aber auch Gemälde europäischer Künstler, die auf Bali und in Polynesien lebten und wirkten, sind hier ausgestellt.

Benoa Port und Tanjung Benoa ▸ H 7

Von der vierspurigen Autobahn, die Sanur mit Nusa Dua an der Ostküste der Bukit-Badung-Halbinsel verbindet, zweigt eine Stichstraße nach **Benoa Port** ab, der als Ausgangsort für Kreuzfahrten, vor allem aber als Containerhafen und für die Treibstoffversorgung von Bali bedeutsam ist. Beim Hafen beginnt die knapp 13 km lange, auf Betonpfeilern kühn ins Meer gebaute Mandara Toll Road. Nördlich der Nusa-Dua-Enklave erstreckt sich die schmale Halbinsel **Tanjung Benoa,** an deren Spitze das überwiegend von muslimischen Fischern bewohnte Dorf **Benoa** liegt.

Übernachten

… in Nusa Dua
Ultimativer Luxus – **Amanusa** [1] : Tel. 0361 77 23 33, www.amanresorts.com. Suite/oF 950–1800 US-$, exkl. Steuer/SC. Wie ein Adlerhorst thront das Luxusrefugium, dessen Architektur balinesische und westliche Stilelemente verbindet, hoch über Nusa Dua. Spektakulärer Pool, Restaurant mit kreativer Küche.

Nusa Dua

Sehenswert
1 Museum Pasifika

Übernachten
1 Amanusa
2 The Balé
3 Grand Hyatt Bali
4 Grand Mirage
5 Bali Reef Resort

Essen & Trinken
1 Bumbu Bali
2 Rai Seafood Restaurant
3 The Tao Bali
4 Bawang Merah Nusa
  Dua

Einkaufen
1 Bali Collection

Aktiv
1 Bumbu Bali
2 Bali National Golf Club
3 Spa Sekar Jagat
4 Bali Jet Set Dive and
  Marine Sports

Für Urlauber mit hohen ästhetischen Ansprüchen – **The Balé** 2 : Jl. Raya, Nusa Dua Selatan, Tel. 0361 77 51 11, www.thebale.com. Villa ab 675 US-$, exkl. Steuer/SC. In den 29 luxuriösen Chalets aus Designerhand auf einem dicht bewaldeten Hügel oberhalb von Nusa Dua verbinden sich balinesische Architektur, grafisch klare Linien und wertvolles Interieur harmonisch. Restaurant mit innovativen asiatisch-französischen Gerichten. Das hoteleigene Spa bietet ein umfangreiches Wellness-Angebot.

Klassiker – **Grand Hyatt Bali** 3 : Tel. 0361 77 12 34, http://bali.grand.hyatt. com, Buchung in Deutschland: Hyatt Service Centre, Tel. 0800 973 12 34. DZ ab 275 US-$, Suite ab 495 US-$, exkl. Steuer/SC. Firstclass-Resort im balinesischen Stil mit luxuriös ausgestatteten Zimmern in einem Hauptgebäude und komfortablen Chalets. Mehrere Restaurants, traumhafte Poollandschaft, großes Sport- und Freizeitangebot.

… in Tanjung Benoa

Für Aktive – **Grand Mirage** 4 : Jl. Pra tama 72–74, Tel. 0361 77 18 88, www. grandmirage.com. DZ 145–235 US-$, Suite 285–305 US-$, exkl. Steuer/SC. Diese vor allem bei jüngeren, aktiven Balibesuchern beliebte komfortable Ferienanlage bietet Sport- und Unterhaltungsprogramme an sowie ein gut ausgestattetes Wellness-Center mit Sauna, Dampfbad, Thalasso-Therapie und traditionellen Heilmassagen.

Fein und günstig – **Bali Reef Resort** 5 : Jl. Pratama 44, Tel. 0361 77 62 91, www.balireef-resort.com. DZ 140 US-$, exkl. Steuer/SC. 14 Doppelbungalows im Balistil mit klimatisierten, bestens ausgestatteten Zimmern. Die Anlage verfügt über einen schönen Pool und hat direkten Strandzugang. Im Terrassenrestaurant finden

mittwochs ab 19 Uhr Ramayana- und Legong-Aufführungen statt.

Essen & Trinken

Preiswertere Restaurants als in den Luxushotels gibt es im Einkaufszentrum Bali Collection (s. unten) und außerhalb der Hotelenklave in Tanjung Benoa.

… in Tanjung Benoa

Echt balinesisch – **Bumbu Bali** 1 : c/o Matahari Terbit Bungalow, Jl. Pratama, Tel. 0361 77 45 02, www. balifoods.com, tgl. 11–24 Uhr. Menü 400 000–600 000 Rp. Das Bumbu Bali bietet anspruchsvolle balinesische Küche mit exzellenten Fleisch- und Fischgerichten. Tipp: Probieren Sie *siap mepangang* – Filetstücke vom Huhn in scharfer Kokosnuss-Sauce. Da das Haus sehr beliebt ist, ist eine Reservierung empfehlenswert.

Fisch und Meeresfrüchte – **Rai Seafood Restaurant** 2 : Jl. Pratama 88, Tel. 0361 77 12 77, tgl. 11–24 Uhr. Menü 300 000–500 000 Rp. Kulinarische Pilgerstätte meist einheimischer Seafood-Fans – Meeresfrüchte werden hier kreativ zubereitet.

Asiatisches Potpourri – **The Tao Bali** 3 : Jl. Pratama 96, Tel. 0361 77 29 02, www.taobali.com, tgl. 11–24 Uhr. Menü 250 000–300 000 Rp. Das puristisch gestylte Restaurant zum Drinnen- und Draußensitzen, ausgewählte Asienkost von Bali bis Thailand.

Balinesisch-indonesische Esskultur – **Bawang Merah Nusa Dua** 4 : Jl. Bypass Ngurah Rai 96B, Jimbaran-Mumbul, Tel. 0361 77 02 10 u. 0813 53 33 00 46, http:// bawangmerahnusadua.com, tgl. 8–22 Uhr. Menü 150 000–350 000 Rp. Charmantes Lokal mit liebevoll zubereiteten balinesischen Gerichten und indonesischen Klassikern, hervorragendes Vegetarisches. Kostenloser Abholservice.

Lieblingsort

Entspannen auf hohem Niveau
Der Raum scheint mit dem Garten
zu verschmelzen. Hier kann man
wie einst balinesische Prinzessin-
nen vor ihrer Hochzeit die Körper-
maske Balinese Royal Body Lulur
genießen und zum Schluss in
Blüten baden (2–3,5 Std. 50–
100 US-$).
Spa Sekar Jagat **3** : Jl. Bypass
Ngurah Rai 96, Jimbaran-Mumbul,
Tel. 0361 77 02 10 u. 0821 44 80
20 00 (dt.) für Reservierung und
kostenlosen Abholservice, http://
bali-spa-massage.de, tgl. 9–22 Uhr.

Einkaufen

Alle Hotels der gehobenen Kategorie besitzen Einkaufsarkaden der Luxusklasse mit entsprechenden Preisen.

Edles Einkaufszentrum – **Bali Collection 1 :** Nusa Dua, Tel. 0361 77 16 62, www.bali-collection.com, tgl. 10–23 Uhr. Hochwertiges Kunsthandwerk und Boutiquen für Modebewusste findet man in dem einem balinesischen Markt nachempfundenen Edelzentrum.

Aktiv

Kochen – **Bumbu Bali 1 :** s. o. In Kochkursen (meist Mo, Mi, Fr 6–15 Uhr) gibt der Chefkoch des Bumbu Bali einen Teil seiner Geheimnisse preis, ab 85 US-$.

Golfen – **Bali National Golf Club 2 :** Nusa Dua, Tel. 0361 77 17 91, http://balinationalgolfclub.com. Einer der drei 18-Loch-Golfplätze Balis.

Entspannen auf hohem Niveau – **Spa Sekar Jagat 3 :** s. S. 136.

Wassersport – **Bali Jet Set Dive and Marine Sports 4 :** Tanjung Benoa, Jl. Pratama 68 A, Tel. 0361 77 25 18, www.jetsetmarine.com. Das große Wassersportangebot umfasst u. a. Schnorcheln, Tauchen, Parasailing, Jet-Skiing und Windsurfen.

Abends & Nachts

Zum breit gefächerten Angebot gehören die Bars und Discos großer Hotels sowie die beliebten Darbietungen von balinesischen Tänzen und Tanzdramen während des Dinners.

Infos

Schiffe: Eine Motorjacht der Gesellschaft Blue Water Express fährt 1–2 x tgl. von Benoa Port nach Gili Trawangan bei Lombok (Fahrzeit 2 Std.), Auskunft: Tel. 0361 895 11 11, www. bluewater-express.com. Benoa Port ist auch Ausgangsort von Kreuzfahrten zu den Inseln Lembongan und Penida sowie in die Inselwelt östlich von Bali (s. S. 31, 235, 237).

Pulau Serangan

▶ H 7

Die kleine **Insel Serangan,** die durch eine Kombination aus Damm und Brücke mit der Hauptinsel verbunden ist, trug früher den Beinamen Schildkröteninsel (Turtle Island). Da bei Festessen im Rahmen religiöser Zeremonien Schildkrötenfleisch häufig das weit verbreitete Schweinefleisch ersetzte, wurden in Dukuh im Norden von Pulau Serangan noch in den 1990er-Jahren alljährlich einige tausend Grüne Meeresschildkröten gezüchtet, die nebenbei als Touristenattraktion dienten. Noch mehr Tiere wurden allerdings in den Gewässern um Lombok, Sumbawa, Flores und Sulawesi gefangen, in den trüben Betonbecken ›zwischengelagert‹ und schlachtreif gemästet. Nach wiederholten Appellen von Tierschützern, die vom Aussterben bedrohten und unter Artenschutz stehenden Tiere zu schonen, wurde der Verkauf und Verzehr von Schildkrötenfleisch verboten. Heute leben Serangans Bewohner, muslimische Bugis, wieder vorwiegend vom Fischfang.

Pura Sakenan, ein unscheinbarer Tempel an der Nordwestspitze der Insel nahe dem Dorf Dukuh, wird zu den neun Reichstempeln gezählt, in denen alle Mitglieder der hindu-balinesischen Glaubensgemeinschaft beten und Opfergaben darbringen. Die Tempelgründung wird dem javanischen Hindupriester Sanghyang Nirartha (Pedanda Sakti Bahu Rau) zugeschrieben. Alljährlich an Manis Kuningan, dem zweiten Tag des

Kuningan-Festes, ist der Sakenan-Tempel Ziel Tausender Pilger, die in einer Prozession hoch aufgetürmte Opfergaben, *gamelan*-Orchester und Barong-Puppen zum Heiligtum bringen.

Infos

Am besten mit **Mietwagen** oder **Taxi** über die auf einem Damm verlaufende Straße, die in Suwung von der Schnellstraße zwischen Sanur und Nusa Dua abzweigt.

Bukit Badung

▶ G/H 7/8

Die kleine Halbinsel Bukit Badung ist nur durch eine schmale, 5 km lange Landbrücke mit dem ›Festland‹ verbunden. Überraschend rau ist es dort. Das karge und steppenartige Korallenkalkplateau (*bukit* bedeutet Hügel), das sich bis 200 m über dem Meer erhebt, bildet einen krassen Gegensatz zu der sattgrünen Reisfeldlandschaft Balis. Da die Niederschläge in den porösen Karstböden versickern, zählt das Tafelland zu den trockensten und unfruchtbarsten Gegenden der Insel. So gibt es nur wenige kleine Dörfer in dieser unwirtlichen Region, deren Pflanzenwelt fast an afrikanische Savannen erinnert.

Garuda Wisnu Kencana Cultural Park ▶ G/H 7/8

Jl. Raya Ulu Watu, Ungasan, Tel. 0361 70 08 08, www.gwk-culturalpark. com, tgl. 8–22 Uhr, tgl. 10–17 Uhr jeweils zur vollen Stunde balinesische Tänze und gamelan, tgl. 13–14 Uhr Barong-Tanz, tgl. 18.30–19.15 Uhr Kecak-Tanz, Eintritt 100 000 Rp.

Südlich von Jimbaran (▶ G 7) wurde der weitläufige Garuda Wisnu Kencana Cultural Park in das Karstplateau ›hineingefräst‹. Überragt wird der Kulturpark mit Galerien, Kunsthandwerksläden, Restaurants und einem Amphitheater von zwei riesigen Garuda- und Vishnu-Figuren. Vom höchsten Punkt bietet sich ein imposantes Südbali-Panorama.

Pura Luhur Ulu Watu

▶ G 8

Tgl. 8–18 Uhr, 30 000 Rp., Kinder 20 000 Rp., Sarong und Tempelschal erforderlich

Pura Luhur Ulu Watu (s. S. 141), dessen Geschichte wahrscheinlich mehr als ein Jahrtausend zurückreicht, zählt zu den Reichstempeln. Der javanische Brahmane Empu Kuturan hat – so sagen historische Dokumente – den Tempel im 10. Jh. an der Stelle eines vorhinduistischen Kultplatzes errichtet. Zusammen mit anderen Meeresheiligtümern wie Pura Tabenan und Pura Tanah Lot bildet er einen Schutzschild gegen die im Meer hausenden Mächte des Bösen.

Im Pura Luhur Ulu Watu soll der javanische Hindumissionar Sanghyang Nirartha in meditativer Versenkung die Vereinigung mit dem Allerhöchs-

Mein Tipp

Affentanz am Pura Luhur Ulu Watu

In der Hochsaison täglich (NS 3-mal wö.) findet bei Sonnenuntergang ab 18 Uhr vor der Kulisse des Ulu-Watu-Tempels ein Kecak- und Feuer-Tanz von hoher Qualität statt – ein unvergessliches Erlebnis! Der Eintritt beträgt 100 000 Rp.

ten Wesen im Nirvana erlangt haben. Darauf deutet der Name des Tempels hin – *nga luhur* (= ›erleuchtet werden‹). Anfang des 16. Jh., als auf Java der Islam die Oberhand gewann, war der Sanskritgelehrte nach Bali ausgewandert. Während seines Wirkens auf der Insel gründete er zahlreiche Meeresheiligtümer, verbreitete und erneuerte die hinduistische Lehre.

Heute verehren die Gläubigen im Ulu-Watu-Tempel Dewi Danu, die Schutzgöttin der Bergseen und Flüsse, die von heiligen, aber recht unfreundlichen Affen bewacht wird. Einer Legende zufolge ist der Felsvorsprung, auf dem der Tempel steht, das zu Stein gewordene Schiff der einst über das Meer fahrenden Gottheit, die nun als Beschützerin der balinesischen Gewässer zur Ruhe gekommen ist.

Das ungewöhnliche, nach außen geschwungene *candi bentar* und das archaisch anmutende, von einem Kala-Kopf gekrönte Portal deuten auf traditionelle ostjavanische Vorbilder. Der Tempelbezirk an der Abbruchkante darf nur von Balinesen betreten werden. Aber auch vom rückwärtigen Teil des Heiligtums bietet sich ein überwältigender Blick auf die Steilklippen und die wilde Brandung.

Surfstrände

An mehreren Strandabschnitten in der Umgebung des Pura Luhur Ulu Watu hat das Meer imposante Auftritte, etwa am **Suluban Beach** (▶ G 8). Ein Abstecher lohnt sich auch für jene, die meterhohe Wellen scheuen. Denn dort wurden einige einfache Lokale eröffnet, in denen man bei einem Drink die Wellenartisten auf den Riesenwellen beobachten kann. Weitere Treffpunkte für erfahrene Surfer sind **Nyang Nyang Beach** (▶ G 8), **Padang**

Padang Beach (▶ G 8) und **Dreamland Beach** (▶ G 7).

Übernachten

Romantisches Hideaway – **Flower Bud Bungalow:** Balangan, Tel. 0816 472 23 10, www.flowerbudbalangan.com. Bungalow 45–80 US-$. Hübsche Bungalows aus Naturmaterialien mit Open-Air-Bad, dazu gehören ein gutes Restaurant, Pool, Massageservice; freundliches Personal.

Essen & Trinken

Einfache Lokale (die sich vor allem auf die Surfer einrichten) finden sich am Suluban Beach.

Abends & Nachts

Gepflegter Techno-Sound – **Karma Beach Club:** Jl. Villa Kandara, Banjar Wijaya Kusuma, Ungasan (▶ G 8), Tel. 0361 848 22 22, www.karmagroup.com/karma-beach/, tgl. 19–3 Uhr. Das Mondlicht sorgt für die Beleuchtung und Technosound dringt aus den Lautsprechern. In diesem niveauvollen Club findet jeden Monat die größte Full-Moon-Beach-Party Balis statt. Alternativ dazu gibt es die Black-Moon- (Neumond-) und Half-Moon-Partys. DJs sorgen jeden Abend für Stimmung. Ausgezeichnete Holzofen-Pizzas.

Infos

Anfahrt: Am besten mit Motorrad oder Auto bzw. Taxi. Da die Halbinsel sehr hügelig ist und es kaum Schatten gibt, ist eine Tour mit dem Fahrrad strapaziös. Mit öffentlichen Verkehrsmitteln (*bemo* ab Denpasar/Terminal Tegal) ist der Pura Luhur Ulu Watu meist nur an Feiertagen zu erreichen.

Lieblingsort

Pura Luhur Ulu Watu ▶ G 8
An der Südwestspitze der Bukit-Badung-Halbinsel, dort wo der Indische Ozean mit haushohen Wellen an die bis zu 100 m senkrecht abfallenden Klippen brandet, wacht der aus weißem Korallengestein erbaute Felsentempel Pura Luhur Ulu Watu über die Geschicke der Insel. So klein das Heiligtum mit seinen reich verzierten Toren und Schreinen ist, so groß ist seine Bedeutung, denn es schützt Bali vor den im Meer heimischen Mächten des Bösen. Besonders reizvoll ist die Stimmung bei Sonnenuntergang, wenn sich der Tempel als Silhouette gegen den blutroten Himmel abhebt (s. auch S. 138).

Südwest- und Westbali

Highlights!

Jatiluih: An den südöstlichen Ausläufern des Gunung Batukaru haben sich Reisbauern jahrhundertelang als Landschaftsarchitekten betätigt. Wie riesige Himmelstreppen ziehen sich ihre kunstvollen Reisterrassen oft Hunderte Meter die steilen Bergflanken hinauf. S. 154

Pura Tanah Lot: Dieses Kleinod ist ein Vorposten gegen die von allen Balinesen gefürchteten Mächte der Unterwelt. S. 154

Pulau Menjangan: An den Steilwandtauchgründen und Saumriffen um diese kleine Insel vor der Küste Nordbalis geraten Taucher und Schnorchler ins Schwärmen. S. 158

Auf Entdeckungstour

Reise zum Reis – das Museum Subak in Tabanan: In diesem Agrarmuseum erfährt man alles über Bewässerung und Reiskultivierung. Auch die mit dem Reisanbau in Zusammenhang stehende Sozialordnung wird sehr anschaulich erklärt. S. 148

Kultur & Sehenswertes

Pura Taman Ayun: Einen guten Eindruck von der Anlage eines typischen balinesischen Tempels erhält man in Mengwi. S. 145

Pura Rambut Siwi: Dieser aus drei Bauwerken bestehende Meerestempel 15 km östlich von Negara besticht vor allem durch seine Lage an einem sehr schönen, einsamen Strand. S. 156

Aktiv unterwegs

Taman Nasional Bali Barat: Mit etwas Glück und Geduld kann man bei einer Tageswanderung im Nationalpark vom Aussterben bedrohte Tierarten beobachten, etwa den Bali-Star und das Banteng, die Wildform des balinesischen Rindes. S. 155

Tauchen: Taucher und Schnorchler zieht es zu den Korallengärten und -riffen um die Pulau Menjangan mit einer arten- und erlebnisreichen Unterwasserwelt. S. 158

Genießen & Atmosphäre

Der Raja lässt bitten: Ein- bis zweimal im Monat finden im Puri Anyar, einem mit Antiquitäten reich bestückten Königspalast in Krambitan südwestlich von Tabanan, Puri Night Dinner statt – für die meisten Gäste ein wahrer Sommernachtstraum. S. 151

Parwathi Spa: Wellness-Erlebnisse der ganz besonderen Art genießt man im Spa des Matahari Beach Resort in Pemuteran an der Nordwestküste Balis. S. 159

Abends & Nachts

Dinner mit Froschkonzert: Im mehrfach ausgezeichneten Terrassenrestaurant der Cempaka Belimbing Villas in Krambitan genießt man kreativ verfeinerte balinesische Gerichte, begleitet vom Konzert der Frösche in den umliegenden Reisfeldern. S. 151

Zu Reisfeldern, Tempeln und in den einsamen Westen

Im Hinterland von Denpasar, nur wenige Kilometer nördlich der Inselhauptstadt, leuchtet bereits das satte Grün der Reisfelder. Wie Spiegel blinken die von Bächen durchzogenen *sawah* im Sonnenlicht. Hier liegen kleine Dörfer, alte Königsstädte und Tempel.

Auf der Fahrt von Denpasar nach Gilimanuk, wo die Fähren nach Java ablegen, wird ein deutlicher Wandel augenfällig. Während in der dicht besiedelten Region um die Inselhauptstadt ein Dorf fast nahtlos in das nächste übergeht, berührt die Küstenstraße westlich von Tabanan oft kilometerweit keine Ortschaft. Der Westen von Bali ist nur sehr dünn besiedelt. Mit Negara und Mendaya gibt es nur zwei Zentren, ansonsten verlieren sich einige wenige Dörfer in den Reisfeldern.

Wegelos – westlich von Pulukan führen keine Straßen mehr durch das Inselinnere von Bali – und nahezu völlig unbewohnt ist das Hochland von Jembrana. Jembrana oder Jimbar Wana bedeutet so viel wie Großer Wald. Und für einen Großteil der Westregion trifft dies auch heute noch zu. Hier sind noch mehr als 1000 km^2 ursprünglicher Regenwald erhalten geblieben. Entlang der Küste ist zwar der Dschungel schon längst gerodet, aber landeinwärts dominiert vor immer eine wilde, ungezähmte Landschaft mit üppigem tropischem Bewuchs.

Infobox

Anreise und Weiterkommen
Wer von einem der Badeorte den Ausflug in den Südwesten an einem Tag schaffen will, muss sehr früh aufstehen und sollte über ein eigenes Fahrzeug verfügen. Man kann zwar ab Terminal Ubung (3 km nördlich von Denpasar) einzelne Orte wie Sempidi, Lukluk, Kapal, Mengwi, Tabanan und Tanah Lot mit Minibussen und *bemo* erreichen, mit öffentlichen Verkehrsmitteln ist die gesamte Tour jedoch nicht an einem Tag durchführbar. Zum Pura Batukaru und nach Jatiluih verkehren nur sporadisch *bemo*.
Busse nach Tabanan, Negara und Gilimanuk fahren ab Terminal Ubung, 3 km nördlich von Denpasar. Auf der Straße entlang der Nordküste zwischen Gilimanuk und Singaraja verkehren *bemo*.

Nach Sangeh

Die Dörfer Sempidi, Lukluk und Kapal befinden sich mitten in der ›Kornkammer‹ Balis. Bekannt sind sie für die reiche und kunstvolle Plastik ihrer Tempel. In barocker Üppigkeit präsentieren sich vor allem der **Dorftempel** *(pura desa)* **von Sempidi** (▶ G 6) und der etwas abseits der Durchgangsstraße gelegene **Unterweltstempel** *(pura dalem)* **von Lukluk** (▶ G 6).

Kapal ▶ G 5

Die Heerscharen von Götter- und Dämonenstatuen, welche die Straße säumen, weisen Kapal als Töpferzentrum von Bali aus. Allerdings werden die kleinen Töpfereien und Keramikwerkstätten, die den Bedarf an Zierrat für die vielen tausend Tempel der Insel längst nicht mehr decken können, von Zementgießereien verdrängt. Dort werden die Wesen der Oberen und der Unteren Welt schnell und preiswert gefertigt und bemalt. Was dabei herauskommt, wirkt nicht selten wie eine balinesische Version des Gartenzwergs.

Pura Sadha

Am Westrand Kapals liegt mit dem **Pura Sadha** (Grundmauern aus dem 12. Jh.), der schönsteTempel dieser drei Dörfer. Ursprünglich ein Ahnenheiligtum zur Erinnerung an einen javanischen Adligen wurde die Anlage während der Majapahit-Periode im 14. Jh. (aus jener Zeit stammt u. a. das Gespaltene Tor) von einem Mengwi-König ausgebaut.

Einem *candi*, einem javanischen Totentempel, ähnelt die elfstufige, 16 m hohe *prasada* aus Backstein im innersten Tempelbezirk. Der **Tempelturm** symbolisiert den Mahameru und damit auch das spirituelle Zentrum des Mengwi-Reichs. Die phallische Form war Sinnbild für die Manneskraft und Lebensenergie der vergöttlichten *raja*.

Die 57 kleinen und drei großen **Ziegelsteinthrone** in der südwestlichen Ecke sind Ahnenschreine der Herrscherdynastie von Mengwi. Im Tempelvorhof erhebt sich ein jahrhundertealter **Banyan-Baum**, zwischen dessen Luftwurzeln sich ein kleiner **Steinthron** für die Gottheiten der Unterwelt versteckt.

Mengwi ▶ G 5

Wenige Kilometer westlich von Kapal zweigt eine Straße nach **Mengwi** ab, früher Zentrum eines aus der Gelgel-Dynastie hervorgegangenen Königreichs, bis dieses 1891 zwischen den beiden Königreichen Tabanan und Badung aufgeteilt wurde. Zauberhaft präsentiert sich in Mengwi der Reichstempel Pura Taman Ayun.

Pura Taman Ayun

Tgl. 8–18 Uhr, 20 000 Rp., Kinder 10 000 Rp., Sarong und Tempelschal erforderlich

Einen guten Eindruck von der klaren, für südbalinesische Tempel typischen Gliederung der weitläufigen Anlage des Reichstempels erhält man von der Plattform des **Kulkul-Trommelturms** links vom Haupteingang. Die zweitgrößte Tempelanlage Balis, deren Ursprung bis ins 17. Jh. zurückreicht, gliedert sich in mehrere, auf verschiedenen Niveaus gelegene Höfe mit Altären, Schreinen und Pavillons sowie vielstöckigen **Pagoden** *(meru).* Interessant ist die ornamentale Gestaltung der **Tore,** die die einzelnen Höfe verbinden. Besonders auffällig ist das *candi bentar,* das **Gespaltene Eingangsportal.** Flankiert wird es von steinernen Raksasa-Wächtern, die übelwollende Wesen aus der unteren Sphäre fernhalten sollen.

Nicht-Balinesen ist der Zutritt zum **höchstgelegenen Tempelhof,** dem Allerheiligsten *(jeroan),* nicht gestattet. Dort stehen die kunstvoll verzierten Ahnenschreine, denn die Vorfahren des königlichen Geschlechts von Mengwi bei Tempelfesten als Ehrensitze dienen.

Lotosbewachsene künstliche **Wassergräben,** welche die Götter bei Tempelfesten gern als Badeplatz aufsuchen, grenzen die 1937 auf ihre heutige Größe erweiterte Tempelanlage gegen die irdische Umwelt ab. Von ihnen rührt auch der Name des Heiligtums her – Taman Ayun, Schwimmender Garten.

Essen & Trinken

Einfach, aber schöner Blick – **Water Garden Restaurant:** direkt neben dem

Vielstöckige Pagoden im Pura Taman Ayun von Mengwi

Pura Taman Ayun, Tel. 0361 75 43 69, tgl. 9–18 Uhr. Hauptgerichte 30 000–80 000 Rp. Schmackhafte indonesische Standardgerichte. Unübertroffen ist der Blick auf den Tempel.

Der Affenwald von Sangeh ▶ H 5

10 km nordöstlich von Mengwi, tgl. 8–18 Uhr, 25 000, Kinder 15 000 Rp. Fester Bestandteil im Programm lokaler Reiseagenturen ist der **Affenwald von Sangeh**. Die hier inmitten hoher Muskatbäume hausenden Grauaffen gelten einem dem »Ramayana«-Epos entliehenen Mythos zufolge als Nachfahren der Heerscharen des Affenkönigs Hanuman, der Rama im Kampf gegen den Dämonenkönig Rawana beistand.

Auch wenn sie den Balinesen heilig sind – die Affenhorden von Sangeh werden lästig bis aggressiv, wenn Besucher ihnen nicht pausenlos Erdnüsse zuwerfen, die sie am Eingang kaufen können. Unvorsichtigen Touristen nehmen sie Brillen von den Nasen, Hüte von den Köpfen und lose umgehängte Taschen von den Schultern.

Im **Pura Bukit Sari**, einem kleinen Tempel, den ein König der Mengwi-Dynastie im 17. Jh. im sakralen Hain als Meditationstempel errichten ließ, erregt eine Statue des Sonnenvogels Garuda, Reittier des hier verehrten Vishnu, Aufmerksamkeit. Garuda gilt nicht nur als König der Vögel, er ist auch ein Menschenfreund: In keinem balinesischen Haus fehlt eine Garuda-Figur, die das Anwesen und seine Bewohner vor Unglück schützt.

Blayu und Marga ▶ G 4/5

Aus zahlreichen Häusern im Dorf **Blayu** (▶ G 5) nordwestlich von Mengwi dringt das monotone Schlagen von Holz auf Holz. Dort sitzen Mädchen und Frauen an Handwebstühlen und fertigen in einer von Generation zu Generation weitergegebenen Technik brokatartige, golddurchwirkte Hüfttücher *(songket)*. Diese wertvollen, nicht waschbaren Textilien, deren Herstellung oft Monate in Anspruch nehmen kann, trägt man nur bei Tempelfesten und anderen wichtigen religiösen Zeremonien.

Nationaldenkmal Margarana
Tgl. 9–17 Uhr, Eintritt frei
In **Marga** (▶ G 4/5) etwas weiter nördlich, erinnert das Nationaldenkmal **Margarana** an ein dunkles Kapitel der jüngeren balinesischen Geschichte. Dort lieferten sich am 20.11.1946 Unabhängigkeitskämpfer unter dem Kommando von Oberstleutnant I Gusti Ngurah Rai (nach dem heute der internationale Flughafen von Bali, der Ngurah Rai International Airport, benannt ist) eine Schlacht mit holländischen Kolonialtruppen. Obwohl hoffnungslos unterlegen, weigerten sich die Balinesen zu kapitulieren und zogen in die rituelle Selbstvernichtungsschlacht. Für jeden der 1371 gefallenen Kämpfer wurde hinter dem Nationaldenkmal auf einem Heldenfriedhof ein Stupa-artiger Grabstein errichtet.

Puri Taman Sari
Umabian, Desa Peken, Tel. 0361 894 54 81, www.puritamansari.com, tgl. 8–21 Uhr, 70 000 Rp., Kinder 50 000 Rp.
Zwischen Marga und dem einige Kilometer westlich gelegenen Nachbarort Tunjuk bietet die weitläufige, von direkten Nachfahren der Fürsten des Königreichs Mengwi geführte Anlage Puri Taman Sari, die das ursprüngliche balinesische Dorfleben repräsentieren soll, ›Pauschal-Kultur‹. Trotzdem bekommt man einen kleinen Einblick in Aspekte balinesischen Lebens, wenn man Kunsthandwerkern über die Schulter guckt oder die Ausstellungen typischer Utensilien aus balinesischen Dörfern besichtigt. Abends sitzt man bei einem traditionellen Dinner auf dem Boden zusammen, zu dem balinesische Tänze und *gamelan*-Musik dargeboten werden.

Rund um Tabanan

Tabanan (▶ G 5), inmitten der ›Reiskammer‹ Balis gelegen, war einst Mittelpunkt des mächtigen Königreichs selben Namens. Der Ort verlor an Bedeutung, als der *raja* beim Einmarsch der Holländer im Jahr 1906 mit seiner Familie und seinem Gefolge den *puputan* der Unterwerfung vorzog (s. S. 107). Heute ist Tabanan ein wichtiger Handelsplatz. Darüber hinaus ist es für ein reges Kulturleben bekannt. In der Geburtsstadt des großen, 1968 verstorbenen Tänzers I Nyoman Mario, der unter anderem den Kebyar Duduk kreierte, misst man vor allem der Pflege des klassischen balinesischen Tanzes Bedeutung bei.

Das **Museum Subak** östlich des Zentrums vermittelt Wissenswertes zum Thema Reis (s. S. 148).

Krambitan ▶ F 5

Westlich von Tabanan zweigt meerwärts eine Straße zum Dorf Krambitan ab. Seit jeher sahen sich die *raja* von Tabanan, zu deren Herrschaftsbereich Krambitan einst gehörte, als Erben und Bewahrer der Hochkultur des untergegangenen ▷ S. 151

Auf Entdeckungstour: Reise zum Reis – das Museum Subak in Tabanan

Für die Balinesen ist Reis ein Geschenk der Götter, er prägt Landschaft und Leben auf Bali. Wer sich für den Reisanbau und die damit verbundenen religiösen Zeremonien interessiert, wird hier Antwort auf fast alle Fragen finden.

Reisekarte: ▶ G 5

Info: www.balistarisland.com/subak-museum

Adresse: Museum Subak, 2 km östlich des Zentrums, etwas südlich der Hauptstraße Jl. Gatot Subroto Sanggulan, Tel. 0361 81 03 15
Öffnungszeiten: Mo–Do 8–17, Fr 8–13, Sa/So 8–17 Uhr
Eintritt: 15 000 Rp., Kinder 7500 Rp.
Führungen: kostenlos
Dauer: ca. 1,5 Std.

Das balinesische Reisanbausystem gilt als eines der effektivsten der Welt, es erfordert jedoch die Zusammenarbeit aller Bauern – dafür sorgen die *subak*, nach denen das Agrarmuseum von Tabanan seinen Namen erhalten hat. Diesen Reisbauvereinigungen oder Bewässerungsgenossenschaften gehören alle Landbesitzer an, die auf eine einzige gemeinsame Wasserquelle angewiesen sind.

Die *subak* stellen nicht nur sicher, dass jeder Reisbauer einen angemessenen Anteil des Wassers erhält, sie legt auch den Arbeitsrhythmus der Mitglieder fest, bestimmt, wann die Felder geflutet werden und wann man mit dem Pflügen, Setzen und Ernten zu beginnen hat.

Ohne Fleiß kein Reis

Im ersten Raum des Museumsgebäudes sind die teils archaisch wirkenden landwirtschaftlichen Geräte, die beim Reisanbau heute noch zum Einsatz kommen, ausgestellt. Wie der Führer erklärt, wird beim Reisanbau nach einer alten Tradition Arbeitsteilung praktiziert. Während Männer für die gröberen Arbeiten wie das Anlegen von Feldern, Terrassen und Bewässerungsvorrichtungen zuständig sind, verrichten Frauen die zeitaufwendigen Tätigkeiten wie das Jäten von Unkraut und das Schneiden der Ähren bei der Ernte. Man sieht Hacken und Schaufeln, mit denen Männer Bewässerungsgräben ausheben und Dämme bauen; Holzflegel, mit denen Frauen die Reisgarben dreschen, sowie Stößel und Mörser, mit denen sie die Reiskörner enthülsen. Mit locker geflochtenen Tabletts aus Bambus *(miyu)* trennen die Frauen beim Worfeln (Abb. S. 148) die Spreu vom Getreide.

»Trotz mancher Modernisierungsmaßnahmen ist der Reisanbau immer noch Knochenarbeit«, erläutert der Führer. So wird bei der Nassreiskultivierung im Terrassenfeldbau im Durchschnitt mit jährlich 1000 Arbeitsstunden pro Hektar gerechnet. Seit den Zeiten der altmalaiischen Einwanderer hat sich die Anbautechnik wenig geändert. Auch heute werden vor allem wegen der topografischen Gegebenheiten auf Bali kaum Maschinen eingesetzt. Untersuchungen haben ergeben, dass der Ertrag auch durch den Einsatz modernster Hilfsmittel nicht mehr zu steigern

wäre. Bei der Führung erfährt man zudem, dass immer weniger Balinesen der jungen Generation bereit sind, die Schinderei auf sich zu nehmen. Zunehmend wandern sie aus den ländlichen Regionen in die Ferienzentren ab, um anderweitig und leichter ihren Lebensunterhalt zu verdienen.

Was man im Alltag braucht

In der Abteilung Küchenutensilien sieht man Reisstrohkörbchen *(sok asi),* in denen die Bauern ihren ›täglichen Reis‹ mit aufs Feld nehmen. In den konisch geformten Bambuskörben *(kukusan)* wird der Reis gedämpft. Mancher Besucher wundert sich über die ausgestellten Bambusfallen und Netze. Sie dienen zum Fangen von Fischen, die in den bewässerten Reisfeldern leben und eine wichtige Nahrung für die Landbevölkerung sind.

Wasser marsch!

Die *sawah,* die Felder und Terrassen für den Nassreisanbau, bringen aufgrund der fruchtbaren Vulkanböden auf Bali bis zu drei Ernten im Jahr hervor. Voraussetzung dafür ist jedoch eine ausgeklügelte Irrigationstechnik, die auf der Insel alte Tradition hat. Wie die Schwerkraftbewässerung funktioniert, zeigt ein 15 Min. dauernder Film. In den Bergregionen – Reis wird auf Bali bis zu einer Höhe von 500–700 m angebaut – nutzt man das Wasser gefällestarker Bäche und Flüsse, das durch ein System kleiner Kanäle, Gräben und Bambusrohrleitungen die oberste Etage einer Terrassenanlage erreicht. Diese fungiert als Staubecken, aus dem das Nass durch Öffnungen in den Stützwällen auf die tiefer gelegenen Parzellen abgeleitet werden kann.

Die Instandhaltung einer Terrassenanlage kostet viel Mühe. Werden die von Hochwasser, Erdrutschen oder auch unvorsichtigen Wanderern verursachten Schäden an den aus Stein oder Lehm errichteten Umfassungswällen nicht sofort behoben, droht das komplizierte System des Reisanbaus aus dem Gleichgewicht zu geraten.

Auf dem Museumsbauernhof

Auf dem Freigelände des Museums mit einem typischen Bauernhof, der von Terrassenfeldern samt Bewässerungskanälen umgeben wird, gewinnen die Besucher einen Einblick in die Arbeit der Reisbauern. Sie sehen Keimbeete, in denen Setzlinge 4–5 Wochen aufgezogen werden, bevor man die Jungpflanzen in Handarbeit in die gepflügten und gefluteten Felder oder Terrassen versetzt. Auf den meisten indonesischen Inseln übernehmen Frauen diese Arbeit, nur auf Bali ist dies ein ›Privileg‹ der Männer.

Für jede Wachstumsphase kennen die Balinesen eine Bezeichnung. In der letzten und wichtigsten, wenn die Ähren goldbraun und schwer sind, sagt man, die Reispflanzen seien schwanger. Nach der Reifezeit, die je nach Reissorte 3–7 Monate dauern kann, wird das Feld trockengelegt. Man erntet nur die Rispen, die Körner tragen, und nicht wie bei anderen Getreidearten den ganzen Halm.

Frauen demonstrieren, wie nach alter Tradition auch heute noch der Reis Halm für Halm mit dem *ani-ani* genannten Erntemesser geschnitten wird. Dies ist eine kleine, sichelförmige Klinge, die in der hohlen Hand verschwindet. So ›sieht‹ der Reis, den die Balinesen als göttliches Gewächs betrachten, das Messer nicht und wird nicht erschreckt. Mit einer großen blitzenden Sense zu Werke zu gehen, würde zudem Dewi Sri, die Reisgöttin, erzürnen.

Reis und Religion

Gerade beim Reisanbau, so erfährt man bei der Führung, wird die enge Verknüpfung von Religion und Alltag deutlich: Es gibt Riten, Zeremonien und Opferfeste – alle mit dem Ziel, die Götter um eine reiche Ernte zu bitten und die Geister und Dämonen zu besänftigen. Für diesen Zweck stehen auch auf den Terrassenfeldern des Museum Subak kleine Opferschreine mit Reisstrohdächern, an denen allmorgendlich Frauen Gaben darbringen. Außerhalb des Museums gibt es an jedem wichtigen Wasserverteiler kleine Steinaltäre, an denen die Bauern regelmäßig beten, und über dem höchstgelegenen Feld erhebt sich ein Tempel, in dem die Reisbauvereinigung mindestens einmal im Landwirtschaftsjahr zusammenkommt. Balinesen (und auch Javaner) laden Dewi Sri, die Spenderin des Reises, symbolisch zu jeder ihrer Mahlzeiten ein – als Zeichen der Dankbarkeit lassen sie für die Göttin nach dem Essen ein wenig Reis auf dem Teller zurück.

Majapahit-Imperiums. Und auch ihre Nachkommen legen heute noch viel Wert auf die Pflege von Musik und Tanz, Malerei und Holzschnitzkunst.

In **Baturiti,** 1 km vor Krambitan, steht der **Puri Anyar,** ein mit Antiquitäten reich bestückter Palast des Königsgeschlechts von Tabanan. Ein Teil des *puri,* bei dem es sich um eine Rekonstruktion des im 17. Jh. errichteten und später bei einem Erdbeben zerstörten Bauwerks handelt, beherbergt heute ein Hotel und Restaurant.

Der weitläufige Palast **Puri Agung** (tgl. 8–18 Uhr, Eintritt frei) gegenüber dem Markt von **Krambitan** wurde 1775 errichtet. Nur noch in Krambitan wird am ersten Tag des Nyepi-Festes der exorzistische Ritualtanz Tektekan abgehalten, begleitet vom Orchester mit Bambustrommeln und Holzklappern.

Strände ▸ F 6

Fast menschenleer sind die schönen, grau-schwarzen Sandstrände in der Umgebung von Tabanan und Krambitan. Der **Kelating Beach** liegt 6 km südlich von Krambitan und der **Yeh Gangga Beach** 11 km südlich von Tabanan.

Bali Butterfly Park ▸ G 5

Jl. Batukaru, Sandan, Wanasari, Tel. 0361 894 05 95, www.balibutterflypark.blogspot.com, tgl. 8–17 Uhr (letzter Einlass 16 Uhr), 85 000 Rp., Kinder 45 000 Rp.

Der **Bali Butterfly Park** (Taman Kupu Kupu) 7 km nördlich von Tabanan im Dorf Wanasari gilt mit über 1000 Schmetterlingsarten, die dort gezüchtet werden, als eine der größten Schmetterlingsfarmen in Südostasien. Mit etwas Glück kann man eine Entpuppung beobachten.

Übernachten

Chalets aus Designerhand – **Waka Gangga Resort:** Yeh Gangga Beach, Tel. 0361 41 62 57, www.wakahotelsandresorts.com. Bungalow 245–495 US-$. Edel ausgestattete Komfortbungalows zwischen Sandstrand und Reisfeldern, schöner Infinity-Pool mit Blick aufs Meer, Gourmetrestaurant.

Für Ruhesuchende – **Cempaka Belimbing Villas:** Belimbing, ca. 30 km nordwestlich von Tabanan, Tel. 0851 00 45 11 78, www.cempakabelimbing.com. Villa 145–195 US-$. Eingebettet in eine Reisterrassenlandschaft ist das Resort mit 16 Villen im balinesischen Ethnostil ideal für Urlauber, die Ruhe und Abgeschiedenheit suchen. Im preisgekrönten Restaurant serviert man verfeinerte regionale Spezialitäten. Mit Pool und Wellness-Center.

Pura Luhur Batukaru ▸ G 4

Tgl. 8–18 Uhr, 15 000 Rp., Kinder 7500 Rp.

Die Ursprünge des 800 m hoch gelegenen Bergheiligtums reichen ins 11. Jh.. Historischen Quellen zufolge hat der javanische Religionserneuerer Empu Kuturan den **Pura Luhur Batukaru** (s. auch S. 152) als der Reichstempel erbaut. 1604 zerstörte ein Herrscher des nordbalinesischen Buleleng-Reichs die Anlage. Daraufhin bekam der Übeltäter den Zorn der Götter zu spüren – ein riesiger Wespenschwarm soll sein Heer angegriffen und in die Flucht geschlagen haben. Trotz seiner Schlichtheit zählt das Heiligtum zu den bedeutendsten Tempeln auf Bali. Über einen Stufenpfad erreicht man einen künstlichen Teich östlich des Tempels mit zwei moosüberwachsenen Schreinen.

151

Lieblingsort

Pura Luhur Batukaru ▶ G 4

Dass die Balinesen ein ausgepräg-
tes Gespür für magische Plätze
haben, beweist das Bergheiligtum
Pura Luhur Batukaru (s. auch
S. 151), das sich an der Flanke des
2276 m hohen Gunung Batukaru
in einer Mythen- und Märchen-
landschaft ausbreitet. Wenn sich in
den Wipfeln der hohen Bäume, die
den von Touristen kaum besuchten
Tempel umgeben, Nebelfetzen
verfangen, strahlt das Heiligtum
eine weltentrückte Atmosphäre
aus, wird es zu einem dieser
seltenen, packenden Seelenorte,
die man sein Leben lang nicht
vergessen kann. Auch Balinesen
kommen nur an wichtigen Feiertagen zum Pura Luhur Batukaru,
um hier Mahadewa, der Gottheit
des Batukaru-Vulkans, Opfergaben
darzubringen.

Jatiluih ❗ ▶ G 4

Ein zeitaufwendiger, aber sehr lohnenswerter Abstecher auf einer schmalen und kurvenreichen Straße, die 3 km südlich des Pura Luhur Batukaru in Wongayagede nach Osten abzweigt, führt zum Dorf **Jatiluih** an den Ausläufern des Gunung Batukaru (Eintritt 25 000 Rp.). Die Aussicht von der Panoramastraße hält, was der Name Jatiluih verspricht – Wahrlich Wunderbar. Dort haben balinesische ›Bergbildhauer‹ steile Bergflanken mit waagerechten Borden, die sich dem Gelände anpassen, umstrukturiert. Über Jahrhunderte haben sie sich vom Talgrund die Hänge hinaufgearbeitet und die Terrassenfelder mit Stein- und Lehmwällen umgeben, sodass sie sich dramatisch an den Flanken übereinanderstapeln.

Das Ergebnis ist ein Meisterwerk, in dem Nutzen und Ästhetik eine harmonische Verbindung eingegangen sind. »Treppen in den Himmel« nennen die Balinesen diese in den Wolken hängenden Terrassenanlagen.

Wandern durch Reisterrassen

Einblick ins balinesische Landleben vermitteln Wanderungen durch die Terrassenfelder, die an mehreren Aussichtspunkten in und um Jatiluih beginnen. Die Touren, vom kurzen Spaziergang (450 m/45 Min.) bis zum anspruchsvollen Trekking (7,7 km/4 Std.), unternimmt man am besten in Begleitung eines einheimischen Guide, der auch einiges über den Reisbau zu berichten weiß. Infos: Tel. 0857 92 26 27 10, info@jatiluihvillage.com. Noch mehr Einblicke ins Dorfleben gewinnt, wer in einer der Familienpensionen im Ort übernachtet, etwa im Warung Teras and Homestay (Tel. 0812 37 02 63 33, DZ 300 000 Rp.).

Pura Tanah Lot❗

▶ G 6

Tgl. 8–19 Uhr, 30 000 Rp., Kinder 15 000 Rp.
Nicht später als 16 Uhr sollte man sich auf den Weg zur Küste machen, will man ein spektakuläres Naturschauspiel Balis nicht versäumen – den Sonnenuntergang am **Pura Tanah Lot** (Abb. S. 80, 102). Von seiner Beliebtheit zeugt nicht nur ein riesiger Parkplatz, sondern auch eine Souvenirmeile.

Der schönste Blick bietet sich von den kleinen, meist brechend vollen Restaurants auf die gegenüberliegenden Klippen. Ein Besuch lohnt sich dennoch, denn Tanah Lot gehört zu den am schönsten gelegenen Tempeln von Bali. Das kleine Heiligtum auf einem bei Flut von der Brandung umschäumten Felsenriff hat mit einfachen reissstrohgedeckten Schreinen keine überragende architektonische Bedeutung. Doch ist es ein wichtiger Vorposten gegen die Mächte der Unterwelt, die im Meer hausenden Dämonen.

Wie die meisten anderen Meeresheiligtümer wurde Pura Tanah Lot im 16. Jh. von Sanghyang Nirartha gegründet, der – so die Legende – in einer Kokosnussschale von Java nach Bali übersetzte, um das Eiland vor dem Ansturm des Islam zu retten. Hier auf diesen Felsen zog er sich zum Meditieren zurück. Ihm ist in der Tempelanlage ein dreistufiger *meru* geweiht.

In den Klippen bei Pura Tanah Lot hat der Ozean **Höhlen** ausgespült. Sie sind ein Unterschlupf für jene schwarz-weiß gebänderten, heiligen Seeschlangen *(ular suci)*, die als Wächter des Tempels gelten. Gegen ein Entgelt zeigt ein Priester Besuchern die Reptilien.

Weitere Tempel

In der Umgebung stehen auf Felsvorsprüngen kleine Tempel, die leicht zu Fuß erreichbar sind. Folgt man dem schmalen Pfad entlang der Steilküste gen Westen, gelangt man, noch in Sichtweite von Tanah Lot, zum kleinen Heiligtum **Pura Galuh.** Auf einer Klippe erhebt sich einige Hundert Meter weiter **Pura Batu Bolong.** Etwas westlich vom **Pura Batu Mejan** führen Stufen hinunter zu einer **heiligen Quelle.** Landeinwärts erstreckt sich die größere Tempelanlage **Pura Luhur Pekendungan** mit einem siebenstufigen *meru.*

Übernachten

In der Nähe des Meerestempels – **Dewi Sinta Cottages:** Taman Wisata Tanah Lot, Tel. 0361 81 29 33, www.dewi sinta.com. DZ 35–55 US-$. Bungalowhotel unweit des Pura Tanah Lot mit gemütlichen Zimmern (meist mit AC).

Taman Nasional Bali Barat ▶ A–D 1–4

Ganzjährig (auch in der Regenzeit) von Sonnenauf- bis Sonnenuntergang, Permit 200 000 Rp./Pers., Übernachtung im Park nicht möglich
Den 700 km² großen **Bali-Barat-Nationalpark** durchstreiften noch vor gut einem halben Jahrhundert zahlreiche balinesische Tiger. Heute zieht das Naturschutzgebiet, dessen höchste Erhebung mit 1580 m der **Gunung Patas** (▶ D 3) ist, wegen seiner vielfältigen Vogelwelt hauptsächlich (Hobby-)Ornithologen an. Den Rothschild- oder Bali-Star *(jalak putih)* werden sie allerdings nur mit Geduld und viel Glück beobachten können, denn der weiße Vogel mit schwarz geränderten Flü-

geln und blauen Schattierungen um die Augen ist vom Aussterben bedroht. Mit Vögeln, die in zoologischen Gärten rund um den Globus gezüchtet wurden, will man den Bestand von nur noch 50 freilebenden Paaren aufstocken.

Während der östliche Teil des Naturparks kaum zugänglich ist, schätzen Veranstalter die Westregion als ideales **Trekking-Terrain.** Ausgangspunkt für Tageswanderungen auf teilweise markierten Wegen ist das **Hauptquartier der Parkverwaltung in Cekik** (▶ A 2) 3 km östlich von Gilimanuk.

Infos

Bali Barat National Park Headquarter (PHKA): Cekik, Tel. 0365 610 60, www.tnbalibarat.com, Mo–Do 8–14, Fr 8–11, Sa 8–12.30 Uhr. Permits für Wanderungen im Nationalpark und Vermittlung von Führern.

Die Südwestküste bis Gilimanuk

Einen Eindruck von der beeindruckenden Bergwildnis erhält, wer auf der landschaftlich reizvollen Straße von **Pekutatan** (▶ D 4) nach **Pupuan** (▶ F 3), einen Bergort mit Reisterrassen, fährt. Nordöstlich von **Asahduren** (▶ E 4) gibt es an der Route, die nahe an die Grenze des Taman Nasional Bali Barat heranführt, einige Aussichtspunkte. Bei Asahduren führt die Landstraße durch den ausgehöhlten Stamm eines *bunut bolong*, eines mächtigen Banyan-Baums.

Medewi Beach und Pura Rambut Siwi

Der steinige **Medewi Beach** (▶ D 4) einige Kilometer westlich von Pekuta-

Büffelrennen in Negara

tan ist wegen der hohen Brandung vor allem bei Wellenreitern beliebt. Wie an allen Stränden der balinesischen Südküste ist wegen der oft hohen Wellen und tückischen Unterströmungen auch am Medewi Beach Baden und Schwimmen nicht ungefährlich.

Noch etwas weiter westlich thront der aus drei Einzelbauwerken bestehende **Pura Rambut Siwi** (▶ C 4) auf einer Klippe über einem einsamen Strand. Wie viele andere Meeresheiligtümer steht auch dieser Tempel in Verbindung mit dem legendären Hindumissionar Sanghyang Nirartha. Bei seinen Wanderungen durch Bali ließ der javanische Priester hier eine Haarlocke *(rambut)* zurück, welche die zum Hinduismus bekehrten Einheimischen in einem Schrein verwahrten.

Im Lauf der Jahre entstand um den Reliquienschrein herum die heutige Tempelanlage.

Übernachten

Beliebt bei Surfern – **Medewi Beach Cottages:** Medewi Beach, Pekutatan, Tel. 0361 836 17 17, www.medewibeach cottages.com. DZ 85–105 US-$. Bungalowhotel mit Restaurant und Pool in ruhiger Lage 25 km östlich von Negara. Die Gästehäuser haben AC oder Deckenventilator. Preiswerte Zimmer (ab 500 000 Rp.) gibt es in einem größeren Nebengebäude. Sonntags werden um 20 Uhr im Restaurant volkstümliche Joged-Bumbung-Tänze aufgeführt.

Negara ▶ B 3/4

Die Hauptstadt des Verwaltungsbezirks Jembrana ist für die meisten Touristen nur eine Durchgangsstation auf dem Weg von Java zu den südbalinesischen Ferienzentren. In dem deutlich javanisch-muslimisch beeinflussten Provinzstädtchen **Negara** (ca. 30 000 Einw.) kommt auf drei Hindutempel eine Moschee. Im malerischen Fischereihafen **Pengambengan** (▶ B 4) einige Kilometer südlich dümpeln bunt bemalte Fischerboote im seichten Wasser.

Interessant sind zwischen Juli und Oktober die **Büffelrennen.** Nach den Reisernten finden jeden zweiten Sonntag im Monat Wasserbüffelrennen *(mekepung)* statt. Auf einem 2 km langen Parcours ziehen je zwei mit einem bunt bemalten und geschmückten Holzgeschirr zusammengebundene Büffel einen zweirädrigen Karren, auf dem – ganz wie ein balinesischer Ben Hur – der ›Jockey‹ steht. Die eigens zu diesem Zweck gezüchteten Tiere, die keine Feldarbeit verrichten müssen, entwickeln erstaunliche Geschwindigkeiten von bis zu 50 km/h. Aber nicht nur die Schnelligkeit der gutmütigen Kraftpakete wird bewertet, es zählen auch Schönheit und Eleganz der Gespanne.

Wer am großen Rennen in **Mertasari** (▶ B 4) bei Negara am Sonntag vor dem 17. August, dem indonesischen Unabhängigkeitstag, teilnehmen will, muss sich in mehreren Ausscheidungen qualifizieren. Bei den Wettbewerben geht es um Geld und Prestige und wie die Hahnenkämpfe haben auch sie einen religiösen Hintergrund: Man will die Götter beglücken, damit sie die Teilnehmer mit einer reichen Reisernte belohnen. Zugleich geben die kraftstrotzenden Büffel etwas von ihrer Energie in den Boden ab. Außerhalb der Saison werden auch Rennen für Touristen organisiert.

Infos & Termine

Auskunft zu den Terminen der **Büffelrennen** in Negara erhält man bei den Fremdenverkehrsämtern in Denpasar oder Kuta sowie bei Reiseagenturen in den Ferienzentren.

Pelasari und Belimbingsari ▶ A 3/4

Etwa 8 km östlich von Melaya führt eine Stichstraße zum katholischen Dorf **Pelasari** (▶ A 3) im hügeligen Hinterland Westbalis. Wie im etwas weiter nordwestlich gelegenen und protestantischen Nachbarort **Belimbingsari** (▶ A 2) zeugt hier eine Kirche vom Bekenntnis der Dorfbewohner zum christlichen Glauben. Auf balinesische Stilelemente wurde beim Bau des Gotteshauses jedoch nicht verzichtet. So zeigt die **Gereja Santo Fransiskus** (tgl. 8–18 Uhr, Spende erbeten) außen wie innen eine Synthese aus christlichen Motiven und balinesischer Gestaltungsform.

Gilimanuk ▶ A 2

In **Gilimanuk,** dem wenig attraktiven Fährhafen nach Java, soll ein monumentales **Gespaltenes Tor** Dämonen und anderen unerwünschten Besuchern den Zugang zur heiligen Götterinsel Bali verwehren.

Die westliche Nordküste

Makam Jayaprana ▶ A 2

Ca. 10 km östlich von Gilimanuk, keine festen Öffnungszeiten, Trinkgeld (5000–10 000 Rp.) für den Vater des Schlüssels

Vor Gilimanuk knickt die Hauptstraße nach rechts ab und führt an der Nordküste entlang nach Singaraja. Nach einigen Kilometern deutet ein Hinweisschild **Makam Jayaprana** bergwärts. Ein ausgetretener Stufenpfad endet bei einer Lichtung im Bergwald, auf der ein Pavillon steht. Gegen einen kleinen Obolus sperrt der *pak kunci,* der Vater des Schlüssels, die kunstvoll geschnitzte Holztür auf und lässt Besucher einen Blick auf das bunt geschmückte Grabmal des Jayaprana werfen.

Interessanter als die den Balinesen heilige Gedenkstätte ist die Legende, die sich um sie rankt: Das von einer königlichen Familie in Obhut genommene Waisenkind Jayaprana verliebte sich in die Bürgerstochter Leyonsari und heiratete sie. Als der Herrscher seine Schwiegertochter zu Gesicht bekam, verfiel er ihrem Charme und wollte seinen Zögling so schnell wie möglich aus dem Weg räumen. Während eines Feldzugs, bei dem Jayaprana durch heroische Taten glänzte, wurde er von einem Vertrauten des hinterlistigen Königs umgebracht.

Der verzweifelten Leyonsari berichtete man, ihr Gatte sei im Kampf gefallen. Im Traum aber erzählte ihr ein Geist von dem Meuchelmord, woraufhin sich Leyonsari in die Fluten der Bali-See stürzte, um den Annäherungsversuchen ihres Schwiegervaters zu entgehen.

Pulau Menjangan **!** ▸ A 1

Gegenüber der Stelle, wo Leyonsari (s. o.) ihrem Leben ein Ende gesetzt haben soll, ragt in der Bucht Teluk Terima die **Insel Menjangan** aus dem kristallklaren Wasser. Die Insel gehört zum Bali-Barat-Nationalpark (Permit 200 000 Rp./Pers.) und ist ein Dorado für Taucher und Schnorchler. In der Dünung schwingen Fächerkorallen und treiben Schwärme farbenprächtiger Riff-Fische. Hunderte Korallenarten sowie u. a. Riffhaie, Rochen und Meeresschildkröten machen die Unterwasserwelt vor der Nordküste der Insel bis zur 60 m tief abfallenden Riffwand zum artenreichsten Tauchrevier Balis.

Übernachten

Luxus am Rande des Nationalparks – **Mimpi Resort Menjangan:** Banyuwedang (▸ B 1), Tel. 0362 944 97, www. mimpi.com. DZ 140 US-$, Villa 245–395 US-$. An der Bucht Teluk Terima gelegenes, nach ökologischen Richtlinien konzipiertes Hotel, Zimmer mit Open-Air-Bad, Villen mit privatem Pool, hervorragendes Restaurant, zwei Pools, Spa und Tauchschule.

Leckerstes Seafood servieren die Restaurants in Pemuteran

Infos

Boote für die halbstündige Überfahrt zur Pulau Menjangan kann man im **Banyunandi Crossing Center** bei **Banyuwedang** (▶ B 1) mieten.

Ausflüge organisiert man auch in den Strandhotels auf dem ›Festland‹ gegenüber Pulau Menjangan und Pemuteran, zudem bieten verschiedene Spezialveranstalter in Kuta, Sanur und Lovina Beach Tauchexkursionen zu diesem Tropeneiland an.

Pemuteran ▶ B 1/2

Weniger die Strände – die fallen nicht unbedingt in die Sternekategorie – als vielmehr die vorgelagerten Korallenriffe mit einer arten- und erlebnisreichen Unterwasserwelt locken zunehmend mehr Besucher in das unscheinbare Fischerdorf **Pemuteran** an der Nordwestküste Balis ca. 30 km östlich von Gilimanuk. Einige Kilometer östlich von Pemuteran liegt der Nationaltempel **Pura Pulaki** (▶ C 2).

Übernachten

Exklusives Wellness-Hotel – **Matahari Beach Resort & Spa:** Pemuteran, Tel. 0362 923 12, www.matahari-beach-resort.com. Bungalow 314–736 US-$, exkl. Steuer/SC. Exklusive Bungalowanlage im balinesischen Stil mit Gourmetrestaurant, Pool und Tauchbasis unter deutscher Leitung. Im **Parwathi Spa,** das den königlichen Wasserpalästen von Bali nachempfunden ist, haben die Gäste die Wahl zwischen traditionellen Sthira- und Sukha-Massagen. Zwei Spezialistinnen massieren in perfekter Harmonie mit kostbaren Ölen und natürlichen Essenzen (z. B. dreistündiges Verwöhnpaket mit Fußbad, Ganzkörperpeeling, Körpermas-

ke, vierhändiger Massage und Kräuterdampfbad 227 US-$).

Ökohotel mit Tauchzentrum – **Taman Sari Bali Cottages:** Pemuteran, Tel. 0362 932 64, http://tamansaribali.com. DZ 85–180 US-$, Bungalow ab 285 US-$. Dieses Strandhotel mit komfortablen Zimmern und Bungalows, Pool mit Meerblick und Tauchbasis liegt an einer halbmondförmigen Bucht. Das Restaurant ist auf thailändische Gerichte und Seafood spezialisiert. Ein Teil der Einnahmen wird ökologischen Zwecken zugeführt.

Deutsches Management – **Pondok Sari Beach Bungalows:** Pemuteran, Tel. 0362 947 38, www.pondoksari.com. DZ 76–132 US-$, Villa 235 US-$. Die mit viel Liebe zum Detail gestaltete Ferienanlage bietet 30 geräumige und klimatisierte Zimmer in Bungalows im balinesischen Stil, die sich über ein schattigen Strandareal verteilen. Das Haus verfügt über Restaurant, Spa, Pool und Tauchzentrum. Der deutsche Besitzer ist bei der Organisation von Ausflügen zu Land und zu Wasser behilflich.

Familiär und gemütlich – **Bali Oase:** Pemuteran, Sendang Pasir, Tel. 0813 38 60 37 96, www.bali-oase-resort.de. Bungalow ab 72 US-$. Kleine Anlage direkt am schwarzen Sandstrand. Jeder der vier mit Bambusmöbeln ausgestatteten Bungalows besitzt ein Freiluft-*mandi* und eine luftige Wohnterrasse. Susanne und Jörg, die deutsch-schweizerischen Besitzer, helfen gerne bei der Tagesplanung.

Aktiv

Tauchen und Schnorcheln – **Diving Center Werner Lau:** Pondok Sari Beach Bungalows, Pemuteran, Tel. 0362 923 37, www.wernerlau.com. Tauchschule im Besitz eines Schweizers, vor Ort unter deutscher Leitung.

Zentralbali

Highlights!

Ubud: Wer nicht in Ubud war, kennt Bali nicht. Hier findet man trotz aller Vermarktung balinesische Kultur im Konzentrat – von Tempeln über Heiligtümer bis zu Kunst und Kunsthandwerk. Naturliebhaber begeistert die traumhafte Reisfeldlandschaft. S. 167

Goa Gajah: Die Wurzeln der legendenumrankten Elefantengrotte reichen zurück ins 11. Jh. S. 177

Auf Entdeckungstour

Die Straße der Kunsthandwerker: Die Route von Denpasar nach Ubud berührt Dörfer, in denen gemalt, geschnitzt, gehämmert, geschmiedet und gewebt wird. S. 164

Auf den Spuren von Walter Spies: Vom Nobel-Aussteiger zum Mentor der modernen balinesischen Malerei – das Leben eines Deutschen auf Bali in den 1930er-Jahren. S. 174

Königsgräber von Gunung Kawi: Die steinernen Monumente aus dem 11. Jh. bei Tampaksiring zählen zu den ältesten Bauten Balis. S. 190

Desa Tradisional Penglipuran – ein balinesisches Musterdorf: Nördlich von Bangli wird die Anlage balinesischer Dörfer deutlich. S. 198

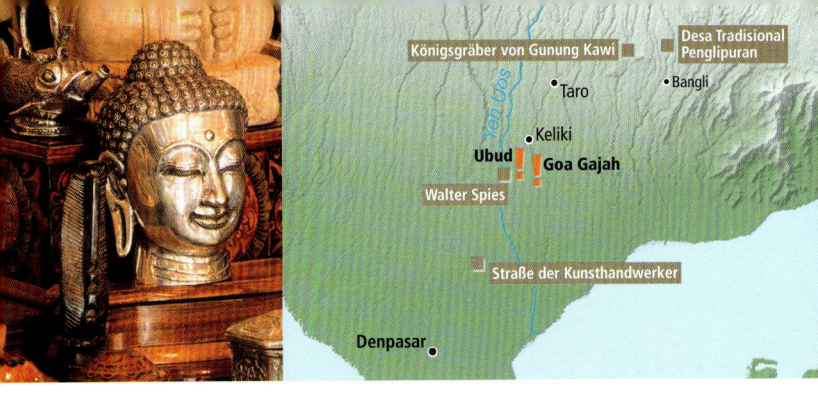

Kultur & Sehenswertes

Balinesische Tänze: In Ubud werden abends Tänze und Tanzdramen aufgeführt. S. 188

Die Kunstmuseen von Ubud: Wer ein Faible für balinesische Malerei hat, darf einen Besuch vom Museum Puri Lukisan, Museum Neka und Agung Rai Museum of Art nicht versäumen. S. 168, 173, 175

Aktiv & Kreativ

Kreativ in Ubud: Wer Zeit hat, kann in Ubud neben Koch- auch Mal-, Holzschnitz-, Batik- oder Silberschmiedekurse belegen. S. 186

Casa Luna Cooking School: Ubud ist einer der besten Orte auf Bali, um einen Kochkurs zu besuchen. Hier gehen die Teilnehmer mit der Lehrerin auf den Markt und kaufen frisch ein. S. 186

Wandern: Ein ›wanderbares‹ Stück Bali – ländliches Leben um Ubud. S. 189

Genießen & Atmosphäre

Pondok Pekak Library: Auf der luftigen Veranda im Haus der Bücher kann man bei Kaffee und Ökokuchen gleich die ersten Seiten des ausgeliehenen oder gekauften Buches lesen. S. 185

Ubud Sari Health Resort: In der Wohlfühloase kann man sich von Kopf bis Fuß verwöhnen lassen. S. 188

Abends & Nachts

Indus: Das Terrassenrestaurant mit innovativer Crossover-Küche und herrlichem Blick in die Schlucht des Yeh-Uos-Flusses ist der ideale Ort für ein romantisches Dinner zu zweit. S. 184

Laughing Buddha Bar: In dem alteingesessenen Musikklub in Ubud treten allabendlich ab 19.30 Uhr einige der Top-Blues- und Top-Jazz-Musiker von Bali auf. S. 187

Balis Zentrum für Kunst und Kunsthandwerk

Wer sich von Denpasar nach Ubud auf den Weg macht, der folgt nahezu unweigerlich der Straße der Kunsthandwerker (s. auch S. 164), die über Batubulan, Celuk, Sukawati, Batuan und Mas bis nach Ubud führt.

Als Zentrum des balinesischen Kunst- und Kulturlebens sind das Städtchen Ubud und sein Umland Ziel all jener Touristen, die der Kunst und Kultur wegen nach Bali kommen. Dort findet man Ateliers von Malern, Werkstätten von Holzschnitzern und Galerien von Batikkünstlern sowie bedeutende Tempel. Abends klingt das schnelle, monotone Klöppeln der Hämmer und der Hall der Gongs von *gamelan*-Orchestern in der Luft – ein unüberhörbares Zeichen dafür, dass auf einer der Bühnen ein balinesischer Tanz aufgeführt wird. Mögen sie auch für ein Touristenpublikum inszeniert sein, so sind die Tanzshows hier doch hinsichtlich Ausdruckskraft, Dramatik und Virtuosität von hoher künstlerischer Qualität. Regelmäßig finden in Ubud und den umliegenden Dörfern auch farbenprächtige Tempelfeste und andere religiöse Zeremonien statt. Ubud ist also wie geschaffen, um einen Einblick in die reiche Kultur der Balinesen zu gewinnen. Abgesehen davon liegt es inmitten einer hinreißend schönen, von einem engmaschigen Netz von Pfaden durchzogenen Reisfeldlandschaft, die zu Spaziergängen und Wanderungen einlädt.

An der Straße nach Bangli erwarten den Reisenden Tempel für den Riesen Kebo Iwo, die Todesgöttin Durga sowie

Infobox

Anreise und Weiterkommen

Bemo nach Batubulan fahren ab Terminal Kereneng in Denpasar. Auf der Hauptstraße zwischen Batubulan und Ubud verkehren von frühmorgens bis spätabends ständig Minibusse und *bemo,* die man stoppen kann.

Bemo und Minibusse nach Ubud fahren ab Terminal Batubulan 8 km nordöstlich von Denpasar. Zwischen Kuta/Legian/Seminyak und Ubud, Sanur und Ubud, dem Ngurah Rai International Airport und Ubud, Candi Dasa/Padang Bai und Ubud sowie Lovina Beach und Ubud verkehren Shuttlebusse, z. B. von Perama Tours & Travel, Tel. 0361 75 08 08. Die Ausflugsziele ab Ubud mit öffentlichen Verkehrsmitteln zu erreichen ist zeitaufwendig. Besser mietet man in Ubud ein Fahrzeug.

In Ost-West-Richtung gibt es auf Bali wegen der tief eingeschnittenen Flusstäler nur wenige Querverbindungen. Will man von Ubud mit öffentlichen Verkehrsmitteln nach Osten oder Nordosten reisen, muss man zunächst zum südlich an der Hauptstraße Denpasar–Klungkung gelegenen Verkehrsknotenpunkt Sakah zurückfahren. Dort steigt man um in ein *bemo* nach Gianyar. Von dort geht es mit einem weiteren *bemo* direkt nach Bangli.

ein Unterwelts- und ein Staatstempel. Dazu kommen kunsthandwerkliche Manufakturen, Paläste und mit Penglipuran ein balinesisches Musterdorf.

Batubulan ▸ H 6

In diesem lang gezogenen Straßendorf hämmern Bataillone von Steinmetzen wie im Akkord. Da auf Bali von alters her die moralische Verpflichtung zur permanenten Instandhaltung der sakralen Bauwerke besteht, haben die hiesigen, auf die Herstellung von Götter- und Dämonenstatuen spezialisierten Künstler alle Hände voll zu tun, um die Nachfrage nach steinernem Zierrat für Schreine und Tempel zu befriedigen (s. S. 164).

KOKAR-Akademie (Konservatori Kerawitan)

Jl. Dewi Sartika, Tel. 0361 29 87 19, Mo–Fr 8–16 Uhr, Spende erbeten
In Balis führendem Konservatorium für darstellende Künste können interessierte Besucher während der Woche Studenten bei den Proben zuschauen und sich ein Bild davon machen, wie intensiv und anstrengend deren Training ist. Die meisten balinesischen Tänze folgen nämlich einer strengen Choreografie, die das Gebärdenspiel der Hände und Finger sowie den Ausdruck der Augen exakt vorschreibt.

Taman Burung – Bali Bird Park

Jl. Serma Cok Ngurah Gambir, Singapadu, Tel. 0361 29 93 52, www.bali-bird-park.com, tgl. 9–17.30 Uhr, 430 000 Rp., Kinder 215 000 Rp. (inkl. Besuch im Rimba Reptil – Bali Reptile Park)
Am nördlichen Ortsrand von Batubulan kann man die Vogelwelt Asiens und Australiens betrachten. Der weitläufige Vogelpark präsentiert in zahlreichen Käfigen sowie einer großen Flugvoliere über 1000 Vögel, darunter auch wahre Exoten wie den Paradiesvogel und den Nashornvogel.

Wer für die beschwerliche Reise zur ›Dracheninsel‹ Komodo keine Zeit hat, findet im benachbarten Reptilienzoo **Rimba Reptil** neben Königskobras, Pythons und anderen Schlangen einige Komodo-Warane.

Celuk und Sukawati

Das lang gezogene Straßendorf **Celuk** (▸ H 6) hat sich als Zentrum der balinesischen Gold- und Silberschmiedekunst einen Namen gemacht (s. S. 165). Weiter östlich liegt **Sukawati**, das Dorf der Puppenspieler (▸ H 6; s. S. 165).

Kebun Binatang Bali – Bali Zoo

Jl. Raya Singapadu, Sukawati, Tel. 0361 29 43 57, www.bali-zoo.com, tgl. 9–18, Mi–Sa bis 21.30 Uhr, 380 000 Rp., Kinder 245 000 Rp.
In dem weitläufigen zoologischen Garten von Sukawati, der sich über ein dicht bewaldetes Areal erstreckt, sieht man Tiere aus allen Erdteilen, v. a. aber Vertreter der Fauna Südostasiens, darunter Sumatra-Tiger, Asiatische Elefanten, Sambar-Hirsche und Gaur-Wildrinder. Ein Besuchermagnet ist der tropische Miniatur-Regenwald, durch den sich Orang-Utans schwingen. Mittwoch bis Samstag ermöglichen es die Öffnungszeiten bis in die Abendstunden, auch nachtaktive Tiere zu beobachten.

Batuan und Mas

Während die Künstler von **Batuan** (▸ H 6) für ihren Malstil bekannt sind (s. S. 165), dominiert in **Mas** (▸ H 5) die Holzschnitzkunst (s. S. 166). Über mehrere Kilometer ziehen ▷ S. 167

Auf Entdeckungstour:
Die Straße der Kunsthandwerker

In den fruchtbaren Ebenen zwischen Denpasar und den Bergen reihen sich einige der bekanntesten Kunsthandwerker- und Künstlerdörfer Balis. Die viel befahrene Straße zwischen Denpasar und Ubud präsentiert sich als einzigartige, 26 km lange Galerie.

Reisekarte: ▶ H 6–H 5

Planung: gut mit öffentlichen Verkehrsmitteln machbar (s. S. 162) oder – flexibler – mit einem Mietwagen

Jeder Balinese, so scheint es, besitzt ein kreatives Talent, denn überall auf der Insel wird gemalt, geschnitzt, gehämmert, geschmiedet, gewebt, getanzt und musiziert. Ursprünglich dienten die künstlerischen Aktivitäten rein religiösen Zwecken. Erst in den 1930er-Jahren entwickelten sich unter europäischem Einfluss kommerzielle Tendenzen. Typisch für die balinesischen Handwerkskünste ist aber bis heute, dass sie in geselliger Gruppenarbeit ausgeübt werden.

Im Dorf der Steinmetze
Furchterregende Dämonenfiguren, mystische Tiergestalten und erhabene Götterstatuen stehen in **Batubulan** (▶ H 6; s. S. 163; Steinmond) Spalier, dem ersten Dorf auf dem Weg nach Ubud an

der Straße der Kunsthandwerker. Batubulan hat sich als Zentrum der balinesischen Steinmetzkunst einen Namen gemacht. Die Skulpteure verwenden hauptsächlich den Paras, einen weichen, vulkanischen Tuffstein.

In der Vielzahl bauplastischer Verzierungen am **Pura Puseh,** dem Ursprungstempel 300 m östlich der Hauptstraße an der nördlichen Peripherie von Batubulan, kommt die Kunstfertigkeit der lokalen Steinschnitzer deutlich zum Ausdruck. Ein fast lückenloser Mantel aus Schmuckornamenten bedeckt das massive Tempeltor. An diesem *kori agung* stehen sich Gottheiten aus dem hinduistischen Pantheon und zwei in Nischen sitzende, meditierende Buddhas gegenüber – ein Stein gewordenes Symbol für die Verschmelzung religiöser und kultureller Einflüsse.

Heute ordern selbst Touristen zentnerschwere Steinskulpturen, um ihre Vorgärten damit zu schmücken. Allerdings übersteigt der Preis der Seefracht den Kaufpreis meist um ein Mehrfaches. Es lohnt sich ein Blick in das Geschäft **Gopala Art Shop** (Banjar Tegal Tamu, Tel. 0361 29 92 48, tgl. 8–18 Uhr), das Steinskulpturen aller Art und Größe anbietet.

Im Mekka der Gold- und Silberschmiede

In **Celuk** (▶ H 6; s. S. 163) weist an fast jeder Hausfassade ein Schild mit der Aufschrift *mas & perak* (Gold und Silber) auf die Verkaufsausstellung eines Gold- und Silberschmieds hin. Aus Hinterhöfen dringt rhythmisches Klopfen und das zischende Geräusch von Lötkolben. Mit oft einfachsten Handwerksmitteln fertigen in Werkstätten, die Besuchern offenstehen, Schmiede in traditioneller Technik Filigranarbeiten. Ihre Vorfahren hämmerten und ziselierten nur für

die Fürstenhöfe, heute arbeitet man meist für ausländische Kunden. Besucher sind in der **Werkstatt von Hari Ini Silver** an der Hauptstraße willkommen (Tel. 0361 97 65 39, tgl. 8–18 Uhr). Etwas günstigere Preise bieten die Juweliere abseits der Hauptstraße.

Im Dorf der Puppenspieler und Schirmmacher

Im 3 km östlich gelegenen **Sukawati** (▶ H 6; s. S. 163) kann man die flachen Lederfiguren des *wayang kulit*, des indonesischen Schattenspiels (s. S. 95), kaufen. Die hiesigen Puppenspieler (*dalang*), die zu den angesehensten ihrer Zunft auf Bali gehören, fertigen ihre filigranen Schattenspielfiguren selbst aus gegerbtem Büffelleder an, verkaufen aber nur Puppen zweiter Wahl. Einen sehr guten Ruf haben auch die in Sukawati beheimateten Schirmmacher, die Hoheitsschirme und andere für Tempelzeremonien und religiöse Prozessionen wichtige Requisiten herstellen. Gute Einkaufsmöglichkeiten für kunstgewerbliche Produkte aller Art bietet der **Pasar Seni** (Kunstmarkt, tgl. 7–19 Uhr), ein modernes, zweistöckiges Gebäude gegenüber dem Obst- und Gemüsemarkt in der Ortsmitte von Sukawati.

Im Dorf der Maler und Tänzer

Das Nachbardorf **Batuan** (▶ H 6; s. S. 163) ist ein Zentrum der Malerei, in dem seit Jahrzehnten ein unverwechselbarer Stil gepflegt wird. In den 1930er-Jahren gaben die hiesigen Künstler der Entwicklung der balinesischen Malerei kräftige Impulse. Unter der Anleitung des Deutschen Walter Spies war die örtliche Künstlervereinigung die erste Malerschule von Bali, an der Gemälde mit weltlichen Motiven entstanden. Auch die weit über die Dorfgrenzen hinaus bekannten Baris-Tänzer und Legong-Tänzerinnen

Batuans haben viel zum guten Ruf des Ortes beigetragen.

Im Dorf der Holzschnitzer

In **Mas** (▶ H 5; s. S. 163) werkeln Holzschnitzer wie am Fließband und zaubern aus groben Holzklötzen hinduistische Götter und edle Helden, lachende Frösche und großäugige Affen, bunte Blumen und imitierte Früchte. Zwar werden diese Motive in fast industriellen Stückzahlen gefertigt, doch findet man mit Glück und Geduld unter den Holzschnitzarbeiten noch echte kleine Kunstwerke. Früher arbeiteten die Holzschnitzer von Mas nur im Auftrag von Priestern und Herrschern. So manches stattliche Anwesen beweist denn auch, dass sich Balis Charme mit einem Sinn fürs Profitable verbindet. Erlesene Skulpturen gibt es in der **Njana Tilem Gallery** an der Hauptstraße (Tel. 0361 97 50 99, tgl. 9–18 Uhr). Meisterstücke bewundert man ebenfalls in der an der Hauptstraße gelegenen **Siadja Gallery** (Tel. 0361 97 52 10, www.siadjagallery. com, tgl. 8–18 Uhr). Gern lassen sich die Holzschnitzer über die Schulter gucken.

In einer sehr alten Tradition wurzelt in Mas die Maskenschnitzerei, auf die sich einige Familien spezialisiert haben. Als eine der besten Adressen für Holzmasken gilt die **Galerie von Ida Bagus Ambara** an der Hauptstraße (Tel. 0361 97 57 92, tgl. 9–17 Uhr).

Malerei und Tanz

Nördlich von Mas häufen sich die Gemäldegalerien – man nähert sich Ubud. In **Pengosekan** (▶ H 5) befinden sich nahe der Hauptstraße die Ausstellungs- und Arbeitsräume der **Community of Young Artists.** Die 1969 von Dewa Nyoman Batuan gegründete Künstlergruppe knüpft an die Tradition der berühmten Pita Maha an (s. S. 176). Ziel der Einrichtung ist es, Kinder und Jugendliche aus armen Familien zu fördern, sie zu kreativer Arbeit anzuleiten und durch den Verkauf ihrer Werke ihren Lebensunterhalt zu sichern (Jl. Raya Pengosekan, Tel. 0361 97 52 21, tgl. 9–17 Uhr).

Auch in **Peliatan** (▶ H 5) steht die Malkunst in hoher Blüte. Zudem messen die Mitglieder der hiesigen Fürstenfamilie, seit jeher großzügige Mäzene der schönen Künste, bis heute der Pflege des klassischen balinesischen Tanzes große Bedeutung bei. Meist dürfen Besucher bei den sporadisch an Sonntagvormittagen im Puri Agung, dem Fürstenpalast, stattfindenden Proben zuschauen und sich ein Bild von den sehr lebendigen Traditionen von Tanz, Musik und Theater auf Bali machen (s. S. 189).

Mein Tipp

Tanz an der Straße der Kunsthandwerker

Morgens stauen sich in **Batubulan** Ausflugsbusse, Taxis und Mietwagen. Grund dafür ist das Barong-Tanzspiel (tgl. 9–10.30 Uhr, 100 000 Rp.), das auf einer der vier Bühnen des Ortes inszeniert wird. Zwar ist dieses Tanzdrama, mit dem die Balinesen in seiner authentischen Form die Dualität allen Seins, das Gleichgewicht zwischen Gut und Böse, beschwören, hier unverkennbar auf den Geschmack des Publikums zugeschnitten, doch ist es dennoch ein Beispiel exzellenter Tanzkunst. Am frühen Abend dann das gleiche Bild, nur wird dieses Mal auf einer Bühne etwas abseits der Hauptstraße der Kecak-Tanz (tgl. 18.30–20 Uhr, 100 000 Rp.) aufgeführt.

Zum Renommee von **Batuan** haben neben den Malern auch die Tänzer und Tänzerinnen beigetragen, die sich auf Baris und Legong spezialisiert haben. Hier erlebte der beinahe in Vergessenheit geratene Gambuh, der als Mutter aller balinesischen Tänze gilt, eine Renaissance. Öffentliche Aufführungen finden abends ab 19 Uhr an jedem ersten und fünfzehnten Tag im Monat statt. Tickets kosten 85 000 Rp.

sich museumsartige Galerien und Studios, Ateliers und Manufakturen an der Straße hin.

Im Dorfheiligtum von Mas, dem **Pura Taman Pule** (Tempel mit Wunderschönem Garten), das mit reichem Skulpturenschmuck versehen ist, verehrt man den javanischen Hindupriester Sanghyang Nirartha, den Urvater der balinesischen Brahmanen. Der balinesischen Überlieferung zufolge hatte der Priester Anfang des 16. Jh. in der Gegend des heutigen Mas eine neue Heimat gefunden und von dort begonnen, den Hinduismus auf Bali zu verbreiten.

Ubud! ▶ H 5

Im Ort, der bis Mitte der 1970er-Jahre gemütlich vor sich hindämmerte, hat sich im Laufe der letzten Jahrzehnte eine spürbare Veränderung vollzogen. Seit einigen Jahren erscheint Ubud (gut 10 000 Einw.) mit zahlreichen Galerien, Boutiquen und Souvenirläden wie ein riesiger Supermarkt für Kunst und Kunsthandwerk. Das Idyll der 1930er-Jahre, als sich europäische und amerikanische Künstler und Bonvivants hier niederließen, ist dahin. Vor allem bei einem Bummel durch die Monkey Forest Road (Jl. Wanara Wana) oder entlang der Hauptstraße, den beiden touristischen Ballungsgebieten des Ortes, reihen sich Hotels und Pensionen, Restaurants und Bars, Geschäfte und Boutiquen aneinander. Nicht nur in der Hauptsaison staut sich der Verkehr in den engen Straßen. Doch trotz Tourismusboom und aller Konzessionen an den Zeitgeist hat Ubud sich viel von seiner Ursprünglichkeit bewahrt.

An der Jalan Raya Ubud

Ubuds wichtigste Sehenswürdigkeiten liegen zentral an der Durchgangsstraße, der Jalan Raya Ubud.

Puri Saren und Pura Pamerajan Sari Cokorda Agung

Im **Puri Saren** **1** (Jl. Rayah Ubud, tgl. 9–17 Uhr, Eintritt frei) werden täglich nach Einbruch der Dunkelheit balinesische Tänze und Tanzdramen aufgeführt. Samstagnachmittags üben sich in einem Pavillon im östlichen Trakt junge Mädchen im Legong-Tanz. Die Residenz der hiesigen Fürstenfamilie versteckt sich gegenüber dem Marktgebäude mit Kunstgewerbe- und Souvenirläden hinter einer Ziegelsteinmauer in einem kleinen Park. In den Schreinen des Sippentempels der Adelsdynastie, des **Pura Pamerajan Sari Cokorda Agung** **2**, werden heilige Erbstücke der königlichen Familie aufbewahrt.

Galerie I Gusti Nyoman Lempad **3**

Jl. Raya Ubud, tgl. 9–17 Uhr, Eintritt frei

An der Hauptstraße Ubuds liegt die Galerie von I Gusti Nyoman Lempad, des vielleicht bedeutendsten Steinmetzen, Holzschnitzers und Malers der Künstlervereinigung Pita Maha (s. S. 176).

Pura Taman Kemude Saraswati **4**

Einige Schritte westlich des Puri Saren bedeckt ein dichter Teppich von Lotosblüten einen Teich. Der **Pura Taman Kemude Saraswati** dahinter ist der Göttin der Weisheit, der Wissenschaft und der Kunst, vor allem der Literatur, geweiht. Am Saraswati-Tag treffen sich hier Schüler und Studenten, um Dewi Saraswati ihre Reverenz zu erweisen. Den Lotosthron im Tempel gestaltete I Gusti Nyoman Lempad.

Nächtigen in fürstlichem Ambiente kann man im **Puri Saraswati** **3**, einem an den Saraswati-Tempel angrenzenden Palast, der heute ein kleines Hotel beherbergt.

Die geschnitzten Tore und anderer Zierrat des ehemaligen Adelspalastes sind ebenfalls Zeugnisse der Holz-

schnitz- und Steinmetzkunst des Multitalents I Gusti Nyoman Lempad.

Museum Puri Lukisan **5**

Jl. Raya Ubud, Tel. 0361 97 11 59, www.museumpurilukisan.com, tgl. 9–17 Uhr, 85 000 Rp., Kinder unter 12 Jahren frei

Ubuds Ruf als Kulturhauptstadt wird durch den in einem Tropengarten gelegenen **Palast der Gemälde** gefestigt. Das 1956 auf Betreiben des niederländischen Malers Rudolf Bonnet (1895– 1978) eröffnete Museum zeigt die Entwicklung vom klassischen zweidimensionalen Wayang-Stil zur

Kleiner Junge auf einem Tempelfest in Ubud

modernen Malerei mit realistischen Menschendarstellungen. Das Kunstmuseum besteht aus drei Pavillons im traditionellen Baustil der Insel. Einen lotosbewachsenen Teich auf einer Holzbrücke überquerend, gelangt man zum ersten Gebäude, in dem Gemälde aus der Zeit vor dem Zweiten Weltkrieg präsentiert werden. Dokumentiert wird der Wandel in der balinesischen Malerei, der sich Anfang der 1930er-Jahre unter dem Einfluss europäischer Künstler vollzog. Eine Sektion ist der von Bonnet mitgegründeten Künstlervereinigung Pita Maha (›Großes Bestreben‹) gewidmet. Reich-

lich vertreten sind auch Arbeiten, vor allem Tuschezeichnungen und Skulpturen, von I Gusti Nyoman Lempad (s. S. 168).

In den Ausstellungsräumen des zweiten Gebäudes in der linken unteren Ecke des Museumskomplexes wird zeitgenössische balinesische Malerei gezeigt. Ausgestellt sind vor allem Werke von Mitgliedern der Yayasan Ratna Warta, die 1952 als Nachfolgeorganisation der Pita Maha ins Leben gerufen wurde. Im dritten Gebäude rechter Hand des Lotosteiches würdigt eine Galerie das Lebenswerk von Rudolf Bonnet.

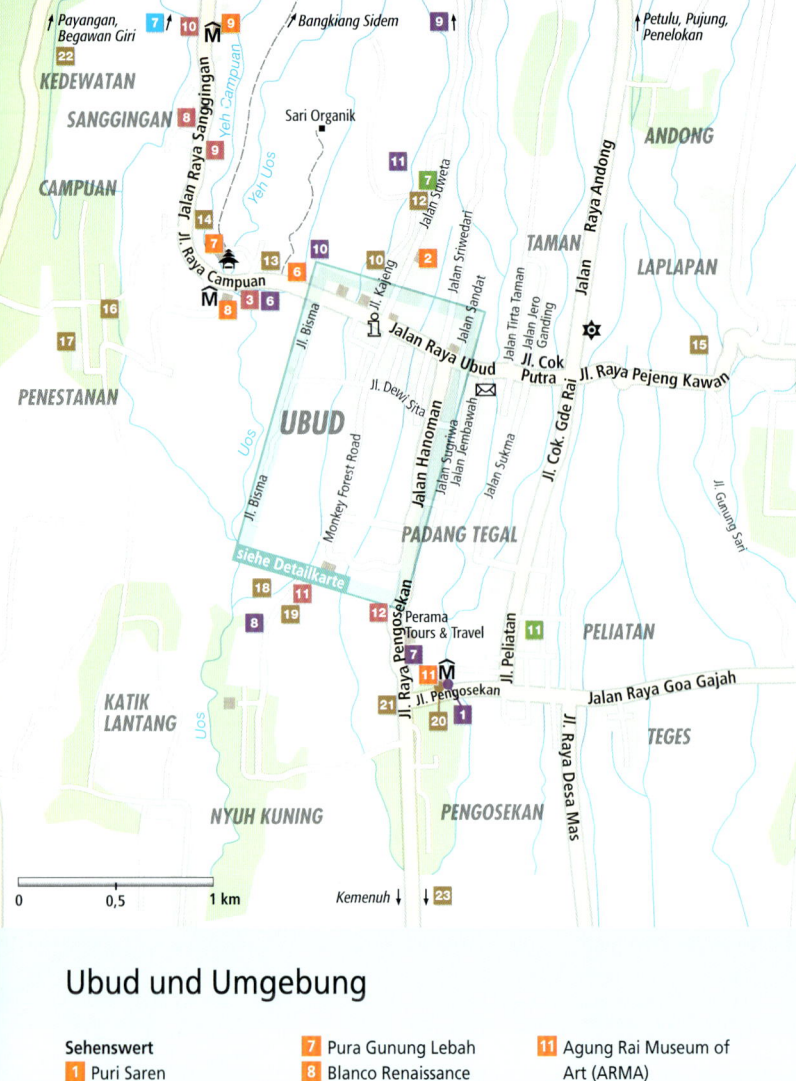

Ubud und Umgebung

Sehenswert

1 Puri Saren
2 Pura Pamerajan Sari Cokorda Agung
3 Galerie I Gusti Nyoman Lempad
4 Pura Taman Kemude Saraswati
5 Museum Puri Lukisan
6 Pura Dalem
7 Pura Gunung Lebah
8 Blanco Renaissance Museum
9 Museum Neka
10 Monkey Forest (Mandala Wisata Wanara Wana/ Affenwald und Pura Dalem Agung Padang Tegal)
11 Agung Rai Museum of Art (ARMA)
12 Goa Gajah
13 Yeh Pulu
14 Pura Samuan Tiga
15 Museum Purbakala Gedung Arca
16 Pura Kebo Edan
17 Pura Pusering Jagat
18 Pura Penataran Sasih

Jalan Raya Ubud

UBUD

DAPDAPAN

PEJENG

BEDULU

BATULUMPANG

Tampaksiring, Gunung
Kawi, Pura Tirta Empul,
Pura Gunung Kawi

Jalan Raya Dr. Ir. Sukarno

Jl. Bisma

Jl. Bisma

Jl. Kajeng

Jl. Suweta

Jalan Gautama

Jalan Siwedari

Jalan Gang Arjuna

Jl. Raya Ubud

Jl. Karna

Jl. Dewi Sita

Monkey Forest Road

Jalan Hanoman

Petanu

Petanu

N

0   150   300 m

Übernachten

1 Komaneka Resort
2 Lumbung Sari Cottages
3 Puri Saraswati Bungalows
4 Honeymoon Guest House
5 Artini 2 Cottages
6 Oka Wati Hotel
7 Nick's Pension
8 Hibiscus Cottages
9 Pande Permai Hotel

10 Siti Bungalows
11 Sania's House
12 Rumah Roda Homestay
13 Ibah
14 Hotel Tjampuhan
15 Maya Ubud Resort & Spa
16 Melati Cottages
17 Sari Bamboo
   Bungalows
18 Alam Indah

19 Garden View Cottages
20 ARMA Resort
21 Guci Guest House
22 Como Shambhala Estate
   at Begawan Giri
23 Sua Bali

Fortsetzung s. S. 172

Ubud und Umgebung

Fortsetzung von S. 170

Essen & Trinken
1 Casa Luna
2 The Three Monkeys
3 Murnis Warung
4 Nomad
5 Café Wayan
6 Veggie Table
7 Ibu Oka
8 Mozaic
9 Indus
10 Naughty Nuri's Warung
11 Laka Léke
12 Pundi-pundi

Einkaufen
1 Purpa Gallery

2 Kertas Lingsir
3 Wardani Boutique
4 Karna Art Market
5 Nikini Art
6 Studio Perak
7 Threads of Life
8 Karma Koma
9 Kismet
10 Pondok Pekak Library
11 Rudana Fine Art Gallery

Aktiv
1 Agung Rai Museum of Art (ARMA)
2 Nirvana
3 Casa Luna Cooking School
4 Ubud Body Works Centre

5 Keep Walking Tours
6 Bali Bird Walks
7 Bali Budaya Tours
8 Bike-Baik Tours
9 Elephant Safari Park
10 Ubud Yoga House
11 Ubud Sari Health Resort

Abends & Nachts
1 Ary's Warung
2 Bamboo Bar
3 De'Warung
4 Kafe Batan Waru
5 Laughing Buddha Bar
6 L.O.L. Bar
7 Fly Café

Pura Dalem und Pura Gunung Lebah

Den Treppenaufgang des Unterweltstempels von Ubud, des **Pura Dalem** **6** , flankieren furchterregende Dämonen- und Hexenfiguren. Aufgabe dieser Tempelwächter ist es, mit ihren magischen Kräften übelwollende Wesen aus der unteren Weltensphäre – ebenso wie nicht der Tempeletikette entsprechend gekleidete Fremde – fernzuhalten.

Kurz vor der Brücke nach Campuan, die eine vom Uos-Fluss gebildete Schlucht überspannt, führt rechts eine Treppe hinunter zum Tempel **Pura Gunung Lebah** **7** , einem der ältesten Tempel Balis, dessen Entstehung ins 8. Jh. zurückgeht. Hier werden die Reisgöttin Dewi Sri und die Götter vom Batur-See verehrt, denn der Uos wird vermutlich von diesem See gespeist.

Blanco Renaissance Museum **8**

Jl. Raya Campuan, Tel. 0361 97 55 02, www.blancomuseum.com, tgl. 9–17 Uhr, 80 000 Rp., Studenten 50 000 Rp. Jenseits der Brücke thront hoch über dem Uos das Blanco Renaissance Museum, die wie ein surrealistischer Tempel wirkende Kunstgalerie des 1999 verstorbenen Malers Antonio Blanco, eines exzentrischen Amerikaners spanisch-philippinischer Herkunft. Kritiker rügten den ›Dalí von Bali‹, weil er sich in seinem Anwesen einen zwölfstufigen *meru* errichten ließ, einen ›Tempelturm‹ mit noch einem Dach mehr, als dem Hindugott Shiva zusteht.

Penestanan

Bei Blancos privatem Kunstmuseum zweigt eine Straße zum Künstlerdorf **Penestanan** ab, wo in den 1950er-Jahren der holländische Maler Arie Smit die Schule der Jungen Künstler gründete. Die Söhne und Enkel der *young artists* stehen ihren Vätern und Großvätern in puncto Kreativität in nichts nach. Besucher sind hier in den Ateliers und Galerien gern gesehen. In das Künstlerdorf gelangt man auch über einen steilen Stufenpfad, der einige Hundert Meter nördlich des Hotel Tjampuhan (s. u.) links abbiegt.

Campuan und Sanggingan

Ein Spaziergang auf der Hauptstraße nach Westen führt nach Campuan, heute quasi ein Ortsteil von Ubud.

Hotel Tjampuhan 14

Jl. Raya Campuan, Campuan
Im altehrwürdigen Hotel wohnte einst der deutsche Maler Walter Spies, der in den 1930er-Jahren einen wesentlichen Beitrag zur Renaissance der bildenden Kunst auf Bali leistete (s. S. 174, 181).

Museum Neka 9

Jl. Raya Sanggingan, Sanggingan, Tel. 0361 97 50 74, www.museum neka.com, tgl. 9–17 Uhr, 75 000 Rp., Kinder unter 12 Jahren frei
1,5 km nördlich von Campuan liegt das reich bestückte Museum Neka. Dieser 1982 eröffnete Komplex, der sich nach thematischen Schwerpunkten in mehrere Pavillons aufgliedert, ist der zeitgenössischen balinesischen Malerei gewidmet. Ausgestellt sind auch Werke anderer indonesischer Maler wie die des Javaners Affandi und Bilder europäischer Künstler, die auf Bali lebten.

Südliches Ubud

Zwischen Ubud und den umliegenden Dörfern breitet sich eine Landschaft aus, wie man sie aus Bali-Bildbänden kennt: In endloser Wiederholung reihen sich Reisfelder und -terrassen aneinander. In der Umgebung Ubuds, vor allem im schmalen Landstrich zwischen den Flüssen Petanu und Pakerisan, findet man auch die bedeutendsten Kulturdenkmäler der Insel. Die von einem engmaschigen Wege- und Straßennetz durchzogene Landschaft bietet sich für Wanderungen und Radtouren an.

Monkey Forest 10

Monkey Forest Rd. (Jl. Wanara Wana), Tel. 0361 97 13 04, www.monkey forestubud.com, tgl. 8.30–17.30 Uhr, 40 000 Rp., Kinder (3–12 Jahre) 30 000 Rp.
Die Monkey Forest Road führt gen Süden zum **Affenwald** (Mandala Wisata Wanara Wana) von Ubud. Der wie ein verwunschener Märchenwald wirkende Hain gilt Balinesen als heilig. Deshalb blieb hier ein alter Bestand aus Banyan-Bäumen unangetastet. Zwischen den Luftwurzeln der Riesen toben die Nachkommen des mythischen Affengenerals Hanuman, freche Makaken, vor denen sich Besucher in Acht nehmen sollten. Hinter dem Eingang führt rechter Hand ein Stufenpfad zu einer Schlucht, wo sich im Tropengrün der kleine Tempel **Pura Beji** versteckt. Ganz in der Nähe befinden sich ein zweiteiliger **Badeplatz** mit moosbewachsenen Wasserspeiern und ein **Quellheiligtum,** das für Fremde nicht zugänglich ist.

Am Rand des Monkey Forest steht der **Pura Dalem Agung Padang Tegal.** An den Mauern und Toren des unheimlich wirkenden Tempels der Todesgöttin Durga dominieren als Hauptmotiv Dämonenstatuen. Das in den zweiten Hof führende, oben geschlossene *kori agung* wird von Rangda-Figuren mit gewaltigen Hängebrüsten und weit heraushängenden Zungen bewacht. Die Riesenschildkröte Bedawang bildet die Basis des nur bei festlichen Anlässen geöffneten Tempeltors.

Agung Rai Museum of Art (ARMA) 11

Jl. Raya Pengosekan, Tel. 0361 97 66 59, www.armabali.com, tgl. 9–18 Uhr, 80 000 Rp.
In den Ausstellungsräumen des **ARMA** im Malerdorf Pengosekan präsentiert Anak Agung Rai, einer der ▷ S. 177

Auf Entdeckungstour:
Auf den Spuren von Walter Spies

Haben Sie jemals von Walter Spies gehört? Vermutlich nicht, denn sein Name ist in Deutschland nur wenigen bekannt. Anders auf Bali, wo der junge Deutsche in den 1930er-Jahren als künstlerisches Multitalent wirkte.

Reisekarte: ▶ H 5 (Ubud), K 4 (Iseh)

Ausgangspunkt: Ubud

Planung: Für die Tour ist ein eigenes Fahrzeug von großem Vorteil. Öffnungszeiten des Agung Rai Museum of Art (tgl. 9–18 Uhr, s. auch S. 173).

Dauer: 1 Tag

Auf Bali ist Walter Spies noch heute wegen seiner Rolle bei der Förderung balinesischer Kunst hoch geachtet. Als künstlerisches Multitalent gab er in den 1930er-Jahren vor allem der in einem strengen, formalen Gestaltungsschema erstarrten balinesischen Malerei entscheidende Impulse. Spies fühlte sich Bali, seinen Bewohnern und seiner Kunst so innig verbunden, dass er die Insel zu seiner zweiten Heimat erkor.

Campuan – die Wahlheimat des ›Nobel-Aussteigers‹
Im Westen geht Ubud nahtlos in das Dorf Campuan über. Dort, wo heute das **Hotel Tjampuhan** hoch über

der schwindelerregenden Schlucht des Uos-Flusses thront, lebte in den 1930er-Jahren der deutsche Maler Walter Spies. Ein freundlicher Hotelmitarbeiter führt interessierte Besucher gern in den üppigen Garten, wo sich heute um das kleine Haus des Künstlers komfortable Gästebungalows gruppieren.

Auf Einladung des Fürsten von Ubud kam Walter Spies 1927 nach einem kurzen Intermezzo als Hofmusiker des Sultans von Yogyakarta in Zentraljava nach Ubud. Als Homosexueller gehörte der 1895 als Sohn eines wohlhabenden deutschen Kaufmanns und Honorarkonsuls in Moskau geborene Walter Spies zu jenen jungen Männern, die nach einem Paradies weit weg von Europas strengem Sittenzwang suchten. Der damals Aufsehen erregende Bali-Fotoband von Gregor Krause erweckte in ihm eine Sehnsucht nach der körperlichen Schönheit der »braunen Menschen«, und so überraschte es auch niemanden, dass Spies die Reise nach Indonesien antrat. In der Ruhe und Idylle des damals ländlichen Ubud beschäftigte er sich eingehend mit der hinduistischen Kultur und tropischen Natur der Insel.

Treffpunkt illustrer Gäste aus aller Welt

Außer historischen Fotografien erinnert heute im Hotel Tjampuhan wenig an Walter Spies. Die Bilder zeigen ihn mit einigen seiner Gäste, die er in seinem Domizil empfing, darunter Charlie Chaplin, die Romanautorin Vicki Baum und die Anthropologin Margaret Mead. Ihnen stellte sich der blendend aussehende, aristokratisch wirkende Intellektuelle, der sich Jahr für Jahr mehr zum Kenner und Liebhaber Balis entwickelte, als Führer und Begleiter auf ihren Entdeckungsreisen

durch die Insel zur Verfügung – und beeinflusste damit auch deren Wahrnehmung dieser exotischen Welt. Durch die Macht seiner Persönlichkeit und dank seines fundierten Wissens über die Insel und ihre Kultur ging von ihm ein außerordentlicher Einfluss aus. Von Walter Spies' sachkundiger Beratung war auch der Regisseur Victor Baron von Plessen abhängig, für dessen Film »Die Insel der Dämonen« Spies Anfang der 1930er-Jahre zusammen mit balinesischen Tänzern eine expressionistisch anmutende Version des ›Affentanzes‹ Kecak kreierte (s. Abb. links) und damit seiner eigenen Vision von Bali Ausdruck verleihen konnte. Als eigentlicher Repräsentant Balis prägte Walter Spies in seinen 15 Jahren auf der Insel somit die Vorstellungen über Bali wie kein Zweiter – er wurde zum Schöpfer des Bali-Mythos.

Bildwelten

Im **Agung Rai Museum of Art (ARMA)** (s. S. 173) in Pengosekan südlich Ubud würdigt eine Galerie das Lebenswerk von Walter Spies. Viele Besucher verharren vor dem kleinen, 1930 entstandenen Gemälde »Calon Arang«, von dem eine geradezu magische Wirkung ausgeht: Vier balinesische Reisbauern kauern schreckensstarr am Boden, die Augen voller Entsetzen nach oben gerichtet. Dort erhebt sich drohend ein Ungeheuer mit meterlanger Zunge, baumelnden Brüsten, gewundenen Hauern, klauenartigen Fingernägeln, wild abstehenden Haaren und runden, starrenden Augen. Dies ist die furchtbare Hexe Calon Arang, die Bali mit Pestilenz und Zerstörung droht. Das Werk ist typisch für Walter Spies' Stil, mit dem er es meisterhaft verstand, die Magie Balis mit westlichem Auge einzufangen.

Auf Bali entwickelte Spies seine Version des magischen Realismus, seinen eigenen Stil, der durch Futurismus, Kubismus und die naive Darstellungsweise Henri Rousseaus ebenso beeinflusst war wie von der klassischen, zweidimensionalen Wayang-Malerei Balis. Andere Bilder wie etwa »Von der Höhe« zeigen, wie es Walter Spies meisterhaft gelang, Zwielicht, Spiegelreflexionen und Gegenlichtschatten zu nutzen, um Szenen aus verschiedenen Zeitphasen zu kombinieren.

Balinesische Malerei im Wandel

Nicht nur die eigene künstlerische Verwirklichung war für Walter Spies von Bedeutung, zusammen mit anderen europäischen Malern, u.a. dem Holländer Rudolf Bonnet, regte er einheimische Künstler an, mit neuen Stilelementen und Inhalten zu experimentieren. Es entwickelte sich der Batuan-Stil, in dem neben Götter, Dämonen und anderen Motiven aus der Hindu-Mythologie Alltagsszenen aus dem Leben der Dorfgemeinschaft traten. 1936 gründeten Spies und Bonnet mit Unterstützung des Aristokraten Cokorda Gede Agung Sukawati die Künstlervereinigung **Pita Maha**.

Walter Spies' künstlerisches Talent erschöpfte sich nicht in der Malerei, auch in anderen Kunstformen ist sein Einfluss prägend. So war er für die Choreografie des Films »Die Insel der Dämonen« verantwortlich. In einem Nebenraum der **Walter-Spies-Galerie des ARMA** sind schwarz-weiße Standfotos ausgestellt. Andere Bilder zeigen Spies zusammen mit dem Regisseur Victor Baron von Plessen.

Refugium in Iseh

Immer wenn ihm das Leben in Ubud, das sich allmählich zu einer lebhaften Künstlerkolonie entwickelte, zu turbulent wurde, zog sich Walter Spies in sein kleines Landhaus in **Iseh** im Osten Balis zurück (ca. 40 km östlich von Ubud). Auf der Veranda seines Refugiums in dem malerischen, in Reisterrassen eingebetteten Dorf an den Ausläufern des Agung-Vulkans schuf er einige seiner schönsten Landschaftsgemälde. Er nutzte die Einsamkeit aber auch, um dort inhaltsschwere Bilder zu malen, die hindu-balinesische Vorstellungen vom Kreislauf des Lebens, von Werden, Vergehen und Wiedergeburt, thematisieren.

Nach dem tragischen Tod von Walter Spies, der 1942 bei einem japanischen U-Boot-Angriff auf ein holländisches Schiff starb, das deutsche Kriegsgefangene nach Ceylon (Sri Lanka) bringen sollte, übernahm der Schweizer Maler Theo Meier vorübergehend das Domizil. Die Holz-Bambus-Villa steht heute noch und ist ein Geheimtipp für den mondänen Rückzug vom Massentourismus. Gutbetuchte können die vom Schweizer Marco Boldrini liebevoll renovierte Vier-Bett-Villa mit Koch und Personal für 900 US-$ am Tag mieten (Informationen unter www.walterspies.com).

bedeutendsten balinesischen Kunstsammler und Mäzene, seine Kollektion, die traditionelle und zeitgenössische balinesische Kunst sowie Werke europäischer und australischer Maler umfasst.

Zum ARMA-Komplex gehören eine Open-Air-Bühne (Kecak- & Legong-Aufführungen, s. S. 188), eine Kunstschule für Kinder und Jugendliche, ein Tagungszentrum für internationale Kolloquien und ein Resorthotel **20** .

Goa Gajah und Yeh Pulu

Elefantengrotte Goa Gajah ❗ **12**

Tgl. 8–18 Uhr, 15 000 Rp., Kinder 7500 Rp., Sarong und Tempelschal erforderlich

Östlich von Pengosekan kündigt ein riesiger Parkplatz eines der bedeutendsten Kulturdenkmäler aus der altbalinesischen Epoche an – die legendenumwobene **Elefantengrotte Goa Gajah.** Das 1923 entdeckte Heiligtum, das Wissenschaftler in das 11. Jh. datieren, hat vermutlich einst shivaistischen Eremiten als Mönchsklause gedient. Eine Dämonenfratze mit weit aufgerissenem Maul, das heute ganze Busladungen von Touristen verschluckt, bildet den Eingang zur T-förmigen, von Menschenhand geschaffenen Höhle.

Die Nischen in den Innenwänden waren wahrscheinlich einst Meditationsstätten für Mönche. Im linken

Wanderung von Nyuh Kuning zurück nach Ubud

Vom Affenwald führt ein Fußweg nach **Nyuh Kuning.** Von dem Holzschnitzerdorf bietet sich eine schöne Wanderung durch die Reisfeldlandschaft zum Malerdorf Penestanan und von dort über Campuan zurück nach Ubud an.

Teil der Querhöhle erkennt man im Dämmerlicht eine Statue von Ganesha, des elefantenköpfigen Sohnes Shivas, dem das Heiligtum vermutlich seinen Namen verdankt. Auf die shivaistische Ausrichtung des Höhlentempels deuten auch *linga* auf einem Steinaltar im rechten Quergang hin, steinerne Phallussymbole, die Shivas Zeugungskraft symbolisieren.

1954 legte man bei Ausgrabungen gegenüber der Höhle ein **Wasserheiligtum** frei, dessen drei Bassins von sechs Wasserspeiern in Form von Quellnymphen gespeist werden.

Folgt man wenige Meter südlich der Elefantengrotte einem steilen Pfad hinab ins **Tal des Petanu,** so findet man am jenseitigen Ufer des Flusses neben reliefverzierten Mauerfragmenten zwei **Buddha-Statuen**. Nach Meinung von Archäologen befand sich hier einst ein buddhistisches Kloster.

Das Felsrelief von Yeh Pulu **13**

Tgl. 8–18 Uhr, 15 000 Rp., Kinder 7500 Rp

Für Kunstinteressierte lohnt sich der Abstecher zum wenig besuchten **Relieffries von Yeh Pulu.** Ein etwas schwer zu findender, schmaler Pfad führt von Batulumpang durch Reisfelder zum 27 m langen und 2 m hohen, tief in die Felswand eingemeißelten Reliefband, das 1925 freigelegt wurde.

Abgesehen von einem Bildnis des sitzenden Elefantengotts Ganesha handelt es sich bei den sehr plastisch herausgearbeiteten, lebensgroßen Figuren um profane Darstellungen. Das Monumentalrelief erzählt in verschiedenen Szenen eine Geschichte, die man bis heute noch nicht zweifelsfrei hat deuten können. Möglicherweise stellt es Begebenheiten aus dem Leben Krishnas dar, einer Inkarnation des Gottes Vishnu. Auch die zeitliche Einordnung – eventuell

14./15. Jh. – des Hochreliefs gestaltet sich schwierig, weil es weder auf Bali noch auf Java Vergleichbares gibt. Der Legende nach hat der Riese Kebo Iwo das Relief mit seinen Fingernägeln aus dem Felsen gekratzt.

Zwischen Bedulu und Pejeng

Im 10. Jh. gründete die Warmadewa-Dynastie zwischen den Ufern der Flüsse Petanu und Pakerisan ein Imperium, das später den Namen Pejeng erhielt. Bis zur Eroberung durch Gajah Mada, den Premier des ostjavanischen Majapahit-Großreichs, im 14. Jh. war das Südbali umfassende Königreich von Pejeng unabhängig von der mächtigen Nachbarinsel. Zu jener Zeit entstanden Monumente wie Goa Gajah und die Königsgräber von Gunung Kawi. Nach der Annexion Balis verlagerte sich das Machtzentrum ins ostbalinesische Gelgel, Pejeng verlor rasch an Bedeutung.

Bedulu mit Pura Samuan Tiga

Der Name des kleinen Ortes mit großer Vergangenheit leitet sich von einem Herrscher der Pejeng-Dynastie ab, *raja* Dalem Bedahulu. In der Gegend des heute unbedeutenden Bedulu und des nördlich gelegenen Pejeng erstreckte sich einst das Kerngebiet des ersten Königreichs aus der Frühzeit schriftlich belegter Inselgeschichte. Der **Pura Samuan Tiga** 14 in Bedulu, der sich über mehrere Terrassen ausbreitet, ist der hinduistischen Trinität Brahma-Vishnu-Shiva geweiht.

Museum Purbakala Gedung Arca 15

Nördlich von Bedulu an der Hauptstraße, Mo–Do 8–13, Fr 8–12.30, Sa 8–13 Uhr, 5000, Kinder 3000 Rp.
Von der kulturellen Blüte des Pejeng-Reichs zeugen archäologische Fundstücke, meist hinduistische und buddhistische Götterstatuen und Relieffragmente. Eine Sammlung präsentiert das archäologische **Museum Purbakala Gedung Arca**.

Eingang zur Elefantengrotte Goa Gajah

Der Landstrich zwischen Bedulu und Pejeng ist gespickt mit Schreinen und kleinen Tempeln, die antike Steinplastiken oder zumindest Fragmente davon enthalten und deshalb besonders verehrt werden. Eines dieser Heiligtümer ist der pavillonartige Schrein **Pelinggih Arjuna Metapa,** der gegenüber dem archäologischen Museum zu finden ist.

Pura Kebo Edan und Pura Pusering Jagat

Nur wenige hundert Meter weiter nördlich birgt im **Pura Kebo Edan** 16 (Tempel des Verrückten Wasserbüffels) ein Pavillon eine 3,6 m hohe Bima-Statue. Dieser steinerne Gigant mit seinem enormen Phallus, unter dessen Füßen sich ein hilfloses Menschenwesen windet, sowie Wächterdämonen, deren Häupter von Totenkopfkränzen gekrönt sind, lassen vermuten, dass sich hier als Gegenbewegung zu asketischen Hindusekten einst ein Zentrum tantrischer Geheimkulte befand.

Der weiter nördlich gelegene **Pura Pusering Jagat** 17 (Tempel des Weltzentrums) ist ein Pilgerziel vieler kinderloser Ehepaare, die vor einem verwitterten Riesenphallus um Nachwuchs beten.

Der »Mond von Pejeng« im Pura Penataran Sasih 18

Pejeng, tgl. 9–17 Uhr, Spende erbeten
Ein Rätsel harrt im **Pura Penataran Sasih** von Pejeng auf seine Lösung. Hoch unter dem Dach eines turmartigen, schlecht einsehbaren Schreins hängt eines der bedeutendsten altertümlichen Fundstücke Indonesiens – der legendenumrankte »Mond von Pejeng«, der größte erhaltene vorgeschichtliche Bronzegong der Welt.

Trotz des riesigen Durchmessers von 1,40 m haben Betrachter Mühe, mit bloßem Auge Einzelheiten des reich ornamentierten Klangkörpers zu erkennen. Vermutlich stammt der in einem Stück gegossene und mit stilisierten Menschenköpfen verzierte Rundgong aus dem 3. Jh. v. Chr. Obwohl die Ornamentik indonesische Stilelemente aufweist, ist seine Herkunft bis heute nicht endgültig geklärt. Man vermutet, dass die Kunst des Bronzegusses auf Bali schon früh hoch entwickelt war und der Kesselgong als wichtiges Zeugnis für die Ausbreitung jungmalaiischer Kultur zu werten ist. Rätselhaft bleiben auch die ursprüngliche Bestimmung des Gongs und die symbolische Bedeutung der Ornamente.

Die Balinesen kennen zwei Legenden über die Entstehung des Kesselgongs. Der ersten zufolge hat der Riese Kebo Iwo, bekannt als ›Architekt‹ der Elefantengrotte Goa Gajah und der Königsgräber von Gunung Kawi, den Gong als Ohrgehänge getragen und irgendwann verloren.

Doch es gibt auch folgende Überlieferung: Einmal waren anstatt der zwölf Monde (einer für jeden Monat des Jahres) deren 13 am Himmel. Eines Nachts fiel ein Mond herab und verfing sich im Geäst eines Baumes. Zum Verdruss einer Diebesbande erleuchtete er nun die Nächte und störte sie bei ihren Beutezügen. So beschloss der Kühnste unter ihnen, das Licht mit seinem Urin auszulöschen. Er stieg auf den Baum und urinierte über den Mond, woraufhin dieser zerbarst, den Frevler erschlug und in Form der Bronzetrommel von Pejeng zu Boden stürzte. Auch heute noch spricht man dem Gong magische Kräfte zu, weshalb ihm viele Einheimische Opfergaben darbringen.

Übernachten

In Ubud fehlt es an preiswerten *losmen* und Homestays, die oft in typische balinesische Familienanwesen integriert sind, ebenso wenig wie an stilvollen Hotels der Sternekategorien. Sehr schöne Unterkünfte findet man auch in den umliegenden Dörfern, wo nachts allenfalls das konstante Froschkonzert die Ruhe stört. Oftmals vermieten Künstler in ihren Anwesen Zimmer an Touristen.

… in Ubud

Puristisch elegantes Ambiente – **Komaneka Resort** [1]: Monkey Forest Rd., Tel. 0361 401 22 17, www.komaneka. com. DZ/oF 225–285 US-$, Poolvilla/oF ab 395 US-$, exkl. Steuer/SC. Das Resort ist eine Melange aus traditioneller Inselarchitektur und 1990er-Jahre-Minimalismus. Luxuriöse Villen, komfortable Zimmer sowie ein extravaganter Pool, Wellness-Center und Restaurant. Beliebt, oft ausgebucht.

Klein und fein – **Lumbung Sari Cottages** [2]: Monkey Forest Rd., Tel. 0361 97 63 96, www.lumbungsari. com. DZ 95–125 US-$. Das an der belebten Monkey Forest Road gelegene Domizil für Individualisten ist eine verträumte kleine Oase mitten im Trubel. Die 14 klimatisierten Zimmer sind komfortabel im balinesischen Stil eingerichtet. Das Personal bemüht sich sehr um die Gäste. Schöner Pool.

Fürstliches Flair – **Puri Saraswati Bungalows** [3]: Jl. Raya Ubud, Tel. 0361 97 51 64, www.purisaraswati.com. DZ ab ab 70 US-$, exkl. Steuer/SC. Sehr stilvolles Ambiente in einem ehemaligen Fürstenpalast. In den 18 Zimmern mit Deckenventilator oder AC fusionieren

Zu Fuß von Pejeng nach Ubud

Von Pejeng führt eine reizvolle, 5 km lange Wanderung über die Dörfer Pejeng Kawan und Tatiapi durch Reisfelder und die tiefe Schlucht des Petanu-Flusses zurück nach Ubud.

Nostalgie und westlicher Komfort. Zentrale, aber ruhige Lage. Gartenrestaurant und Swimmingpool.

Gepflegt balinesischer Charme – **Honeymoon Guest House** [4]: Jl. Bisma, Tel. 0361 97 32 82, www.casalunabali.com. DZ 500 000–900 000 Rp., exkl. Steuer/ SC. Die kleine Herberge in ruhiger Lage verbindet Eleganz und Atmosphäre des klassischen Bali mit den Annehmlichkeiten der Moderne. Geräumige, dezent möblierte AC-Zimmer in Bungalows, die sich in einem üppigen Garten mit Pool verteilen. Top-Restaurant, Organisation von Ausflügen, Fahrradverleih, kostenloses WLAN.

Erschwinglicher Komfort – **Artini 2 Cottages** [5]: Jl. Hanoman, Tel. 0361 97 56 89, www.artinibaligroups.com. DZ ab 65 US-$. Das verschachtelt angelegte Resort bietet geräumige, stilvolle Zimmer mit Ventilator oder AC sowie Terrasse oder Balkon; Restaurant, schöner Swimmingpool, Tropengarten und Blick auf Reisfelder.

Klassiker seit Jahrzehnten – **Oka Wati Hotel** [6]: Monkey Forest Rd. (Gang Beji Junjutan), Tel. 0361 97 33 86, www.okawatihotel.com. DZ oder Bungalow 55–70 US-$. Die ruhige, alteingesessene Anlage etwas abseits der quirligen Affenwald-Straße hat viele Stammgäste aus aller Welt. Die gediegen ausgestatteten zweistöckigen Gästehäuser bieten einen schönen Blick auf Reisfelder, die ebenerdigen Bungalows liegen um einen Pool. Die Spezialität des guten Restaurants ist Bali-Ente *(bebek betutu)*.

Seit Jahren beliebt – **Nick's Pension** [7]: Jl. Bisma, Tel. 0361 97 56 36, www. nickshotels-ubud.com. DZ 550 000– 850 000 Rp. Die alteingesessene, gut geführte Unterkunft liegt sehr ruhig zwischen einer malerischen Schlucht und Reisfeldern, aber nur zwei Gehminuten von der Monkey Forest Road entfernt. Pool und Restaurant.

Für Ruhesuchende – **Hibiscus Cottages 8**: Jl. Bisma, Tel. 0361 97 04 75, www.hibiscus-cottages.com. DZ 40–75 US-$, exkl. Steuer/SC. Idyllisch eingebettet in Reisfelder ist das familiäre Resort im klassisch-balinesischen Stil ideal für Urlauber, die Abgeschiedenheit suchen. Die sieben Zimmer mit Dusche/WC, Ventilator oder AC sowie Wohnterrasse oder Balkon sind geschmackvoll in Bambus und Holz möbliert. Opulentes Frühstück, kostenloses WLAN, Organisation von Touren, freundliche Besitzer. Unbedingt reservieren!

Ruhig und gemütlich – **Pande Permai Hotel 9**: Monkey Forest Rd., Tel. 0361 97 13 31, www.pandepermai.com. DZ 350 000–600 000 Rp. Die familiäre Anlage bietet gemütlich in Bambus möblierte Zimmer mit Deckenventilator in zwei doppelstöckigen Gebäuden und geräumige, großzügig ausgestattete Bungalows mit AC. Ruhige Lage nahe dem Affenwald, mit Pool.

Für Kunstinteressierte – **Siti Bungalows 10**: Jl. Kajeng 3, Tel. 0361 97 56 99, www.sitibungalow.com. Bungalow/oF 350 000–450 000 Rp. Die Nachfahren des 1998 verstorbenen holländischen Malers Han Snel vermieten in seinem Anwesen acht Balistil-Bungalows mit Deckenventilator oder AC. Im kleinen Restaurant gibt es balinesische und internationale Gerichte. Galerie mit Wechselausstellungen zeitgenössischer balinesischer Malerei.

Zentral am Markt, ruhig und preiswert – **Sania's House 11**: Jl. Karna 7, Tel. 0361 97 55 35, sania_house@yahoo.com. DZ 300 000–450 000 Rp. Das zentral, aber ruhig hinter dem Marktgebäude gelegene Gästehaus im Balistil bietet 20 Zimmer mit Ventilator oder AC in Bungalows und einem dreistöckigen Gebäude. Mit kleinem Pool.

Familienanschluss inklusive – **Rumah Roda Homestay 12**: Jl. Kajeng 24, Tel. 0361 97 54 87, www.rumahroda.com. DZ 300 000–350 000 Rp. In der ruhigen, sympathischen Familienpension gibt es ordentliche Zimmer mit Ventilator und Freiluft-*mandi*. Im angeschlossenen Rumah Makan Roda serviert man ausgezeichnete balinesische Gerichte (Menü um 80 000 Rp.). Alle Familienmitglieder sind sehr um das Wohl der Gäste bemüht. So begleitet der älteste Sohn Abúd Gäste bei Wanderungen durch die Reisfelder. Da sieht man gern über den mangelnden Komfort hinweg.

… in Campuan

Gehobenes Ambiente – **Ibah 13**: Tel. 0361 97 44 66, www.warwickibah.com. Bungalow ab 315 US-$. Die Luxusbungalows präsentieren sich als gelungene Verbindung von balinesischer Architektur und moderner asiatischer Ausstattung. Herrliche Lage, extravaganter Pool und Toprestaurant.

Geschichtsträchtiges Haus – **Hotel Tjampuhan 14**: Jl. Raya Campuhan, Tel. 0361 97 53 68, www.tjampuhan-bali.com. DZ 135–185 US-$, Walter-Spies-Haus 275 US-$. In den 1930er-Jahren lebte hier der deutsche Maler Walter Spies. Um sein kleines Haus gruppieren sich Bungalows mit Zimmern unterschiedlicher Kategorien. Die älteren Häuschen mit weniger Komfort, aber umso mehr Charme, die neuen komfortabel und zweckmäßig. Schöne Lage am Rand der Schlucht des Uos-Flusses. Zwei Pools, Wellness-Center und ausgezeichnetes Restaurant.

… in Peliatan

Mit Open-Air-Spa – **Maya Ubud Resort & Spa 15**: Jl. Gunung Sari, Tel. 0361 97 78 88, www.mayaubud.com, DZ ab 345 US-$, Villa ab 565 US-$, exkl. Steuer/SC. Die einzelnen Villen und Pavillons einer der feinsten Wellness-Adressen Balis verstecken sich im dichten Regenwald über der Schlucht des Petanu-Flusses. Ein Erlebnis ist ein Besuch des spektakulären Open-Air-Spa, das vielfältige Anwendungen und maßgeschneiderte Gesundheitsprogramme bietet (z. B. Spa Indulgence, ein dreistündiges Verwöhnprogramm mit Massagen, Body-Peeling, Gesichtsbehandlung, Blumen- oder Kräuterbad und einem abschließenden Health Lunch im romantischen River Café 215 US-$).

… in Penestanan

Ruhiges Bungalowhotel – **Melati Cottages** 16 : Jl. Raya Penestanan, Tel. 0361 97 46 50, www.melati-cottages.com, DZ 60–95 US-$. Stilvoll in Bambus möblierte Zimmer, teils mit AC, in inseltypischen Bungalows. Ruhige Lage, Pool, Restaurant.

Familiär und günstig – **Sari Bamboo Bungalows** 17 : Jl. Raya Penestanan, Tel.

Mein Tipp

Das authentische Bali erleben

Bali-Besucher mit Interesse an der Kultur der Insel, dem balinesischen Hinduismus oder den sozialen Aspekten des täglichen Lebens sind in dem kleinen, im traditionellen Stil errichteten Bungalowhotel bestens aufgehoben. Dayu und Wayan, die deutsch- und englischsprachigen Besitzer, bieten ihren Gästen Sprach- und Kochkurse (85 US-$ für 2 Pers.) sowie gemeinsame Tempel- und Marktbesuche an. Wer möchte, kann sich auch mit Batiken, Holzschnitzen, Malen oder balinesischem Tanz beschäftigen.

Sua Bali 23 : Banjar Medahan, Kemenuh (7 km südl. von Ubud), Tel. 0361 94 10 50 u. 0812 39 16 51 49, www.suabali.com. DZ 68 US-$, exkl. Steuer.

0361 97 55 47, sali_bamboo@hotmail.com. DZ 300 000 Rp., Bungalow 500 000 Rp. Sympathische Anlage im inseltypischen Stil mit Garten und Pool. Doppelstöckige Bungalows mit großen Terrassen oder Balkonen, von denen sich ein schöner Blick auf Reisfelder bietet. Geführt von einer hilfsbereiten Familie.

… in Nyuh Kuning

Romantischer Schlupfwinkel – **Alam Indah** 18 : Tel. 0361 97 46 29, www.alamindahbali.com. DZ 85–105 US-$, Suite 125–145 US-$, exkl. Steuer/SC. Stilvolles Hideaway in traditioneller Inselarchitektur südlich des Affenwalds, versteckt am Steilufer des Uos gelegen, sehr ruhig. Zehn geräumige Zimmer mit Marmorbädern und einer geschmackvollen Möblierung aus Holz und Rattan. Schöne Wohnterrasse mit Sofa oder Tagesbett. Restaurant mit balinesisch-internationaler Speisekarte und Pool mit herrlichem Blick in die Uos-Schlucht.

Ruhig und preiswert – **Garden View Cottages** 19 : Tel. 0361 97 40 55, www.baligardenview.com. DZ 65–75 US-$, Bungalow 85 US-$. Kleines Hotel mit gemütlichen Zimmern und Bungalows in ruhiger Lage, mit Pool. Morgens herrlicher Blick auf den Gunung Agung.

… in Pengosekan

Niveauvolles Hotel für kulturell Interessierte – **ARMA Resort** 20 : Jl. Raya Pengosekan, Tel. 0361 97 66 59, www.armabali.com. DZ 125–195 US-$, Villa 375–700 US-$. Stilvolles Resort im Komplex des Agung Rai Museum of Art, 15 komfortable Zimmer in zwei doppelstöckigen Gebäuden, acht edel ausgestattete Villen mit Privatpool. Herrlicher Hauptpool, preisgekröntes Thai-Restaurant Kokokan und vielfältiges Angebot an Kunstkursen.

Zu Gast bei einem Maler – **Guci Guest House** 21 : Jl. Raya Pengosekan, Tel. 0361 97 59 75, www.guci-bali.com.

Bungalow 45–65 US-$. Die gemütliche, sehr ruhige Ferienanlage unter deutsch-balinesischer Leitung ist beliebt bei Individualreisenden. Ulli und ihr balinesischer Ehemann, der Maler Nyoman, geben kulturell Interessierten gern Tipps für Unternehmungen. Reservierung empfehlenswert.

… in Begawan Giri

Balis feinste Wellness-Adresse – **Como Shambhala Estate at Begawan Giri 22**: Tel. 0361 97 88 88, www.comohotels.com/comoshambhalaestate/. DZ ab 850 US-$, Suite ab 950 US-$, Villa ab 1690 US-$, exkl. Steuer/SC. Balis feinste Wellness-Adresse liegt nördlich von Ubud. Das Konzept – in menschenfreundlicher Umgebung gleichermaßen Körper, Geist und Seele aufzubauen – nimmt in der Anlage beglückende Gestalt an. Die Villen sind naturschonend in einen Steilhang mit dichter Vegetation eingebettet. Maßgeschneiderte Gesundheitsprogramme umfassen Spa-Anwendungen und Aktivitäten wie Tai-Chi und Yoga.

…in Kemenuh

Traditionell – **Sua Bali 23**: s. S. 182.

Essen & Trinken

… in Ubud

Beliebt seit Jahren – **Casa Luna 1**: Jl. Raya Ubud, Tel. 0361 97 74 09, www.casalunabali.com, tgl. 9–23 Uhr. Menü 200 000–250 000 Rp. Seit Jahren schon loben Feinschmecker hier die balinesisch-indonesischen Gerichte. Als Dessert gibt es köstliche Kuchen europäischen Stils. Die Besitzer, Ketut Suardana und seine Frau Janet de Neefe, bieten auch Kochkurse an (s. S. 186). So ab 19 Uhr Livejazz.

Gaumenschmaus und Kunstgenuss – **The Three Monkeys 2**: Monkey Forest Rd., Tel. 0361 97 55 54, http://threemonkeyscafebali.com/ubud/, tgl. 9–24 Uhr.

Mein Tipp

Schwein gehabt

In Ibu Okas bodenständigem Lokal zwischen Ubuds Haupttempel Pura Desa und der Fürstenresidenz kommen seit 25 Jahren nur Gerichte vom Schwein auf die einfachen Tische: Spanferkel gegrillt, pikante Schweinswürste, krosse Schweineschwarte und für Unerschrockene *lawar* – balinesische Blutwurst. Sehr beliebt und immer voll!

Ibu Oka 7: Jl. Suweta, Tel. 0361 97 63 45, tgl. 10–17 Uhr. Gerichte 40 000–50 000 Rp.

Menü um 200 000 Rp. Mischung aus Restaurant und Kunstgalerie mit Werken junger balinesischer Maler, internationaler Küchenmix von australisch über marokkanisch bis thailändisch sowie einige regionale Spezialitäten. Sehr angenehm sitzt man im Garten.

Ubuds romantischstes Lokal – **Murnis Warung 3**: Jl. Campuan, Tel. 0361 97 52 33, www.murnis.com, tgl. 9–23 Uhr. Menü 150 000–200 000 Rp. Das alteingesessene Restaurant an der Campuan-Brücke erstreckt sich über vier Terrassen und bietet einen herrlichen Blick in die Schlucht des Uos-Flusses. Die Küche serviert eine große Bandbreite an indonesischen Klassikern, aber auch westliche Gerichte. Ab 19 Uhr kostenloser Abholservice vom Hotel.

Internationaler Mix – **Nomad 4**: Jl. Raya Ubud 35, Tel. 0361 97 71 69, www.nomad-bali.com, tgl. 9–24 Uhr. Menü 150 000–200 000 Rp. Stimmungsvolles, halb offenes Restaurant im balinesischen Stil; indonesische, chinesische und europäische Gerichte, gute Weinkarte und Bier vom Fass.

Nyoman, der Besitzer, betont, dass nur Produkte aus eigenem biologischen Anbau verwendet werden.
Balinesisch und vegetarisch – **Café Wayan 5** : Monkey Forest Rd., Tel. 0361 97 54 47, www.alamindahbali.com, tgl. 9–23 Uhr. Menü um 150 000 Rp. Traveller-Restaurant mit gemütlichen Sitzecken auf Stühlen oder Bodenkissen und großer Karte, indonesische und europäische Gerichte. Sonntags ab 19 Uhr gibt es ein Special Balinese Traditional Buffet.
Vegetarisch-kosmopolitisch – **Veggie Table 6** : Jl. Hanoman 53, Tel. 0812 36 38 02 00, tgl. 9–22 Uhr. Gerichte 40 000–60 000 Rp. Eine große Auswahl an vegetarischen und veganen Gerichten aus aller Welt.
Schwein gehabt – **Ibu Oka 7** : s. S. 183, Mein Tipp.

… in Campuan

Beste Crossover-Küche – **Mozaic 8** : Jl. Raya Sanggingan, Tel. 0361 97 57 68, www.mozaic-bali.com, tgl. 17.45–23 Uhr. Menü 700 000–1 000 000 Rp. Elegantes Trendrestaurant mit feinster Gourmetküche im panasiatischen Crossover-Stil und ausgezeichneter Weinkarte.
East meets west – **Indus 9** : Jl. Raya Sanggingan, Tel. 0361 97 76 84, www.casalunabali.com, tgl. 12–23 Uhr. Menü 400 000–600 000 Rp. Im luftigen Terrassenrestaurant werden west-östliche Kreationen im Stil der Nouvelle Cuisine serviert. Herrlicher Panoramablick. Für das Dinner ist eine Reservierung ratsam!
Ubuds originellstes Restaurant – **Naughty Nuri's Warung 10** : Jl. Raya Sanggingan, Tel. 0361 97 75 47, tgl. 11–22.30 Uhr. Gerichte 40 000–100 000 Rp. Plastikstühle unter Wellblech – die Ausstattung des urigen Lokals macht nicht viel her, dafür sind die Grillgerichte lecker und preiswert. Relaxte

Atmosphäre, beliebt bei den in Ubud lebenden Ausländern.

… in Nyuh Kuning

Balis Spezialitäten – **Laka Léke 11** : Tel. 0361 97 75 65, tgl. 9–23 Uhr, www.lakaleke.com. Menü 200 000–250 000 Rp. Einige internationale, aber vorwiegend authentisch balinesische Gerichte, serviert in stimmungsvollem Ambiente. Auf Anfrage Kochkurse. Mo, Mi–Sa ab 20 Uhr balinesische Tanzvorführung.

… in Pengosekan

Internationaler Mix – **Pundi-pundi 12** : Jl. Raya Pengosekan, Tel. 0361 97 03 33, www.pundiubudbali.com, tgl. 9–23 Uhr. Gerichte 40 000–125 000 Rp. In dem rustikal-gemütlichen Terrassenrestaurant genießt man Grillspezialitäten aus aller Welt sowie balinesische, indonesische und thailändische Gerichte.

Einkaufen

Galerien und Geschäfte für kunsthandwerkliche Souvenirs konzentrieren sich in der Hauptstraße Jalan Raya Ubud und in der Monkey Forest Road (Jl. Wanara Wana). Gemälde und Holzschnitzarbeiten sind in den Ateliers und Werkstätten der Künstler oft preiswerter.

… in Ubud

Bezahlbare Gemälde – **Purpa Gallery 1** : Monkey Forest Rd., Tel. 0361 97 45 60. Verkaufsgalerie mit weiter Palette balinesischer Malerei zu erschwinglichen Preisen.
Alles aus Papier – **Kertas Lingsir 2** : Jl. Dewi Sita, Tel. 0361 97 30 30. Originelle und nützliche kleine Mitbringsel aus Papier. Mittwochs und samstags erhalten Interessierte während der Papermaking and Craft Tour Einblick in die Papierherstellung.

Spektrum des Kunsthandwerks – **Wardani Boutique 3**: Monkey Forest Rd., Tel. 0361 97 60 80. ›Supermarkt‹ mit buntem Querschnitt durch das balinesische Kunsthandwerk. Moderate Preise.

Kunsthandwerk – **Karna Art Market 4**: Jl. Karna. Touristenmarkt mit riesiger Auswahl an Souvenirs von Korbwaren über Schmuck bis zu Schnitzereien.

Ethno-Kunst – **Nikini Art 5**: Monkey Forest Rd., Tel. 0361 97 45 38. Kunst und Kunsthandwerk aus Flores, Sumba und anderen Inseln östlich von Bali.

Designer-Silberschmuck – **Studio Perak 6**: Monkey Forest Rd., Tel. 0361 97 42 44, www.studioperak.com. Extravaganter Silberschmuck und ausgefallene Accessoires mit Edel- und Halbedelsteinen. Regelmäßig Einführungskurse in die Silberschmiedekunst.

Textilkunst – **Threads of Life 7**: Jl. Kajeng 24, Tel. 0361 97 21 87, www.threadsoflife.com, tgl. 10–19 Uhr. Hochwertige und teils sehr teure handgewebte Baumwollstoffe mit traditionellen Designs aus Bali, Java, Sulawesi, Flores, Sumba und von anderen Inseln.

Für sie und ihn – **Karma Koma 8**: Monkey Forest Rd., Tel. 0361 97 18 83. Damen- und Herrenbekleidung, gefertigt aus Batik- und Ikat-Stoffen.

Elegante Boutique – **Kismet 9**: Jl. Dewi Sita, Tel. 0361 780 56 81. Luxuriöse Kleidung für Sie und Ihn sowie Accessoires aus Naturmaterialien im balinesischen Stil für die Inneneinrichtung.

Bücherei – **Pondok Pekak Library and Learning Centre 10**: s. u.

… in Peliatan

Edel und teuer – **Rudana Fine Art Gallery 11**: Jl. Cok Rai Pudak 44, Tel. 0361 97 57 79, www.therudana.org. Kunst- und Verkaufsgalerie mit erlesenen Gemälden zeitgenössischer balinesischer Künstler. Das Preisniveau ist hoch.

Mein Tipp

Bücherei am Fußballplatz

Die Pondok Pekak Library an der Ostseite von Ubuds Fußballplatz ist eine Fundgrube für Bibliophile aus aller Welt. Die Bibliothek besteht aus zwei kleinen Räumen mit Regalen bis unter die Decke. Über 10 000 Secondhand-Bücher vorwiegend in englischer, französischer und deutscher Sprache kann man leihen oder kaufen. Mancher zieht sich auf die Leseveranda zurück, die wie geschaffen ist zum Schmökern. Andere nutzen den Internetservice der Bibliothek.

Einen Teil der Einnahmen verwenden die Initiatoren der Pondok-Pekak-Bücherei, die Amerikanerin Laurie Billington und ihr balinesischer Mann Made Sumendra, um Bücher in indonesischer Sprache für balinesische Schulkinder zu kaufen, denn für viele ärmere Familien sind Bücher geradezu ein Luxusgut. Wer also ein Buch leiht oder kauft oder auch im angeschlossenen Literaturcafé einen Imbiss einnimmt, unterstützt das Haus der Bücher. Angeboten werden auch Indonesisch-Sprachkurse, Tanz- und *gamelan*-Unterricht sowie Kurse im Malen und Holzschnitzen.

Pondok Pekak Library and Learning Centre 10: Monkey Forest Rd., Ubud, Tel. 0361 97 61 94, librarypondok@yahoo.com, tgl. 8–21 Uhr.

Ob Wayang-Kulit-Figur oder Buddha-Haupt – vielfältige Souvenirs findet man in Ubud

Aktiv & Kreativ

Balinesische Kultur und Kunst

Kunst und Kochen – **Agung Rai Museum of Art (ARMA)** 1: Jl. Raya Pengosekan, Pengosekan, Tel. 0361 97 66 59, www.armabali.com. Hier werden viele Workshops angeboten – von Batik und Kochen über Malen und Holzschnitzen bis zu *gamelan*-Musik und balinesischem Tanz.

Für Hobby-Künstler – **Nirvana** 2: Jl. Gautama 10, Tel. 0361 97 54 15, www.nirvanaku.com. In ein- und mehrtägigen Kursen werden die Teilnehmer in die Batik-Textilfärbetechnik eingeführt.

Pfannenhilfe – **Casa Luna Cooking School** 3: Jl. Bisma, Tel. 0361 97 32 82, www.casalunabali.com. Kochkurse mit Einführung in die soziale und kulturelle Bedeutung des Essens auf Bali.

Massage – **Ubud Body Works Centre** 4: Jl. Hanoman 25, Padang Tegal, Tel. 0361 97 57 20, www.ubud bodyworkscentre.com. In drei- bis siebentägigen Kursen führt Inhaber Ketut Arsana die Teilnehmer in die traditionellen Techniken der balinesischen Massage ein.

Einblick ins Landleben – **Keep Walking Tours** 5: Jl. Hanoman 44, Ubud, Tel. 0361 97 33 61, www.balispirit.com, tgl. 8 Uhr, 250 000 Rp. Bei einer Wanderung (3 Std.) durch die Reisfelder gewinnt man Einblicke in die Arbeit der Bauern. Besuche von Ateliers und Werkstätten von Künstlern und Kunsthandwerkern.

Naturerlebnisse

Für Hobby-Ornithologen – **Bali Bird Walks** 6: c/o Murnis Warung, Jl. Raya Campuan, Tel. 0361 97 50 09, http://balibirdwalk.com, Di u. Fr–So 9 Uhr, 38 US-\$. Auf kleinen Wanderungen kann man in Begleitung von einheimischen Experten die Vogelwelt Balis kennenlernen.

Bergsteigen und Mountainbiken – **Bali Budaya Tours** 7: Jl. Raya Pengosekan, Pengosekan, Tel. 0361 97 55 57, www.baliecocycling.com. Der Veranstalter organisiert Besteigungen der

Vulkane Gunung Batur und Gunung Agung. Beliebt sind die geführten Radtouren, bei denen die Teilnehmer mit Minibussen zum Batur-Krater gebracht werden. Zurück geht es mit dem Mountainbike bergab über wenig befahrene Nebenstraßen. Tagestouren 40 US-$, Kinder 30 US-$.

Mountainbiken – **Bike-Baik Tours** **8** : Tel. 0361 97 80 52, www.balibike.com, in Ubud erreichbar über die Agentur Ubud Accomodation in Nyuh Kuning. Tagestouren ab 40 US-$, Ki. ab 25 US-$.

Ausritt auf Elefanten – **Elephant Safari Park** **9** : Taro, c/o Bali Adventure Tours, Tel. 0361 72 14 80, www.baliadventuretours.com, tgl. 9–17 Uhr, 30-minütige Ritte 55 US-$, Kinder 40 US-$, Familien 165 US-$. Auf dem Rücken eines Sumatra-Elefanten schwankend durch den Dschungel.

River Rafting – s. S. 31.

Wellness

Für Ruhesuchende – **Ubud Yoga House** **10** : Jl. Ume Sok Wayah, Tel. 0821 44 18 10 58, www.ubudyogahouse.com. Englischsprachige Lehrer geben Yoga-Unterricht und Einführungskurse in verschiedene Meditationstechniken.

Wellness-Oase – **Ubud Sari Health Resort** **11** : s. S. 188, Mein Tipp.

Abends & Nachts

Statt Nightlife à la Kuta bietet Ubud traditionelle Aufführungen balinesischer Tänze und Tanzdramen (s. S. 188).

… in Ubud

Eine Institution in Ubud – **Ary's Warung** **1** : Jl. Raya Ubud, Tel. 0361 97 50 53, tgl. 11–24 Uhr. Die Bar des Gourmet-restaurants mit einem auffallenden Affenfresko ist bereits seit Jahren ein beliebter Treffpunkt für Nachtschwärmer mit gut gefüllter Brieftasche. Große Auswahl an Getränken und Zigarren.

Es lebe der Rock – **Bamboo Bar** **2** : Jl. Dewi Sita, Tel. 0361 97 56 41, tgl. 11–24 Uhr. Wenn Bands wie Un'broken die hier versammelte Rockgemeinde phongewaltig in Verzückung versetzen, schlagen die (Bier-)Wellen hoch und das Gebäude wird in seinen Grundfesten erschüttert.

Vielseitige Livebühne – **De'Warung** **3** : Monkey Forest Rd., Tel. 0361 97 14 65, www.dewarung.com, tgl. 11–24 Uhr. Das halb offene Restaurant mit panasiatischer Speisekarte gilt als eine der besten Live-Locations in Ubud. Das Spektrum reicht von klassischem Rock und Jazzgrooves über Reggae und Salsa bis Black Beats und Punk.

Place to go – **Kafe Batan Waru** **4** : Jl. Dewi Sita, Tel. 0361 97 75 28, tgl. 17–24 Uhr. Angesagte Musikbar der Jungen und Schönen von Ubud, geboten wird hier ein Soundmix von House über Hip-Hop bis hin zu Pop und Jazz. Dazu kann man kleine indonesische und europäische Gerichte verzehren.

Blues, Jazz und kreative Küche – **Laughing Buddha Bar** **5** : Monkey Forest Rd., Tel. 0361 31 97 09 28, www.laughingbuddhabali.com, tgl. 17–24 Uhr. Asiatisch-mediterrane Gerichte zu Liveblues und -jazz aller Stilrichtungen. Hier spielen lokale Größen wie die Bali Blues Band und die Cool Tones Blues Band wie auch renommierte Ensembles aus Übersee. Gehoben.

Szenetreff – **L.O.L. Bar** **6** : Monkey Forest Rd., Tel. 0361 97 33 98, tgl. 11–24 Uhr. Trendiges Bar-Bistro mit Livebands, Treffpunkt junger Traveller und Balinesen.

… in Campuan

Livemusik – **Fly Café** **7** : Jl. Raya Lungsiakan, Kedewatan, Tel. 0361 97 54 40, http://flycafebali.com, tgl. 8–22 Uhr. Beliebter Treffpunkt für einheimische Yuppies, Expats und Touristen, europäisch-indonesische Speisekarte,

Mein Tipp

Wellness-Oase

Der Wohlfühltempel in Ubud bietet verschiedene Heilmassagen wie Shiatsu (30 US-$/Std.), Reiki (45 US-$/Std.) und Lomi-lomi (30 US-$/Std.) sowie Wellnesspakete mit mehreren Anwendungen, die zumeist auf traditionellen balinesischen Techniken basieren (Kräuterdampfbäder, Blumenbäder, Gesichtsbehandlungen, Ganzkörperpeeling, Algenwickel u. a., 50–135 US-$/3–4,5 Std.). Neben den Spa-Anwendungen werden Heilwochen und Fastenprogramme angeboten (6 Tage, 545 US-$, inkl. Unterkunft.

Ubud Sari Health Resort 11 : Jl. Kajeng 35, Ubud, Tel. 0361 97 43 93, www.ubudsari.com.

große Auswahl an Cocktails und anderen Spirituosen, kostenloses WLAN, samstagabends Livemusik.

Infos & Termine

www.fabulousubud.com und http://ubudnowandthen.com: Infos zu Hotels und Restaurants, Einkaufen und Ausgehen, Tänzen und anderen kulturellen Veranstaltungen.
Yayasan Bina Wisata: Jl. Raya Ubud, Ubud, Tel. 0361 97 32 85, tgl. 8–20 Uhr. In dem privaten Touristenbüro erhält man eine Karte von Ubud und Umgebung sowie Tipps zu kulturellen Veranstaltungen und Tempelzeremonien.

Termine

Nachstehend folgt eine Auswahl beliebter Tanz- und Theateraufführungen in Ubud und den umliegenden Dörfern. Weitere Infos s. o.

Barong

… **im Agung Rai Museum of Art (ARMA)**: Pengosekan, Fr 18–19.30 Uhr, 100 000 Rp.
… **in Batubulan**: tgl. 9–10.30 Uhr, 100 000 Rp.
… **in Padang Tegal Kelod**: Ubud, Mo 19–20.30 Uhr, 70 000 Rp.
… **im Pura Dalem**: Ubud, Do 19.30–21 Uhr, 75 000 Rp.
… **im Puri Saren**: Ubud, Mi, Fr 19–20.30 Uhr, 85 000 Rp.

Gambuh

… **im Pura Desa**: Batuan, 1. und 15. Tag im Monat 19–21 Uhr, 85 000 Rp.

Jegog (Bambus-Gamelan)

… **im Pura Dalem**: Ubud, Mi 19–20.30 Uhr, 85 000 Rp.

Kecak

… **im Agung Rai Museum of Art (ARMA)**: Pengosekan, jeweils bei Vollmond und bei Neumond 19.30–21 Uhr, 120 000 Rp.
… **in Banjar Junjungan**: Ubud, Mo 19–20.30 Uhr, 75 000 Rp.
… **in Batubulan**: tgl. 18.30–20 Uhr, 100 000 Rp.
… **in Padang Tegal Kaja**: So 19–20.30 Uhr, 75 000 Rp.
… **im Pura Batu Karu**: Ubud, Do, So 19.30–21 Uhr, 85 000 Rp.
… **im Pura Dalem Taman Kaja**: Ubud, Mi, Sa 19.30–21 Uhr, 75 000 Rp.
… **im Pura Taman Sari**: Padang Tegal Kelod, Di, Do 19.30–21 Uhr, 75 000 Rp.
… **im Puri Agung**: Peliatan, Do 19.30–21 Uhr, 75 000 Rp.

Legong

… **im Agung Rai Museum of Art (ARMA)**: Pengosekan, So 19.30 Uhr, 100 000 Rp.
… **im Bale Banjar**: Ubud, Fr, So 19.30–21 Uhr, 75 000 Rp.

Aufführung des Barong-Tanzspiels in Batubulan

... **auf der Balerung Stage:** Peliatan, Di, Fr 19.30–21 Uhr, 100 000 Rp.
... **im Pura Dalem:** Ubud, Di, Sa 19.30–21 Uhr, 75 000 Rp.
... **im Puri Agung:** Peliatan, Sa 19.30–21 Uhr, 85 000 Rp.
... **im Puri Saren:** Ubud, Mo, Do, Sa, So 19.30–21 Uhr, 85 000 Rp.
... **auf der Yamasari Stage:** Peliatan, Mi 19.30–21 Uhr, 85 000 Rp.

»Mahabharata« und »Ramayana«

... **im Puri Saren:** Ubud, So 19.30–21 Uhr (»Mahabharata«), Di 19.30–21.30 Uhr (»Ramayana«), jeweils 80 000 Rp.

Topeng Jimat (Maskentanz)

... **im Agung Rai Museum of Art (ARMA):** Pengosekan, Mi 19 Uhr, 100 000 Rp.

Wayang Kulit

... **in der Kerta Accommodation:** Monkey Forest Rd., Ubud, Di, Sa 20–22 Uhr, 90 000 Rp.
... **im Oka Kartini:** Ubud, Mi, Fr, So 20–22 Uhr, 100 000 Rp.

Diverses

Chandra Wati – Women Gamelan with Child Dance: Ubud Water Palace, Ubud, Di 19.30–21 Uhr, 80 000 Rp.
Cenik Wayah – Spirit of Gamelan: Ubud Water Palace, Ubud, Do 19.30–21 Uhr, 80 000 Rp.
Luh Luwih – Balinese Women's Gamelan and Dance Troupe: Bale Banjar, Ubud Kelod, Mo 19.30–21 Uhr, 85 000 Rp.
Sekaa Gong Wanita Mekar Sari – Dancers and Musicians of Peliatan: Balerung Stage, Peliatan, So 19.30–21 Uhr, 85 000 Rp.

Wanderungen um Ubud

Das Leben im ländlichen Bali um Ubud ist noch ruhig und gelassen. Auf zwei einfachen Wanderungen erlebt man den Zauber der für Zentralbali typischen Reisfeldlandschaft und gewinnt einen Einblick ins Landleben. ▷ S. 193

Auf Entdeckungstour: Königsgräber von Gunung Kawi – megalithische Felstempel

Manches ist ungeklärt an den steinernen Monumenten, die zu den ältesten und bedeutendsten Baudenkmälern ganz Balis gehören, manches passt nicht ins Bild hinduistischer Kultausübung. Nicht wenige Einheimische sind fest davon überzeugt, dass der mythologische Riese Kebo Iwo die Königsgräber geschaffen hat.

Reisekarte: ▶ J 4

Ausgangspunkt: Ubud; zwischen Ubud und Tampaksiring pendeln tagsüber ständig *bemos*

Öffnungszeiten: tgl. 7–18 Uhr

Dauer: 2–3 Std.

Eintritt: 15 000 Rp., Kinder 7500 Rp., Sarong und Tempelschal erforderlich

Essen und Trinken: Am etwa 300 m von den ›Königsgräbern‹ entfernten Parkplatz bieten einfache Essensstände kalte Getränke und kleine indonesische Gerichte.

Tipp: Im weichen Morgenlicht sind die Monumente am eindrucksvollsten. Man sollte möglichst die Hauptbesuchszeiten von 10–12 und 14–16 Uhr meiden.

In der Nähe des für seine kunstvollen Elfenbein- und Knochenschnitzereien bekannten Dorfes **Tampaksiring** befinden sich die eindrucksvollsten Monumente der balinesischen Frühgeschichte, die gleichzeitig Zeugnis ablegen vom Prozess der Javanisierung Balis: die aus dem 11. Jh. stammenden sogenannten **Königsgräber von Gunung Kawi** (›Berg der Poesie‹). Die neun Bauwerke wurden in den Tuffstein der Felswände getrieben, die das schmale Tal des heiligen Flusses Pakerisan säumen. Da auf Bali die Asche der Verstorbenen damals wie heute einem Fluss oder dem Meer übergeben wird, handelt es sich bei den Heiligtümern von Gunung Kawi, die keine Innenräume haben und eigentlich nichts anderes sind als monumentale, in den Fels gemeißelte Reliefs, nicht um Totentempel, sondern um Ehrenmale für balinesische Herrscher. Dafür spricht auch die Tatsache, dass man in keinem der Bauwerke menschliche Aschereste gefunden hat.

Die ›Gräber der Königinnen‹

Auf einem von zahlreichen Souvenirständen gesäumten Weg gelangt man vom Parkplatz nahe der Hauptstraße zum Rand der Pakerisan-Schlucht. Von dort führt ein **Stufenpfad** hinab in die tief eingeschnittene, malerische Schlucht, in der sich steil abfallende Reisterrassen übereinander staffeln. Biegt man hinter einem **Felsentor** links ab, kommt man zu einem Ensemble von vier Felsenmonumenten, den sogenannten **Gräbern der Königinnen**. Die stark verwitterten Inschriften an den Sockeln lassen keine eindeutige Bestimmung der schlichten Felsentempel zu, doch dienten sie vermutlich dem Andenken von vier Konkubinen des Königs Anak Wungsu, einem Sohn König Uda-

yanas (s. u.), der als jüngerer Bruder des bedeutenden javanischen Königs Airlangga von 1049–1071 über Bali herrschte.

Die Hauptgräbergruppe

Über eine **Brücke** kommt man zur **Hauptgruppe** mit fünf megalithischen Felsentempeln. In 7 m hohen, spitzbogigen Nischen stehen mächtige Sarkophage mit pyramidalen Dachaufbauten. Wie die Gräber der Königinnen ähneln sie den Totenheiligtümern *(candi)* der Singhasari- und Majapahit-Dynastien und zeugen damit eindeutig von der Übernahme des damaligen ostjavanischen Baustils sowie noch älterer indischer Vorbilder. Auch hier hat man weder in den Fassaden, deren Rückfront sich an die natürliche Felswand anlehnt, noch in den Felsen-*candis* auf der gegenüberliegenden Seite Überreste menschlicher Asche gefunden, was die These stützt, dass sie nicht als Mausoleen, sondern als Gedenkstätten für vergöttlichte Herrscher dienten.

Inschriften verweisen auf König Udayana, der im 10. Jh. über Bali herrschte, und seine Familie. Einer Theorie zufolge errichtete man den linken Felsentempel zu Ehren von König Udayana, den rechts danebenliegenden für seine Gemahlin, die aus einem ostjavanischen Fürstengeschlecht stammende Königin Mahendradatta, den mittleren für Udayanas Lieblingskonkubine, den zweiten von rechts für Udayanas Sohn Marakata und den ganz rechts außen für Anak Wungsu, einen weiteren Königssohn und späteren Thronfolger.

Die Mönchsklause

Rechts von der Hauptgruppe befindet sich ein labyrinthartiges, sehr altes Heiligtum, das nur barfuß betreten

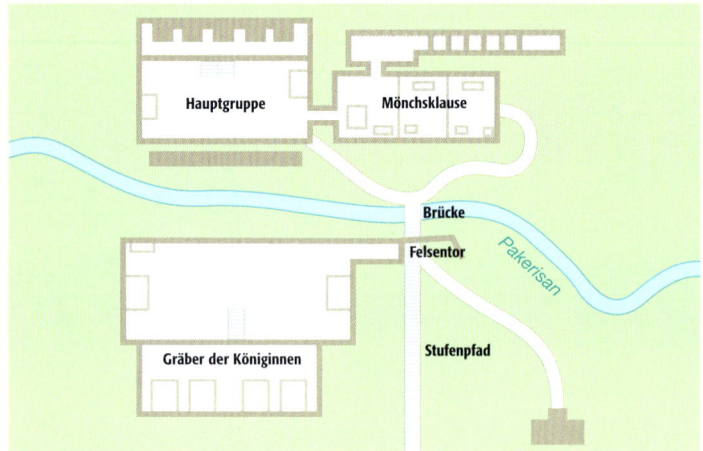

werden darf – vermutlich die Überreste einer **Mönchsklause**, in der einst Eremiten die gesuchte Einsamkeit fanden. Sie stammt vermutlich bereits aus dem 9. Jh. und wäre somit eines der frühesten Zeugnisse hinduistisch-buddhistischen Einflusses auf Bali.

In die Nischen, die man in die Felswand geschlagen hat, zogen sich die Einsiedler zur Meditation und zur Kontaktaufnahme mit den vergöttlichten Königen zurück. Ihre Aufgabe bestand darin, Ratschläge und Weisungen verstorbener Herrscher den lebenden Untertanen zu vermitteln.

Weitere Bauwerke

Ein zehntes *candi*-artiges **Bauwerk**, dessen Bestimmung noch nicht eindeutig geklärt ist, liegt 1 km entfernt am Südende der Schlucht. Vermutlich wurde das vereinzelt stehende Monument für den *patih*, den Premierminister von König Anak Wungsu, errichtet. In der Umgebung entdeckte man mehrere aus den Felswänden gehauene Höhlen, in die sich einst Eremiten zurückzogen. Ein viertelstündiger Spaziergang führt von der Fünfergruppe über Reisterrassen zu einem kleinen **Wasserfall**.

Der Riese Kebo Iwo

Die Legende schreibt die Entstehung der erst 1920 entdeckten Gunung-Kawi-Monumente dem Riesen Kebo Iwo zu. Mit seinen gigantischen Fingernägeln soll er die Königsgräber in einer einzigen Nacht aus dem Fels gekratzt haben.

In der Gestalt des Giganten, auf den auch die Errichtung der Elefantengrotte Goa Gajah (s. S. 177) zurückgeführt wird, mischen sich Fakten und mythische Überlieferungen. Der historische Kebo Iwo war als treuer Minister des letzten unabhängigen balinesischen Fürsten von Bedulu ein Gegner des Majapahit-Premiers Gajah Mada, der ihn nach der Eroberung Balis 1343 ermorden ließ. Der heroische Kampf gegen die Eindringlinge von der Nachbarinsel Jawa sicherte Kebo Iwo einen Platz als Sagengestalt in der Inselmythologie.

192

Von Campuan nach Bangkiang Sidem

Start: Brücke in Campuan; Länge: ca. 7 km; Dauer: bei gemächlichem Tempo 3 Std.; Schwierigkeitsgrad: einfach; indonesische und internationale Gerichte bietet das Karsa Kafe in Bangkiang Sidem

Von der Brücke in **Campuan** schlängelt sich bei der Zufahrt zum Luxushotel Ibah ein schmaler Fußweg hinunter in die Schlucht des Yeh Uos, den man auf einer Steinbrücke überquert. Beim Heiligtum **Pura Gunung Lebah** hält man sich rechts und steigt hinauf auf einen hoch über den Tälern der beiden Flüsse Yeh Uos und Yeh Campuan verlaufenden Bergkamm (Campuan Ridge). Die Wanderung auf dem gepflasterten Weg ist einfach, aber es gibt kaum Schatten. Vor allem frühmorgens bietet sich ein herrlicher Blick auf den **Gunung Agung** im Osten und den **Gunung Batukaru** im Westen sowie auf den zwischen den beiden Vulkanen gelegenen **Gunung Batur.**

Nach gut 2 km erreicht man das von Reisfeldern umgebene Dorf **Bangkiang Sidem,** wo der Fußweg in eine Teerstraße übergeht. In Bambusateliers und -galerien am Rand der Reisfelder kann man Malern über die Schulter gucken und Gemälde direkt bei den Künstlern kaufen.

Etwa 1 km nördlich von Bangkiang Sidem liegt das größere Dorf **Sebali** mit traditionellen Familiengehöften. Allerdings wandert man auf diesem Abschnitt ständig auf ›Tuchfühlung‹ mit Autos und Mopeds. Leider ist auch die nördlich von Bangkiang Sidem links nach **Sanggingan** abzweigende Straße viel befahren. Wer hier nicht laufen möchte, kann sich aber von einem der privaten (Motorrad-)Taxifahrer, die auf dieser Strecke unterwegs sind, zurück nach Campuan bringen lassen. Auf dem Rückweg könnte man einen Besuch im **Museum Neka** in Sanggingan einplanen (s. S. 173).

Von Ubud durch Reisfelder zum Bio-Bauernhof

Start: Abangan Bungalows, Jl. Raya Ubud; Länge: ca. 1 km; Dauer: bei gemächlichem Tempo 30 Min.; Schwierigkeitsgrad: einfach

Dort, wo ein Bewässerungskanal über Ubuds Hauptstraße führt, weist ein Schild zum Öko-Bauernhof **Sari Organik**. Schon nach wenigen Metern schmeicheln sattgrüne Reisterrassen dem Auge. Dank eines ausgeklügelten Bewässerungssystems aus kleinen Kanälen, Gräben und Bambusrohrleitungen und der nährstoffreichen vulkanischen Böden kann bis zu dreimal im Jahr geerntet werden. Nebeneinanderliegende Sawahs (Nassreisfelder) können sich also durchaus in jeweils anderen Wachstumsphasen befinden. So sieht der Wanderer vielleicht, wie

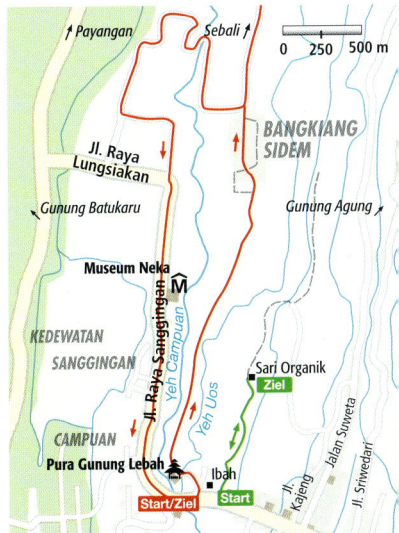

Wanderungen um Ubud

in einem Reisfeld lehmverschmierte Bauern, knietief im Wasser stehend, grüne Setzlinge in den Schlamm drücken, während auf dem Nachbarfeld ein Kerabau-Wasserbüffel, vor einen Holzpflug gespannt, seine Bahnen durch die glitschigen Erdmassen eines abgeernteten Reisfeldes zieht. Womöglich wird ein anderes Feld gerade von Frauen abgeerntet, die die goldgelben Halme bündelweise an langen Bambusstangen zu einem Sammelplatz tragen, wo andere Frauen den Reis dreschen, indem sie die Garben auf den Erdboden schlagen.

Im **Gut Sari Organik** (Tel. 0361 97 20 87, www.sari-organik.com), einem der ersten nach ökologischen Prinzipien wirtschaftenden Bauernhöfe Balis, werden neben dem traditionellen balinesischen Reis Obst, Gemüse und Kräuter angebaut. Im angeschlossenen Restaurant **Warung Bodag Maliah** genießt man bei hervorragenden asiatischen, internationalen und vegetarischen Gerichten einen herrlichen Blick auf Reisfelder.

Pura Tirta Empul und der Petanu-Fluss ▶ J 4

In der hinduistischen Kultur hat das Wasser immer eine große Bedeutung besessen. So soll der Überlieferung zufolge der Götterkönig Indra das Quellheiligtum **Pura Tirta Empul**, ein Wallfahrtsziel aller Anhänger des hindu-balinesischen Glaubens nördlich von Tampaksiring, selbst geschaffen haben. Das Wasser, dem magische Heilwirkung nachgesagt wird, speist auch Balis heiligen Fluss Pakerisan. Zentrum der sakralen Stätte ist ein ummauerter Quellsee, dessen Wasser sich in zwei große Badebecken ergießt. Im rückwärtigen Teil des Tempels trägt die Schildkröte Bedawang Indras Götterthron (tgl. 8–18 Uhr, 15 000 Rp.,

Kinder 7500 Rp.). Während des *odalan*-Tempelfests von Pura Tirta Empul bringen die Einwohner von Manukaya in einer Prozession einen heiligen Stein zur rituellen Reinigung in das Quellheiligtum. Vor wenigen Jahren erst gelang es, eine altbalinesische Inschrift auf der Reliquie zu entziffern, die 962 als Gründungsjahr des Quelltempels angibt. Oberhalb der Tempelanlage ließ Sukarno, erster Staatschef Indonesiens, 1954 einen **Sommerpalast** erbauen.

Von **Manukaya** (▶ J 4) führt eine wenig befahrene Straße vorbei an Reisterrassen nach **Sebatu** (▶ H/J 4). Nach einem Drittel des Weges überquert man den **Petanu**. Für Balinesen galt der Fluss lange Zeit als verflucht. Der Glaube ging auf eine Überlieferung aus den Anfängen des Bali-Hinduismus zurück: Einst fand ein Kampf zwischen Göttern und Dämonen statt, in dessen Verlauf der Dämonenkönig Maya Danawa das Wasser des Petanu vergiftete. Die Götter tranken aus dem Fluss und starben. Nur einer überlebte – Indra, der Götterkönig.

Im Quellheiligtum Pura Tirta Empul (s. o.) ließ er heiliges Wasser aus der Erde sprudeln, mit dem er die Götter wieder zum Leben erweckte und ihnen Unsterblichkeit schenkte. Der Dämonenherrscher konnte getötet werden, sein Blut aber vermischte sich mit dem Wasser des Petanu und vergiftete es erneut. Erst vor einigen Jahrzehnten, nach Ablauf einer 1000-jährigen Bannfrist, wagte man es, das Petanu-Wasser wieder zur Bewässerung der Reisfelder zu verwenden.

Pura Gunung Kawi ▶ J 4

In den Badebecken des Quellheiligtums **Pura Gunung Kawi** am Fuße eines von dichtem Urwald überzogenen Hügels – nicht zu verwechseln mit den

Königsgräbern von Gunung Kawi bei Tampaksiring – unterhalb des Dorfes Sebatu, reinigen sich gläubige Balinesen (Frauen und Männer getrennt) körperlich und spirituell (tgl. 8–18 Uhr, 15 000 Rp., Kinder 7500 Rp.).

Vom Pura Gunung Kawi zurück nach Ubud

Vom Holzschnitzerdorf **Pujung** (▶ H 4) verläuft eine schmale Straße südwärts Richtung Ubud hoch über einem Flusstal, an dessen Hängen sich Reisterrassen staffeln. An einem Aussichtspunkt südlich des Ortes stauen sich an schönen Tagen die Ausflugsbusse. Reisbauern, die *pikulan* genannte wippende Tragestange mit zwei Körben über die Schulter gelegt, posieren dann für Fotografen. In **Tegalalang** (▶ H 4) ist ein florierendes Handwerk für den Touristen- und Exportmarkt entstanden. Hier ›sprießen‹ aus Weichholz geschnitzte Bananenstauden, Papayabäume und Kokospalmen auf den Gehsteigen.

Ein besonderes Schauspiel ist die allabendliche Heimkehr weißer Reiher zu ihren Nistplätzen 1 km westlich von **Petulu** (▶ H 5; 2,5 km nördlich von Ubud; nicht zu verwechseln mit Bedulu!), zu beobachten aus einem Unterstand.

Von Ubud nach Bangli

Am westlichen Ortseingang von Kemenuh, einige Kilometer östlich von **Sakah** (▶ H 5), der Ort, in dem man von Ubud kommend umsteigen muss, will man mit öffentlichen Verkehrsmitteln Richtung Bangli fahren (s. S. 162), weist ein Schild den Weg zum **Air Terjun Tenggunungan** (▶ H 5; 7500 Rp.). Die 2 km lange Stichstraße endet bei einigen kleinen Restaurants. Von dort bietet sich ein schöner Blick auf den Wasserfall, der etwa 20 m tief in eine Urwaldschlucht stürzt.

Blahbatuh ▶ J 5

Aus den Innenhöfen vieler Anwesen in **Blahbatuh** ertönt metallisches Gehämmer – der Ort gilt als ein Zentrum der Herstellung von *gamelan*-Instrumenten. In Handarbeit fertigt man in einem traditionellen Verfahren Gongs und andere Schlaginstrumente.

In Blahbatuh lohnt sich ein Besuch des **Pura Puseh Blahbatuh.** In dem von den Einheimischen auch Pura Gaduh genannten Tempel, einer Nachbildung der bei einem Erdbeben 1917 zerstörten ursprünglichen Anlage, wird der legendäre Riese Kebo Iwo verehrt.

Der historische Kebo Iwo kämpfte als Minister von Raja Ratna Banten, dem letzten unabhängigen Herrscher der Pejeng-Bedulu-Dynastie, Mitte des 14. Jh. gegen den Majapahit-Premier Gajah Mada, konnte aber die Eroberung Balis durch das javanische Heer 1343 nicht verhindern. Der heroische Kampf gegen die Eindringlinge von der Nachbarinsel sicherte Kebo Iwo einen Platz als Sagengestalt in der Insel-Mythologie. In den volkstümlichen Überlieferungen Balis lebt er weiter als Riese, der über Nacht ganze Heiligtümer mit seinen Fingernägeln aus Felswänden herauskratzte. Betrachtet man das meterhohe, steinerne Riesenhaupt von Kebo Iwo, das in einem turmartigen Pavillon des Pura Puseh aufbewahrt wird, könnte man dieser Legende nachgerade Glauben schenken.

Pura Durga Kutri ▶ J 5

Wie Kebo Iwo hat auch die javanische Königin Mahendradatta, die Gattin des balinesischen Fürsten Udayana und

Mutter des balinesisch-javanischen Königs Airlangga, einen Stammplatz in der Mythologie der Insel. Allerdings spielt sie eine unrühmliche Rolle, denn sie gilt als historisches Vorbild für die Oberhexe Rangda, die als Inkarnation des Bösen vom Barong, dem drachenähnlichen Beschützer der Menschen, bekämpft werden muss, sobald sie eine Dorfgemeinschaft zu gefährden droht.

Auch hinter dem Bildnis der achtarmigen, auf einem sterbenden Dämon tanzenden Todesgöttin Durga im **Pura Durga Kutri** (Pura Bukit Dharma) 5 km nördlich von Blahbatuh, vermutet man als historisches Vorbild Mahendradatta. Da sich die Herrscherin nach dem Tod ihres Gatten einem tantrischen Shiva-Kult zuwandte, hat man sie hier als Todesgöttin Dewi Durga, Gattin Shivas, dargestellt. Die

Mein Tipp

Auf ›Safari‹ in Bali
An der Straße nach Klungkung, 10 km östlich von Gianyar, liegt der Bali Safari & Marine Park, ein zoologischer Park mit Tieren aus aller Welt. In dem weitläufigen Areal kann man Sumatra-Tiger, Löwen, Elefanten, Nilpferde, Zebras und Antilopen beobachten. Eine besondere Attraktion vor allem für Kinder ist das Elefantendorf Kampung Gajah, wo kurze Ausritte auf den Rücken der Dickhäuter angeboten werden. Tiervorführungen und ein Streichelzoo runden das Programm ab. **Bali Safari & Marine Park:** Jl. Bypass Prof. Dr. Ida Bagus Mantra Km 19,8, Tel. 0361 95 00 00, www.balisafarima rinepark.com, tgl. 9–17 Uhr, 45 US-$, Kinder 35 US-$, Elefantenritt (30 Min.) 85 US-$, Kinder 55 US-$.

vermutlich aus dem 11. Jh. stammende, stark verwitterte Skulptur steht in einem kleinen Pavillon oberhalb des Tempels, der als bedeutendstes Durga-Heiligtum Balis gilt.

Gianyar und Umgebung ▸ J 5

Die Provinzstadt **Gianyar** (40 000 Einw.) ist zwar ein geschäftiger Verkehrsknotenpunkt und lebhaftes Handelszentrum, für Touristen hingegen eher uninteressant – es sei denn, man beabsichtigt Textilien einzukaufen. Gianyar ist das Zentrum der balinesischen Webindustrie. Obwohl mit der Zeit maschinell gesponnene Fäden und chemische Farbstoffe überhand nehmen, werden hier immer noch handgewebte und handgefärbte Textilien hergestellt, darunter *endek* (s. S. 197).

Einziges Relikt aus der Vergangenheit der Stadt ist der **Puri Gianyar,** der königliche Palast. Seit der Unabhängigkeit Indonesiens haben die einstigen *raja* und ihre Nachfahren keine politische Macht mehr, doch als Förderer und Bewahrer der balinesischen Kunst und Kultur spielen sie im öffentlichen Leben nach wie vor eine bedeutende Rolle.

Viele ihrer Paläste erstrahlen heute in neuem Glanz und dienen den Nachkommen als stilvolle Residenz, so auch der einstige Königspalast von Gianyar. Eine Besichtigung ist leider nicht möglich. Da die Gianyar-Dynastie mit der holländischen Kolonialmacht kooperierte, entging der Puri Gianyar zu Beginn des 20. Jh. der Zerstörung.

Sidan ▸ J 5

Nahe dem Dorf **Sidan,** 3 km nordöstlich von Gianyar an der nach Bangli führenden Hauptstraße gelegen, steht der **Pura Dalem Sidan,** einer der eindrucksvollsten Unterweltstempel Balis. Ein beinahe lückenloser Mantel aus Steinskulpturen und figurenreichen Reliefs überzieht das Heiligtum. Der Abwehr von Dämonen dienen die Rangda-Hexen, die das gespaltene *candi bentar* sowie das in Flammenform errichtete gedeckte Tempeltor bewachen. Die Außenmauern des *kulkul*-Trommelturms sind mit Reliefs und dreidimensionalen Steinbildnissen überzogen, die auf drastische Weise die Bestrafung von Missetätern in der jenseitigen Welt darstellen.

Einkaufen

Die **Webereien in Gianyar** stellen u. a. *endek* her, einen gemusterten Ikat-Stoff. An der Hauptstraße können an Stoffen Interessierte darüber hinaus **Batikprodukte** der hiesigen Manufakturen erwerben.

Bangli ▶ J 4

Die Stadt **Bangli** war früher der Mittelpunkt eines aus der alten Gelgel-Dynastie hervorgegangenen Königreichs. Heute zählt die Stadt knapp 35 000 Einwohner. Bangli liegt ungefähr 500 m hoch in den südlichen Ausläufern des zentralen Gebirgsmassivs. In dieser Höhe wird die Luft bereits merklich kühler, was man durchaus als Labsal nach der schwülen Hitze des Küstentieflands empfinden kann.

Die Bewohner von Bangli feiern angeblich die farbenprächtigsten Tempelfeste auf Bali und sind stolz darauf, mit dem eindrucksvollen und ausgedehnten Komplex des Pura Kehen einen der neun Staatstempel in der Gemarkung ihres Ortes zu besitzen.

Pura Kehen

Tgl. 8–18 Uhr, 15 000, Kinder 7500 Rp.
Die weitläufige Anlage des Staatstempels erstreckt sich 2 km nördlich des Zentrums in mehreren Terrassen über die Flanke des Bergrückens Bukit Bangli. Fantasievolle **Steinfiguren** säumen den Treppenaufgang, der zum reich skulptierten **Haupttor** des vermutlich bereits im 11. Jh. gegründeten Stufenheiligtums führt. Über dem Portal verwehrt ein Kala-Boma-Kopf, eine stilisierte Dämonenfratze, übelwollenden Unterweltswesen den Zutritt.

Ein Banyan-Baum, zwischen dessen Ästen und Luftwurzeln *kulkul*-Trommeln hängen, dominiert den **äußeren Tempelvorhof,** in dessen Ziegelsteinmauern wertvolle chinesische Porzellanteller eingelassen sind. Ein mit steinernem Zierrat überladenes Tor führt zum **zweiten Hof,** wo einst die Krönungszeremonien für die Bangli-Herrscher stattfanden. Den optischen und spirituellen Höhepunkt der Tempelanlage bildet ein **elfstufiger Meru** im Allerheiligsten auf der obersten Terrasse. Hier wird der Hindugott Shiva verehrt.

Wie in allen balinesischen Tempeln haben auch im Pura Kehen neben der Tempelgottheit noch andere Götter ›Hausrecht‹. So ist der reich verzierte **Lotosthron** *(padmasana)* im innersten Tempelbezirk der hinduistischen Dreieinigkeit Brahma-Vishnu-Shiva geweiht. Die Steinskulpturen zeigen den von Durga und Ganesha flankierten Shiva sowie Vishnu, Arjuna, Garuda und, als eine mögliche Inkarnation Brahmas, eine Dämonenfigur.

Auf dem **Gipfel des Bukit Bangli,** den man nach einem halbstündigen Aufstieg erreicht, stehen drei kleine, moosbewachsene Tempel. Grandios ist der Panoramablick, der sich an klaren Tagen von dort oben bietet.

Auf Entdeckungstour: Desa Tradisional Penglipuran – balinesisches Musterdorf

Hier hat man die Chance, genauer in ein balinesisches Dorf zu schauen und dabei Einblick in die balinesische Alltagskultur zu gewinnen. Die Penglipuraner haben ihr Dorf bewusst für Touristen geöffnet.

Reisekarte: ▶ J 4

Adresse: 6 km nördlich von Bangli an der Straße Richtung Batur-See

Öffnungszeiten/Eintritt: tgl. 8–18 Uhr; 30 000 Rp., Kinder 25 000 Rp.

Dauer: gut 2 Std. (ohne Anfahrt)

Wenn man als Urlauber irgendwo auf Bali in einem Dorf ausgesetzt würde, fiele es einem schwer zu sagen, wo man sich befindet, denn ein *desa*, die indonesische Bezeichnung für Dorf, gleicht, abgesehen von Lage und Größe, dem anderen wie eineiige Zwillinge einander. Ein balinesisches Dorf besteht nicht etwa aus einer willkürlichen Ansammlung von Gehöften und Gebäuden, vielmehr folgt der Grundriss strengen Anordnungsprinzipien, die in kosmologischen Vorstellungen wurzeln. An dem Musterdorf Penglipuran bei Bangli wird das Anlageschema aller balinesischen Dörfer deutlich. Balinesische Dörfer sind in ihrer Anlage auf das kosmische Gesamtsystem

(s. S. 74) ausgerichtet. Das bedeutet, dass man bei der Planung die imaginäre zwischen dem Meer (dem Reich des Bösen) und den Bergen (der Sphäre des Göttlichen) verlaufende Achse beachtet. Die Hauptstraße eines Dorfes verläuft immer von der Meerseite Richtung Berge und wird wie in Desa Penglipuran meist im rechten Winkel, also in Ost-West-Richtung, von kleineren Querstraßen gekreuzt. Der kosmischen Ordnung entsprechend ist Penglipuran wie jedes andere balinesische Dorf in drei Zonen gegliedert, mit jeweils einem Tempel, der die Bedeutung der Zone repräsentiert. Zugleich symbolisieren die drei Zonen den Lebenslauf eines Menschen, von den Bergen zum Meer hin, Geburt, Leben und Tod.

Im Reich der Götter

Besucher betreten Penglipuran über eine Querstraße, die etwa in der Ortsmitte auf die gepflasterte Hauptstraße trifft. Wendet man sich nach rechts, gelangt man in das bergwärts gewandte **Oberdorf,** welches auf das Universum bezogen dem Reich der uranischen Mächte entspricht. Dort steht der Brahma, dem Schöpfer der Welt, und den vergöttlichten Gründerahnen geweihte **Ursprungstempel** (pura puseh).

Treffpunkt von Himmlischem und Irdischem – die Dorfmitte

Biegt man nach links ab, kommt man zu einem größeren Platz, der an einem zentralen Schnittpunkt zwischen der Hauptstraße und einer Nebenstraße entstand. Dort gruppieren sich als bedeutendste öffentliche Gebäude der dem Welterhalter Vishnu gewidmete **Dorftempel** (pura desa) und die **Versammlungshalle** (bale agung oder bale banjar), ein wichtiger Treffpunkt der örtlichen Männerwelt. Vergeblich sucht man in Penglipuran nach dem

Musikpavillon (bale gong), in dem das gamelan-Orchester und die Tanzgruppe proben, und nach dem Palast des lokalen Aristokraten (puri) – diese Gebäude findet man nur in wohlhabenderen Dörfern. Doch besitzt Penglipuran wie jedes andere Dorf, das etwas auf sich hält, eine **Halle für Hahnenkämpfe** (wantilan), eine an den Seiten offene, überdachte Holzkonstruktion mit aufsteigenden Sitz- und Stehplätzen, die sich um den Kampfplatz gruppieren. Dörfliche Tempelfeste ohne Hahnenkampf sind undenkbar. Die Unheil bringenden Geister der unteren Sphäre müssen mit Hahnenblut besänftigt werden, damit sie die nachfolgenden religiösen Zeremonien nicht stören. Heute steht oft weniger das religiöse Ritual, als vielmehr die Wettleidenschaft im Mittelpunkt der Hahnenkämpfe, obwohl seit 1982 offiziell nur noch solche Kämpfe erlaubt sind, die Priester aus rituellen Gründen für nötig halten.

Wie in den meisten balinesischen Dörfern steht auch im Zentrum von Penglipuran ein **Banyan-Baum,** in dessen Schatten sich die Dorfbewohner treffen. Der Banyan gilt als heilig und dient als natürlicher Trommelturm, an dem eine aus einem ausgehöhlten Baumstamm hergestellte Signaltrommel (kulkul) hängt. In unterschiedlichem Rhythmus geschlagen, ruft sie zu Tempelfesten oder Dorfversammlungen, warnt bei Feuer oder anderen Unglücksfällen und signalisiert den Bauern am Morgen den Beginn der Feldarbeit.

Im Reich der chtonischen Kräfte

Folgt man der Hauptstraße in südliche Richtung, kommt man zum **Unterdorf.** Jenseits des letzten Gehöfts liegt meerwärts der **Totentempel** (pura dalem), Heimstatt der Todesgöttin Durga und Reich der chthonischen Kräfte – der Dämonen und bösen

Geister. In seiner Nähe befindet sich der **Begräbnis- und Verbrennungsplatz,** der vor allem nachts von allen Dorfbewohnern gemieden wird.

Zeichen der Zusammengehörigkeit

An der Hauptstraße von Penglipuran reihen sich dicht an dicht die **Familienanwesen.** Mit freundlichen Gesten signalisieren manche Dorfbewohner, dass Besucher gegen einen kleinen Obolus in ihrem Anwesen willkommen sind. Die von mannshohen Lehm- oder Steinmauern umgebenen traditionellen Gehöfte mögen Europäern wie abweisende Festungen erscheinen. Für Balinesen sind sie jedoch ein sichtbares Zeichen für das enge Zusammengehörigkeitsgefühl des Familienverbands.

Von der Dorfstraße, zu der die **Umfassungsmauer** des Gehöfts parallel verläuft, führt eine Treppe zu einem schmalen **Eingangsportal.** Dies ist ein überdachtes, schmuckloses Tor, oft ohne verschließbare Tür. Hinter jedem Hofeingang befindet sich eine kleine querstehende **Schutzmauer.** Sie dient nicht nur als Blickfang, sondern soll vor allem nachts Dämonen und bösen Geistern den Zutritt verwehren. Diese können sich nach balinesischer Vorstellung nur geradeaus bewegen und würden sich an der *aling-aling* genannten Sperre in ihrer Raserei die Köpfe einrennen.

Die Anlage eines Familiengehöfts

Da auf Bali alles mit allem in Verbindung steht, weisen auch die Familiengehöfte – wie die Tempelanlagen und Dörfer sowie als kleinste Einheit der menschliche Körper – die gleiche Dreiteilung wie der Makrokosmos auf. Um den Innenhof gruppieren sich die Gebäude, deren Anordnung einer imaginären, vom Berg zum Meer verlaufenden Achse folgt.

Gleich rechts vom Eingang – stets auf der meerwärts gelegenen *kelod*-Seite angeordnet – befindet sich der **niedere Bereich.** Hier sehen Sie die wegen des Tierbluts als unrein geltende **Küche.** Im ›niedrigen‹ Teil befinden sich auch der Schweinekoben und die Abfallgrube. Übertragen auf die Körper-Kosmos-Symbolik entspricht erstere den Beinen, Letztere dem After. Unter Umständen besitzt das Anwesen, in das man Sie führt, hinter der Küche auch einen **Reisspeicher** *(lumbung).* Dies ist ein kleines Gebäude aus Holz und Bambus, das zum Schutz vor Bodenungeziefer auf Stelzen steht. In neueren Gehöften fehlt der Reisspeicher oft, denn immer häufiger wird der Reis nicht mehr in Garben aufbewahrt und jeden Tag geschält, sondern vom Feld direkt zu einer Mühle zum Enthülsen gebracht.

In der **Mitte des Gehöfts** steht ein halb offener **Pavillon** *(bale)* mit einer Plattform zum Ruhen als Aufenthaltsraum, in dem sich das gesellige Leben abspielt, dem ganzen Familienverband zur Verfügung. Im zentralen Teil des Anwesens verfügt jedes zur Großfamilie gehörende verheiratete Paar über ein zumeist einräumiges eigenes **Wohn- und Schlafhaus.** Die spirituelle Ausrichtung setzt sich im Innern dieser Gebäude fort: Die Betten in den aus Ziegeln und Holz gebauten Häuschen sind stets so aufgestellt, dass beim Schlafen der Kopf bergwärts weist, auf die Welt der Götter, oder wenigstens nach Osten, wo die Sonne aufgeht, die nächstgünstige Position. Die als unrein geltenden Füße müssen immer in Richtung Meer zeigen. Analog zur Körper-Kosmos-Symbolik bilden die Wohn- und Schlafgemächer sowie die Gemeinschaftspavillons die Mittlere Welt bzw. die Arme.

Immer ausgerichtet auf den balinesischen Göttersitz, den heiligen

Gunung Agung, liegen an der bergzugewandten Seite, also im **oberen Bereich,** das verschließbare **Wohnhaus der ranghöchsten Familienmitglieder** sowie – stets in der bergwärts gelegenen östlichen Ecke – der **Familien- oder Hausschrein** *(merajan* für den Adel, *sanggah* für das Volk), in dem den Göttern und Ahnen Ehrerbietung bekundet wird. Hat man Sie in das Anwesen einer wohlhabenden Familie eingelassen, werden Sie einen Schrein sehen, der die Ausmaße eines kleinen Tempels besitzt. Das Heiligtum, das aus einem oder mehreren kleineren, mit Reisstroh gedeckten Schreinen besteht und oft zusätzlich durch eine niedrige Mauer vom profanen Teil des Gehöfts abgegrenzt wird, entspricht der göttlichen Sphäre oder, wenn man das Gehöft mit dem menschlichen Körper vergleicht, dem Kopf. In reichen Familien besitzt das Haus des Familienoberhaupts Außenterrassen, an denen sich dessen sozialer Status erkennen lässt – je höher der Rang, desto mehr Terrassen. In der Nähe des Hausschreins steht ein **Zeremonial-** **pavillon** *(bale gede),* in dem die Übergangsrituale, Zeremonien im Leben eines Menschen (etwa die Zahnfeilung), vollzogen werden.

Magische Maße

Um die Harmonie zwischen Gehöft und Bewohnern zu gewährleisten, baut man nach einem System magischer Maße. So müssen die verschiedenen Abmessungen des Familienanwesens immer in Relation zu den Körpermaßen des *kepala keluarga,* des Familienoberhaupts, stehen. Nachdem ein der alten Baukunst kundiger Architekt vom Familienoberhaupt die notwendigen Maße genommen hat, bestimmt er unter Berücksichtigung der Kastenzugehörigkeit und des Vermögens des Bauherrn sowie der örtlichen Gegebenheiten, wie etwa der Himmelsrichtung und des Wasserflusses, die Länge der Umfriedungsmauer oder die Größe der einzelnen Häuser und Pavillons.

Für die Balinesen steht fest: Wer die Dinge verdreht, wird dies schnell am eigenen Leib verspüren – er wird krank oder ihm widerfährt allerlei Unbill.

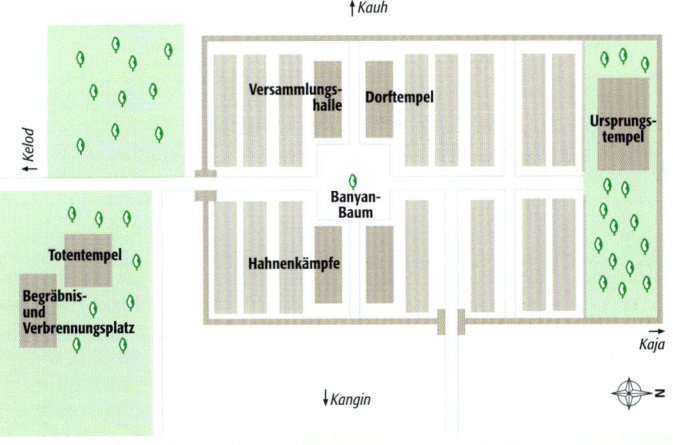

Ostbali

Auf Entdeckungstour

Höllen- und Himmelfahrt als ›Comic-Strip‹ – Kerta Gosa: Den Dachstuhl der im 18. Jh. erbauten Gerichtshalle Kerta Gosa in Klungkung schmücken Fresken im zweidimensionalen Wayang-Stil, die alle Freuden des Paradieses und alle Schrecken der Hölle schildern. S. 206

Pura Besakih: An den südwestlichen Ausläufern des heiligen Gunung Agung liegt der Pura Besakih, als Muttertempel das Zentrum des religiösen Lebens auf Bali. S. 210

Das Bali-Aga-Dorf Tenganan – eine prähinduistische Enklave: Westlich von Candi Dasa liegt im hügeligen Hinterland das Bali-Aga-Dorf Tenganan. Hier fühlt man sich in eine längst vergangene Epoche versetzt. S. 226

Kultur & Sehenswertes

Goa Lawah: In dem östlich von Klung-kung gelegenen Fledermaustempel Goa Lawah, der zu den bedeutends-ten Heiligtümern Balis gehört, vereh-ren die Gläubigen zwei mythologische Schlangen. S. 216

Puri Agung Kanginan: Noch immer weht der Hauch einer glanzvollen Vergangenheit durch die Palastanlage in der alten Königsstadt Amlapura. S. 225

Aktiv unterwegs

Wandern: Wer die Strapazen des be-schwerlichen Auf- und Abstiegs nicht scheut, kann seine Bali-Eindrücke mit einer spannenden Trekkingtour auf den Gunung Agung krönen. S. 209

Surfen: Surfer aus aller Welt schätzen die wilden Brandungsstrände bei Jun-gutbatu, der ›Hauptstadt‹ der Insel Nusa Lembongan. S. 236

Genießen & Atmosphäre

Meditation und Yoga: Das beschauli-che Dorf Sidemen entwickelte sich in den letzten Jahren zu einem Ziel für Stressgeplagte auf der Suche nach spi-rituellem Erleben. S. 214

Cabé Bali: Abseits vom Touristenrum-mel liegt bei Tirtagangga diese kleine, von Reisfeldern umrahmte Bungalow-anlage, wo nachts allenfalls das Kon-zert der Frösche die Ruhe stört. S. 232

Abends & Nachts

Crazy Kangaroo: Hier trifft sich nach Sonnenuntergang ›toute Candi Dasa‹. S. 224

Tauchen: Bei nächtlichen Tauchgängen erlebt man die Farbenpracht der Un-terwasserwelt vor den Küsten Ostbalis besonders intensiv. Wegen der artenrei-chen submarinen Welt sind Padang Bai, Amed und Tulamben beliebte Ziele für Taucher und Schnorchler. S. 217, 230, 234

Rund um Balis heiligsten Berg

Der Gunung Agung ist Balis heiligster Berg, Sitz der Götter und Standort des Muttertempels Pura Besakih. Doch mit Klungkung kann man in diesem Teil Balis auch eine der einst ranghöchsten Städte der Insel besuchen und in Ten-ganan Einblick in die vorhinduistische balinesische Kultur gewinnen. Und schließlich warten mit Padang Bai und Candi Dasa am Meer Orte, wo man seine Eindrücke verarbeiten und einfach entspannen kann.

An der Ostspitze Balis kontrastieren üppige Reisfeldlandschaften, etwa bei Amlapura, Ujung und Tirtagangga, mit herrlichen Küstenpanoramen und vom Ausbruch des Gunung Agung 1963 geprägten Landstrichen.

Infobox

Anreise und Weiterkommen

Busse und *bemo* nach Klungkung ab Terminal Batubulan, 8 km nordöstlich von Denpasar. Busse und *bemo* ab Klungkung Richtung Osten (Candi Dasa, Amlapura u. a.) von der Hauptstraße im östlichen Stadtgebiet. Busse und *bemo* nach Denpasar/Terminal Batubulan vom Terminal südlich des Taman Gili in Klungkung. *Bemo* Richtung Norden vom Terminal nordöstlich des Taman Gili. Nur an Festtagen fahren von Klungkung *bemo* zum Pura Besakih. Ansonsten erreicht man mit öffentlichen Verkehrsmitteln meist nur das Dorf Menanga, 6 km südwestlich des Tempels.
Auf der durch das hügelige Hinterland verlaufenden Nebenstrecke Richtung Amlapura verkehren nur sporadisch *bemo*. Wirklich genießen kann man die landschaftlich überaus reizvolle Fahrt nur mit einem gemieteten Moped oder Auto.
Busse und *bemo* nach Amlapura von Terminal Batubalan 8 km nordöstlich von Denpasar. Vom Terminal im Zentrum von Amlapura regelmäßig *bemo* nach Ujung und Tirtagangga sowie sporadisch nach Tista. Mehrmals tgl. *bemo* und Busse auf der wenig befahrenen Straße entlang der Nordostküste zwischen Amlapura und Singaraja.

Klungkung ▶ J/K 5

Als einstiger Sitz des *dewa agung,* des Erhabenen Gottes, des ranghöchsten der balinesischen *raja,* nahm das heute 28 000 Einwohner zählende **Klungkung**, das mittlerweile offiziell den unter seinen Einwohnern noch lange nicht geläufigen Namen **Semarapura** trägt, jahrhundertelang eine besondere Stellung ein. Der Machtbereich der Klungkung-Herrscher erstreckte sich über die Grenzen der Insel hinweg über Lombok und Sumbawa bis nach Südsulawesi. Ende des 15. Jh. nach dem Zusammenbruch des ostjavanischen Großreichs von Majapahit und der Flucht der hindu-javanischen Adeligen nach Bali entwickelte sich das 4 km südlich von Klungkung gelegene Gelgel zum Mittelpunkt eines neuen, mächtigen Königreichs, bevor der Sitz der Dynastie 1710 nach Klungkung verlegt wurde.

Der Hof der Klungkung-Herrscher, die als *dewa agung* einen kulturell-religiösen wie auch politischen Führungsanspruch hatten, wurde zu einem Hort von Kunst und Kultur. Hier erreichten Musik und Tanz sowie die heute noch gepflegte Wayang-

Malerei eine Blüte, hier entwickelte sich das höfische Zeremoniell. Mit ihrem Feldzug gegen die rebellischen südbalinesischen Königreiche leiteten die Niederländer Anfang des 20. Jh. das Ende der mächtigen Dynastie ein.

Eine Rolle als Marionetten der holländischen Kolonialherren lehnten die stolzen Klungkung-Könige ab. So wiederholte sich zwei Jahre nach dem blutigen Ritual des *puputan* von Badung (s. S. 51, 107) 1908 der grausame Massenselbstmord vor den Toren des Puri Semarapura, des Herrscherpalasts von Klungkung, als den die Niederländern bei ihrer Strafexpedition in Schutt und Asche gelegt wurde. Den Königshof hat man nicht wieder aufgebaut. Dort erinnert heute inmitten des lebhaften Verkehrs ein **Denkmal** an die rituelle Selbstvernichtung.

So hat Klungkung heute bis auf die historischen Holzpavillons im Taman Gili (s. u.) recht wenig zu bieten. Einen Besuch lohnt aber der weitläufige **Markt** in der Nähe des gepflegten Parks.

Taman Gili

Tgl. 8–18 Uhr, 12 000 Rp., Kinder 6000 Rp., englischsprachiger Führer 40 000 Rp.

Einziges Zeugnis aus höfischer Zeit ist der in der Ortsmitte von Klungkung gelegene Taman Gili (Park mit Inselchen), wo sich zwei bedeutende Bauwerke erheben: die im 18. Jh. erbaute Gerichtshalle **Kerta Gosa** (s. S. 206) und der inmitten eines künstlichen, von einem bunten Teppich aus Lotosblüten und -blättern bedeckten Teiches gelegene **Bale Kembang,** in dem früher die Zeremonien des Zähnefeilens stattfanden. Wie die Gerichtshalle vermittelt der mit einzigartigen Fresken im zweidimensionalen Wayang-Stil, die Szenen aus dem »Mahabharata« zei-

gen, ausgeschmückte ›schwimmende‹ Pavillon eine Ahnung von der Prachtentfaltung am Königshof von Klungkung. Das kleine **Museum** hinter dem Bale Kembang präsentiert neben historischen Fotografien auch Memorabilien der Königsfamilie und eine Sammlung prachtvoller Kris-Dolche.

Essen & Trinken

Einfach gut – **Bali Indah:** Jl. Nakula 1, Tel. 0363 210 56, tgl. 7–20 Uhr. Gericht ab 30 000 Rp. Nach dem Besuch des Taman Gili kann man sich in diesem von einer freundlichen chinesischstämmigen Familie geführten Lokal stärken. Das Bali Indah liegt am Markt gleich gegenüber vom Taman Gili und bietet einfache, aber leckere chinesische und indonesische Gerichte.

Ausflug nach Gelgel und Kamasan

Im Malerdorf **Kamasan** (▶ K 5) zwischen Klungkung und Gelgel pflegt man die alte höfische Kunst der Wayang-Malerei. Hier leben auch viele Gold- und Silberschmiede, die nach Motiven aus dem 19. Jh. Schmuck anfertigen, den Frauen bei Tempelzeremonien tragen.

Etwa 4 km südlich von Klungkung, liegt **Gelgel** (▶ J/K 5), das einstige Machtzentrum der Majapahit-Emigranten, in dem nichts mehr auf die große Vergangenheit hindeutet.

Südlich von Gelgel steht an einem schwarzen Sandstrand der Meerestempel **Pura Batu Klotok** (▶ J 5). Während eines Melasti-Festes drei Tage vor Nyepi, dem balinesischen Neujahr, werden hier Tempelreliquien aus dem Muttertempel Pura Besakih einer aufwendigen rituellen Reinigung unterzogen. ▷ S. 209

Auf Entdeckungstour: Höllen- und Himmelfahrt als ›Comic-Strip‹ – Kerta Gosa

Ein faszinierender Blick auf Himmel und Hölle gemäß dem Hindu-Epos »Bimas Höllen- und Himmelfahrt« – wunderbar illustriert durch die Wayang-Malereien in der historischen Gerichtshalle – hoffen Sie auf die Freuden des Paradieses und fürchten Sie die Schrecken der Hölle.

Reisekarte: ▶ J 5

Adresse: Ortsmitte von Klungkung
Öffnungszeiten: tgl. 8–18 Uhr
Eintritt: 12 000 Rp., Kinder 6000 Rp.
Dauer: 1 Std.

Himmel und Hölle kommen sich in Klungkung sehr nahe, zumindest in der offenen, im 18. Jh. erbauten **Gerichtshalle Kerta Gosa,** in der einst der oberste Gerichtshof von Bali tagte. Im alten Justizpavillon wurde von drei Brahmanen-Priestern noch bis in holländische Zeiten nach balinesischer Tradition Recht gesprochen. Hier wurden alle Fälle behandelt, die nicht innerhalb der Familie oder Dorfgemeinschaft geregelt werden konnten, denn der *kerta* (wörtlich Richter) war das höchste Gericht der Insel, und bei Weitem das strengste.

Aus naheliegenden Gründen schmückten die Könige von Klungkung im 18. Jh. die Decke ihrer Gerichtshalle mit Motiven aus dem

Hinduepos »Bima Suarga« (»Bimas Höllen- und Himmelfahrt«). Man stelle sich die armen Angeklagten vor, die vor ihren Richtern knieten und den Blick an die Decke schweifen ließen, auf der Malereien ihnen drastisch vor Augen führten, was sie nach dem Richterspruch zu erwarten hatten, falls sie für schuldig befunden wurden. Das hohe Gericht von Klungkung war so gefürchtet, dass die Dorfgemeinschaften alles daransetzten, Streitigkeiten intern zu regeln, eine Gepflogenheit, die noch heute in den *banjar* gang und gäbe ist. In unserer Zeit ist Kerta Gosa Ziel von Klassenfahrten, denn die in den Gemälden dargestellten Gebote mit Strafandrohung (»Du sollst nicht …, sonst …«) bilden den balinesischen Moralkodex. Hier lernen noch heute Jungen und Mädchen, was Recht und Unrecht ist.

Eintritt in Himmel und Hölle

Nachdem Sie die kurze Treppe zur Gerichtshalle hinaufgestiegen sind, wenden Sie sich nach links und betrachten die Deckenmalereien im Uhrzeigersinn. Die weit über 200 Bildtafeln sind in neun Reihen im Dachstuhl angebracht und im klassischen Wayang-Stil – flächig und ohne Perspektive – gemalt.

Bimas Reise in die Unterwelt

Die Fresken der fünf unteren Bildreihen zeigen Szenen von Bimas Reise in die Unterwelt, vor allem illustrieren sie seinen Aufenthalt in der Hölle. Auf Geheiß seiner Mutter Dewi Kunti, der ersten Frau seines verstorbenen Vaters, König Pandus, zieht Bima in das Reich des Totengottes Yama. Sein Auftrag lautet, König Pandu und dessen zweite Frau Dewi Madri zu befreien, die in der Hölle Qualen erleiden. König Pandu beging nämlich unwis-

sentlich den größten Frevel, den ein Hindu auf sich laden kann – während einer Jagd tötete er einen Brahmanen, der die Gestalt einer Hirschkuh angenommen hatte. Doch nach zwölf Jahren harter Strafe scheint die Zeit für die Erlösung reif.

Qualen der Hölle

Während seines Besuchs in der Hölle erlebt Bima, welche gnadenlosen Strafen sich die Helfer des Totengottes Yama für die armen Sünder ausgedacht haben: Dieben werden die Hände abgehackt, Mörder in siedendem Öl gesotten (Abb. S. 208), Lügnern die Zungen herausgerissen, Ehebrechern mit Fackeln die Genitalien verstümmelt, korrupte Beamte in glühende Lava getaucht. Frauen, die abgetrieben haben, werden von den betroffenen Embryos ins Feuer gestürzt. Mütter, die sich weigerten ihre Kinder zu stillen, sind dazu verurteilt, auf ewig Raupen an ihrem Busen zu nähren.

Bima befreit die Gemarterten

Danach sehen Sie, wie Bima Yama bittet, seinen Vater und seine Stiefmutter freizulassen. Doch der weigert sich. Es

Bestrafung von Übeltätern – Mörder werden in siedendem Öl gesotten

kommt zum Kampf zwischen Bima und Yamas Söldnern. Auf einem Deckengemälde sieht man Bima wie einen Berserker wüten, doch alle von seinen Gegnern abgeschossenen Pfeile prallen von ihm ab. Schließlich überwältigen Bima und seine beiden Begleiter, Mredah und Twalen, die Höllenarmee und befreien die Seelen. Allein König Pandu und seine Frau Dewi Madri zeigen keine Spur von Leben.

Bimas Himmelfahrt

Ab der sechsten Bildreihe sehen Sie, wie Bima seine Reise in die himmlische Welt fortsetzt. Zunächst wieder auf der Erde, beten alle vergeblich für das Königspaar. Nur mit *tirtha*, dem heiligen Wasser, können sie von ihren Sünden reingewaschen werden. So schickt Dewi Kunti ihren Sohn Bima in den Himmel, um das Lebenselixier zu holen. Da Sterblichen der Zutritt zum Himmel verboten ist, gerät Bima dort mit einigen niederrangigeren Gottheiten in Streit. Eine Tafel zeigt, wie Bima blindwütig beginnt, alles kurz und klein zu schlagen (Abb. S. 206). Nur einer kann ihn stoppen – sein eigentlicher Vater, der Windgott Bayu. »Hör auf!«, befiehlt er seinem Sohn. Als Bima nicht gehorcht, tötet der wütende Bayu ihn mit einem Faustschlag. Sofort wird es dunkel im Himmel. Blumen und Bäume welken. Trübsal legt sich über die Seelen der Verstorbenen. Plötzlich taucht von einer strahlenden Wolke umhüllt Shiva auf, der Gott der Götter, und spricht: »Steh auf, Bima. Lass Kraft in alles fließen, das schwach ist.« Mit diesen Worten überreicht er ihm das heilige Wasser. Im Scheitelquadrat des Pyramidendachs zeigt ein Gemälde das Happy End: König Pandu und seine zweite Frau Dewi Madri trinken von dem lebensspendenden *tirtha* und thronen im Himmel neben Shiva auf einem *meru*-Göttersitz.

Nach Amlapura

Eine schmale Landstraße führt von Rendang abseits der Touristenströme durch Terrassenfelder und schöne Täler an den südlichen Ausläufern des Gunung Agung entlang nach Subagan, 2 km südwestlich von Amlapura. Bei **Muncan** (▶ K 4) schmiegen sich Reisterrassen an die Bergflanken. Zwischen Muncan und Selat überquert die Straße eine tief eingeschnittene Schlucht, durch die der **Yeh Unda** tost. Auf diesem und anderen Gebirgsflüssen in der Gegend lernt man Bali bei Wildwasserfahrten (s. S. 31) von einer ganz anderen Seite kennen.

Von Selat schlängelt sich eine schlaglochübersäte Bergpiste ca. 10 km den Göttervulkan hinauf. Sie endet am **Pura Pasar Agung** (▶ L 4, 1500 m), dem Ausgangspunkt für die südliche Aufstiegsroute zum Gunung Agung. Den Tempel hat man in den 1980er-Jahren neu errichtet, nachdem das ursprüngliche Heiligtum 1963 beim Ausbruch des Agung unter Lava verschüttet worden war.

Übernachten

Guter Stützpunkt – **Mahagiri Resort:** Rendang, Tel. 0811 380 50 09, www.mahagiri.com. DZ 65–100 US-$. Nahe am Gunung Agung gelegen, 14 komfortable Zimmer in Doppelbungalows, Restaurant mit tollem Blick, Pool. Der Besitzer, Made Sugiri, organisiert die Besteigung des Vulkans auf der Süd- wie auf der Südwestroute (1 500 000 Rp. bzw. 1 750 000 Rp. jeweils für 2 Pers.).

Besteigung des Gunung Agung

Start: Pura Pasar Agung bei Selat oder Pura Besakih; Dauer: je nach Route 8–14 Std.; Schwierigkeitsgrad: *moderat bis schwierig; Planung: Auf- und Abstieg erfolgen jeweils auf dem gleichen Weg. Wer für die Anfahrt zum Pura Pasar Agung ein eigenes Fahrzeug hat, kann in Padang Bai oder Candi Dasa übernachten. Dort vermitteln Hotels oder Reiseagenturen auch ortskundige Führer. Wer sich für die längere Südwestroute entscheidet, sollte im Dorf Besakih, wo man ebenfalls geländekundige Führer findet, in einer Privatunterkunft übernachten. Da sich der unmarkierte Pfad zum Gunung Agung im dichten Bergdschungel sowie in der von Lavaströmen zerfurchten Gipfelregion häufig verzweigt, sollte man einen Bergführer anheuern (ab ca. 700 000 Rp./Pers., bei mehreren Wanderern ab ca. 350 000 Rp./Pers.) oder eine organisierte Tour buchen (ab ca. 1 500 000 Rp./Pers., inkl. Anreise zum Ausgangspunkt)*

Zur Ausrüstung gehören eine gute Taschen- bzw. Stirnlampe, Bergschuhe sowie Kälte- und Nässeschutz. Nicht vergessen darf man ausreichend Trinkwasser, denn unterwegs gibt es keine Quellen oder Bäche. Die besten – weil trockensten – Klettermonate sind Mai bis September.

Mit seinen 3142 m ist der von den Balinesen zum Sitz der Götter erkorene Vulkan Gunung Agung, der zzt. nur »auf kleiner Flamme köchelt«, der höchste Inselgipfel. Zwar benötigt man für die Besteigung keine bergsteigerische Erfahrung, doch ist der recht steile Aufstieg, der häufig über loses Eruptionsmaterial führt, alles andere als ein Spaziergang. Zwei Trekking-Routen führen auf den Gunung Agung.

Südroute ab Pura Pasar Agung

Der leichtere, kürzere südliche Aufstieg beginnt am **Pura Pasar Agung** auf 1500 m. Man erreicht ▷ S. 213

Auf Entdeckungstour:
Pura Besakih – der Tempel aller Tempel

**Von Klungkung führt eine kurvenreiche Bergstraße nordwärts über den groß-
artigen Aussichtspunkt Bukit Jambul durch Reisfelder und -terrassen zum etwa
20 km entfernten, 950 m über dem Meeresspiegel an der Flanke des Gunung
Agung gelegenen Pura Besakih, dem Tempel aller Tempel.**

Reisekarte: ▶ K 4

Ausgangspunkt: Klungkung; nur an
Festtagen fahren von Klungkung
bemos zum Pura Besakih. Ansonsten
erreicht man mit öffentlichen Verkehrsmitteln zumeist nur das Dorf Menanga,
6 km südwestlich des Tempels, wo man
aber ein Fahrzeug chartern kann.
Tipps: Der Besuch empfiehlt sich früh
am Tag. Vorsicht ist bei den selbst
ernannten Führern angebracht, die
am Eingang ihre Dienste anbieten.

Öffnungszeiten/Eintritt: tgl. 8–18 Uhr,
15 000 Rp., Kinder 7500 Rp., Sarong
und Tempelschal erforderlich

Dauer: 2–3 Std. (ohne Anfahrt)

Essen & Trinken: In Rendang (▶ K 4)
genießt man im halb offenen Terrassenrestaurant des Mahagiri Resort
(s. S. 209) bei guten balinesischen und
indonesischen Gerichten (30 000–
70 000 Rp.) den herrlichen Blick über
die Reisfelder auf den Gunung Agung.

Die Ursprünge des 950 m über dem Meeresspiegel gelegenen Pura Besakih lassen sich bis in die prähinduistische Epoche verfolgen. Bereits in grauer Vorzeit befand sich hier eine Kultstätte, in der man die Gottheiten des Agung-Vulkans verehrte – in einer von Vulkanausbrüchen und Erdbeben heimgesuchten Region verständlich. Laut Überlieferung gründete der legendäre Priester Sanghyang Markandeya aus Java hier im 8. Jh. ein Terrassenheiligtum, in dem man hinduistisch-shivaistische Tempelrituale abhielt.

Seit Ende des 15. Jh. dient das Zentralheiligtum von Besakih als Ahnentempel der ehedem führenden balinesischen Dynastie, des Königshauses von Gelgel-Klungkung. Zugleich ist die weitläufige Tempelstadt am Fuße von Balis höchstem und heiligstem Vulkan, der als Sitz der Götter und symbolischer Mittelpunkt des Universums angesehen wird, das Hauptheiligtum der Insel und ›Muttertempel‹ sämtlicher Tempel auf Bali. So unterhält jedes der alten Fürstengeschlechter in Besakih einen eigenen Bezirk, jede bedeutende Sippe und jede Zunft sowie alle Dorfgemeinschaften haben hier Schreine und Altäre errichtet, über die ihre Tempel mit dem zentralen Heiligtum verbunden sind – der Pura Besakih gilt als Symbol für die Einheit der balinesischen Hindu-Dharma-Religion.

Aufbau des Tempelkomplexes

Über einen Zeitraum von mehreren Jahrhunderten wurde Pura Besakih ständig umgebaut und erweitert. Heute breitet sich vor dem Massiv des balinesischen Olymp ein weitläufiges Areal aus, das sich in drei Hauptheiligtümer und 30 Nebentempel mit insgesamt rund 200 Bauwerken gliedert. Der Zutritt zu den inneren Bezirken der Tempelheiligtümer ist – als Folge des Touristenstroms, der sich tagtäglich über Besakih ergießt – nur Mitgliedern der hindu-balinesischen Glaubensgemeinschaft gestattet, aber auch der Blick über die niedrigen Umfassungsmauern ist eindrucksvoll.

Das Hauptheiligtum

Am obersten Parkplatz beginnt eine knapp 1 km lange Prozessionsallee, die von zahlreichen Verkaufsständen und mehreren kleineren Sippentempeln gesäumt wird. Sie endet beim heiligsten Tempel, dem **Pura Panataran Agung Besakih**, in dem der eine allmächtige Gott, Sanghyang Widhi Wasa, in seiner wichtigsten Erscheinungsform als Shiva verehrt wird. Eine von Heroen des »Mahabharata« bewachte Treppenflucht führt zum *candi bentar,* dem Gespaltenen Eingangstor des Shiva-Tempels, der aus rund 60 Einzelbauten besteht, die sich auf sieben übereinander gestaffelte Terrassen verteilen. Im Allerheiligsten, das man durch ein überdachtes, reich verziertes Tor (*kori agung*) betritt, beten Gläubige vor dem wichtigsten Schrein des Besakih-Komplexes – dem Sanggar Agung genannten dreisitzigen Lotosthron *(padmasana),* Ehrensitz für Sanghyang Widhi Wasa bei Tempelzeremonien. Auf den darüberliegenden Terrassen erheben sich drei- bis elfstufige *meru,* die Hindu-Gottheiten oder vergöttlichten Vorfahren geweiht sind.

Weitere Tempel

Der **Pura Basukihan Puseh Jagat** mit einem siebenstufigen *meru* rechts unterhalb des Treppenaufgangs zum Hauptheiligtum wird als Ursprungsschrein und Namensgeber der Gesamtanlage betrachtet. Der kleine Tempel an der Nordwestecke des Pura Panataran Agung Besakih, der **Pura Ratu Pande,** fungiert als Zunfttempel der *gamelan-,* Gong- und Waffenschmiede.

Vorbei an mehreren Nebentempeln führt ein Fußpfad über eine von Wächterdämonen geschützte Steinbrücke zum **Pura Kiduling Kreteg,** dem östlichen Haupttempel, der dem Gott Brahma geweiht ist und von der Karangasem-Dynastie unterhalten wird. Westlich des Pura Panataran Agung liegt das mit dem Fürstentum Bangli verbundene Vishnu-Heiligtum **Pura Batu Madeg.** Diese Tempeltriade symbolisiert die hinduistische Dreieinigkeit. Während der zahlreichen Feste und Zeremonien werden die Schreine der Tempel mit Tüchern und Bannern in den Symbolfarben der drei Gottheiten geschmückt: Weiß für Shiva, Rot für Brahma und Schwarz für Vishnu.

Im Gegensatz zu anderen balinesischen Tempeln, die von ihrem üppigen Skulpturenschmuck geradezu erdrückt werden, präsentiert sich der Tempelkomplex von Besakih in einer bemerkenswert schlichten und nüchternen Architektur. Für dieses ›Manko‹ entschädigt die herrliche Lage reichlich. Der beste Überblick über die Tempelanlage bietet sich von einem **Aussichtspunkt** oberhalb, nordöstlich des Zentralheiligtums. Zum Besakih-Komplex gehören auch die malerisch gelegenen kleinen Tempel **Pura Gelap** und **Pura Pengubengan** (Gehzeit ca. 30 bzw. 60 Min).

Tempelzeremonien

Der Stellenwert des Pura Besakih kommt allein schon dadurch zum Ausdruck, dass hier im Laufe eines 210 Tage umfassenden balinesischen Kalenderjahres mehr als 70 Feierlichkeiten abgehalten werden. Zudem ist der ›Muttertempel‹ Schauplatz der wichtigsten religiösen Zeremonien auf Bali. Im März oder April findet das bedeutendste Jahresfest statt, das farbenprächtige Bhatara Turun Kabeh. Tausende von Gläubigen aus ganz Bali pilgern dann hierher. In endlosen Prozessionen balancieren festlich gekleidete Frauen oftmals bis zu 20 kg schwere Opfertürme auf ihrem Haupt zum Tempel. Dort warten schon die aus ihren himmlischen Gefilden herabgestiegenen Götter und vergöttlichten Ahnen, denen zu Ehren ein Festmahl bereitet wird. Alle zehn Jahre strömen zwei Monate lang Tag für Tag Pilger aus ganz Bali hierher, um im Rahmen der Landreinigungszeremonie Panca Wali Wrama Opfergaben darzubringen und von Priestern geweihtes Wasser in Empfang zu nehmen.

Nur alle 100 Jahre wird hier das Eka-Dasa-Rudra-Fest begangen, das größte balinesische Opferritual, wobei das gesamte Universum rituell gereinigt wird. Bei Vorbereitungen für die Jahrhundertfeier 1963 brach der Gunung Agung aus. Die Katastrophe forderte auf Ostbali rund 2000 Tote und machte fast 300 000 Menschen obdachlos. Doch die Gläubigen, die hier im Tempel ausharrten, blieben unversehrt. Wie durch ein Wunder stoppte der Lavastrom kurz vor dem Heiligtum. 1979 wurde das Fest, dieses Mal ohne Zwischenfälle, nachgeholt.

Pura Pengubengan

Pura Gelap

Pura Batu Madeg

Aussichtspunkt

Pura Ratu Pande

Pura Kiduling Kreteg

Pura Panataran Agung Besakin

Pura Basukihan Puseh Jagat

Besteigung des Gunung Agung

den Tempel von **Selat** aus auf einer ca. 10 km langen, holprigen, aber von robusten Autos befahrbaren Straße. Den Weg vom Tempel zum Kraterrand bewältigt man bequem in 5 Std., zurück geht es in 3–4 Std. Das große Manko der Südroute besteht darin, dass man den höchsten Punkt des Kraters nicht erreicht. Wer den Sonnenaufgang am Agung-Gipfel erleben will, sollte vom Pura Pasar Agung nicht später als 2 Uhr aufbrechen.

Südwestroute ab Pura Besakih

Obwohl länger (Aufstieg 7–8 Std., Abstieg 5–6 Std.), bevorzugen die meisten Bergwanderer diese Route, die auf 950 m an der Südwestflanke des Gunung Agung beim **Pura Besakih** beginnt. Da es im Agung-Massiv bislang keine Schutzhütten gibt, muss der Auf- und Abstieg an einem Tag erfolgen. Will man den Panoramablick vom Gunung Agung genießen, sollte man im Dorf Besakih spätestens gegen Mitternacht aufbrechen, denn im Laufe des Vormittags hüllt sich das Agung-Massiv meist in ein dichtes Wolkenkleid.

Ausgangspunkt ist der **Pura Panataran Agung,** der Haupttempel der Besakih-Anlage. Nach einer halben Stunde erreicht man den **Pura Gelap** und nach weiteren 30 Min. den **Pura**

Pangubengan – beide malerisch gelegenen Heiligtümer gehören noch zum ausgedehnten Areal des ›Muttertempels‹. Bald danach geht der Weg durch Mischwald mit vielen Pinien fast in die Direttissima über, und man muss an besonders steilen und bei Regen sehr glitschigen Stellen an Ästen und Wurzeln Halt suchen.

Jenseits der Baumgrenze, auf etwa 2500 m, passiert man nach 6 Std. **Kori Agung.** Die mächtige Felswand, in deren Oberfläche sich zahlreiche Gipfelstürmer verewigt haben, ist der symbolische Eingang zur heiligen Gipfelregion des balinesischen Olymp. Nach der Überquerung eines Geröllfelds muss man sich rechts halten, also ostwärts orientieren. Über einen Bergkamm, an dem beidseitig ausgedehnte Lavafelder steil abfallen, erreicht man nach weiterer 2 Std. den Gipfel.

Für die Strapazen des Aufstiegs entschädigt ein fantastischer Cinemascope-Blick über die Ostregion von Bali bis hinüber zum Gunung Rinjani, dem heiligen Berg der Insel Lombok. Oben eröffnet sich ein überwältigender Blick in die etwa 100 m steilwandig abfallende Caldera, in der sich Wolken- und Nebelfetzen mit Schwefeldämpfen vermischen, die aus Solfataren (heiße postvulkanische Exhalationen von Gasen) aufsteigen.

Iseh und Sidemen ▶ K 4

Östlich von Selat gabelt sich die Straße. Rechts gelangt man zum malerischen, in Reisterrassen eingebetteten Dorf **Iseh,** wo in den 1930er-Jahren der deutsche Künstler Walter Spies ein kleines Landhaus als Zweitdomizil besaß (s. S. 176). Inspiriert von der Landschaft, schuf er hier einige seiner schönsten Bilder. Nach Spies' tragischem Tod 1942 übernahm der Schweizer Maler Theo Meier die Bambusvilla. Von Iseh kann man Richtung Südwesten nach Klungkung zurückfahren. In **Sidemen** ertönt aus einer Moschee fünfmal am Tag der Ruf des Muezzin – hier leben hinduistische Balinesen und muslimische Zuwanderer aus Java harmonisch zusammen. Rhythmisches Klappern verweist am Dorfausgang auf eine der besten Ikat-Webereien Balis. **Pelangi** (Regenbogen) heißt die Manufaktur, in der feinste Stoffe hergestellt werden.

Übernachten

Körper, Geist und Seele im Einklang – **Subak Tabola Inn:** s. u., Mein Tipp.
Nirarta Centre for Living Awareness: s. r., Mein Tipp.
Im balinesischen Stil – **Tanto Villa:** Banjar Tabola, Sidemen, Tel. 081 23 95 02 71, www.tanto-villa.com. DZ 65 US-$, Bungalow 80 US-$. Acht komfortable Zimmer in einem ruhigen Haus, zwei geräumige Bungalows (je 2 Zi.). Von den Balkons oder Terrassen bietet sich frühmorgens ein herrlicher Blick über wogende Reisfelder auf den Agung-Vulkan. Kleines Restaurant, schöner Pool.
Umgeben von Reisfeldern – **Villa Lihat Sawah:** Banjar Tabola, Sidemen, Tel. 0366 530 05 16, www.lihatsawah.com, DZ 550 000 Rp., Bungalow ab 950 000 Rp. 12 gemütliche Zimmer in ein- und zweistöckigen Bungalows, Restaurant mit indonesischer, thailändischer und

Mein Tipp

Körper, Geist und Seele im Einklang

In zwei Resorts bei Sidemen kann der Reisende seine Seele baumeln lassen und den Weg nach innen suchen. Das vorwiegend aus Naturmaterialien erbaute **Subak Tabola Villa** bietet neben Meditations- und Yogakursen Treks durch die Reisfeldlandschaft und Wanderungen auf den Gunung Agung an. Den Gästen stehen 11 komfortable Zimmer in geräumigen Bungalows zur Verfügung. Das Restaurant mit balinesischen, thailändischen und westlichen Gerichten sowie ein großer Swimmingpool tragen zum Wohlbefinden des Gastes bei.

Englischsprachige Lehrer halten im **Nirarta Centre for Living Awareness** Einführungskurse in buddhistische Vipassana-Meditationstechniken. Die Gäste übernachten in doppelstöckigen, geschmackvoll ausgestatteten Bungalows im inseltypischen Stil. Mit vegetarischem Restaurant und herrlichem Garten.
Subak Tabola Villa: Banjar Tabola, Sidemen, Tel. 0811 386 61 97, www.subaktabolavilla.com, DZ 125–145 US-$.
Nirarta Centre for Living Awareness: Banjar Tabola, Sidemen, Tel. 0366 555 11 24, www.awareness-bali.com. Bungalow 40–70 US-$.

europäischer Küche, herrlicher Blick auf Reisfelder. Pool.

Gutes Preis-Leistungs-Verhältnis – **Pondok Giri Carik:** Banjar Tabola, Sidemen, Tel. 0819 36 66 58 21, www.giricariksidemenbali.com. Bungalow 500 000–550 000 Rp. Fünf geräumige, komfortable Bungalows mit Ventilator und Open-Air-Bad, kleines Restaurant, hübscher Garten und schöner Blick auf den Gunung Agung.

Aktiv

Wildwasserfahrten – **Ayung River Rafting:** s. S. 31.

Putung ▶ K 4

Im Dorf **Putung** befindet sich an einem Steilhang ein kleines Bungalowhotel mit Restaurant. Allein schon wegen der Aussicht über Reisterrassen zwischen dicht bewachsenen, von tiefen Schluchten zerfurchten Bergen hinweg auf die Amuk-Bucht an der Südostküste sollte man hier eine Rast einlegen.

Die Piste von Putung nach Manggis an der Hauptstraße Klungkung–Amlapura ist meist unbefahrbar, vor allem nach heftigen Regenfällen versinkt sie in schlammiger Wegelosigkeit. Man kann aber gemütlich in 3 Std. zur Küste hinunterlaufen und dabei das Panorama smaragdgrün leuchtender Reisterrassen genießen.

Sibetan und Budakling
▶ L 4

Um **Sibetan** erstreckt sich eine der wichtigsten Obstbauregionen von Bali. Auf großen Plantagen, die mit Stacheldrahtzäunen gegen unerwünschte Besucher geschützt werden,

erntet man Salak, kleine, apfelartig schmeckende Früchte, die man wegen ihrer schuppigen, lederartigen Haut auch Schlangenfrucht nennt. Verkauft wird das wertvolle Obst auf dem regelmäßig im Nachbarort **Bebandem** in den frühen Vormittagsstunden stattfindenden Markt.

Einige Kilometer weiter östlich zweigt eine sich bald auf Fahrzeugbreite verengende Straße ab zum Dorf **Budakling,** in dem metallisches Gehämmer unüberhörbar die Werkstätten von Silberschmieden ankündigt. Dort kann man die aus Sterlingsilber gefertigten Schmuckstücke deutlich günstiger einkaufen als etwa in Celuk oder in den südbalinesischen Ferienzentren. Auch viele Eisenschmiede, die auf die Herstellung von traditionellen Kris-Dolchen spezialisiert sind, gehen in Budakling und einigen umliegenden Dörfern ihrem Handwerk nach. Da die Schmiedekunst nach alten Überlieferungen den Menschen einst von den Göttern anvertraut wurde, sind vor allem Kris-Schmiede *(pande wesi)* hoch geachtete Persönlichkeiten mit priesterähnlicher Funktion.

Der **Kris** *(keris),* ein oft vergoldeter oder juwelengeschmückter Dolch mit doppelschneidiger, geflammter oder gerader Klinge, ist viel mehr als eine einfache Stichwaffe. Einstmals war er das wichtigste Attribut eines jeden erwachsenen Mannes und versinnbildlichte dessen soziale Stellung. Mehr noch, er galt als ein beseeltes Objekt, als zweites Ich seines Besitzers, als eine Verbindung zu den Ahnen und als Schutz vor Feuer, Unwetter, Krankheit und anderem Unheil. Obwohl die magisch-religiöse Funktion des Kris im Lauf der Jahrhunderte an Bedeutung verloren hat, spielt der Dolch auf Bali noch immer bei vielen Zeremonien eine besondere Rolle.

Malerisch präsentiert sich der Strand von Padang Bai mit seinen Booten

Von Klungkung nach Candi Dasa

▶ K/L 5

Zwischen Klungkung und Candi Dasa erstrecken sich kilometerlange schwarze Lavastrände – Relikte des Agung-Ausbruchs von 1963. Beim Fischerdorf **Kusamba** (▶ K 5) sorgen *jukung* genannte Auslegerboote, die man bei ruhiger See auch für Fahrten nach Nusa Penida mieten kann, für bunte Farbtupfer. Am Strand sieht man Tröge aus halbierten Bambusstämmen, in denen Einheimische Meerwasser an der Sonne verdunsten lassen, um Salz zu gewinnen.

Goa Lawah ▶ K 5

Tgl. 8–18 Uhr, 6000 Rp., Kinder 3000 Rp., Sarong und Tempelschal erforderlich

Östlich von Kusamba wird der Meeresduft von Exkrementengestank überlagert – man nähert sich der **Fledermaushöhle Goa Lawah,** dem übel riechendsten Heiligtum von Bali, das dennoch zu den neun bedeutenden Reichstempeln gezählt wird. Am Eingang der Grotte im Kalksteinkliff hängen Tausende kreischender Fledermäuse, die den Balinesen als heilig gelten, in dichten Trauben an der Felsendecke.

Die Gläubigen kommen zum Höhlentempel, dessen Ursprünge in das frühe 11. Jh. zurückreichen, um zwei mythologischen Schlangen ihre Reverenz zu erweisen – Sanghyang Basuki, dem Herrn der Schlangen, und der Weltenschlange Antaboga. Vor den mit Fledermauskot übersäten Schreinen, die den Höhleneingang bewachen, beten und opfern ständig viele Menschen. Pythons, auf deren Speisezettel Fledermäuse obenauf stehen, hausen in den Felsspalten der Höhlen.

Goa Lawah bildet den Eingang zu einem vermutlich weit verzweigten

Höhlensystem, das in der Vorstellung der Einheimischen im kleinen Pura Goa (Höhlentempel) innerhalb des gut 20 km entfernten Besakih-Komplexes am Fuß des Gunung Agung wieder zutage tritt. Somit würde Goa Lawah die Verbindung zwischen Berg und Meer bzw. der Sphäre der Götter und der Heimstatt der Dämonen herstellen, den Gegenpolen des kosmischen Ordnungssystems der Balinesen. Darüber hinaus gilt Goa Lawah auch als Symbol des Freiheitskampfs. Hier trafen sich zu Beginn des 20. Jh. balinesische Herrscher, um den Widerstand gegen die holländische Kolonialmacht zu organisieren.

Padang Bai ▶ K 5

Umrahmt von dicht bewachsenen Hügeln liegt 2 km südlich der Hauptstraße nach Amlapura das betriebsame Hafenstädtchen **Padang Bai.** Früher florierte hier an einer Bucht, die vielen als die schönste auf Bali galt, eine Oase für Traveller mit wenig Geld, aber viel Zeit. Das alles ist Vergangenheit. Heute dient der wenig attraktive Ort Reisenden hauptsächlich als Zwischenstation auf ihrem Weg nach Lombok und vor allem zu den Gilis.

Von einem modernen Terminal am westlichen Ende der Bucht legen im Stundenrhythmus die **Fähren** zur Nachbarinsel Lombok ab. Schnellboote zahlreicher miteinander konkurrierender Gesellschaften nutzen ein Pier am Strand, an dem kaum mehr jemand badet. Störend schieben sich auch die Öltanks des staatlichen Petrokonzerns Pertamina ins Blickfeld. Aber nach wie vor kann man für eine Handvoll Rupiah eines der bunten Auslegerboote, die in der Bucht dümpeln, mieten und zu einer der idyllischen Badebuchten östlich des Ortes entfliehen. Auch für Schnorchler und

Taucher ist Padang Bai immer noch ein guter Standort.

Auf einer felsigen Landzunge nördlich von Padang Bai thront der **Pura Silayukti.** Historischen Dokumenten zufolge hat der javanische Brahmane Empu Kuturan das archaisch wirkende Heiligtum, das zu den vier ältesten Tempeln auf Bali gehört, im 10. Jh. errichtet.

Übernachten

Öko-Resort in bester Hanglage – **Bloo Lagoon Village:** Blue Lagoon, 3 km östl., Tel. 0363 412 11, www.bloolagoon.com. DZ 96–178 US-$. Unter Berücksichtigung ökologischer Aspekte gebautes, ruhiges, komfortables Bungalowresort auf einem Hügel über dem weißen Strand der Blue Lagoon, mit Restaurant und Pool.

Beliebt bei Tauchern – **Padang Bai Beach Resort:** Jl. Silayukti, Tel. 0363 420 88, www.padang-bai-beach-resort.com. DZ 62–75 US-$, Bungalow 75 US-$. Nur wenige Schritte vom Strand entfernte Anlage mit 24 komfortablen AC-Zimmern in einem doppelstöckigen Gebäude und gemütlichen, geräumigen Bungalows, die im inseltypischen Stil gestaltet sind. Mit beliebtem Restaurant, Pool, Spa und Tauchcenter (www.absolutescubabali.com).

Behaglich-modern – **Hotel Puri Rai:** Jl. Silayukti 7, Tel. 0363 413 85 u. 0361 852 85 21, www.puriraihotels.com. DZ 550 000–700 000 Rp., Bungalow 1,3 Mio. Rp. Komfortabel ausgestattete Zimmer mit AC oder Ventilator, wenige Meter vom Strand; mit Restaurant, Swimmingpool und Tauchbasis.

Hilfsbereite Besitzerin – **Kerti Beach Inn:** Jl. Silayukti, Tel. 0813 37 53 64 64, www.kertibeach-inn.com. Bungalow 200 000–350 000 Rp. Behaglich ausgestattete Bungalows im balinesischen

Stil mit AC oder Ventilator am Strand. Ibu Suanda ist bei der Organisation von Ausflügen behilflich. Das Restaurant ist bekannt für frisches Seafood.
Alternatives Resort – **Topi Inn:** Jl. Silayukti 99, Tel. 0363 414 24, www.topi inn.nl, DZ 225 000 Rp. Die einfache, strandnahe Anlage wirkt wie aus den Pioniertagen des Balitourismus. Die fünf Zimmer sind zwar nur mit dem Nötigsten ausgestattet, aber sauber und ordentlich. Die Betreiber veranstalten regelmäßig Workshops (balinesische Tänze, Bambus-*gamelan,* Kochen, Holzschnitzen etc.) und organisieren Ausflüge zu Land und zu Wasser. Jeden Abend gibt es im Terrassenrestaurant ein Büfett mit authentischen balinesischen und indonesischen Gerichten. Alle Zutaten stammen aus biologischem Anbau.
Beliebter Traveller-Treff – **Penginapan Pantai Ayu:** Jl. Segara, Tel. 0363 413 96. DZ 140 000–180 000 Rp. Seit Jahren erfreut sich dieses einfache, 200 m vom Strand entfernte Gästehaus einer großen Beliebtheit bei jugendlichen Reisenden. Sehr gut und preiswert isst man im angeschlossenen kleinen Restaurant, in dem Ibu Komang, die Besitzerin, selbst in den Töpfen rührt.

Essen & Trinken

Jede Unterkunft hat ihr zugehöriges Restaurant (s. o.), besonders zu empfehlen sind die Lokale des Kerti Beach Inn, des Topi Inn und des Penginapan Pantai Ayu. Einfache Restaurants und *warung,* die aber neben Standard-Traveller-Food zum Teil sehr schmackhafte balinesische (Fisch-)Gerichte servieren, gibt es in einer Querstraße zu der am Strand verlaufenden Jl. Silayukti.
Seafood at its best – **Puri Rai Restaurant:** im Hotel Puri Rai (s. o.), Tel. 0363 411 87, tgl. 8–22 Uhr. Gerichte 40 000–120 000 Rp. In dem halb offe-

nen Restaurant genießt man vor dem Panorama der Amuk-Bucht fangfrisches Seafood.
Internationaler Mix – **Zen Inn:** Tel. 0813 47 12 69 81, tgl. 8–22.30 Uhr. Gerichte 25 000–120 000 Rp. Indonesische und europäische Speisen werden hier aufgetischt, Spezialität des Hauses sind Steaks. Man vermietet auch einige nette Zimmer (350 000–400 000 Rp.).
Relaxte Atmosphäre – **Ozone Café:** Tel. 0812 36 17 16 20, tgl. 9–22.30 Uhr. Gerichte 25 000–90 000 Rp. In dem Traveller-Lokal mit gemütlichen Sitzecken genießt man balinesische und europäische Gerichte.

Aktiv

Schnorchler und Tauchanfänger zieht es zur **Jepun Lagoon** und **Blue Lagoon** mit ihren farbenprächtigen Korallengärten. Nur etwas für erfahrene Taucher hingegen ist die arten- und erlebnisreiche Unterwasserwelt bei der **Nusa Kambing** (Ziegeninsel).
Tauchen – **Water Worx Dive Centre:** Jl. Silayukti, Tel. 0363 412 20 u. 0821 45 90 12 78, www.waterworxbali.com. Tauchschule unter deutscher Leitung, Tauchkurse für Anfänger und Tauchexpeditionen für Fortgeschrittene.

Infos

Busse und *bemo* nach Padang Bai fahren ab Terminal Batubulan 8 km nordöstlich von Denpasar. Zwischen Padang Bai und Kuta/Legian/Seminyak, Padang Bai und Ubud, Padang Bai und Lovina sowie Padang Bai und dem Ngurah Rai International Airport verkehrt ein **Shuttlebus** der Agentur Perama Tours & Travel, Auskunft: Tel. 0363 414 19, www.peramatour.com.
Fähre: Von Padang Bai aus bestehen diverse Schiffsverbindungen. So

Ein Seerosentraum: die Lagune von Candi Dasa

verkehren tgl. rund um die Uhr im 1–1,5-Std.-Rhythmus Passagier- und Autofähren nach Labuhan Lembar auf Lombok, Fahrzeit 4–7 Std.; tgl. fahren zudem Schnellboote zahlreicher Anbieter (s. S. 22) von Padang Bai nach Gili Trawangan, Gili Meno und Gili Air sowie Teluk Nara bei Senggigi (Lombok), z. B. Blue Water Express (www.bluewater-express.com), Gili Gili (www.gilifast boat.com), Marina Srikandi (http:// marinasrikandi.com), Ocean Star Express (www.lombokfastboats.com/ocean-star-express/), Perama Tours & Travel (www.peramatour.com). Nach Sampalan auf Nusa Penida verkehrt von Padang Bai tgl. eine Passagier- und Autofähre, Fahrzeit 2 Std.

Candi Dasa ▸ L 5

Mit Elan ging man in den 1980er-Jahren daran, dieses damals noch verschlafene Fischerdorf an der schönen Bucht Labuhan Amuk in ein zweites Kuta zu ver-

wandeln. Bald gab es auf dem schmalen Landstreifen zwischen Meer und Küstenstraße kaum mehr einen unbebauten Quadratmeter. Doch die Götter waren den Investoren offensichtlich nicht wohlgesonnen, denn Candi Dasa ist heute ein Beach Resort fast ohne Strand (s. S. 222). Heute verschandeln Wellenbrecher aus Beton den Küstenabschnitt, verhindern aber zumindest, dass auch noch der spärliche Rest des Strandes Opfer der Fluten wird. Obwohl man in einigen Hotels künstliche Strände angelegt hat, ist Candi Dasa für einen reinen Badeurlaub nicht zu empfehlen. Hierhin zieht es vor allem kulturell interessierte Urlauber, denn mit komfortablen, aber doch preiswerten Resorthotels (die meist über teils sehr schöne Swimmingpools verfügen) und guten Restaurants eignet sich Candi Dasa bestens als Stützpunkt für Streifzüge im Osten von Bali.

Bessere Schwimm- und Bademöglichkeiten als der Candi Dasa Beach bieten die weiter westlich gelegenen Strände **Sengkidu Beach, Mendira**

Beach und **Balina Beach** sowie 5 km östlich der traumhaft schöne Strand **Pasir Putih** (Weißer Sand). Taucher und Schnorchler zieht es zu den beiden vorgelagerten Inseln **Gili Mimpang** und **Gili Tepekong.**

Entdeckungstour Tenganan: s. S. 226

Übernachten

Refugium für höchste Ansprüche – **Amankila 1** : Manggis, 5 km westlich von Candi Dasa, Tel. 0363 413 33, www. amanresorts.com. Suite/oF 950–1750 US-$, exkl. Steuer/SC. Luxushotel, das sich hoch über der Amuk-Bucht über mehrere Terrassen ausbreitet; mit villenartigen Bungalows, Gourmetrestaurant und spektakulärem Pool.
Gediegener Komfort – **Alila Manggis 2** : Buitan, Manggis, 5 km westlich von Candi Dasa, Tel. 0363 410 11, www.alilahotels.com. DZ 245–280 US-$, Suite 445–525 US-$, exkl. Steuer/SC. Elegantes Strandhotel, das in seiner Architektur balinesische und westliche Stilelemente verbindet. Das Haus verfügt über einen großen Swimmingpool, ein renommiertes Spa und ein Restaurant mit kreativer Küche. Günstige Internet-Tarife.
Künstlicher Strand – **Puri Bagus Candi Dasa 3** : 2 km östl. von Candi Dasa, Tel. 0363 411 31, www.candidasa.puribagus.net. Bungalow/oF 215–295 US-$, exkl. Steuer/SC. Resorthotel im Balistil. 46 bestens ausgestattete, klimatisierte Bungalows mit Open-Air-Duschen in ockerfarbenen Naturtönen, wahlweise mit Garten- oder Meerblick. Im Spa wird man mit asiatischen Anwendungen verwöhnt. Mit Restaurant, Pool und aufgeschüttetem Strandabschnitt.
Künstlicher Strand und Pool – **Candi Beach Resort & Spa 4** : Sengkidu Beach, 2 km westlich von Candi Dasa, Tel. 0363 412 34, www.candibeachbali.com. DZ 195–285 US-$, Bungalow 335–465

US-$, exkl. Steuer/SC. 94 komfortable, klimatisierte Zimmer in Bungalows und einem Haupthaus; mit zwei Swimmingpools und luftigem Strandrestaurant sowie aufgeschüttetem Strandabschnitt. Das sehr freundliche Personal spricht zum Teil Deutsch.
In erster Reihe – **Lotus Bungalows 5** : Jl. Raya Candi Dasa, Tel. 0363 411 04, www.lotusbungalows.com. DZ 175–220 US-$. Strandbungalows im balinesischen Stil mit AC und Open-Air-Bad, schöner Pool mit Blick aufs Meer, Restaurant mit indonesischen und italienischen Gerichten, Tauchzentrum.
Architektur und Natur im Einklang – **The Watergarden 6** : Jl. Raya Candi Dasa, Tel. 0363 415 40, www.watergardenhotel.com. Bungalow 168–188 US-$. Die 14 inseltypischen Komfortbungalows (teils mit Ventilator, teils mit AC) dieses schönen, kleinen Hotels abseits des Strandes verstecken sich im tropischen Grün eines Gartens mit Goldfischteichen und kleinen Wasserfällen. Salzwasser-Pool und hervorragendes Restaurant.
Tauchresort – **Benthos Bali Dive Resort 7** : Jl. Raya Candi Dasa, Tel. 0877 62 09 47 50, www.benthosbali.com. DZ 105–145 US-$. 18 komfortable, minimalistisch gestylte AC-Zimmer; Restaurant, Pool und Tauchschule; günstiger buchbar in Verbindung mit Tauchkursen.
Klein, ruhig, behaglich – **Nusa Indah Bungalows 8** : Sengkidu Beach, 2 km westlich von Candi Dasa, Tel. 0363 410 62, www.nusaindah.de. Bungalow 85–135 US-$. Kleine, sehr ruhige Anlage mit sechs klimatisierten, behaglich in Bambus möblierten Bungalows an einer geschützten Bucht. Die gesamte Anlage bietet maximal 13 Personen Platz. Herrlich entspannen kann man im Swimmingpool mit Whirlpool und auf der Sonnenterrasse mit Meerblick. Umsichtig und engagiert geführt von einem Kölner Ehepaar.

Dezenter Komfort – **Rama Shinta Hotel 9 :** Tel. 0363 417 78, www.rama shintahotel.com. DZ 85–100 US-$, exkl. Steuer/SC. Sympathische, kleine Herberge im balinesischen Stil mit 15 komfortablen AC-Zimmern (z. T. mit Freiluft-Dusche/WC), stimmungsvollem Restaurant, Tropengarten und schönem Pool. Die freundlichen deutschen Besitzer helfen gern bei der Tagesplanung.

Familienfreundlich – **Anom Beach Hotel 10 :** Sengkidu Beach, 2 km westlich von Candi Dasa, Tel. 0363 419 02, www.anom-beach.de. DZ und Bungalow 28–72 US-$. In dem an einem relativ breiten Strandabschnitt gelegenen, ruhigen Bungalowhotel mit Restaurant, Swimmingpool und Garten fühlen sich vor allem Familien wohl. Anom, der hilfsbereite Besitzer, spricht ausgezeichnet Deutsch und gibt seinen Gästen gerne Tipps für Unternehmungen im Osten der Insel.

Gut und günstig – **Temple Café & Seaside Cottages 11 :** Jl. Raya Candi Dasa, Tel. 0363 416 29, www.balibeachfront-cottages.com. DZ/oF 250 000–560 000 Rp. Einfache, gepflegte Bungalowanlage am Strand mit unterschiedlich ausgestatteten Zimmern: preiswerte mit Ventilator und Kaltwasser-Dusche, teurere mit AC und halb offenem Badezimmer mit Warmwasser. Im Restaurant indonesische, auch einige deutsche Gerichte, z. B. Schweinebraten. Shirley, die agile australische Besitzerin, ist sehr hilfsbereit und spricht ausgezeichnet Deutsch.

Klassiker seit Jahrzehnten – **Ida's Homestay 12 :** Jl. Raya Candi Dasa, Tel. 0363 410 96, www.indo.com/hotels/ida/. Bungalow 220 000–340 000 Rp. Die familiäre Anlage unter deutscher Leitung wurde bereits Mitte der 1970er-Jahre eröffnet und besitzt heute noch zahlreiche Stammgäste. Einfach, aber individuell ausgestattete Bungalows im balinesischen Stil mit Open-Air-*mandi* und Wohnterrasse.

Essen & Trinken

Die Hotels an den Stränden verfügen über Restaurants, die auch den Gästen anderer Hotels offenstehen. Weitere teils sehr gute Restaurants liegen an der Hauptstraße in Candi Dasa.

Für Seafood-Fans – **Lotus Seaview 1 :** Jl. Raya Candi Dasa, Tel. 0363 412 57, tgl. 11–23 Uhr. Menü 200 000–250 000 Rp. In dem gut besuchten Strandrestaurant genießt man vor dem Panorama der Amuk-Bucht ganz frischen Fisch und Meeresfrüchte. Auch indonesische und europäische Gerichte.

Mediterrane Genüsse – **The Dining Room 2 :** Jl. Raya Candi Dasa, Tel. 0363 421 75, tgl. 8–23 Uhr. Gerichte 50 000–125 000 Rp. In dem halb offenen Restaurant kann man sich bei entspannter Musik durch die Küchen des Mittelmeerraums schlemmen – von Pizzas und Pasta über Souvlaki bis zu marokkanischen Grillgerichten. Weine aus Australien, Chile und Frankreich.

Authentische indische Küche – **La Rouge 3 :** Jl. Raya Candi Dasa, Tel. 0363 419 91, www.larougebali.com, tgl. 10.30–24 Uhr. Vegetarische Gerichte ab 45 000 Rp., Gerichte mit Fleisch ab 85 000 Rp. Plüschig möbliertes Restaurant mit offener Küche, in der

Mein Tipp

Wanderung von Candi Dasa nach Tenganan

Wer gut zu Fuß ist, kann von Candi Dasa in ca. 3 Std. auf einem etwas beschwerlichen, aber landschaftlich ungemein reizvollen Wanderpfad nach Tenganan laufen. Der Weg beginnt gegenüber von Ida's Homestay nahe der Lagune von Candi Dasa.

Lieblingsort

Candi Dasa ▶ L 5
Dies ist wohl der kurioseste Badeort der Welt, denn der dortige
Strand hat einen entscheidenden
Nachteil – es gibt ihn nur noch in
Teilstücken. Schuld daran ist der
Abbau von Korallengestein am vorgelagerten Riff, das man zu Kalk
verarbeitete. Ohne diese Schutz-
barriere schwemmte das Meer den
weißen Strand mit der Zeit fast
vollständig in die Amuk-Bucht.
Doch was die einen als Nachteil
empfinden, erscheint anderen als
Vorteil: Candi Dasa liegt heute im
Windschatten des Massentourismus auf Bali.

südindische Speisen und nordindische Tandoori-Spezialitäten vom Feinsten zubereitet werden; auf der Speisekarte stehen auch einige balinesische und europäische Gerichte. Fr/Sa ab 19 Uhr Livemusik.

Wie bei Muttern – **Candi Bakery** 4 : Jl. Raya Candi Dasa, Tel. 0363 418 83, tgl. 8–22 Uhr. Gerichte 35 000–80 000 Rp. Deutsche Gastlichkeit in Ostbali. Außer herzhaftem Frühstück mit Brot und Gebäck nach deutscher Art sowie deftiger Hausmannskost für Heimwehkranke gibt es gute indonesische Speisen.

Stilvoller Szenetreff – **Crazy Kangaroo** 5 : Jl. Raya Candi Dasa, Tel. 0363 419 96, www.crazy-kangaroo.com, tgl. 12–24 Uhr. Gerichte 25 000–125 000 Rp. Beliebt bei Einheimischen, Expats und Touristen; zum Drinnen- und Draußensitzen. Mischung aus balinesischen und internationalen Speisen. Di u. Sa ab 20 Uhr Livemusik, Do ab 20 Uhr Aufführung balinesischer Tänze. Kostenloser Abholservice.

Livemusik – **You & Me** 6 : Jl. Raya Candi Dasa, Tel. 0363 623 63, tgl. 11–23 Uhr. Gerichte 25 000–90 000 Rp. In der Resto-Bar an der Hauptstraße serviert man gutes indonesisches und internationales Essen. Zur Happy Hour zwischen 17 und 19 Uhr kosten alle alkoholischen Getränke nur den halben Preis. Di, Do, Sa, So ab 20 Uhr Livemusik, vorwiegend Jazz, Blues und Rock.

Aktiv

Tauchen – **Baliclub Dive Center** 1 : Jl. Raya Candi Dasa, Tel. 0363 411 66, www.bali-divecenter.com. Tauchkurse für Anfänger und Tauchgänge für Fortgeschrittene.

Abends & Nachts

Nachtschwärmer hält es nicht lange in Candi Dasa, denn hier klappt man die Gehsteige meist schon vor Mitternacht hoch. Drei Lokale haben etwas länger geöffnet: das **Legend Rock Café** 1 (Jl. Raya Candi Dasa, Tel. 0363 416 36), in dem es Mi/Do, Sa ab 21 Uhr Livemusik gibt, das **Iguana Café** 2 (Jl. Raya Candi Dasa, Tel. 0363 419 73) mit internationalen Gerichten und Di, Fr, So Abend Livemusik zum Abtanzen, sowie **Vincent's Bar & Lounge** 3 (Jl. Raya Candi Dasa, Tel. 0363 413 68, www.vincentsbali.com) mit umfangreicher Weinkarte und angenehmer Jazz-Atmosphäre.

Infos & Termine

Feste

Bei den ständig im Bali-Aga-Dorf Tenganan stattfindenden Tempelfesten und Zeremonien sind rücksichtsvolle Touristen willkommen. Höhepunkt des Festkalenders ist das Mekare-Kare-Fest im Juni oder Juli (s. S. 227).

Candi Dasa

Übernachten
1 Amankila
2 Alila Manggis
3 Puri Bagus Candi Dasa
4 Candi Beach Resort & Spa
5 Lotus Bungalows
6 The Watergarden
7 Benthos Bali Dive Resort
8 Nusa Indah Bungalows
9 Rama Shinta Hotel
10 Anom Beach Hotel
11 Temple Café & Seaside Cottages
12 Ida's Homestay

Essen & Trinken
1 Lotus Seaview
2 The Dining Room
3 La Rouge
4 Candi Bakery
5 Crazy Kangaroo
6 You & Me

Aktiv
1 Baliclub Dive Center

Abends & Nachts
1 Legend Rock Café
2 Iguana Café
3 Vincent's Bar & Lounge

Verkehr

Busse und *bemo* nach Candi Dasa fahren ab Terminal Batubulan 8 km nordöstlich von Denpasar. Zwischen Candi Dasa und Kuta/Legian/Seminyak, Candi Dasa und Ubud, Candi Dasa und Amed/Tulamben sowie zwischen Candi Dasa und dem Ngurah Rai International Airport verkehrt ein Shuttlebus der Agentur Perama Tours & Travel, Auskunft: Tel. 0363 411 14, www.peramatour.com.

Amlapura ►L 4

Im fernen Osten Balis liegt inmitten von Reisfeldern und -terrassen **Amlapura** (ca. 27 000 Einw.), die Hauptstadt des Regierungsbezirks Karangasem. Nach dem Niedergang der Gelgel-Dynastie im späten 17. Jh. entwickelte sich Karangasem im 18. und 19. Jh. zum mächtigsten Königreich Balis, dessen Herrschaftsbereich sich auch über Teile der Nachbarinsel Lombok erstreckte. Anfang des 20. Jh. kollaborierte der damalige *raja* mit der holländischen Kolonialmacht. Er durfte seinen Titel und einen Teil seiner Machtbefugnis-se behalten, wurde aber von den anderen balinesischen Herrschern fortan als Abtrünniger gemieden. Die Feudalepoche ging zwar mit dem Ende der Kolonialzeit und der damit beginnenden Unabhängigkeit Indonesiens im Jahr 1949 zu Ende, doch bekleideten Mitglieder der königlichen Familie noch lange Zeit danach wichtige Posten in der Provinzverwaltung.

Der Agung-Ausbruch 1963 verwüstete weite Teile des Karangasem-Bezirks, darunter auch Gebiete der Hauptstadt, die bis zu der Naturkatastrophe so hieß wie das historische Königreich – Karangasem. Auch als Zeichen des Neubeginns und um die für das Desaster verantwortlichen Dämonen in die Irre zu führen und möglichen weiteren Katastrophen vorzubeugen, erhielt die Stadt ihren jetzigen Namen.

Puri Agung Kanginan
Jl. Tan Agung, tgl. 8–18 Uhr, 10 000 Rp., Kinder 5000 Rp.
Die Verbundenheit des *raja* mit den Europäern spiegelt sich im Puri Agung Kanginan, dem Königspalast, wider. Die heutige, zum Teil noch von Nachkommen der ▷ S. 229

Auf Entdeckungstour: Das Bali-Aga-Dorf Tenganan – eine prähinduistische Enklave

Der Weg ins hügelige Hinterland von Candi Dasa ist eine Zeitreise in eine längst vergangene Epoche. Die Bali Aga leben nach sozialen Regeln aus vorhinduistischer Zeit und pflegen alte kunsthandwerkliche Traditionen, so stellen sie z. B. hochwertige Handwebstoffe, Geringsing, her.

Reisekarte: ▶ L 5

Anreise: kurz westlich von Candi Dasa auf einer Stichstraße 3 km nach Norden (10 Min. Fahrzeit) bis zum großen Parkplatz

Öffnungszeiten: tgl. 8–17.30 Uhr

Eintritt: Spenden erbeten

Dauer: ca. 3 Std.

Wer durch das Portal am Parkplatz das Dorf betritt, erkennt auf den ersten Blick, dass Tenganan etwas Besonderes ist. Den rechteckigen Ortskern umgibt eine Mauer, die nur von wenigen Durchlässen durchbrochen ist. Entlang zweier paralleler Pflaster- und Lehmstraßen ziehen sich aneinandergrenzende Gehöfte mit identischem Grundriss über einen Hügel hin. Es fällt auf, dass anders als in hindu-balinesischen Dörfern die Haustüre an der meerwärts gelegenen Seite der Anwesen liegen.

Zwischen den schlichten, wie Reihenhäuser wirkenden Wohnstätten stehen auf terrassenförmig ansteigenden Grasflächen schmucklose Pavillons und Tempel, in denen sich das soziale und sakrale Leben der Bali Aga abspielt. Dort ist auch die lang gestreckte zentrale Versammlungshalle zu finden, in der sich die Mitglieder des Dorfrats treffen, um wichtige Entscheidungen zu fällen. Außerhalb der Dorfmauern liegt im Schatten zweier Banyan-Bäume ein schlichter alter Tempel. In den Schreinen verwahrt man Steinidole und andere Reliquien.

Sozialordnung und Ritual

Die Bewohner Tenganans, die sich Bali Aga (Altbalinesen) nennen, sind Nachkommen der Ureinwohner von Bali, die sich der Hinduisierung entziehen konnten. Während in der heutigen balinesischen Kultur lokale und indische Elemente miteinander verschmolzen, gelang es den Bali Aga durch strikte Abschottung, über Jahrhunderte hinweg ihre kulturellen und religiösen Traditionen nahezu unverfälscht zu bewahren. So gibt es bei den Altbalinesen kein Kastensystem und sie lehnen auch andere hinduistische Bräuche ab, etwa die Totenverbrennung und die Zahnfeilung.

Seit Urzeiten glauben die Bali Aga von Tenganan, das vom Götterkönig Indra, ihrem mythischen Ahnherrn, erkorene Volk zu sein. Die etwa 300 Personen umfassende Dorfgemeinschaft bezeichnet sich deshalb als Gesellschaft der Auserwählten. Die als wohlhabend geltenden Tengananer verrichten selbst nur wenige körperliche Tätigkeiten. Die Arbeit auf ihren Reisfeldern lassen sie gegen einen Teil des Ernteertrags von Balinesen aus umliegenden Dörfern besorgen. So bleibt den Bali Aga Zeit und Muße,

Traditionen zu pflegen und zu verfeinern sowie sich ihrem komplizierten Ritualsystem zu widmen, das im Mittelpunkt ihres religiösen und sozialen Lebens steht.

Das Leben der Tengananer ist in ein komplexes Geflecht aus religiösen Riten und Sozialgesetzen eingebunden, das die individuelle Lebensgestaltung der Menschen drastisch beschneidet. So wird von den Tengananern erwartet, dass sie sich von Kindesbeinen an in hierarchische Gruppen einordnen. In Mädchen- und Jungenvereinigungen lernen Kinder und Heranwachsende die Bräuche der Bali Aga kennen und werden mit den Gebets-, Opfer- und Reinigungsritualen vertraut gemacht.

Da der spirituellen Reinheit des Dorfes und seiner Bewohner ein hoher Stellenwert beigemessen wird, ist es einem Bali Aga verboten, einen Partner von ›draußen‹ zu heiraten. Wer gegen dieses Tabu verstößt oder sich gegen andere Gesetze und Bräuche vergeht, verliert neben Sitz und Stimme im Dorfrat (*krama desa*) auch die Lehensabgaben aus den Gemeinschaftsfeldern. Gleichzeitig wird er aus der Kerngemeinschaft ausgeschlossen und muss im östlichen Dorfteil der ›Verbannten‹ leben oder Tenganan ganz verlassen. Die Endogamie hat einerseits dazu beigetragen, altbalinesische Werte zu bewahren, andererseits resultiert aus ihr das größte Gegenwartsproblem des Dorfes: eine mit einem drastischen Geburtenrückgang gekoppelte allmähliche Degeneration.

Das Mekare-Kare-Fest

Das liturgische Jahr der Bali Aga ist von einer endlosen Kette religiöser Zeremonien und Rituale geprägt. Am spektakulärsten ist das dreitägige Mekare-Kare-Fest (Usaba Sambah) im

Juni oder Juli (im 5. Monat des traditionellen Tenganan-Kalenders).

Begleitet von den Klängen des heiligen Selunding-*gamelan,* der Überlieferung nach ein Geschenk des höchsten Gottes Indra an die Tengananer, führt man Opfertänze auf. Bei den Kare-Kämpfen, einem Fruchtbarkeitsritual, in dem das Fest kulminiert, schlagen halbnackte, nur durch einen Rattanschild geschützte Jugendliche mit stacheligen Pandanusblättern aufeinander ein. Dass dabei oft reichlich Blut fließt, ist beabsichtigt – damit wollen die Bali Aga die Götter um ihren Segen für die Reiserrnte bitten.

Magische Stoffe, heilige Texte

Besucher lernen in Tenganan auch zwei aussterbende Kunstgattungen kennen: das komplizierte Handwebverfahren des Doppel-Ikat und das Kopieren altbalinesischer Texte auf Blätter der Lontar-Palme. Bei der **Doppel-Ikat-Webkunst** verarbeiten Frauen gemusterte, bereits vor dem Webvorgang nach bestimmtem Schema bündelweise bunt eingefärbte Fäden. Damit sich die meist geometrischen oder streng stilisierten Motive ergeben, müssen beim Weben mit viel Geduld und Kunstfertigkeit die Fäden der Kette mit denen des Einschlags in Übereinstimmung gebracht werden. Mehr als fünf Jahre kann es dauern, ein solches *geringsing*-Tuch herzustellen. Die Stoffe spielen als sakrale Gewänder oder rituelle Tücher eine wichtige Rolle bei Zeremonien und Ereignissen wie Geburt, Heirat oder Tod. Überall auf Bali schreibt man den Ikat-Stoffen der Tengananer magische Eigenschaften zu. Nach dem Glauben der Balinesen schützen sie ihre Träger vor dämonischen Kräften sowie vor Krankheit und Verfall. Wer einen solchen Stoff kaufen möchte: Im Dorf kann man dort, wo gewebt wird, gute *geringsing* für ca. 300–500 US-$ erwerben. Nach oben sind, abhängig von Qualität und Alter, keine Grenzen gesetzt. An den Ständen beim Eingang werden nur fehlerhafte oder in einfacheren Webtechniken angefertigte Textilien angeboten.

Bei der **Lontar-Malerei** handelt es sich um altbalinesische, mit einer Eisenfeder in 3 cm breite und 40–60 cm lange Blätter der Lontar-Palme geritzte heilige Texte und Miniaturillustrationen. Um die Gravuren besser hervortreten zu lassen, schwärzt man sie mit einer Mixtur aus Asche und Öl. Zusammengehalten werden die Blätter von zwei verzierten Holzdeckeln (Abb. unten).

Lontar-Maler

raja-Familie bewohnte Anlage, die, obwohl restauriert, noch Spuren des Agung-Ausbruchs zeigt, entstand im frühen 20. Jh. Europäische, chinesische und balinesische Stilelemente verbinden sich hier zu einem harmonischen Ganzen.

Wegen der gediegenen Ausstattung mit englischen Möbeln trägt das Hauptgebäude, ein von einer großen Veranda umgebener balinesischer Pavillon, den Namen **Bale London.** Die blau-goldenen, kunstvoll geschnitzten Türen, eine chinesisch inspirierte Arbeit, lassen den früheren Glanz des Palasts erahnen.

Die feinen Reliefs am benachbarten **Pavillon,** in dem einst an den heranwachsenden Mitgliedern des Herrschergeschlechts die Zeremonien des Zähnefeilens stattfanden, zeigen Szenen aus dem »Ramayana«. Den Mittelpunkt der Palastanlage bildet ein künstlich angelegter Lotosteich, in dem der **Bale Kembang** ›schwimmt‹, einst der Speisepavillon der königlichen Familie.

Ujung und Tirtagangga

Wasserpalast von Ujung ▶ M 4

Tgl. 7–19 Uhr, 35 000 Rp., Kinder 20 000 Rp.

Nach Plänen des letzten amtierenden *raja* entstand im Jahr 1921 der **Wasserpalast von Ujung** 4 km südöstlich in Küstennähe, von dem nach mehreren Erdbeben jahrelang nur noch über Reisfelder verstreute Trümmer zeugen.

Inzwischen wurde das königliche Lustschloss mit seinen großen Wasserbecken, zierlichen Steinbrücken und schmucken Pavillons originalgetreu rekonstruiert.

Wasserpalast von Tirtagangga

▶ L 4

Tgl. 8–18 Uhr, 20 000 Rp., Kinder 10 000 Rp.

Dem königlichen Faible für Wasserspiele verdankt auch der um 1947 erbaute **Wasserpalast von Tirtagangga** (Wasser des Ganges) seine Entstehung. Was einst Zeichen herrschaftlicher Grandezza war, verwandelte sich nach dem Agung-Ausbruch von 1963 und einem Erdbeben 1979 in ein Ruinenfeld. Übrig blieben Gebäudefundamente sowie Badebecken, die aus dämonenköpfigen, bemoosten Wasserspeiern gespeist werden. Noch immer sprudelt kristallklares Bergwasser in die Bassins, die der Öffentlichkeit heute als Badeanstalt und Erholungsort offenstehen. Die schöne Landschaft an den Ausläufern des Gunung Agung mit Reisterrassen, Wäldern und Dörfern lädt zu Wanderungen ein.

Übernachten

… in Tirtagangga

Ein Platz für Romantiker – **Tirta Ayu Hotel:** Tel. 0363 225 03, www.hoteltirtagangga.com. DZ 125–200 US-$, exkl. Steuer/SC. Kleines Hotel mit feudalem Flair und persönlichem Service im königlichen Wasserpalast, geleitet vom Sohn des letzten *raja* von Karangasem. Hervorragendes Restaurant (indonesische und europäische Gerichte), Blick über den einstigen Lustgarten. Gäste dürfen die Bassins kostenlos benutzen.

Blick über die Reisterrassen – **Puri Sawah:** an der scharfen Kurve hinter dem Wasserpalast gelegen, Tel. 0363 218 47. DZ 300 000–350 000 Rp. Kleines Bungalowhotel in Hanglage, familiäre Atmosphäre, Restaurant, schöne Aussicht.

Zimmer mit Aussicht – **Puri Prima Homestay:** Tel. 0363 213 16. DZ 250 000–300 000 Rp. Gute Pension mit einfachen, geräumigen Zimmern. Kleines Restaurant, herrlicher Blick auf Reisterrassen. Gede, der ›Manager‹, organisiert Touren in die Umgebung.

Tista ▸ L 4

Wenige Kilometer nördlich von Tirtagangga windet sich die kurvenreiche Straße Richtung Singaraja über eine kleine Passhöhe. Bei **Tista** funkeln Reisterrassen, die zu den kunstvollsten Balis gehören, im Licht der Äquatorsonne.

Am Pura Luhur Lempuyang ▸ M 4

In Abang weist ein Schild nach Osten zum **Pura Luhur Lempuyang**. Ein von sechs Naga-Schlangen bewachter und von Figuren aus der Hindu-Mythologie flankierter Treppenaufgang führt in den innersten Bezirk des Bergheiligtums, das zu den neun Reichstempeln zählt.

Zu Fuß geht es weiter zum **Pura Bale Agung**. Von dort führt ein langer Treppenpfad mit über 1000 Stufen zum **Pura Pasar Agung**, der sich im Bergdschungel auf dem Gipfel des erloschenen, 1175 m hohen **Gunung Seraya** versteckt (Pura Bale Agung–Pura Pasar Agung hin und zurück 5 Std.).

Infos

Anfahrt: Den Pura Luhur Lempuyang erreicht man mit einem robusten Fahrzeug auf einer 5 km langen, steil ansteigenden, kurvenreichen und abschnittsweise schlaglochübersäten Straße.

Amed ▸ M 3

Wegen vieler Auswaschungen benötigt man vor allem nach der Regenzeit auch für die in Culik ostwärts abzweigende Piste nach Amed einen Wagen mit guter Bodenfreiheit. Im Fischerdorf **Amed** sowie den Nachbardörfern Bunutan und Lipah, die sich zwischen den steil aufragenden Ausläufern des Gunung Seraya und dem Meer an die steinige Küste schmiegen, kann man angenehme Urlaubstage verbringen, auch wenn die Strände nicht in die Sternekategorie fallen.

Der ca. 3 km nördlich von Amed der Küste vorgelagerte **Jemeluk Sea Garden** gilt mit seiner Korallenvielfalt als eines der schönsten Tauchreviere Balis. Vor Ort werden Tauchkurse für Anfänger und Tauchgänge für Fortgeschrittene angeboten.

Wer sich in Amed auf die schmale, schlaglöchrige und teils schlecht befestigte ›Straße‹ wagt, die um den Gunung Seraya herumführt, wird mit herrlichen Küstenpanoramen belohnt. Sein Finale findet das 35 km lange Kurvenkarussell bei Ujung (s. S. 229).

Übernachten

... in Amed

Öko-Hotel – **Hotel Uyah Amed:** Jl. Pantai Timur, Tel. 0363 234 62, www.hoteluyah.com. DZ 640 000–790 000 Rp. Kleine, unter ökologischen Aspekten gebaute Anlage mit netten Bungalows mit Ventilator oder AC. Dazu ein Restaurant, ein Wellness-Center und ein Tauchzentrum. Zweimal pro Woche Live-*gamelan*.

... in Bunutan

Reizvoll und erschwinglich – **Apa Kabar Villas:** Tel. 0363 234 92, http://apaka

barvillas.com. Bungalow ab 135 US-$. *Apa kabar?* – Wie geht's? Die Antwort der Gäste auf die Frage lautet: Seit wir hier sind, wunderbar. Sechs mit Teakholz, Mahagoni und Marmor ausgestattete, klimatisierte Bungalows liegen in einem Tropengarten am Strand. Restaurant mit balinesisch-indonesischer Karte, 15-m-Pool.

Note 1 für Einrichtung und Flair – **Life in Amed:** Tel. 0813 38 50 15 55, www.lifebali.com. Bungalow ab 120 US-$, Villa ab 165 US-$. Das schicke Resort mit entspannter Atmosphäre bietet sechs zweigeschossige Beach Cottages und drei Villen, eine davon mit Privatpool, sowie ein hervorragendes Restaurant, einen attraktiven Pool und direkten Zugang zum Strand. Morgens und abends erteilen englischsprachige Lehrer Yoga-Unterricht.

Mit alternativem Anspruch – **Aiona:** Tel. 0813 38 16 17 30, www.aionabali.com. Bungalow 40–50 US-$. Auf Yoga, Meditation und Müsli spezialisiertes, kleines alternatives Resort mit individuell ausgestalteten Bungalows in einem hübschen Tropengarten (alle mit Ventilator, Dusche/WC, Terrasse). Im vegetarischen, alkohol- und rauchfreien Restaurant werden nur Produkte aus organischem Anbau verarbeitet. 10 m vom Strand lockt ein Korallenriff zum Schnorcheln.

Familiär und angenehm – **Waeni's Bungalow:** Tel. 0363 235 15, www.waenis.com. Bungalow 400 000–500 000 Rp. Diese individuell gestalteten Balistil-Bungalows mit Freiluft-Dusche, WC und Wohnterrasse liegen in ruhiger Lage zwischen Bunutan und Lipah und nur wenige Schritte vom Strand entfernt. Im Restaurant mit herrlichem Blick auf die Bucht und die Berge werden indonesisch-balinesische Gerichte und vorzügliches Seafood serviert. Das Personal des freundlichen Hauses ist sehr hilfsbereit.

… in Lipah

Room with a View – **Blue Moon Villas:** Tel. 0363 214 28, www.bluemoonvilla.com. DZ 75–185 US-$. Jedes der elegant möblierten, klimatisierten Zimmer in drei villenartigen Bungalows hoch über dem Strand besitzt eine gemütliche Wohnterrasse oder einen Balkon mit herrlichem Blick aufs Meer. Indonesisch-internationales Restaurant, Bar und vier Swimmingpools.

Für Taucher – **Coral View Villas:** Tel. 0363 234 93, www.coralviewvillas.com. Bungalow 70–160 US-$. Bungalows im balinesischen Stil mit Ventilator oder AC, am Strand, luftiges Terrassenrestaurant, schöner Pool, beliebt bei Tauchern.

Beste Hanglage – **Bayu Cottages:** Tel. 0363 234 95, www.bayucottages.com. DZ 50–65 US-$. Klimatisierte Bungalows hoch über dem Strand, mit Balkon oder Veranda und schönem Meerblick. Salzwasser-Pool mit Sonnenterrasse.

Gut und günstig – **Wawa-Wewe Rock:** Tel. 0363 235 22, www.bali-wawawewe.com, Bungalow ab 450 000 Rp. Schön ausgestattete Steinbungalows am Hang mit Ventilator oder AC und halb offenem Badezimmer, Restaurant mit Meerblick und kleiner Infinity-Pool.

Essen & Trinken

Jede Unterkunft hat ihr zugehöriges Restaurant. Zu empfehlen sind zudem:

›Stylish and different‹ – **Sails Restaurant:** Lean, Tel. 0363 220 06, www.sailsrestaurantbali.com, tgl. 11–22 Uhr. Menü 250 000–300 000 Rp. Was die Bali-See den Fischern beschert, wird in diesem eleganten, im modernen mediterranen Stil gestalteten Terrassenrestaurant kreativ zubereitet serviert. Indonesische und europäische Gerichte.

Traveller-Oase – **Smiling Buddha Restaurant:** Aas, Meditasi Villas,

Lieblingsort

Wo Gäste Freunde sind

Das kleine Paradies, das die Deutsche Barbara und ihr javanischer Ehemann Prihanto Soetarto in diesem stillen Winkel Balis geschaffen haben, liegt 265 m hoch. Die Bungalowanlage abseits von Tirtagangga besteht aus vier komfortablen, stilvoll möblierten Steinhäuschen mit Ziegeldächern, die sich in einem hübschen Tropengarten verteilen. Von der Terrasse schweift der Blick über Reisfelder, hinter denen der Gunung Agung aufragt. Barbara und Prihanto organisieren für ihre Gäste Ausflüge oder vermitteln Führer, z. B. für die Wanderung von Bebandem nach Tenganan. Entspannung bietet der Pool. Den Abschluss eines Tages bildet ein balinesisches oder javanisches Menü im schönen Gartenpavillon.

Cabé Bali: Temega, Padangkerta (▶ L 4), Karangasem, Tel. 0363 220 45, www.cabebali.com. Bungalow für 2 Pers. 950 000 Rp. inkl. Frühstück und Afternoon Tea.

ca. 4 km südöstl. von Bunutan, Tel. 0828 372 27 38, tgl. 9–22 Uhr, Menü 100 000–140 000 Rp. Ruhiges Lokal mit zeitgemäßer Bali-Küche jenseits aller Konventionen, alle Zutaten aus biologisch-organischem Anbau, zuvorkommendes Personal. Kochkurse.

Aktiv

Tauchen – In Amed gibt es einige Tauchschulen, deren Angebote und Preise sich kaum unterscheiden. Geboten werden Tauchkurse für Anfänger nach internationalen Normen und Tauchexpeditionen für Fortgeschrittene. So umweltschonend wie möglich arbeiten:
Amed Dive Center, c/o Hotel Uyah Amed, Jl. Pantai Timur, Tel. 0363 234 62, www.ameddivecenter.com. Unter deutscher Leitung.
Euro Dive, Lipah, Tel. 0363 236 05, www.eurodivebali.com. Unter holländischer Leitung.

Infos

Anfahrt: Amed mit öffentlichen Verkehrsmitteln zu erreichen ist zeitaufwendig. Wer nicht mit einer gebuchten Tour anreist, mietet in einem der Ferienzentren ein Fahrzeug.
Boote: Von Amed aus fahren tgl. meist gegen 9 Uhr mehrere Schnellboote nach Gili Trawangan und Gili Air, z. B. Freebird Express (Tel. 0821 40 52 70 73, www.freebird-express.com) und Gili Sea Express (Tel. 0853 39 25 39 44, www.gili-sea-express.com).

Tulamben ▶ L 3

Nördlich von Culik weicht die üppige Fruchtbarkeit einer steppenartigen Landschaft, geprägt vom Ausbruch des Gunung Agung 1963.

Felder erstarrter Lava ziehen sich von den Gipfeln des Vulkans bis an den dünn besiedelten nordöstlichen Küstensaum.

Das an einem steinigen, schwarzen Lavastrand gelegene **Tulamben** ist ein Ziel für Unterwasserfans. Angezogen werden sie von farbenprächtigen Korallengärten und dem Wrack des amerikanischen Handelsschiffs Liberty, das die Japaner im Zweiten Weltkrieg nur 100 m vor der Küste versenkten. Alle Tauchreviere liegen unmittelbar vor der Küste und sind ohne Boot gut erreichbar.

Übernachten

Für Taucher – **Siddhartha Ocean Front Resort & Spa:** Desa Kubu, Tel. 0363 0363 230 34, www.siddhartha-bali.com. Bungalow 105–215 US-$. 5 km nordwestl. von Tulamben, 30 Komfortbungalows mit Meerblick, Restaurant, Pool, gut ausgestattetes Wellnesscenter, Tauchbasis unter deutscher Leitung. **Tauch Terminal Tulamben:** Tel. 0363 235 90, www.tauch-terminal.com. DZ 90–130 US-$. Das gut geführte und gepflegte Haus bietet eine Tauchbasis und Tauchschule unter deutscher Leitung. Jedes der 26 klimatisierten Zimmer in dem doppelstöckigen Gebäude bietet einen wunderbaren Blick aufs Meer. Ein indonesisch-internationales Restaurant sowie eine Bar sind angeschlossen. Mit Swimmingpool und Sonnenterrasse. **Paradise Palm Beach Bungalows:** Tel. 0363 229 10, www.paradise-tulamben.com. DZ 300 000–450 000 Rp., exkl. Steuer/SC. Das einfach ausgestattete Bungalowhotel bietet Zimmer mit Ventilator oder AC und Dusche/WC. Schöne Lage am Strand, luftiges Restaurant mit Blick aufs Meer, einladender Pool. Die Anlage ist beliebt bei Tauchern.

Inseln vor der Südostküste Balis

Vor Balis Küste liegt im Südosten Nusa Penida mit den winzigen Schwesterinseln Lembongan und Ceningan. Diese eher kargen, von Karst geprägten Eilande haben wenig Sehenswertes im landläufigen Sinne, wobei Nusa Lembongan Tauchern und Surfern reizvolle Reviere bietet.

Nusa Penida ▶ K/L 6–8

Die gut 300 km² große, dünn besiedelte Insel **Nusa Penida** liegt abseits des Touristenstroms, entsprechend wenig entwickelt ist die touristische Infrastruktur. Ähnlich wie die Halbinsel Bukit Badung (s. S. 138) ist auch Nusa Penida ein Kalksteinplateau, das sich bis zu 529 m über dem Meeresspiegel erhebt. Mit kahlen Bergrücken und spärlicher Vegetation bildet das Eiland einen Kontrast zum fruchtbaren Südosten von Bali. Die wasserdurchlässigen Karstböden gestatten kaum eine agrarische Nutzung.

Statt Reis, der sehr viel Wasser benötigt, werden auf Nusa Penida hauptsächlich Mais, Süßkartoffeln und Sojabohnen kultiviert. Da es kein Grundwasser gibt, werden die Felder aus großen Betonzisternen bewässert, in denen man Regenwasser auffängt. In erster Linie leben die ca. 30 000 Insulaner, zumeist muslimische Zuwanderer aus Sulawesi, vom Fischfang in der Meerenge von Badung, die Nusa Penida von Bali trennt. Eine weitere Einnahmequelle ist wie auf Nusa Lembongan der Anbau von Seetang und Algen (s. S. 236).

Für Balinesen steht fest, dass Nusa Penida das Reich des Dämonenkönigs Ratu Gede Mecaling ist, der über ein Heer böser Meeresgeister gebietet.

Daher begeben sie sich nur ungern auf die ›verwunschene Insel‹. Sehr begehrt sind bei ihnen aber die auf Nusa Penida gefertigten, feuerroten *cepuk*-Tücher, denen man Abwehrkräfte gegen Krankheit und schwarze Magie nachsagt. Schließlich beschützen die magischen Textilien auch die Insulaner von Nusa Penida, die im Reich des Bösen leben müssen. Einst verbannten die *raja* von Bali Straftäter nach Nusa Penida, was dem Eiland den Beinamen Banditeninsel eingebracht hat. ›Hauptstadt‹ der Insel ist **Sampalan,** das außer einem lebhaften Wochenmarkt keine Sehenswürdigkeiten aufweist.

Sehenswertes

Westlich von Sampalan liegt bei Toyapakeh das Heiligtum **Pura Dalem Penataran Ped** (▶ K 6). Der Schrein, den ein rechteckiger Teich umgibt, ist dem Höllenfürsten geweiht. Zum Unterweltstempel, der als ein Zentrum der schwarzen Magie gilt, pilgern Balinesen, um mit Opfern Ratu Gede Mecaling zu beschwichtigen.

Weitere Attraktionen auf Nusa Penida sind die Tempelanlage **Pura Batu Medau** (▶ L 7) bei Suana und die heilige Tropfsteinhöhle **Goa Karangsari** (▶ L 7) mit einem unterirdischen See südöstlich von Sampalan, in der beim Galungan-Fest Kerzenlicht-Prozessionen und Zeremonien stattfinden.

Obwohl beschwerlich, lohnt ein Abstecher an die **Südküste** der Insel, wo spektakuläre Steilklippen über 200 m tief zum Meer abfallen. Südlich von **Sebuluh** (▶ K 7) führt ein Schwindel erregender Stufenpfad aus Bambus und Holz hinunter zu einer der wenigen Süßwasserquellen auf Nusa Penida.

Infos

Boote und Fähre: Von Sanur fahren mehrmals tgl. von 8–17 Uhr Schnellboote verschiedener Gesellschaften nach Nusa Penida, Fahrzeit 30–45 Min., z. B. Scoot Fast Cruises (Tel. 0361 28 55 22, www.scootcruise.com) und Semaya One Cruise (Tel. 0361 28 41 94, www.semayacruise.com). Von Benoa Port fährt tgl. der Katamaran Quicksilver nach Nusa Penida (Tel. 0361 72 15 21, http://quicksilver-bali.com). Von Padang Bai verkehrt tgl. eine Passagier- und Autofähre nach Sampalan, Fahrzeit 1,5 Std. Zwischen Toyapakeh auf Nusa Penida und Jungtbatu auf Nusa Lembongan verkehrt tgl. um 8 Uhr ein reguläres Passagierboot.

Nicht bei starkem Seegang

Die 30–45 Min. dauernden Fahrten in Schnellbooten von Sanur nach Nusa Lembongan und Nusa Penida über die gelegentlich recht raue Meerenge von Badung können bei hohen Wellen, vor allem von Dezember bis Februar, unangenehm schaukelig werden. Bei stürmischer See nimmt man besser die jeden Morgen zwischen Sanur und Nusa Lembongan/Nusa Penida verkehrende öffentliche Fähre.

Nusa Lembongan und Nusa Ceningan

Nusa Penida sind nordwestlich die beiden Inselwinzlinge **Nusa Lembongan** (▶ K 6/7; 5000 Einw.) und **Nusa Ceningan** (▶ K 7) vorgelagert, die hinsichtlich Bodengestalt, Tierwelt und Vegetation der Schwesterinsel sehr ähnlich sind. Die hügelige, verkarstete Hochebene von Nusa Lembongan stürzt im

Osten dramatisch zum Meer ab. Die Nordküste dagegen ist flach und dicht mit Mangrovenwäldern bewachsen.

Ein Erwerbszweig der Insulaner ist neben Fischfang eine besondere Form von Aquakultur – sie legen in den seichten Wasser Felder von Seetang an, der nach der Ernte in getrockneter Form als Rohstoff für die Kosmetik- und Pharmaindustrie vorwiegend nach Japan exportiert wird.

Die Welt der bunten **Korallengärten** in den Küstengewässern von Nusa Lembongan mit unglaublichem Fischreichtum zieht vor allem Taucher und Schnorchler an, die im Dorf **Jungutbatu** (▶ K 6) an der Nordwestküste Unterkünfte finden. Ca. 2 km vom Sandstrand entfernt türmt sich die Bali-See an einem Riff zu einer wilden **Brandung** auf, die Surfer aus aller Welt schätzen. Wem der Sinn nicht nach Wassersport steht, der kann in gut 2 Std. die autolose Insel umrunden. Das artet nicht in Stress aus, denn außer einsamen Stränden, wie den traumhaft schönen Dream Beach, gibt es nichts zu entdecken.

Übernachten

... auf Nusa Lembongan

Für gehobene Ansprüche – **Waka Nusa Resort:** Mushroom Bay, Buchung: Denpasar Office, Tel. 0361 48 40 85, www.wakahotelsandresorts.com. Bungalow 225 US-$. Kleine, sehr feine landestypische Anlage aus natürlichen Materialien in einem Palmenhain am Strand. Restaurant, Bar und Pool. Kostenloser Transfer von Benoa Port mit einem Segelkatamaran.

Bungalows mit Aussicht – **Coconuts Beach Resort:** Coconut Bay, Buchung über P. T. Island Explorer Cruises, Tel. 0361 72 80 88, www.bali-activities.com. Bungalow 1 685 000 Rp. Acht stilvoll in Bambus möblierte Bungalows mit Ven-

Seetang-Aquakultur in Lembongan

tilator oder AC in herrlicher Hanglage, mit Restaurant und schönem Pool.

Bungalows im Ethnolook – **Bali Hai Tide Huts:** Mushroom Bay, Tel. 0361 807 01 81, www.balihaitidehutlembon gan.com. DZ 126–156 US-$. In den doppelstöckigen, klimatisierten Bungalows des familienfreundlichen Resorts, die traditionellen Lumbung-Reisspeichern nachempfunden sind, verbinden sich Tradition und moderner Komfort. Gutes Restaurant, einladender Pool, vielfältige Wassersportmöglichkeiten.

Ruhig und landestypisch – **Dream Beach Huts:** Dream Beach, Tel. 0813 38 73 73 44, www.dreambeachlembong an.com. Bungalow 750 000–1 650 000 Rp. Vorwiegend aus Naturmaterialien erbaute Bungalows mit Open-Air-Duschen auf einer Klippe an der Südküste. Direkt unter dem zweistufigen Infinity-Pool liegt der herrliche Dream Beach. Die Ocean View Huts sind den Aufpreis wert!

Quartier für Taucher – **Secret Garden Bungalows:** Jungutbatu, Tel. 0813 53 13 68 61, www.bigfishdiving.com/ accommodation. Bungalow 250 000–400 000 Rp. Acht teils großzügig geschnittene, in Bambus möblierte Bungalows mit Ventilator oder AC, schöner Palmengarten mit Pool, Tauchzentrum unter australischer Leitung.

Infos

Boote: Zwischen Sanur und Nusa Lembongan verkehrt jeden Morgen eine öffentliche Fähre (1,5 Std.). Die Strecke bedienen zudem mehrmals tgl. Schnellboote verschiedener Gesellschaften (8–17 Uhr, 30–45 Min.), die meist weiter nach Nusa Penida und z. T. auch bis zu den Gilis und nach Lombok fahren, z. B. Scoot Fast Cruises (Tel. 0361 28 55 22, www.scootcruise. com) und Semaya One Cruise (Tel. 0361 28 41 94, www.semayacruise. com). Zwischen Jungutbatu auf Nusa Lembongan und Toyapakeh auf Nusa Penida verkehrt tgl. frühmorgens ein reguläres Passagierboot.

Nordbali

Highlights!

Gunung Batur und Batur-See: Der Panoramablick von Penelokan am Rand des riesigen Batur-Kraters umfasst erstarrte Lavaströme und den halbmondförmigen Kratersee – eine der faszinierendsten Vulkanlandschaften Indonesiens. Ausgangspunkte für eine Besteigung des Gunung Batur sind Kedisan und Toya Bungkah am Batur-See. Gegenüber liegt das Bali-Aga-Dorf Trunyan. S. 241

Bratan-See und Pura Ulun Danu: Die Umgebung des heiligen Bergsees Danau Bratan ist der Obst-, Gemüse- und Blumengarten Balis. Im malerisch am See gelegenen Pura Ulun Danu verehrt man Dewi Danu, die Göttin der Seen und Flüsse. S. 248

Auf Entdeckungstour

Ozeandampfer und Radfahrer – Erinnerung an die Holländer: An der Nordküste von Bali landeten einst die Holländer, bevor sie weiter in den Süden zogen. Die Kolonialherren beeinflussten die Kultur der Menschen im Norden stark, die Balinesen antworteten mit ironischen Reliefs an den Tempeln. Da tummeln sich Ozeandampfer, Automobile, Flugzeuge und Fahrradfahrer. S. 266

Kultur & Sehenswertes

Pura Ulun Danu Batur: Ein Besuch der Tempelanlage aus schwarzem Lavagestein lohnt vor allem während des *odalan* bei Vollmond im März/April, zwei Wochen nach Nyepi. S. 246

Gedung Kirtya: Die Bibliothek in Singaraja birgt einen einzigartigen Schatz: eine Sammlung von etwa 3000 Lontar-Manuskripten. S. 253

Aktiv unterwegs

Vulkanwanderung: Der Sonnenaufgang auf dem Batur-Vulkan ist ein unvergessliches Erlebnis. S. 242

Tauchen: Von Lovina Beach aus werden speziell für Taucher und Schnorchler Ausflüge zur Pulau Menjangan organisiert. S. 261

Genießen & Atmosphäre

Brahma Vihara-Arama: Das buddhistische Kloster beim Lovina Beach ist ein Ort der Ruhe und Besinnung abseits der Touristenwege. S. 255

Banyualit Spa'n Resort: Das Spa des Banyualit Resort am Lovina Beach bietet anspruchsvolle Heilmassagen und Anwendungen. S. 260

Warung Bambu Pemaron: Beate Dotterweich kocht mit dem ›Verstand einer Westlerin‹, aber mit dem Herzen einer Balinesin. Probieren können Sie ihre kulinarischen Kreationen im Restaurant Warung Bambu Pemaron am Lovina Beach. S. 258

Abends & Nachts

The Duke: Die aus den Lautsprechern der Musikkneipe The Duke am Lovina Beach dröhnenden Rock-, Blues- und Soulklassiker stimmen so manchen Besucher aus der 68er-Generation sentimental. S. 262

Zu Vulkanen, Kraterseen und ans Meer

Von Zentralbali führen kurvenreiche, oft schlaglochübersäte Straßen in die Bergregion rund um Batur-See und Gunung Batur. Rasch lässt man die Reisfeldlandschaft hinter sich und erreicht das zunehmend karger werdende Hochland. Mit jedem Höhenmeter wird es kälter, oft scheinen die Sträßchen in Nebelschwaden zu enden. An den Berghängen werden Obst und Gemüse, Kaffee, Tabak und Gewürznelken geerntet, denn das Klima ist für den Reisanbau ungeeignet. An die Stelle der leichten, luftigen Bambushäuser des Tieflands treten jetzt solide Steinbauten mit Ziegeldächern, die Schutz vor Wind und Wetter bieten.

Nur 25 km Luftlinie westlich vom Batur-See liegt ein weiterer viel besuchter Bergsee – der Danau Bratan. Wer dorthin will, muss allerdings einen weiten Umweg über Mengwi im Süden oder Singaraja im Norden in Kauf nehmen. Im Gegensatz zur kargen Vulkanlandschaft um den Gunung Batur präsentiert sich die Umgebung des Bratan-Sees in üppigem Grün. Der malerische, 1200 m hoch gelegene See füllt mit seinen beiden Nachbarseen Danau Buyan und Danau Tamblingan Teile eines riesigen erloschenen Vulkankraters. Die drei Kraterseen und das feuchte Bergland sind häufig von Nebelschwaden oder Regenwolken umhüllt und strahlen dann eine geheimnisumwitterte Atmosphäre aus, wie geschaffen für Götter, Geister und Dämonen.

Der äußerste Norden von Bali unterscheidet sich in mancherlei Hinsicht vom Rest der Insel. Während sich das fruchtbare Land im Süden sanft von den Bergen zum Meer hin senkt, fällt es im Norden steil zur Küste hin ab und bietet den Bewohnern in einem schmalen Schwemmlandsaum nur wenig Agrarfläche.

Da die nördliche Küstenregion im Regenschatten der zentralen Vulkankette liegt, empfängt sie auch – im Vergleich zum Süden – wesentlich geringere Niederschläge, sodass hier die

Infobox

Anreise und Weiterkommen

Busse und *bemo* nach Penelokan und Kintamani vom Terminal Batubulan 8 km nordöstlich von Denpasar. *Bemo* verkehren auch regelmäßig zwischen Ubud und Penelokan sowie Bangli und Penelokan. Auf der Nebenstrecke von Menanga beim Pura Besakih nach Penelokan fahren nur sehr sporadisch *bemo*. Von Lovina Beach und Singaraja gibt es keine Direktverbindung nach Kintamani und Penelokan, man muss in Kubutambahan umsteigen.

Busse und *bemo* nach Bedugul vom Terminal Ubung 3 km nördlich von Denpasar. *Bemo* verkehren regelmäßig zwischen Mengwi und Bedugul. Von Lovina Beach fährt man mit einem *bemo* zunächst zum Terminal Banyuasri in Singaraja, von dort Busse nach Denpasar über Bedugul.

Busse und *bemo* nach Singaraja vom Terminal Ubung 3 km nördlich von Denpasar. Von den beiden Terminals in Singaraja fahren Busse und *bemo* in alle Richtungen.

Reisernten weniger üppig ausfallen. Dagegen erlaubt das trockene Klima in den höheren Lagen den Anbau von Balis wichtigsten Exportgütern, zu denen Kaffee, Gewürznelken und Tabak zählen. An der Küste überziehen Mais-, Maniok-, Erdnuss-, Kohl- und Zwiebelfelder das Land wie einen Flickenteppich. Hier und da werden in Weingärten rote Trauben geerntet, aus denen man einen süffigen Rosé keltert. Eine Einnahmequelle der Bauern ist zudem die Viehzucht.

Der Wall der in West-Ost-Richtung verlaufenden Bergkette, der lange Zeit kaum Kontakte zwischen den beiden Inselteilen zuließ, hat schließlich auch zu einer kulturell unterschiedlichen Entwicklung geführt. Der Norden wurde wesentlich stärker durch europäischen Einfluss geprägt, da die Niederländer hier bereits 1846, rund 60 Jahre früher als im Süden, die Herrschaft übernahmen und Mitglieder der Königsfamilie mit wichtigen Verwaltungsaufgaben betrauten. Das Kastensystem spielt hier keine so entscheidende Rolle wie in der südbalinesischen Gesellschaft (s. S. 71), auch basiert die soziale Ordnung stärker auf der Einzelfamilie als auf der Dorfgemeinschaft.

Unterschiede haben sich auch in der Tempelarchitektur und -plastik herausgebildet. Selten findet man in den meist symmetrisch angelegten nord-balinesischen Tempeln die für den Süden so typischen vielstufigen, schlanken *meru*. Dagegen sind nordbalinesische Tempelmauern und -tore noch reicher mit Schmuckornamenten überzogen. Steinernes Blüten- und Blätterwerk, Arabesken und Spiralen wuchern an den Heiligtümern des Nordens in geradezu barocker Fülle. Häufig finden sich dabei erotische Motive, die in anderen Gebieten Balis kaum zu sehen sind.

Gunung Batur und Batur-See! ▶ J/K 2/3

Einen starken Kontrast zum lieblichen Erscheinungsbild des Inselsüdens bildet die Mondlandschaft um den Vulkan Gunung Batur. Am Südwestrand des Vulkankraters liegt in 1450 m Höhe **Penelokan,** Schöner Blick. Und der Name des Ortes hält, was er verspricht. Vor dem Betrachter tut sich der gewaltige **Batur-Krater** auf, mit einer Ausdehnung von rund 10 x 14 km eine der größten Calderen der Welt. Der Riesenkrater, den schroff abfallende Felswände umrahmen, entstand vor Jahrmillionen durch einen kesselförmigen Einsturz über entleerten Magmakammern. Den tiefsten Absenkungsbereich, ein Drittel der Caldera, füllt der halbmondförmige, bis zu 90 m tiefe **Batur-See.** Als höchster Punkt des Kraterrings ragt mit 2153 m am Südostrand der ruhende Vulkan **Gunung Abang** auf.

Der Batur-Vulkan

Im Zentrum des Einbruchkessels wuchs vor erdgeschichtlichen Sekunden ein neuer Vulkan – der 1717 m hohe, immer noch tätige **Gunung Batur.** Heiße Quellen und qualmende Fumarolen sind ein Indiz für die vulkanischen Kräfte, die knapp unter der Erdoberfläche schlummern. Schwarz zerklüftete Lavafelder, die sich an den Flanken ausbreiten, zeugen von den Eruptionen des unberechenbaren Batur-Vulkans. Bei Ausbrüchen 1917 und 1926 wurde das Dorf Batur an der Westseite des Batur-Sees unter Lavaströmen begraben. Die Überlebenden mussten ihre Siedlung aufgeben und ein neues Dorf in sicherer Entfernung am oberen Caldera-Rand anlegen. Von den Balinesen wird der Vulkan als zweitheiligster Berg der Insel

Wanderung auf den Gunung Batur

verehrt. Dem Mythos zufolge hat der Hindugott Shiva den kosmischen Berg Mahameru einst in zwei Teile gespalten und diese als Gunung Batur und Gunung Agung nach Bali verpflanzt.

Wanderung auf den Gunung Batur

Start: Kedisan oder Toya Bungkah, Dauer: Auf- und Abstieg, die auf unterschiedlichen Routen erfolgen können, dauern etwa 4–6 Std. Will man den Sonnenaufgang auf dem Gipfel des Batur erleben, sollte man spätestens um 4 Uhr aufbrechen. Schwierigkeitsgrad: moderat. Beste Zeit: Am besten geeignet ist die Trockenzeit von Mai bis September

Tipps zur Planung: Wegen des offenen Geländes ist ein Führer zwar nicht unbedingt notwendig, aber aus Sicherheitsgründen und auch weil geführte Vulkanwanderungen eine der wenigen Verdienstmöglichkeiten der einheimischen Jugendlichen sind, sollte man den **Aufstieg nicht auf eigene Faust** unternehmen. Die Hotels und Pensionen in Penelokan, Kedisan und Toya Bungkah sowie die Association of Mount Batur Trekking Guides in Toya Bung-

kah (Tel. 0366 523 62, volcanotrek@hotmail.com) vermitteln ortskundige Guides (550 000 Rp. für 1–2 Pers., 700 000 Rp. für 1–4 Pers.). Organisierte Touren (ab 750 000 Rp./Pers. inkl. Anreise zum Ausgangspunkt) bieten die Agenturen Bali Sunrise Trekking and Tours (Tel. 0818 55 26 69, www. balisunrisetours.com) und Nak Bali (Tel. 0818 05 63 84 84, www.nakbali. com). Trinkwasser, Taschen- bzw. Stirnlampe, Kälte- und Nässeschutz nicht vergessen. Wegen des scharfkantigen Lavagesteins ist festes Schuhwerk unverzichtbar. Bei Regen sollte man den Aufstieg nicht wagen, da der Pfad sehr rutschig werden kann.

Ein besonderes Naturerlebnis bietet die Wanderung auf den Gipfel des Batur-Vulkans. In den frühen Morgenstunden wiederholt sich während der Trockenzeit fast täglich das gleiche Ritual: Gruppen von Wanderern brechen in **Toya Bungkah** am Westrand des Batur-Sees zum Gipfelsturm auf. Der Aufstieg, der einige Hundert Meter südlich des Dorfs beginnt und auch für Untrainierte in 2–3 Std. zu bewältigen ist, führt über erstarrte Lavafelder und vorbei an einem kleinen Tempel bis zum Kraterrand. Etwas kürzere Routen beginnen beim **Pura Jati** an der Straße zwischen Kedisan und Toya Bungkah und bei **Songan** an der Nordspitze des Batur-Sees.

Bis auf einen relativ steilen Abschnitt mit lockerem Lavagestein unmittelbar unterhalb des Kraterrands sind alle Touren relativ unproblematisch. Wegen der zahlreichen Fumarolen sollte man jedoch die ausgetretenen Fußpfade nicht verlassen. Nichts für ängstliche Gemüter hingegen ist der sehr schmale, um den Krater herumführende Weg. An einigen Stellen überquert er einen steilen Grat mit tiefen Abgründen zu beiden Seiten.

Sobald sich die ersten Sonnenstrahlen durch die Nebelschwaden tasten, werden die Bergwanderer für die Mühen des Aufstiegs belohnt: Den Sonnenaufgang von hier oben zu betrachten gehört zu den eindrucksvollsten Erlebnissen eines Bali-Urlaubs. Eine Wohltat nach der Wanderung ist dann ein Bad in den von **Thermalquellen** *(air panas)* gespeisten Becken des **Batur Natural Hotspring Resort** von Toya Bungkah (tgl. 8–20 Uhr, 150 000 Rp.).

Trunyan ▶ K 2

Trunyan liegt auf einem schmalen Landstreifen am Ostufer des Batur-Sees zwischen dem See und der steil aufragenden Kraterwand. In dem Dorf, dessen Bewohner sich Bali Aga (Altbalinesen) nennen, haben sich Traditionen aus vorhinduistischer Zeit unverfälschter erhalten als anderswo auf Bali. Die Dörfler galten lange als fremdenfeindlich, haben aber mittlerweile die wirtschaftlichen Vorteile des Tourismus erkannt und ihr Dorf für Besucher geöffnet.

Dorthin gelangt man per Boot oder mit einem gemieteten Auto bzw. Motorrad (s. S. 245). Trotz des einzigarti-gen kulturellen Erbes gibt es nicht viel zu sehen.

Pura Puser Jagat
Nicht zugänglich
Als einzige sichtbare ›Attraktion‹ des Dorfes erhebt sich im Schatten eines Banyan-Baums der **Pura Puser Jagat** (Tempel des Weltnabels). Die schmucklose Kultstätte birgt die fast 4 m hohe Statue des Dewa Ratu Gede Pancering Jagat, den die Bewohner von Trunyan als höchste Gottheit verehren. Die Statue, die eventuell auf die megalithische Epoche Balis zurückgeht, wird in einem siebenstöckigen *meru* verwahrt und nur einmal im Jahr, während eines Festes zur Zeit des Vollmonds im September/Oktober, hervorgeholt.

Der Friedhof von Trunyan
Nur per Boot und in Begleitung eines Einheimischen zugänglich
Am deutlichsten unterscheiden sich die Bali Aga von Trunyan von der übrigen Bevölkerung durch ihren Bestattungskult. Sie überlassen die Toten, in weiße Tücher gehüllt, auf einem Platz außerhalb des Dorfes der natürlichen Verwesung, da sie glauben, wilde Tiere würden die Verstorbenen in die jenseitige Welt transportieren. Nur wenige hundert Meter von Trunyan entfernt am Fuß einer Steilklippe bietet sich auf der Totenstätte, die nur über Wasser erreichbar ist, ein bizarres Bild aus bemoosten Schädeln und ausgebleichten Knochen. Wundersamerweise riecht es hier nie nach Verwesung. Dafür sorgt ein heiliger Baum, der die Luft reinigt – so die Erklärung der Trunyaner.

Übernachten

… in Penelokan ▶ J 3
Genial platziert – **Lake View Eco Lodge:** Tel. 0366 525 25 u. 0877 62 44 71 77, www.lakeviewbali.com. DZ 65–90 US-$.

Das familiäre Haus am Kraterrand hat zwar schon bessere Zeiten gesehen, ist aber eine der komfortabelsten Unterkünfte der Batur-Region. Für den einen oder anderen Mangel entschädigt der traumhafte Panoramablick. Der Manager hilft bei der Organisation von Wanderungen auf den Batur und Ausflügen nach Trunyan.

Herrliche Aussicht – **Amerta Sari Hotel:** An der Serpentinenstraße zwischen Penelokan und Kedisan, Tel. 0366 524 67, info@amertasarihotelbali.com. DZ 425 000–560 000 Rp. Neun gemütliche Zimmer. Vom Restaurant toller Blick auf Batur-See und -Vulkan.

… in Kedisan ▶ J 3

Stützpunkt für Bergwanderer – **Hotel Segara:** Tel. 0366 511 36, www.batursegarahotel.com. DZ 250 000–600 000 Rp. Das gut geführte Hotel in Kedisan am Südufer des Batur-Sees bietet keinen großen Komfort, eignet sich aber gut als Basiscamp für Bergwanderer, die den Batur-Vulkan bezwingen wollen. Die Zimmer sind schlicht, aber geräumig und sauber. Ein Genuss nach der Bergtour sind die Warmwasserduschen. Im Restaurant mit Seeblick gibt es neben indonesischen, chinesischen und europäischen Speisen hervorragende Fischgerichte. Der freundliche, hilfsbereite Manager Artawan organisiert Vulkanwanderungen (700 000 Rp. für 1–2 Pers., 1 000 000 Rp. für 3–4 Pers.) und Bootstouren nach Trunyan. Kanu- und Mountainbike-Verleih.

Gut und günstig – **Hotel Surya:** Tel. 0366 513 78, www.suryahotel.com. DZ 250 000–400 000 Rp. Bodenständige Unterkunft mit Zimmern verschiedener Qualität, die besseren mit Warmwasser und Seeblick. Restaurant, Vulkanwanderungen.

Schöne Lage am See – **Hotel Astra Dana:** Tel. 0366 520 91, astradana_kintamani@yahoo.com. DZ 200 000 Rp., Bungalow

400 000 Rp. Vier neue, komfortable Bungalows am Seeufer, einfache Zimmer im Hauptgebäude. Gute Fischgerichte im Restaurant. Vulkanwanderungen und Touren nach Trunyan.

… in Toya Bungkah ▶ J 2

Wellness-Oase – **The Ayu Kintamani:** Tel. 0366 522 22, www.theayu.com. Suite 270–385 US-$. Unter ökologischen Aspekten gebautes exklusives Wellness-Hotel mit Gourmetrestaurant und Pool. Gesundheitsprogramme, Meditations- und Entspannungskurse.

Quadratisch, praktisch, gut – **Hotel Puri Bening Hayato:** Tel. 0366 512 34, www.indo.com/hotels/puribeninghayato. DZ 500 000–750 000 Rp. Ordentliches, aber etwas nüchternes Touristenhotel mit 30 komfortablen Zimmern und Bungalows sowie Restaurant und Pool.

Fischer reinigen ihre Netze am Batur-See, im Hintergrund der Gunung Batur

Mit Thermalpool – **Arlinas:** Tel. 0366 511 65, DZ 450 000–550 000 Rp. Gepflegte Zimmer in Doppelbungalows mit Kalt- oder Warmwasser, gutes Restaurant, Thermalpool (für Nichtgäste 50 000 Rp.), Organisation von Batur-Treks.

Angenehmer Familienbetrieb – **Under the Volcano II:** Tel. 0366 525 08, www. kintamanihotel.com. DZ 150 000–300 000 Rp. Gemütliche Zimmer in hübschen Cottages am See mit Kalt- oder Warmwasser. Im Restaurant ausgezeichnete Fischgerichte vor dem Seepanorama. Die Betreiberin Nengah organisiert Vulkanwanderungen.

Infos

Ausflug nach Trunyan: Per gechartertem Motorboot ab Toya Bungkah am West- oder Kedisan am Südufer des Sees (450 000–500 000 Rp.). Eine Alternative zur Bootstour ist die Anfahrt mit Mietwagen oder Motorrad auf einer schmalen Teerstraße am Seeufer entlang.

Im Westen der Caldera ▶ J 3/2

Wer diese Gegend westlich der Vulkankrater erkunden will, sollte die Zeit zwischen 11 und 13 Uhr besser meiden, denn dann stauen sich zwischen **Penelokan** (▶ J 3) und Kintamani Ausflugsbusse, die die Touristen hinauf zu den tempelgroßen Restaurants am oberen Rand der Riesencaldera bringen.

In diesem Meru des Pura Ulun Danu im Bratan-See wird Dewi Danu verehrt

Batur ▸ J 2

Das mit dem Nachbarort Kintamani zusammengewachsene **Batur** besitzt eines der wichtigsten Heiligtümer Balis – den bedrohlich nahe am Krater gelegenen **Pura Ulun Danu Batur.** Die Tempelanlage aus schwarzem Lavagestein wurde um einen beim Vulkanausbruch im Jahr 1926 geretteten Schrein wieder aufgebaut. Der Komplex, der aus neun einzelnen Tempeln besteht, wirkt unvollendet. Vielleicht liegt dies an der schlichten, schmucklosen Gestaltung der Bauten. Die fehlende ornamentale Pracht aber ist typisch für Kultstätten der Bergregion. Im Tempel verehren Gläubige aus dem Süden Balis Dewi Danu, die Göttin der Seen und Flüsse. Verständlich, denn unzählige Quellen speisen die für die Reisfelder lebenswichtigen Flüsse. Wenn Nebel die fast 100 grasgedeckten Schreine und *meru* umhüllt, strahlt der Tempel eine geradezu mystische Stimmung aus.

Kintamani ▸ J 2

Das Klima und die vulkanischen Böden haben die Umgebung des Straßendorfs

zum Gipfel des **Gunung Penulisan** zu bewältigen, auf dem ein altes, häufig von Nebelschwaden umhülltes Bergheiligtum steht – der von Touristen kaum besuchte **Pura Tegeh Koripan,** einst die zentrale Kultstätte des Reiches von Pejeng. Hier ist man auf Bali den Göttern am nächsten, denn der Pura Tegeh Koripan ist der höchstgelegene Tempel der Insel. Am frühen Morgen schweift der Blick von hier über die Vulkane Gunung Batur, Abang und Agung bis zum Gunung Rinjani auf Lombok, doch meist ziehen bald Wolken auf.

Die Schreine und Pavillons im inneren Tempelbereich bergen Skulpturen mit individuellen Gesichtszügen, vermutlich Bildnisse vergöttlichter Herrscher der Pejeng-Dynastie, sowie *linga-* und *yoni-*Darstellungen, die Shiva in Vereinigung mit Parvati symbolisieren.

Essen & Trinken

... zwischen Penelokan und Kintamani

Esstempel für Ausflügler – **Gunawan:** Jl. Raya Penelokan, Tel. 0366 527 58, tgl. 11–18 Uhr. Menü 120 000–150 000 Rp. Büfett-Lunch und -Dinner (chinesisch-indonesisch) vor dem Panorama des Batur-Kraters.

Kintamani zu einem großen Obst- und Gemüsegarten gemacht. Der etwas verschlafene Ort erwacht aus seiner Lethargie, wenn hier alle drei Tage ein lebhafter **Markt** abgehalten wird.

Penulisan ▶ J 2

Bei **Penulisan** erreicht die Straße zur Nordküste mit 1640 m ihren höchsten Punkt.

In einer Haarnadelkurve, kurz vor dem Scheitelpunkt der Passstraße, beginnt ein langer, ausgetretener Treppenpfad. Gut 300 Stufen sind bis

In Kurven hinab zur Nordküste
▶ H 2/J 1

Von Penulisan windet sich eine kurvenreiche, gut ausgebaute Straße steil hinab zur Küste. Ein enger, nur auf wenigen Karten verzeichneter Fahrweg verbindet **Dausa,** westlich von Penulisan, mit **Bondalem** an der Nordküste. Auf 12 km wird ein Höhenunterschied von über 900 m überwunden.

Für Individualreisende – **Rumah Makan Puncak Sari:** Jl. Raya Penelokan, Tel. 0366 539 65, tgl. 10–19 Uhr. Gerichte 30 000–70 000 Rp. Einfaches Lokal mit indonesischen Standardgerichten, dafür aber mit traumhaftem Blick von der Terrasse.

Bratan-See und Pura Ulun Danu!

▶ G 3

Der Bratan-See sichert die Bewässerung eines Großteils der Reisfelder im Süden von Bali. Sein Wasser, dem man magische Kräfte nachsagt, soll die Felder mit einer erstaunlichen Fruchtbarkeit segnen. So ist es nicht verwunderlich, dass der teils auf einer Landzunge, teils auf zwei kleinen Inseln im Danau Bratan gelegene **Pura Ulun Danu** (tgl. 8–18 Uhr, 30 000 Rp., Kinder unter 10 Jahren 15 000 Rp.; *meru* auf den Inselchen nicht zugänglich) ein Pilgerziel für Reisbauern aus Südbali ist. Sie kommen, um Dewi Danu, der Göttin der Seen und Flüsse, Opfer darzubringen und sie zu bitten, ihre Felder weiterhin mit dem Leben spendenden Nass zu versorgen. In dem Seetempel beim Dorf Candi Kuning nehmen die Pilger von Priestern geweihtes Wasser in Empfang, denn jedes Reisfeld muss vor dem Pflanzen mit einigen Tropfen aus dem heiligen Bratan-See gesegnet werden.

Beim Pura Ulun Danu wird ein Postkartenmotiv zur Realität. Hier ragt als auffälligster Teil der Tempelanlage ein elfstufiger, Shiva und seiner Gemahlin Parvati geweihter *meru* aus dem Wasser. Unscheinbarer, aber bedeutender ist der dreistufige *meru,* der sich auf dem zweiten Eiland erhebt. Dort verehren Balinesen seit Menschengedenken Dewi Danu. Vor allem im sanften

Morgenlicht wird das Ensemble zu einem der optischen Höhepunkte einer Balireise. Der Reiz liegt in der Schlichtheit des Heiligtums und der vollkommenen Verschmelzung mit der umliegenden Landschaft.

Um den Seetempel erstreckt sich ein **Park** mit Rasen, Blumenrabatten und tropischen Pflanzen. Im Tempelvorhof deutet ein **Stupa** mit fünf Buddha-Statuen in Meditationshaltung auf die Übernahme buddhistischer Glaubensgrundlagen in den Hinduismus balinesischer Prägung. Im Pantheon der Balinesen ist auch Platz für Buddha – er gilt als eine Inkarnation von Vishnu.

Bedugul ▶ G 3

Bedugul am südlichen Ende des Danau Bratan ist ein kleiner, vor allem bei einheimischen Besuchern beliebter Erholungsort, der nur aus Hotels und Restaurants besteht und viele Wassersportmöglichkeiten bietet. Dank der Höhenlage ist es hier angenehm kühl, wenn auch regenreich. Nicht von ungefähr trägt der Ort den Beinamen Kota Hujan – Regenstadt. Man muss täglich, auch während der Trockenperiode, besonders in den Nachmittagsstunden mit kräftigen Schauern rechnen.

Bukit Mungsu

An der Hauptstraße nördlich von Bedugul erstreckt sich der Marktflecken **Bukit Mungsu.** Hier wird täglich von den frühen Morgenstunden bis in den späten Nachmittag ein bei Einheimischen und Touristen gleichermaßen beliebter **Markt** abgehalten. Für wenig Geld kann man bekannte, aber auch exotische Früchte wie Blimbing und Delima, Kecapi und Kedongdong, Rambutan, Salak und Sirsak probieren. Zum Angebot gehören zudem Gewürze und Blumen, vor allem Orchideen.

Botanischer Garten (Kebun Raya)

Bei Candi Kuning, Tel. 0368 203 32 11, www.balibotanicgarden.org, tgl. 8–18 Uhr, 20 000 Rp., Auto zuzüglich 15 000 Rp., Mopeds nicht erlaubt

Naturliebhabern ist der **Botanische Garten** nahe Candi Kuning einen Abstecher wert. In dem 1959 angelegten, 130 ha umfassenden Areal mit über 600 Baumarten, das sich in 1200–1450 m Höhe ausbreitet, lädt ein ausgedehntes Wegenetz zu Spaziergängen ein. Besucher mit wenig Zeit können ihn mit dem eigenen Auto erkunden. Zu den Highlights zählen ein Orchideenhaus, ein Heilkräutergarten und eine Bambuskollektion.

Übernachten

… in Candi Kuning

Schöne Lage am See – **Ashram Bungalows:** Tel. 0368 214 50, Fax 0368 211 01. Bungalow 200 000–300 000 Rp. Einfache, gemütliche Bungalows am See nahe Pura Ulun Danu. Restaurant mit indonesisch-balinesischer Speisekarte.

… in Desa Pancasari

Golfers Traum – **Bali Handara Golf Resort:** Tel. 0362 342 26 46, www.handaragolfresort.com. DZ 105–135 US-$, Suite 240 US-$, auch Cottages, Bungalows, Villen. 5-Sterne-Resort mit edlen Restaurants und einem 18-Loch-Golfplatz (s. rechts).

Essen & Trinken

… in Bedugul

Fruchtiger Zwischenstopp – **Strawberry Stop:** Tel. 0368 212 65, tgl. 9–19 Uhr. Gerichte 40 000–70 000 Rp. Hier verlocken fruchtige Erdbeerdesserts und kleine Gerichte wie Erdbeercrèpes und -kuchen. Ideal für die Kaffeepause.

… in Candi Kuning

Vor dem Panorama des Bratan-Sees – **De Danau Lake View Restaurant:** Tel. 0368 203 30 54, www.dedanau.com, tgl. 8–20 Uhr. Gerichte 40 000–90 000 Rp. Indonesische, chinesische und einige europäische Gerichte. Von der Terrasse im 3. Stock bietet sich ein schöner Blick auf den Bratan-See.

Aktiv

Spaß und Adrenalin – **Bali Treetop Adventure Park:** Im Botanischen Garten, Tel. 0361 934 00 09, www.balitreetop.com, tgl. 8.30–18 Uhr, 25 US-$, Kinder 16 US-$, Familien 65 US-$. Sieben Parcours und 72 Herausforderungen sind hier zu erkunden – von Hängebrücken über Springen à la Tarzan bis hin zum Flying Fox.

Golfers Traum – **Bali Handara Golf Course:** Desa Pancasari, Tel. 0362 342 26 46, Greenfee 100 US-$, für Gäste des zugehörigen Hotels 65 US-$. Ein großes Gespaltenes Tor bildet den Eingang zum Bali Handara Golf Course. Der Platz wurde von international bekannten Golfplatzdesignern angelegt. 135 ha Fläche, 6,4 km Gesamtlänge, 18 Löcher (Par 72) und ein perfektes Entwässerungssystem, welches das Grün direkt nach heftigen Wolkenbrüchen wieder bespielbar macht – Golfers Traum der Superlative.

Buyan- und Tamblingan-See ▸ G 2/3

Von dichten Bergwäldern umrahmt sind auch die Seen **Buyan** (▸ G 2) und **Tamblingan** (▸ G 3). Etwa 8 km nördlich von Bedugul zweigt nahe Wanagiri hinter einer markanten Haarnadelkurve westwärts eine Nebenstraße in Richtung Munduk ab. Auf einem Grat hoch

Lieblingsort

Zu Gast bei Balinesen

Am Rand von Munduk liegen in herrlicher Berglandschaft die ein- und zweistöckigen Cottages, die traditionellen Reisspeichern nachempfunden sind. Der Blick über Reisfelder, Nelkenbäume und Palmen bis zum Meer ist atemberaubend. Nyoman Bagiarta bemüht sich um einen Tourismus, den Bali ›ertragen‹ kann und der es Besuchern ermöglicht, Land und Leute, Natur und Kultur zu verstehen. Auch Unterkünfte bei Einheimischen werden vermittelt. Das Puri Lumbung bietet den Gästen Workshops an, etwa Koch-, Tanz-, Musik-, Web- und Holzschnitzkurse, sowie Yoga. Auf Wanderungen vermitteln gut ausgebildete, Englisch sprechende Führer viel über die Kultur, die Fauna und Flora der Bergregion.

Puri Lumbung Cottages: Munduk (▶ F 3), Tel. 0812 387 40 42, www.purilumbung.com. DZ 42 US-$, Bungalow 95–175 US-$.

über den beiden Bergseen bietet sich ein fantastisches Panorama.

In den Regenwäldern der Region organisieren Spezialveranstalter teils anspruchsvolle Trekkingtouren. So bieten sich im Dorf **Asah Munduk** (▶ G 3), das man mit einem der sporadisch verkehrenden *bemo* erreicht, Guides an für Wanderungen an der Südseite der beiden Seen. Zunächst geht es auf einer Stichstraße zum Südufer des Tamblingan-Sees und zur Tempelanlage **Pura Gubug Tamblingan** (▶ G 3). Ein schmaler Pfad schlängelt sich um das südöstliche Ufer herum zum Fischerdorf **Tamblingan** und dann durch hügeliges Terrain mit dichtem Baumbestand zum Südufer des Danau Buyan. Immer am Ufer entlangwandernd, trifft man nach ca. 4 Std. nördlich des Bali Handara Golf Course auf die Straße Singaraja – Bedugul.

Munduk ▶ F 3

Die von Wanagiri kommende asphaltierte Straße schraubt sich von 1300 m kurvenreich hinab nach Munduk auf 700 m Höhe. Kurz vor dem Ort zweigt rechts ein Fußweg zum **Air Terjun Munduk** ab (500 m/10 Min. ab Parkplatz an der Hauptstraße, 5000 Rp.). Aus ca. 25 m Höhe stürzt der Wasserfall über Felsen in eine malerische Schlucht.

Die Lage in den Ausläufern des zentralen Gebirgsmassivs sowie das milde Klima hat einst schon in Singaraja arbeitende Holländer bewogen, in **Munduk** Ferienhäuser zu errichten, um sich von der schwülen Hitze des Tieflands zu erholen. Um Munduk wurden Vanille- und Gewürznelkenplantagen sowie Kaffeepflanzungen angelegt. Die Nelken finden nicht etwa in der Küche Verwendung, sie dienen als Aromastoff für die indonesischen *kretek*-Zigaretten.

Von Munduk an die Küsten

Bei **Mayong** (▶ E 2) trifft die Nebenstrecke von Munduk kommend auf die westlichste der in Nord-Süd-Richtung verlaufenden Bergstraßen. Rechts geht es nach **Seririt** (▶ E 2) an der Nordküste, links über das Städtchen **Pupuan** (▶ F 3), in dessen Umgebung sich Reisterrassen an steilen Hängen übereinanderreihen und der **Air Terjun Blahmantung** (▶ F 3) 100 m tief in eine Schlucht stürzt, zur Südküste.

Übernachten

Familienanschluss inklusive – **Aditya Homestay:** Tel. 0852 38 88 29 68, www.adityahomestay.com. DZ 340 000 Rp. Ruhige, sympathische Familienpension mit geschmackvoll möblierten Zimmern; hervorragendes Frühstück und Abendessen; alle Familienmitglieder sind sehr um das Wohl der Gäste bemüht.
Zu Gast bei Balinesen – **Puri Lumbung Cottages:** s. S. 251

Singaraja ▶ G 1

Die Handelsstadt **Singaraja** (Löwenkönig, ca. 85 000 Einw.), der größte Ort Nordbalis, war einst das Einfallstor für Ausländer. Zunächst kamen chinesische und arabische Händler sowie Bugis aus Sulawesi, um Waffen und Münzen, Gewürze und Opium gegen Reis und Sklaven einzutauschen. Auch portugiesische Schiffe machten auf dem Weg zu den Gewürzinseln im Osten Indonesiens hier Zwischenstation. Seit dem späten 19. Jh. war die Stadt die wichtigste Machtbasis der Holländer im Bereich der Kleinen Sunda-Inseln. Das Königshaus von Bu-

Anders als die Ferienzentren in Südbali hat Lovina Beach einen grauen Lavastrand

leleng, so der historische Name des nördlichen Distrikts, kooperierte mit den Kolonialherren, wodurch die *raja* an Macht und Wohlstand gewannen.

Singaraja war bis 1945 Hauptstadt von Bali und bis 1953 Verwaltungszentrum der alten Provinz Nusa Tenggara, die von Bali bis Timor reichte. Seine Bedeutung schwand, als Denpasar Hauptstadt Balis wurde. Doch immer noch laufen hier die Fäden der nordbalinesischen Wirtschaft zusammen. Infolge der kosmopolitischen Vergangenheit der Stadt gehören die Einwohner verschiedenen ethnischen und religiösen Gruppen an. Besonderen Einfluss besitzt die große chinesische Kolonie. Der Wohlstand der chinesischen Minorität zeigt sich im taoistischen **Ling-Gwa-Kiong-Tempel** am östlichen Ortsrand.

Die meisten Touristen machen einen weiten Bogen um Singaraja mit seinem verwirrenden Einbahnstraßensystem, in dem sich selbst Einheimische kaum zurechtfinden. Allzu viel hat die nordbalinesische Metropole Besuchern auch nicht zu bieten, denn zahlreiche schöne Bauwerke aus früheren Zeiten fielen nach der Unab-

hängigkeit Indonesiens im antikolonialen Eifer der Spitzhacke zum Opfer.

Gedung Kirtya

Jl. Veteran 20, Tel. 0362 226 45, Mo–Fr 9–16 Uhr, 10 000 Rp., Kinder 5000 Rp.

Die historische Bibliothek **Gedung Kirtya** birgt eine bedeutende Sammlung von ca. 3000 Lontar-Manuskripten (s. S. 228), darunter die ältesten schriftlichen Überlieferungen Balis, und zahlreiche Metallplatten *(prasasti)* aus dem 14. Jh., auf denen in altbalinesischer Sprache königliche Dekrete festgehalten sind.

Ausflug zum Air Terjun Gitgit ▸ G 2

10 km südlich von Singaraja an der Straße nach Bedugul, tgl. 8–18 Uhr, 15 000 Rp., Kinder 7500 Rp.

Ein Ausflug führt zum Dorf Gitgit. Andenkenhändler und Verkaufsbuden weisen den Weg zum 40 m hohen **Gitgit-Wasserfall,** der westlich des Ortes in eine Dschungelschlucht stürzt. So erfrischend ein Bad in dem Felsen-

Lieblingsort

Brahma Vihara-Arama ▶ E 2

Eines der wenigen buddhistischen Klöster Indonesiens thront hoch über der Küste und bietet ein herrliches Panorama. Die Mönche lassen sich bei ihren Meditationsübungen auch von Touristen nicht stören. Viele Besucher bleiben gern etwas länger, genießen die Ruhe und Beschaulichkeit oder lassen sich von einem Englisch sprechenden Mönch in der Technik der Vipassana-Meditation unterweisen (s. auch S. 255).

pool sein mag, Liebespaare sollten davon Abstand nehmen, denn ihnen – so glauben die Einheimischen – würde das Ende ihrer Verbindung drohen.

Infos

Busse nach Singaraja ab Terminal Ubung 3 km nördlich von Denpasar. Singaraja hat zwei Bus- und *bemo*-Terminals. Vom Terminal Banyuasri (an der Ausfallstraße nach Westen) fahren *bemo* zum Lovina Beach sowie Busse nach Gilimanuk und Denpasar (via Bedugul); vom Terminal Penarukan (an der Ausfallstraße nach Osten) fahren *bemo* und Busse nach Sangsit, Sawan, Kubutambahan, Kintamani, Bangli, Klungkung, Amlapura und Denpasar (via Kintamani).

Lovina Beach und Umgebung ▸ F 1/2

Ziel Nummer eins für die meisten Besucher von Nordbali ist **Lovina Beach** (▸ F 1), ein Küstenstreifen etwa 5 km westlich von Singaraja. Lovina ist kein Ort, unter dieser Bezeichnung fasst man ein halbes Dutzend Dörfer mit Hotels, Restaurants und Tauchschulen zusammen. Einst war Lovina Beach ein Refugium für Traveller und andere Langzeitgäste, die in einfachen Bambushütten für wenige Rupiah eine Unterkunft fanden. Im Vergleich zu den mondänen Stränden Sanur und Nusa Dua galt Lovina als ungepflegt. Heute hat der Badeort sein Schmuddelimage abgelegt.

Lovina Beach ist nach den Ferienorten im Süden und Candi Dasa im Osten das touristisch am besten entwickelte Badezentrum auf Bali, obwohl der lange graue Lavastrand mit den – für Surfer ungeeigneten – sanften Wellen

nicht unter die Kategorie Traumstrand fällt. Auch gibt es am Lovina Beach wenig extravagante Restaurants und noch weniger rauschendes Nightlife.

Die Natur, Ruhe, Ausblicke übers blaue Meer, Bootsfahrten mit der Möglichkeit, Delfine zu beobachten, Schnorcheln und Tauchen beim vorgelagerten Korallenriff sowie Ausflüge ins Hinterland kompensieren dieses ›Manko‹, das so mancher als Gewinn betrachtet. Ferien sind hier noch preiswert – für Reisende mit Kindern ein ideales Ziel. Der Name Lovina soll aus der Zeit stammen, als hier Hippies – berauscht von halluzinogenen *magic mushrooms* – die feurigen Sonnenuntergänge und lauen Tropennächte genossen: *Love-in-all* war die Bezeichnung für das Shangrila der Blumenkinder. Im Lauf der Zeit schliff es sich zu Lovina ab.

Brahma Vihara-Arama
▸ E 2

Banjar Tegehe, 15 km südwestlich von Lovina, Tel. 0362 929 54, www.brah mavihaaraarama.com, tgl. 8–18 Uhr, Spende erbeten. Zutritt für Männer und Frauen nur mit sarong (gegen eine geringe Gebühr auszuleihen) Die Gebetshallen darf man nur unbeschuht betreten. Wer über Nacht bleiben möchte, sollte im Voraus schriftlich darum ersuchen. Man betritt die 1972 mit Hilfe aus Thailand errichtete Klosteranlage durch ein **Gespaltenes Eingangsportal,** das eine architektonische Konzession an den Bali-Hinduismus ist.

Als zentrales Heiligtum besitzt das Kloster einen schönen **Tempel,** in dem Ordinationsfeierlichkeiten und andere religiöse Zeremonien stattfinden. Ein sitzender Buddha, die Handfläche der linken Hand nach oben gerichtet im Schoß, während die Finger der nach unten gerichteten rechten Hand die

Bali-See

Gilimanuk

TEMUKUS

KALIASEM

Pura Segara

Jl. Raya Singaraja

KALIBUKBUK

Perama Tours
& Travel

0   400   800 m

Übernachten

1 The Damai
2 Puri Bagus Lovina
3 Puri Saron Baruna
  Beach Hotel

4 Bali Taman Resort
5 Banyualit Spa'n Resort
6 Aditya Bungalows
7 Aneka Lovina Villas & Spa
8 Chonos Hotel

9 Saraswati Holiday House
10 Rini Hotel
11 Shri Ganesh Hotel

Erde berühren, begrüßt die Besucher. Diese als Bhumisparsha Mudra oder Berührung der Erde bekannte Haltung bezieht sich auf folgende Begebenheit: Prinz Siddharta Gautama, der historische Buddha Shakyamuni, saß in tiefer Meditation versunken. Da näherte sich ihm der Dämon Mara, um ihn in Versuchung zu führen und so die Erleuchtung zu verhindern. Aber Siddharta rief die Erdgöttin als Zeugin seiner Tugend an, indem er mit den Fingerspitzen die Erde berührte. Und die Erdgöttin sandte eine Sintflut, die den Dämon hinwegspülte. So wurde der Buddha zum Sieger über Mara, das Böse. Die Reliefs stellen Szenen aus dem Leben des Buddha dar. Das linke Motiv zeigt die Geburt Siddharta Gautamas, das rechte den Erleuchteten im Kreis seiner Jünger beim Eingang ins Nirvana.

Rechts neben der **Gebetshalle** (vihara) erhebt sich ein goldener **Stupa** mit Lotoskrone und den alles sehenden Augen Buddhas. In einem **Schrein** links der Halle sitzt ein Dhyana-Mudra-Bud-

dha (Abb. S. 254), ein Buddha in meditativer Versenkung unter einem Bodhi-Baum. Die Hände liegen mit den Handflächen nach oben übereinander im Schoß. Symbolisiert wird der Augenblick der Erleuchtung.

Im Zentrum des oberhalb gelegenen **Klostergartens** befindet sich ein Modell des Borobudur auf Java, des größten buddhistischen Heiligtums der Welt. Im Gegensatz zum Original kann man das Innere der verkleinerten Kopie betreten. An einem Altar mit vier sitzenden Buddhas weisen glänzende Goldblättchen, frische Lotosblüten, brennende Kerzen sowie glimmende Weihrauchstäbchen den Besucher darauf hin, dass auch im hinduistischen Bali dem Erleuchteten Verehrung entgegengebracht wird.

Air Panas Komala Tirta ▶ E 2
Tgl. 8–18 Uhr, 10 000 Rp., Kinder 5000 Rp.
In der Nähe des Klosters sprudeln die **Thermalquellen von Komala Tirta.** Fast

Lovina Beach

Aktiv
1 Warung Bambu Pemaron
2 Spice Dive

Abends & Nachts
1 Poco Bar
2 The Duke
3 Tropis Bay Bar

Essen & Trinken
1 Warung Bambu Pemaron
2 Spice Beach Club
3 O-Zone
4 Funky Place Café
5 Astina Restaurant & Bar
6 Bintang Bali

40 °C warm ergießt sich das schwefelhaltige Wasser aus steinernen Naga-Schlangen in drei bemooste Badepools, in denen es sich herrlich baden lässt. Auf dem Hin- oder Rückweg lohnt sich ein Stopp beim kleinen **Air Terjun Sing-Sing** (▶ F 2). Der Wasserfall rauscht beim Dorf Labuhan Aji, 4 km südwestlich von Lovina, in einen Felsenpool.

Pura Pulaki ▶ C 2

Ca. 45 km westlich von Lovina Beach
Westlich des Lovina Beach steht der schmucklose, von einer recht aggressiven Affenhorde bewachte Nationaltempel **Pura Pulaki**. In seiner Nähe soll der javanische Hindupriester Sanghyang Nirartha erstmals seinen Fuß auf balinesischen Boden gesetzt haben. Auf dem Weg dorthin lohnt sich auch ein Stopp in **Celukanbawang** (▶ D 2), dem wichtigsten Hafen von Nordbali, in dem man *pinisi* betrachten kann. Die dickbauchigen Lastensegler sulawesischer Bugis liegen hier vor Anker.

Übernachten

... in Kayuputih ▶ F 3

Wohlfühl-Oase – **The Damai** 1: Jl. Damai, Tel. 0362 410 08, www.the damai.com. Bungalow 265–575 US-$, exkl. Steuer/SC. Mit nur 14 Bungalows in den Hügeln über dem Lovina Beach garantiert das edle Boutiquehotel sehr persönlichen Service. Zudem bietet das Resort einen herrlichen Überlaufpool und ein Gourmetrestaurant mit innovativer Fusion-Küche, die höchsten Ansprüchen genügt, ein Wellness-Center, Meditations- und Yogakurse. Sehr beliebt, häufig ausgebucht.

... in Pemaron und Anturan ▶ F 1/2

Für gehobene Ansprüche – **Puri Bagus Lovina** 2: Pemaron, Tel. 0362 214 30, www.lovina.puribagus.net. Bungalow 185–245 US-$, Villa 495 US-$. Elegantes Strandhotel mit großzügig ausgestatteten Bungalows und Villen mit Privatpool, Terrassenrestaurant, herrlichem Poolareal, Spa; direkter Strandzugang.

Lieblingsort

Luftiges Bambusrestaurant

Hier speist man ausschließlich balinesisch – und zwar vom Feinsten. Bei Reisen auf der Insel haben Beate und Nyoman, das deutsch-balinesische Besitzerehepaar, alte Rezepte gesammelt, die sie kreativ verfeinern. Ihre raffinierten Interpretationen klassischer Baligerichte sorgen für immer neue Geschmackserlebnisse. Dies ist auch der Grund, weshalb das Lokal seit Jahren einen Spitzenplatz in Lovinas Gastroszene behauptet. Sehr beliebt sind die *special menus,* die man rechtzeitig vorbestellen sollte, etwa *bebek betutu* (in Bananenblättern gegarte Ente) oder eine ideenreiche Variante der ›klassischen‹ Rijstafel. In Kochkursen weihen sie Interessierte in einen Teil ihrer Küchengeheimnisse ein.

Warung Bambu Pemaron **1** :
Jl. Hotel Puri Bagus, Pemaron, Tel. 0362 270 80, 314 55 (für Reservierung und kostenlosen Transport), tgl. 9–23 Uhr, Menü 150 000–250 000 Rp.

Mein Tipp

Villa Manuk

Einen Tag auf Bali könnte man kaum schöner beginnen als bei einem Frühstück auf der Veranda der Villa Manuk. Während man frisch aufgebrühten Bali Coffee genießt, schweift der Blick über grüne Reisfelder, die in der Morgensonne wie polierte Jade glänzen. Das hübsche doppelstöckige Steinhäuschen mit zwei Zimmern steht am Rand eines kleinen Dorfes, in das sich nur selten Fremde ›verirren‹. Die Villa Manuk ist ideal für Urlauber, die Bali abseits der Touristenströme kennenlernen möchten. Nicht weit entfernt von hier sind der Pura Dalem Jagaraga und der Air Terjun Sekumpul, ein Wasserfall.

Villa Manuk: Dusun Manuksesa, Bebetin (▸ G 2; ca. 20 km südöstlich von Lovina Beach), Tel. 0362 270 80, 0813 38 66 55 33, www.villa-manuk.com. DZ/VP 75–85 US-$.

Wo schon Mick Jagger nächtigte –
Puri Saron Baruna Beach Hotel **3**: Pemaron, Tel. 0362 417 45, www.purisaronhotels.com. DZ 80–100 US-$, Villa 270–350 US-$. Strandhotel mit 37 komfortablen Zimmern in zweistöckigen Bungalows und acht Villen mit Privatpool. Indonesisch-internationales Restaurant, Pool, Kinderbecken. Hier schliefen Mick Jagger und Sharon Hall in ihren Flitterwochen 1990 eine Nacht.

Stilvolles Strandhotel – **Bali Taman Resort** **4**: Anturan, Tel. 0362 411 26, www.balitamanlovina.com. DZ 70–140 US-$ exkl. Steuer/SC. Doppelbungalows in schönem Garten mit stilvoll in Bambus möblierten, gut ausgestatteten Zimmern. Vorzüglicher Service,

internationales Restaurant, Pool. Das Araminth Spa ist auch für Besucher geöffnet.

… in Kalibukbuk und Kaliasem
▸ F 2

Wohnen inmitten von Tropengrün –
Banyualit Spa'n Resort **5**: Kalibukbuk, Tel. 0362 417 89, www.banyualit.com. DZ 550 000–950 000 Rp., exkl. Steuer/SC. Gut geführtes Strandhotel mit klimatisierten Zimmern, Einzelbungalows, hervorragendem Restaurant und einladendem Pool in einem üppigen Tropengarten. Das halb offene Spa (auch ohne Hotelbuchung nutzbar) bietet Massagen und Wellness-Pakete, z. B. das Nirwana Treatment (3 Std., 600 000 Rp.).

Tropisches Ambiente – **Aditya Bungalows** **6**: Kaliasem, Tel. 0362 410 59, http://adityalovinabali.com. DZ 50–75 US-$, Bungalow 125 US-$. Zimmer und Bungalows mit schönen Wohnterrassen oder Balkonen des charmanten Strandhotels sind geschmackvoll im Balistil eingerichtet. Im Restaurant genießt man frisches Seafood und chinesische Gerichte. Pool.

Ideal für Familien – **Aneka Lovina Villas & Spa** **7**: Kalibukbuk, Tel. 0362 411 21, www.anekalovinabali.com. DZ 50–70 US-$, Bungalow 120 US-$. Angenehmes Strandurlaubsdorf im balinesischen Stil mit 24 komfortablen Zimmern im Hauptgebäude und 35 mit Palmwedeln gedeckten, geräumigen Bungalows; halb offenes Restaurant mit indonesisch-europäischer Karte, großer Pool mit Bar und Blick aufs Meer, Wellness-Center, Kinderspielplatz, hilfsbereites Personal.

Für das Gebotene nicht zu teuer —
Chonos Hotel **8**: Jl. Raya Singaraja, Kalibukbuk, Tel. 0362 415 69, www.chonoshotel.com. DZ 45–80 US-$. Angenehmes Haus mit in Bambus möblierten AC-Zimmern, Restaurant

auf der Dachterrasse, schöner Garten mit Pool, sehr freundliches Personal, fünf Gehminuten zum Strand.

Oase der Ruhe – **Saraswati Holiday House** 9 : Kalibukbuk, Tel. 0362 339 11 33, www.saraswati-bali.com. Bungalow 53–88 US-$. Reizendes, ruhiges Hideaway mit zwei Bungalows und einem kleinen Pool in hübschem Garten, ca. 250 m vom Strand. Eines der beiden Steinhäuschen ist mit zwei Schlafzimmern und einer großen Wohnterrasse ideal für Familien. Das sehr engagierte balinesisch-deutsche Besitzerehepaar hilft gern bei der Organisation von Ausflügen. Günstige Wochentarife.

Zentral, ruhig, günstig – **Rini Hotel** 10 : Kalibukbuk, Tel. 0362 413 86, www.rinihotel.com. DZ und Bungalow 26–44 US-$, exkl. Steuer. Geräumige, zweckmäßig mit Rattan- und Bambusmöbeln ausgestattete Zimmer in doppelstöckigen Gästehäusern und frei stehenden Bungalows im inseltypischen Stil mit Ventilator oder AC. Schöner Garten, Pool. Restaurants, Bars und Strand sind fußläufig zu erreichen.

Hübsch wohnen, gut essen – **Shri Ganesh Hotel** 11 : Kalibukbuk, Tel. 0362 422 40, hotel_shriganesh@yahoo.co.id. Bungalow 350 000–450 000 Rp. Das heimelige Haus bietet neun Bungalows mit Ventilator oder AC und einen kleinen Pool für die Erfrischung. Massagen und sehr gute Küche komplettieren das Angebot.

Essen & Trinken

… in Pemaron ▶ F 1
Balinesische Spitzenküche – **Warung Bambu Pemaron** 1 : s. S. 258

… in Kalibukbuk ▶ F 2
Mit Blick aufs Meer – **Spice Beach Club** 2 : Tel. 0851 00 01 26 66, http://spicebeachclubbali.com, tgl. 9–24 Uhr. Gerichte 50 000–120 000 Rp. Ge-

pflegtes, luftiges Strandlokal mit sehr guten indonesisch-balinesischen und europäischen Gerichten; besonders stimmungsvoll bei Sonnenuntergang.

Internationales Potpourri – **O-Zone** 3 : Tel. 0812 36 73 87 68, tgl. 8–23 Uhr. Gerichte 30 000–85 000 Rp. In dem luftigen Terrassenrestaurant mit Blick aufs Meer isst man hervorragend chinesisch, indonesisch oder europäisch.

Ziemlich coole Location – **Funky Place Café** 4 : Tel. 0821 76 45 13 69, tgl. 18–1 Uhr. Gerichte 30 000–80 000 Rp. Die Ausstattung wirkt wie vom Sperrmüll, doch das Küchenteam schafft mit kulinarischem Sachverstand leckere indonesische und europäische Speisen. Fast jeden Abend Livemusik.

Mit offener Küche – **Astina Restaurant & Bar** 5 : Tel. 0813 37 42 22 47, tgl. 8–23 Uhr. Gerichte 30 000–75 000 Rp. Angenehmes Terrassenrestaurant mit offener Küche. Ellenlange Speisekarte mit balinesischen, indonesischen und europäischen Gerichten.

Traveller-Treff – **Bintang Bali** 6 : Tel. 0362 413 69, tgl. 8–23 Uhr. Gerichte 25 000–70 000 Rp. Internationales Standard-Traveller-Food in relaxter Atmosphäre.

Aktiv

Pfannenhilfe – **Warung Bambu Pemaron** 1 : Kochkurse s. S. 258

Tauchen – **Spice Dive** 2 : Kalibukbuk, Tel. 0851 00 01 26 86, www.balispicedive.com. Tauchkurse für Anfänger und Tauchexpeditionen für Fortgeschrittene, u. a. zur Pulau Menjangan und in die Gewässer vor Tulamben. Außerdem werden auch Tauchprogramme für Kinder angeboten.

Delfinbeobachtung
Lovina ist ein guter Ausgangspunkt für Bootsfahrten zur Beobachtung von Delfinen, die sich in den frühen

Morgenstunden vor der Küste tummeln. Besonders zahlreich sind sie in den Sommermonaten, wenn sie ihre Jungen aufziehen. Bei zwei- bis dreistündigen Bootsfahrten kommt man den verspielten Meeressäugern nahe.

Touren kann man in jedem Hotel und bei jeder Reiseagentur buchen (100 000 Rp., Kinder unter 14 Jahre 75 000 Rp.). Abfahrt ist gegen 6 Uhr. Die Veranstalter geben zwar keine ›Delfingarantie‹, doch die Wahrscheinlichkeit, einige der Meeressäuger zu sichten, liegt bei etwa 95 %. Achtung: Die kleinen Auslegerboote werden bei Wellengang bisweilen kräftig durchgeschüttelt. Nässeschutz für die Kameras zur Hand haben!

Abends & Nachts

Angenehmer Soundmix – **Poco Bar** **1** : Kalibukbuk, Tel. 0362 414 34, tgl. 18.30–23.30 Uhr. Gute Mischung aus Dancefloor-Musik von HipHop, TripHop bis Drum & Bass mit ›klassischer‹ Rockmusik. Dazu gibt es kleine balinesische und internationale Gerichte.

Oldies, but Goldies – **The Duke** **2** : Kalibukbuk, Tel. 0813 37 08 43 18, www.theoldies-lovina.com, tgl. 18–24 Uhr. Die beliebte Musikkneipe hat seit Jahren ihr erfolgreiches Konzept beibehalten: bester Soundmix von Blues über Soul bis Rock, dazu kaltes Bier vom Fass und fantasievolle Snacks.

Mit Meerblick – **Tropis Bay Bar** **3** : Kalibukbuk, Tel. 0362 425 69, tgl. 17–24 Uhr. Die Musik in diesem TravellerTreff mit Blick aufs Meer ist topaktuell: Trance, TripHop und was sonst noch so in ist. Im angeschlossenen Restaurant gibt es indonesische Gerichte, außerdem Pizza und Spaghetti.

Infos & Termine

North Bali Bull Race *(sampi gerumbungan):* Fr 16–17 Uhr in Kaliasem (25 000 Rp.).

Verkehr
Zwischen Lovina Beach und Kuta/Legian/Seminyak, Lovina Beach und Ubud, Lovina Beach und Candi Dasa/Padang Bai sowie Lovina Beach und dem Ngurah Rai International Airport verkehrt ein Shuttlebus der Agentur Perama Tours & Travel, Auskunft: Tel. 0362 411 61, www.peramatour.com. Zwischen Lovina Beach und Singaraja pendeln bis abends *bemo.*

Östlich von Singaraja

Sangsit ▶ G 1

In **Sangsit,** 8 km nordöstlich von Singaraja, steht mit dem **Pura Beji** ein für die nordbalinesische Tempelarchitektur repräsentatives Heiligtum. Im ummauerten inneren Tempelbezirk erheben sich anders als in südbalinesischen Tempeln keine Schreine, Altäre und *meru.* Hier verehrt man in einem Pavillon die Reis- und Fruchtbarkeitsgöttin Dewi Sri. Am Pura Beji fällt der reiche Skulpturenschmuck aus rosa Sandstein auf. ›Buleleng-Barock‹ nennt man die überschwängliche Bauplastik nordbalinesischer Tempel.

Am **Pura Dalem Sangsit** einige hundert Meter nordöstlich des Pura Beji erhalten Besucher Anschauungsunterricht der besonderen Art in Sachen Steinmetzkunst. Sie bestaunen frivole bis derb-erotische Reliefs an der Außenmauer des gedeckten Tores. Wie in anderen bäuerlichen Kulturen wurde einst auf Bali das Liebesspiel in unmittelbaren Zusammenhang mit der Fruchtbarkeit der Felder gebracht. Vermutlich soll auch auf diesen in den 1930er-Jahren entstandenen Reliefs demonstriert werden, ›wie man seinen Acker pflügt‹.

Sawan ▶ G 1

Auch der **Pura Dalem Jagaraga** bei **Sawan** 8 km südöstlich von Sangsit zeigt mit seiner ornamentalen Pracht ein herrliches Beispiel in Sachen Steinmetzkunst. Der Unterweltstempel wird von einem wild wuchernden ›Ornamentdschungel‹ aus Reliefs und Steinfiguren mit bedrohlichem Aussehen überzogen. Von westlichen Motiven haben sich die Bildhauer bei der Gestaltung der Reliefs an der Innen- und Außenseite der Umfassungsmauer inspirieren lassen (s. S. 266, tgl. 9–18 Uhr, Spende erbeten).

Kubutambahan ▶ G 1

Ein weiteres Beispiel für den ›Buleleng-Barock‹ ist der **Pura Maduwe Karang** in **Kubutambahan** 12 km nordöstlich von Singaraja. Die Tempelanlage ist dem Herrn der Felder geweiht, dem männlichen Pendant zur Reisgöttin Dewi Sri, der über die Fruchtbarkeit der umliegenden Kaffee- und Maispflanzungen wacht. Um ihn gütig zu stimmen, haben die Gläubigen das Heiligtum mit aufwendigen Steinmetzarbeiten ausgestattet. Genau 34 prächtige Skulpturen, darunter neben Rangda-Hexen und Dämonen auch Heroen aus dem »Ramayana«-Epos, flankieren die Treppenflucht, die zum Tempeltor führt. Die beiden Tempelhöfe sind nicht wie sonst hintereinander angeordnet, sondern ineinander verschachtelt, d. h. der größere Hof

umschließt den kleineren. Unbedingt sehenswert sind die lebhaften Reliefs an den Tempelmauern.

Zu Berühmtheit gelangte das sogenannte Blumenfahrrad (s. S. 266). Aber auch die anderen Reliefs verdienen Aufmerksamkeit. Da sieht man blühende Landschaften, Reisbauern bei der Arbeit und nicht zuletzt – immerhin handelt es sich um einen Fruchtbarkeitstempel – eindeutig erotische Szenen.

Air Sanih ▶ H 1

Von Kubutambahan windet sich die schmale Küstenstraße, kurvenreich und oft direkt am Meer verlaufend, gen Osten. In **Air Sanih** sprudeln nahe am Strand Quellen, die einen bei einheimischen Ausflüglern beliebten Badepool speisen. Dem Volksglauben zufolge handelt es sich bei dem Quellbecken um einen Jungbrunnen für Verliebte (tgl. 8–20 Uhr, 5000 Rp., Kinder 3000 Rp.). Knapp 10 km weiter östlich liegt an der Hauptstraße das kleine Meeresheiligtum **Pura Ponjok Batu** (▶ H 1).

Sembiran ▶ H 1

Bei Pacung zweigt eine steil ansteigende, 3 km lange Stichstraße südwärts nach **Sembiran** ab. Die Einwohner des Bergorts, der über fast zwei Dutzend Tempel mit geheimnisvollen Megalithskulpturen verfügt, bezeichneten sich selbst bis Mitte des 20. Jh. als Bali Aga, als Altbalinesen. Heute aber haben sich die Dörfler weitgehend an die hindu-balinesische Kultur angepasst. Reizvoll ist die Fahrt zum Batur-Vulkan über das Sträßchen, das von Bondalem durch herrliche Berglandschaft nach Dausa westlich von Penulisan mäandert (s. S. 247).

Tejakula ▶ J 1

Noch vor wenigen Jahrzehnten diente die öffentliche **Badeanstalt von Tejakula** einem anderen Zweck – hier wurden die königlichen Rösser der Buleleng-Herrscher von Staub und Schlamm befreit. Auf die frühere Bestimmung weist der heute noch gebräuchliche Name hin – Mandi Kuta (Pferdebad).

Vom Ort geht man etwa 2 km zum **Wasserfall Yeh Mempeh,** der in mehreren hohen Kaskaden über eine rund 40 m hohe Felswand in eine von üppigem Tropengrün umrahmte Schlucht tost (tgl. 8–18 Uhr, 10 000 Rp., Kinder 5000 Rp.).

Übernachten

Entspannung für Körper und Geist – **Cili Emas:** Jl. Pantai Segara, Tel. 0878 62 45 67 39, www.ciliemas.com. Bungalow 65–145 US-$, exkl. Steuer. Sieben individuell gestaltete Bungalows in einem Tropengarten am Strand, auf gesunde Kost ausgerichtete Küche, umfangreiche Wellnessangebote sowie Meditation und Yoga.

Ein inspirierender Ort – **Bali Mandala Resort:** Bondalem (▶ J 1), 5 km westlich von Tejakula, Tel. 0362 342 85 08, www.balimandala.com. DZ/VP 60–80 US-$/Pers. 16 Bungalows in traditionellem balinesischen Stil verstecken sich in einem herrlichen Tropengarten. Alle Zimmer besitzen zwar Deckenventilatoren, aber keine AC und auch keinen Fernseher – Bali wie vor 40 Jahren! Geboten werden Meditations- und Entspannungskurse sowie verschiedene Wellness-Pakete.

Ruhe, nichts als Ruhe – **Gaia-Oasis Resort:** Dusun Tegal Sumaga, Tel. 0362 343 63 05, www.gaia-oasis. com. Bungalow 60–80 US-$. Inseltypische Bungalows in Hanglage oder am Strand. Restaurant, schöner Pool, Wellness-Angebote, Meditations- und Yoga-Kurse.

Sambirenteng ▶ J 1

Von Tejakula führt die wenig befahrene Küstenstraße durch eine Landschaft mit grauen Sandstränden und schwarzen Lavafeldern, um die Nordflanken der Vulkane Batur und Agung herum bis nach **Amlapura** (s. S. 225). Die Route durchschneidet dabei die ärmste, trockenste und am dünnsten besiedelte Region von Bali.

Viele Dörfer sind kaum mehr als 40 bis 45 Jahre alt, gegründet von Bauern aus Ostbali, deren Land durch den Ausbruch des Gunung Agung 1963 verwüstet wurde. Das kleine Fischerdorf **Sambirenteng,** 10 km östlich von Tejakula, ist vor allem Ziel von Tauchern und Schnorchlern, die am vorgelagerten Korallenriff eine artenreiche submarine Welt entdecken.

Übernachten

Für Taucher und Ruhesuchende – **Alam Anda:** Tel. 0362 222 22 u. Tel. 081 24 65 64 85, Deutschland-Büro, Tel. 040 69 21 05 38, www.alamanda. de. DZ 85 US-$, Bungalow 105–180 US-$, Villa 240–270 US-$. Aus Naturmaterialien errichtete Anlage an einem steinigen Strand. Die Zimmer sind geräumig und mit Bambusmöbeln ausgestattet, sie haben eine Veranda. Zur Anlage gehören Restaurant, Salzwasser-Pool, Spa und Tauchbasis. Für Kleinkinder nicht geeignet.

Vorbereitungen für das Galungan Festival in Sembiran

Auf Entdeckungstour: Ozeandampfer und Radfahrer – Erinnerung an die Holländer

Nachdenklich stimmende oder aber amüsante Tempelreliefs bringen dem Besucher die balinesische Wahrnehmung der Kolonialzeit nahe.

Reisekarte: ▶ G 1

Ausgangsort: Singaraja

Zeit: ca. 3 Std.

Adresse: Pura Dalem Jagaraga, bei Sawan, 16 km östlich von Singaraja; Pura Maduwe Karang, Kubutambahan, 12 km nordöstlich von Singaraja

Öffnungszeiten: beide tgl. 9–18 Uhr

Eintritt: Spende erbeten

Jahrzehnte vor der Eroberung Südbalis brachten die Holländer die Nordküste unter ihre Kontrolle. Bauwerke oder andere sichtbare Zeugnisse hinterließen die Kolonialherren kaum, doch wer einen Blick für Details hat, wird an manchen Tempelwänden Hinweise auf diese Zeit entdecken.

Schlechte Erfahrungen

Auf den ersten Blick deutet nichts darauf hin, dass das verschlafene Dorf Jagaraga ein historisch bedeutender Ort ist. Dort befand sich einst der Stützpunkt balinesischer Widerstandskämpfer, denen es unter Führung von *raja* I Gusti Ketut Jelantik zweimal gelang, die angreifenden Holländer zurückzuschlagen, bevor diese 1849 das Gebiet eroberten. Bei den Kämpfen wurde der alte Unterweltstempel des Dorfes zerstört. Beim Wiederaufbau des **Pura Dalem Jagaraga** (s. S. 263) Ende des 19. Jh. verliehen die örtlichen Steinmetze ihren schlechten Erfahrungen mit den Kolonisten bei der Gestaltung der Tempelreliefs Ausdruck.

Die auf beiden Seiten der Umfassungsmauer eingelassenen steinernen Reliefs könnte man als ein Stück Geschichtsschreibung der Balinesen in Verflechtung mit ihrem Weltbild deuten. Während die Szenen aus vorkolonialer Zeit friedliches balinesisches Alltagsleben zeigen, dominiert nach der Ankunft der Kolonisten Bedrohliches die Bilder. Im Mittelpunkt stehen die Holländer und die von ihnen ausgehende Gefahr, die realistische und fantastische Züge trägt. Man sieht u. a. von Seeungeheuern attackierte Ozeandampfer, ins Meer stürzende ›Flugzeuge‹ mit Menschenköpfen und Fischschwänzen, einen Ford Model T, dessen Insassen von bewaffneten langnasigen Straßenräubern überfallen werden, oder Dämonen, die als Kolonialherren verkleidet die Einheimischen quälen.

Vermutlich haben die Künstler, welche die Reliefs schufen, die vom Meer – dem Reich der Toten und Sphäre der Unheil über die Menschen bringenden Dämonen – her eindringenden Holländer selbst als Unterweltsdämonen, als Mächte des Totenreichs angesehen und ebenso dargestellt.

Gute Erfahrungen

Auf Englisch oder sogar Deutsch radebrechende Kinder, die sich ein kleines Trinkgeld erhoffen, bringen

Besucher zum bekanntesten Tempelrelief im **Pura Maduwe Karang** (s. S. 263) in Kubutambahan. Es befindet sich am Sockel der zentralen Terrasse im Allerheiligsten, die den Lotosthron trägt, und zeigt einen Radfahrer auf einem Gefährt aus Rankenrädern und Blütenspeichen. Oft ziert eine frische Frangipani-Blüte das steinerne Ohr des Radfahrers.

Vermutlich stand der niederländische Völkerkundler und Künstler W. O. J. Nieuwenkamp (1874–1950) dafür Modell, der zwischen 1904 und 1925 die Insel auf mehreren Reisen per Fahrrad erkundete. Er veröffentlichte eine Reihe von Reisebüchern und Aufsätzen, die sehr schön mit seinen eigenen Zeichnungen und Grafiken von Menschen, Landschaften und Kunstwerken illustriert waren und bei den vorwiegend holländischen Lesern romantische Vorstellungsbilder von Bali erweckten.

Nach den bizarren und krass karikaturistischen Darstellungen der ungeliebten Kolonialherren am Pura Dalem Jagaraga erscheint das Blumenfahrrad wie eine versöhnliche Geste der nord-balinesischen Steinmetze – offenbar wussten sie das intensive Interesse des Niederländers Nieuwenkamp an Land und Leuten zu schätzen.

Ausflug nach Lombok

Highlight!

Die Gilis: Unmittelbar vor der Nordwestküste von Lombok liegen drei Inseljuwelen, die unter Wasser und an Land sämtliche Register tropischer Paradiese ziehen. S. 279

Gunung Rinjani: Sowohl die auf Lombok lebenden Balinesen als auch die einheimischen Sasak verehren den Rinjani als heiligen Berg, den sich die Götter zum Sitz erkoren haben. Wanderer erleben im Rinjani-Massiv eine der eindrucksvollsten Berglandschaften Indonesiens. S. 284

Die Gilis

Gunung Rinjani

Senggigi Beach

Senggigi

Mataram

Rambitan

Sade

Kultur & Sehenswertes

Rambitan und Sade: Auf dem Weg zu den Traumstränden an Lomboks Südküste lohnt sich ein Stopp bei diesen traditionellen Sasak-Dörfern, in denen noch alte, mit Alang-Alang-Gras gedeckte Häuser erhalten sind. S. 274

Aktiv unterwegs

Abtauchen: Für Schnorchler und Taucher sind die Gewässer um die drei kleinen, Lombok nordwestlich vorgelagerten Inseln Gili Air, Gili Meno und Gili Trawangan attraktive Reviere. S. 279

Aufsteigen: Der Gunung Rinjani ist mit 3726 m der zweithöchste Vulkan Indonesiens. Eine erlebnisreiche Bergwanderung hat seinen Gipfel zum Ziel. S. 285

Genießen & Atmosphäre

Qunci Villas: Am nördlichen Senggigi Beach auf Lombok liegt das Resort Qunci Villas, eine Wohlfühloase und eine architektonische Glanzleistung, ausgerichtet auf die Bedürfnisse anspruchsvoller Individualisten. S. 277

Gili Air: Schneeweiße Sandstrände, lauschige Palmenhaine, vielfarbige Korallenbänke, sanftes Plätschern der Wellen und Glöckchengebimmel der Pferdekutschen – die Wasserinsel ist Ruhe und Entspannung pur. S. 279

Abends & Nachts

Happy Café: Die bunte Gästeschar, die sich in diesem beliebten Nightspot in Senggigi allabendlich einfindet, hat eines gemeinsam – die Freude an gutem Blues, Jazz und Rock, vor allem aber ausgewählten Oldies. S. 278

Die Insel der Sasak

Lombok genießt seit Jahren den Ruf, eine Art Bali vor dem Sündenfall des Massentourismus zu sein. Das stimmt jedoch nur bedingt. Zwar verläuft das Leben hier ruhiger als auf Bali, aber Lombok unterscheidet sich auch sonst von der Nachbarinsel, von der es durch eine 35 km breite, sehr tiefe Meerenge getrennt wird.

Reisende betreten auf Lombok einen anderen Kulturkreis. Obwohl die Insel einst von Bali unterworfen war, sind heute nur knapp 10 % der Einwohner Hindus, während sich die Mehrheit, Sasak genannt, zum Islam bekennt. Die dortige Glaubensvariante ist jedoch stark durchsetzt mit Elementen der alt-malaiischen Volksreligion, etwa dem Glauben an die Beseeltheit der Natur sowie der Verehrung der Ahnen. Dies gilt vor allem für die Wetu-Telu-Religion, der etwa 30 % der 3,4 Mio. Insulaner anhängen.

Auf Lombok ist das Klima wesentlich trockener als auf Bali. Vor allem im Süden und im Osten kommt es zu ausgedehnten Dürreperioden, die oft monatelang anhalten können. Um dem kargen Boden Reis und andere Feldfrüchte abzuringen, müssen sich die Sasak stärker plagen als ihre von einem regenreichen Klima verwöhnten Nach-

Infobox

Informationen

www.lombok-network.com, www.visit lombok.com, www.thelombokguide. com, www.gotolombok.com
West Nusa Tenggara Provincial Tourism Office: Jl. Langko 70, Mataram, Tel. 0370 63 71 74, Mo–Do 7–14, Fr 7–11, Sa 7–13 Uhr.

Anreise und Weiterkommen

Flugzeug: Die Fluggesellschaften Garuda, Lion Air und Wings Air bedienen die Strecken Jakarta–Lombok und Bali–Lombok tgl. Silk Air fliegt Lombok direkt von Singapur aus an, Air Asia von Kuala Lumpur. Der Lombok International Airport (www.lombok airportonline.com) liegt 40 km südlich von Mataram bzw. 50 km südlich von Senggigi. Zwischen dem Flughafen und Mataram (Busterminal Mandalika) bzw. Senggigi verkehren klimatisierte Busse (DAMRI), Abfahrt von 4–20 Uhr alle 1,5 Std., Fahrzeit 1,5–2 Std., 25 000 bzw. 30 000 Rp. Taxis ca. 200 000 bzw. 250 000 Rp.
Garuda: Tel. 0370 64 23 03, Lion Air u. Wings Air: Tel. 0370 64 51 32, Silk Air: Tel. 0370 62 82 54, Air Asia: 021 29 27 09 99.
Fähren, Katamarane und Motorboote verkehren tgl. zwischen Padang Bai (Bali) und verschiedenen Anlegestellen auf Lombok (s. S. 218).
Busse: Vom Busterminal Mandalika in Sweta, 1 km östlich von Cakranegara, fahren Busse in alle Hauptrichtungen. Perama Tours & Travel (Auskunft: Tel. 0370 63 59 28, www.peramatour. com) verbindet mit (Mini-)Bussen alle touristisch relevanten Orte auf Lombok und unterhält Shuttlebusse auf den Strecken Mataram–Senggigi, Mataram–Bangsal (Hafen für Gili Air u. a.), Mataram–Kuta (Lombok), Mataram–Labuhan Lembar (Fähren nach Bali).

barn. Ähnelt der Westen von Lombok noch Bali, so erinnern Landschaft und Fauna der Ostregion eher an Australien und bekräftigen so die Theorie, der zufolge die Inseln östlich von Bali vor der letzten Eiszeit zum australischen Kontinent gehörten, während Bali und Java mit Asien verbunden waren.

Zwei Gebirgszüge bestimmen das Bild der Insel, die etwa 75 km von Ost nach West und Nord nach Süd misst: Im Süden sind es nichtvulkanische, kaum 700 m hohe Gipfel, im Norden ein tropisch überwuchertes Vulkanmassiv, das vom heiligen Berg der Sasak, dem 3726 m hohen Gunung Rinjani, überragt wird. Die meisten Insulaner leben in dem etwa 25 km breiten fruchtbaren Tiefland zwischen beiden Gebirgsketten. Das große Plus der Insel sind ihre Bilderbuchstrände, vor allem an der West- und Südküste von Lombok.

Die tropische Unterwasserwelt ist die Hauptattraktion der im Nordwesten von Lombok gelegenen drei Gili-Inseln (Air, Meno und Trawangan). Ausgezeichnete Tauchreviere mit einer einmaligen Artenvielfalt liegen in Reichweite der Inseln. Auch wenn die Korallengärten vor den Küsten durch Dynamitfischerei stark beschädigt worden sind, lohnt ein Schnorchelausflug oder ein Tauchgang, um im kristallklaren Wasser die bunten Fischschwärme und zahlreichen Schildkröten zu bestaunen.

Ampenan, Mataram und Cakranegara

▸ Q 5/6

Auch wenn die drei Hauptorte von Lombok – Ampenan, Mataram und Cakranegara – mittlerweile zu einer Großstadt zusammengewachsen sind, verläuft das Leben dort noch in vergleichsweise ruhigem Rhythmus. **Ampenan,** einst ein wichtiger Stützpunkt für den Gewürzhandel der Holländer, strahlt mit verfallenden Häuserzeilen heute den morbiden Charme des Vergänglichen aus. Die Stadt, in der zahlreiche Nachkommen von vor Jahrhunderten eingewanderten Arabern leben, hat Besuchern wenig zu bieten, abgesehen vom chinesischen **Po-Hwa-Kiong-Tempel** in der Jalan Pabean sowie dem etwas weiter nördlich gelegenen balinesischen Tempel **Pura Segara.** Den Wohlstand der chinesischen Bevölkerungsminorität spiegeln die prächtigen Grabmäler auf dem ausgedehnten **chinesischen Friedhof** unweit des Pura Segara wider.

In **Mataram,** der modernen Verwaltungszentrale der Provinz West-Nusa Tenggara, verdrängen Neubauten zusehends das Flair vergangener Tage. Mit großartigen Sehenswürdigkeiten ist die Kapitale, mit Ausnahme eines gut bestückten ethnografischen Museums, nicht gesegnet.

Museum Negeri Nusa Tenggara Barat

Jl. Panji Tilarnegara 6, Di–Do, Sa 8–14, Fr 8–12 Uhr, 10 000/Kinder 5000 Rp.
Bei einem Besuch des ethnologischen **Museum Negeri Nusa Tenggara Barat,** das eine umfangreiche Sammlung zu Geschichte und Kultur, Geografie und Geologie präsentiert, lassen sich während einer Lombok-Reise gewonnenen Eindrücke vertiefen.

Pura Meru und Taman Mayura

Tgl. 8–18 Uhr, Spende erbeten
In Cakranegara, einst Hauptstadt der Eroberer von der westlichen Nachbarinsel, sind die Spuren balinesischen Einflusses deutlich erkennbar. Dort steht mit dem 1720 erbauten **Pura Meru** das größte hindu-balinesische Heiligtum

Ausflug nach Lombok

von Lombok, das in seiner dreigliedrigen Anlage den Tempelkomplexen auf der Mutterinsel folgt. Die drei neun- bzw. elfstufigen *meru* sind der Hindutrinität Brahma, Vishnu und Shiva geweiht. Jede der auf Lombok lebenden hindu-balinesischen Glaubensgemeinschaften unterhält in der großen Tempelanlage einen Schrein.

Gegenüber bieten sich die 1744 angelegten königlichen Lustgärten **Taman Mayura** zu einer Pause nach dem Sightseeing an. Der von einem Lotosteich umgebene Pavillon **Bale Kembang** diente früher als Versammlungsstätte und Gerichtshalle. Nebenan beherbergt die ehemalige Fürstenresidenz nun ein kleines **Museum** (tgl. 8–18 Uhr, Spende erbeten). Auf dem größten **Markt** der Insel in Sweta, 1 km östlich von ›Cakra‹, gibt es nichts, was es nicht gäbe.

Übernachten

... in Mataram

Ort zum Wohlfühlen – **Lombok Garden:** Jl. Bung Karno 7, Tel. 0370 63 60 15, www.lombokgardenhotel.com. DZ 460 000–720 000 Rp., exkl. Steuer/SC. Eine Oase der Ruhe in einem Tropengarten, klimatisierte Zimmer und Bungalows, hervorragendes Restaurant und einladender Pool.

Essen & Trinken

Unverfälschte Lombok-Kost – **Dua Em:** Jl. Transito 99, Cakranegara, Tel. 0370 62 67 34, tgl. 17–23 Uhr. Gerichte 35 000–80 000 Rp. Inseltypisches Lokal mit Sasakspezialitäten.

Ausflüge

Lingsar ▶ R 5
12 km nordöstlich von Mataram, tgl. 7–18 Uhr, Spende erbeten

Im Tempel von Lingsar beten Hindus und Muslime Seite an Seite. Zu Beginn der Regenzeit bitten Gläubige beider Religionen hier die Götter um ihren Segen für die bevorstehende Reiserente. Im nördlichen, höher gelegenen balinesischen Pura stehen als wichtigste Heiligtümer **zwei Schreine,** die den Gottheiten der Vulkane Agung und Rinjani gewidmet sind. Der südliche Bezirk birgt ein **Bassin** mit heiligen, dem Gott Vishnu geweihten Aalen sowie einen Pavillon mit Dutzenden von schwarzen Opfersteinen.

Narmada ▶ R 6
15 km östlich von Mataram , Sommerpalast tgl. 9–18 Uhr, 15 000 Rp.

In **Narmada** ließen Anfang des 18. Jh. die balinesischen *Karangasem*-Fürsten einen prächtigen, von terrassenartig angelegten Gärten und verschiedenen Wasserbecken umrahmten Sommerpalast errichten. Hier trafen die fremden Rajas einst ihre Auswahl unter den schönsten Töchtern des Landes, die sich ihnen nackt in den Badebecken präsentieren mussten. Die Anlage ist als Modell des Rinjani-Massivs konzipiert, denn der Herrscher schaffte es im hohen Alter nicht mehr, den Götterberg selbst zu besteigen, um dort Opfergaben darzubringen. Als Symbol des Rinjani-Gipfels thront auf der obersten Ebene des terrassenförmig angelegten Parks der **Pura Kalasen.** Der Pool rechts davon symbolisiert den See des Rinjani-Kraters, den Segara Anak.

An Wochenenden suchen viele Städter Abkühlung im **königlichen Wasserpalast,** der zu einem öffentlichen Freibad umgestaltet wurde.

Suranadi ▶ R 5
15 km nordöstlich von Mataram

In **Suranadi** wurde der älteste hindu-balinesische Tempel auf Lombok um eine heilige Quelle errichtet. Ähnlich wie das balinesische Badeheiligtum **Pura Tirta Empul** (s. S. 194) ist dieser Tempel Pilgerziel von hindubalinesischen Gläubigen. In zwei **Quellwasserbecken** tummeln sich auch hier heilige Aale. Der Überlieferung zufolge geht die Gründung dieser Sakralanlage auf den Hindu-Priester Sanghyang Nirartha zurück, den Schöpfer der Hindu-Dharma-Religion.

Im nahe gelegenen **Hutan Wisata** (›Touristenwald‹) kann man Spaziergänge im Schatten von über 300 Jahre alten Baumgiganten machen (tgl. 8–18 Uhr, Spende erbeten).

Tetebatu ▶ T 5

Der Bergort **Tetebatu** liegt 35 km östlich von Mataram malerisch an der Südostflanke des Rinjani. Eine Besteigung des Vulkans ist von Tetebatu aus nicht möglich, doch lädt die von Reisterrassen, Kaffee- und Gewürznelkenplantagen geprägte Landschaft zu Wanderungen ein, z. B. zum Wasserfall **Air Terjun Jeruk Manis** und zu Dörfern, in denen noch heute traditionelles Kunsthandwerk gepflegt wird.

Wer nicht zurück nach Mataram möchte, kann von Tetebatu weiter gen Osten fahren und etwa von Labuhan Lombok zur östlichen Nachbarinsel Sumbawa übersetzen oder von der Nordküste Lomboks den Aufstieg auf den Gunung Rinjani wagen (s. S. 285).

Übernachten

Angenehm und ruhig – **Green Orry Inn:** Tetebatu, Tel. 0376 63 22 33, 0812 372 40 40, www.lombokrooms.com/green-orry-bungalows-tetebatu-lombok.html. DZ 150 000–200 000 Rp. Bungalow 400 000–600 000 Rp. Komfortable Bungalows und einfach ausgestattete Zimmer, familiäre Atmosphäre, gutes Restaurant, Ausflüge.

Die Südküste bei Kuta

Bis vor Kurzem galt die Südküste von Lombok noch als Geheimtipp. Dort erstrecken sich um das Fischerdorf **Kuta** (▶ R 8), das außer dem Namen nichts gemein hat mit dem glamourösen Ferienort auf Bali, kilometerlange weiße Sandstrände. Fischerdörfer, Korallengärten und vorgelagerte Inselchen im türkisblauen Meer runden das Bild vom Südsee-Arkadien ab.

Im Gegensatz zum berühmten Namensvetter auf Bali wird Kuta nur von relativ wenigen Reisenden besucht – sie suchen Ruhe an menschenleeren Stränden und geben sich dafür mit einer bescheidenen touristischen Infrastruktur zufrieden. Das mag sich bald ändern, denn mittlerweile haben auch die Späher der Tourismusindustrie Kuta ins Visier genommen. Geplant sind exklusive Hotelkomplexe à la Nusa Dua. Fertiggestellt ist bislang ein Luxushotel. 2011 wurde der neue Lombok International Airport nahe Praya etwa auf halbem Weg zwischen Mataram und der Südküste eröffnet.

Ausflüge von Kuta

Ausflüge führen von Kuta zur 7 km östlich gelegenen Bucht von **Tanjung Aan** (Aan Beach ▶ S 9) mit guten

Stopp für Souvenirs

Wer nach Kuta an die Südküste fährt, sollte die Fahrt im Weberdorf **Sukarara** (▶ R 7) sowie im Töpferdorf **Penunjak** (▶ R 7) unterbrechen. In beiden Orten kann man kunsthandwerkliche Souvenirs zu günstigen Preisen kaufen.

Ausflug nach Lombok

Der weite, weiße Sandstrand bei Kuta auf Lombok

Schnorchelmöglichkeiten und zum Brandungsstrand von **Mawun** (Mawun Beach ▶ R 8) 8 km westlich von Kuta.

Rambitan und Sade ▶ S 8
Nördlich von Kuta, tgl. 8–18 Uhr, Spende erbeten

In museal gepflegtem Zustand präsentieren sich die beiden dicht beieinander liegenden traditionellen Wetu-Telu-Dörfer **Rambitan** und **Sade,** in denen noch zahlreiche alte, mit Alang-Alang-Gras gedeckte Adat-Häuser und auf Stelzen gebaute Lumbung-Reisspeicher erhalten blieben. Die Bewohner verzichten auf Wellblechdächer und andere Errungenschaften der modernen Zivilisation, um das Erscheinungsbild ihrer Dörfer, das viele Touristen anlockt, nicht zu zerstören. In beiden Dörfern hat sich die traditionelle Sasak-Kultur fast unverfälscht erhalten, denn man ist bemüht, Einflüsse von außen fernzuhalten. So ist die Endogamie, die sogenannte Binnenheirat, auch heute noch von großer Bedeutung, d. h. Eheschließungen sind nur zwischen Mitgliedern der Dorfgemeinschaft möglich.

Auf einem Hügel oberhalb von Rambitan steht mit der Mesjid Kuno eine der heiligsten Betstätten der Wetu-Telu-Anhänger, denn einer der Gründerväter ihrer Religion soll dort begraben sein. In beiden Dörfern fertigen Frauen schöne Webwaren (tgl. 8–18 Uhr, Spende erbeten).

Übernachten

… in Kuta
Originelle Nobelherberge – **Novotel Lombok:** Pantai Putri Nyale, Pujut, Tel. 0370 615 33 33, www.novotel.com. DZ/oF 134–158 US-$, Bungalow/oF 256–312 US-$. Luxuriöses, aus Naturmaterialien gebautes Bungalowhotel im Sasakstil; Restaurant, Pool, Spa, Tauchbasis, Privatstrand.

Im Lombokstil – **Puri Rinjani**: Jl. Pantai Kuta, Tel. 0370 615 48 49, therinjani kutalombok@gmail.com. DZ 700 000–800 000 Rp. 19 gut ausgestattete AC-Zimmer in Einzel- und Doppel-bungalows, die sich in einem strand-nahen Tropengarten verteilen; zur Anlage gehören ein gutes Restaurant und ein einladender Pool.

In Strandnähe – **Kuta Paradise**: Jl. Pantai Kuta, Tel. 0878 64 31 11 53, http://kutaparadise.webstarts.com. DZ 550 000–600 000 Rp. Sechs klima-tisierte und behaglich möblierte Zim-mer in Doppelbungalows, Restaurant und ein schöner Pool. Vom Resort gelangt man in wenigen Schritten zum Strand.

Komfort für den schmalen Geldbeutel – **Kutamara**: Jl. Pantai Kuta, Tel. 0370 615 80 22, www.kutamarahotel.com. DZ 500 000 Rp., Bungalow 600 000 Rp. 14 helle, geräumige AC-Zimmer im Hauptgebäude und 10 ebensolche Bungalows, die sich um einen attrakti-ven Pool gruppieren. Mit Restaurant, 5 Fußminuten zum Strand.

Beliebt bei Wellenreitern – **Surfers Inn**: Jl. Pantai Kuta, Tel. 0370 65 55 82, Buchungsanfragen auch per Face-book. DZ 250 000–350 000 Rp., Bunga-low 550 000 Rp. 25 schlichte Zimmer mit Ventilator oder AC und drei gut ausgestattete, klimatisierte Bunga-lows. Bar und Pool.

Essen & Trinken

Fantastischer Blick – **Ashtari Restau-rant**: Tel. 0877 65 49 76 25, www. ashtarilombok.com, tgl. 6.30–20 Uhr. Gerichte 30 000–60 000 Rp. In dem auf einem Hügel 3 km südwestlich von Kuta gelegenen Terrassenres-taurant genießt man gesunde vege-tarisch-vegane Kost und frisches Seafood vor dem atemberaubenden Panorama der Kuta Bay. Yoga-Kurse.

Aktiv

Tauchen – **Scuba Froggy**: Jl. Pantai Kuta und im Novotel, Tel. 0878 64 26 59 58, www.scubafroggy.com. Tauch-kurse für Anfänger und Tauchexkursi-onen für Fortgeschrittene in den Küs-tengewässern des südlichen Lombok.

An der Westküste bei Senggigi

An der Küstenstraße, die von Am-penan Richtung Senggigi führt, liegt das Heiligtum **Batu Layar** (▶ Q 5). Das auf einem Hügel thronen-de Grabmal eines Ulama, eines Re-ligionsgelehrten des Islam, gilt als wichtigstes Heiligtum der Anhänger des Wetu-Telu-Glaubens, die hier beten und Opfer darbringen.

Batu Bolong (▶ P 5), einer der äl-testen Hindutempel auf Lombok, thront einige Kilometer weiter nörd-lich auf einer Klippe hoch über dem Meer.

Nach weiteren 2 km erreicht man das einstige verschlafene Fischerdorf **Senggigi** (▶ P 5), das sich an einer halbmondförmigen Bucht mit weitem Sandstrand (Senggigi Beach/Pantai Senggigi) erstreckt. Hier hat sich in den letzten Jahren das wichtigste Ferienzentrum von Lombok mit Un-terkünften und Restaurants mittlerer und gehobenen Preisniveaus sowie Bars, Boutiquen und Tauchschulen entwickelt. Zwar verschwinden die einfachen Häuser der Einheimischen zusehends im Schatten der großen Resorts, doch imponieren die Bun-galowhotels durch eine inseltypische Architektur.

Schöne Strandhotels liegen auch in der Bucht von **Mangsit** 6 km nördlich von Senggigi.

Senggigi

Übernachten

1. Qunci Villas
2. Puri Mas Beach Resort
3. Holiday Resort Lombok
4. Puri Bunga Beach Cottages
5. Mascot Beach Hotel
6. Café Alberto B & B

Essen & Trinken

1. Asmara
2. The Square
3. Warung Menega
4. The Office
5. The Taman

Aktiv

1. Dream Divers

Abends & Nachts

1. Marina Café
2. Mario's Bar
3. Happy Café

Entlang der Küste mit atemberaubend schönen Buchten windet sich von Senggigi eine sehr kurvenreiche Panoramastraße zum 15 km entfernten Städtchen **Pemenang**. Auch von Mataram erreicht man Pemenang auf einer Bergstraße über den dicht mit Urwald bewachsenen Pusuk-Pass durch die wild zerklüfteten westlichen Ausläufer des Rinjani-Massivs. Eine Attraktion sind Horden grauer Java-Affen, die sich auf der Passhöhe tummeln.

Übernachten

Boutiqueresort für Individualisten – **Qunci Villas 1** : s. S. 277, Mein Tipp.
Gediegen und ruhig – **Puri Mas Beach Resort 2** : Jl. Raya Mangsit, Mangsit, 3 km nordwestlich von Senggigi, Tel. 0370 69 38 31, www.purimas-lombok.com. DZ 100–185 US-$, Bungalow 205–400 US-$, exkl. Steuer/SC. Komfortable Zimmer und Bungalows im Sasakstil an einem ruhigen Strandabschnitt, Restaurant und Pool.
Erschwinglicher Komfort – **Holiday Resort Lombok 3** : Jl. Raya Mangsit, Mangsit, 3,5 km nordwestlich von Senggigi, Tel. 0370 69 34 44, www.holidayresort-lombok.com. DZ 80–125 US-$, Apartment 165 US-$. Komfortables und familienfreundliches Bungalowhotel in einem weitläufigen Strandareal, mit zwei Restaurants, Bar, Spa und herrlicher Poollandschaft. Ideal für Familien sind die Apartments mit zwei Schlafzimmern und Kitchenette.
Zimmer mit Blick – **Puri Bunga Beach Cottages 4** : Jl. Raya Senggigi, Senggigi, Tel. 0370 69 30 13, www.puribungalombok.com. DZ 70–80 US-$, Suite 110 US-$, exkl. Steuer/SC. Inseltypische Bungalows in herrlicher Hanglage. Indonesisch-internationales Restaurant und schöner Pool.

Mein Tipp

Boutiqueresort für Individualisten
Das Design-Hotel für anspruchsvolle Individualisten in Senggigi, denen große Hotels zu unpersönlich sind, ist eine gelungene Mischung aus traditionellem Lombok-Stil und modernen westlichen Elementen. Es bietet 20 ein- und doppelstöckige Bungalows mit komfortablen Zimmern, wobei diejenigen im Erdgeschoss mit einem Open-Air-Bad ausgestattet sind, sowie fünf luxuriöse Villen mit privatem Pool und großer Wohnterrasse. Im Restaurant serviert man vorwiegend asiatische Gerichte. Eine Augenweide ist der 15 m lange Infinity-Pool mit Blick aufs Meer. Das hauseigene Spa bietet verschiedene Massageformen und Wellness-Pakete.
Qunci Villas 1 : Jl. Raya Mangsit, 3,5 km nordwestl. von Senggigi, Tel. 0370 69 38 00, www.quncivillas.com. DZ 165–205 US-$, Villa 245–625 US-$, exkl. Steuer/SC.

Zentral – **Mascot Beach Hotel 5** : Jl. Raya Senggigi, Senggigi, Tel. 0370 69 33 65, http://mascotbeachhotel.wordpress.com. DZ 550 000–850 000 Rp. Geräumige AC-Zimmer in Doppelbungalows, die sich in einem gepflegten Garten direkt am Strand verteilen. Mit Restaurant und schönem Pool.
Familiär und gemütlich – **Café Alberto Bed & Breakfast 6** : Batu Bolong, 1 km südlich von Senggigi, Tel. 0370 69 30 39, www.cafealbertolombok.com. DZ 450 000–550 000 Rp. Dem alteingesessenen ›Italiener‹ ist eine sympathische Frühstückspension mit vier Zimmern angeschlossen. Kleiner Pool, Sonnenterrasse, privater Sandstrand.

Essen & Trinken

Etwas für jeden Geschmack – **Asmara** **1** : s. S. 279, Mein Tipp.
Elegantes Ambiente – **The Square** **2** : Jl. Raya Senggigi, Tel. 0877 65 29 48 66, www.squarelombok.com, tgl. 9–23 Uhr. Gerichte 50 000–250 000 Rp. Das vornehme Speiselokal eignet sich zum Drinnen- und Draußensitzen, indonesische und internationale Gerichte sowie einige regionale Spezialitäten stehen auf der Karte, gut bestückte Bar, aufmerksamer Service, Reservierung empfohlen.
Seafood at its best – **Warung Menega** **3** : Batu Bolong, 2 km südlich von Senggigi, Tel. 0370 663 44 22, tgl. 11–23 Uhr. Gerichte 50 000–200 000 Rp. Die Gäste wählen aus einem großen Angebot an auf Eis präsentierten fangfrischen Meeresfischen und -früchten sowie Zutaten selbst und lassen das Ausgesuchte nach Wunsch zubereiten. Den oft atemberaubenden Sonnenuntergang genießt man direkt am Strand.
Mit Meerblick – **The Office** **4** : Jl. Raya Senggigi, Tel. 0370 69 31 62, tgl. 10–23 Uhr. Gerichte 35 000–150 000 Rp. Das halb offene, minimalistisch-puristisch eingerichtete Strandlokal bietet indonesische und westliche Gerichte und einen schönen Blick aufs Meer.
Zum Drinnen- und Draußensitzen – **The Taman** **5** : Jl. Raya Senggigi, Tel. 0370 69 38 42, tgl. 10–23 Uhr. Gerichte 30 000–125 000 Rp. Im Garten- und Terrassenrestaurant kommen indonesische, indische und europäische Gerichten sowie einige Sasakspezialitäten auf den Tisch. Tgl. ab 19.30 Uhr Livemusik.

Aktiv

Tauchen und Schnorcheln – **Dream Divers** **1** : Jl. Raya Senggigi, Tel. 0370 69 20 47, www.dream-divers.eu. Die Tauchschule bietet Grundkurse für Anfänger nach internationalen Prüfungsvorschriften sowie Tauch- und Schnorchelausflüge vor der Küste von Senggigi und zu den Gilis. Für Urlauber, die länger auf den Gilis bleiben möchten, organisiert man Transport und Unterkunft.

Abends & Nachts

Mit Livebands – **Marina Café** **1** : Jl. Raya Senggigi, Tel. 0370 69 31 36, www.marinasenggigi.com, tgl. 19–1 Uhr. Hipper Dancespot mit gemischtem Publikum, jeden Abend Auftritte von Bands aus Jakarta und Bandung, bunter Soundmix von Techno & Rave über Funk & Soul bis Pop & Rock.
Für Heimwehkranke – **Mario's Bar** **2** : Jl. Raya Senggigi, Tel. 0370 69 20 08, tgl. 17–24 Uhr. Legerer Touristentreff mit Heimwehgerichten und Bintang-Bier vom Fass.
Highlight der Nightlife-Szene – **Happy Café** **3** : Jl. Raya Senggigi, Tel. 0370 69 39 84, tgl. 13–1 Uhr. Seit Jahren beliebter Szenetreff für Expats, Einheimische und Touristen. Jeden Abend Livemusik, vor allem Blues, Jazz und Rock.

Infos

Zwischen Senggigi und Mataram verkehrt ein **Shuttlebus** der Agentur Perama Tours & Travel, Auskunft: Tel. 0370 69 30 07; zwischen Senggigi und dem Lombok International Airport pendelt tgl. 4–20 Uhr alle 1,5 Std. ein Bus der Gesellschaft DAMRI (Fahrzeit 1,5–2 Std., 30 000 Rp.).
Tgl. fährt ein **Shuttleboot** von Padang Bai (Bali) nach Senggigi (Lombok) sowie zu den Inseln Gili Air, Gili Meno und Gili Trawangan, Auskunft: Perama Tours & Travel (s. S. 284).

Die Gilis❗

In Senggigi oder Mangsit kann man Boote für Ausflüge zu den Inseln Gili Air, Gili Meno und Gili Trawangan chartern. Kürzer und billiger ist die Anfahrt vom Hafenort Bangsal 2 km westlich von Pemenang, von dem aus öffentliche Auslegerboote verkehren. Auf den drei Gilis (›kleine Inseln‹), die sich in den letzten Jahren als Badeparadiese von Lombok etabliert haben, aber noch ohne große Hotels vor sich hin träumen, kann man erholsame Urlaubstage verbringen. Die weißen, puderzuckerfeinen Sandstrände der Gilis und die Tauchreviere um die Inselchen sind vom Feinsten. Taucher und Schnorchler zieht es vor allem zu den Korallenriffen vor Gili Meno, der mittleren Insel, in deren Nähe die seltene ›blaue Koralle‹ im türkisfarbenen Meer wächst. Wegen der vielen Korallen eignen sich nur wenige Stellen vor den Gili-Inseln zum unbeschwerten Schwimmen. Und auch beim Strandspaziergang sollte man vorsichtig sein und sich vor Korallensplittern im Sand in Acht nehmen, sie könnten teilweise sehr scharf sein.

Die Tauchanbieter haben sich zum **Gili Eco Trust** zusammengeschlossen, um die Gewässer zu schützen und das Müllproblem an den Stränden in den Griff zu bekommen. Jeder Taucher zahlt vor dem ersten Tauchgang eine einmalige Riffsteuer von 50 000 Rp. Die eingesammelten Gelder werden für Strandsäuberungen und Recycling genutzt. Ein Teil der Summe geht auch an die Fischer der Gilis, die sich verpflichten, nachhaltige Fangmethoden zu nutzen.

Aktiv

Die **Tauchschulen** haben sich auf feste Preise geeinigt: Schnupperkurse werden für 70 US-$, Open-Water-Kurse

Mein Tipp

Etwas für jeden Geschmack

Auf der Karte des stilvoll in Rattan und Bambus möblierten Terrassenrestaurants findet sich eine große Auswahl recht unterschiedlicher Gerichte. Das Spektrum reicht von innovativer Cross-over-Küche über indonesische Standardgerichte bis zu Seafood, Steaks, Pizza und deutscher Hausmannskost. Köstlich auch die regionalen Spezialitäten, etwa *ayam bakar taliwang* – gegrilltes Hühnchen in scharfem *sambal olek*. Umfangreiche Weinkarte mit edlen Tropfen aus europäischen und australischen Anbaugebieten. Die sehr zuvorkommende deutsche Besitzerin Sakinah gibt sich jede Mühe, damit sich ihre Gäste rundum wohlfühlen.
Asmara **1** : Jl. Raya Senggigi, Tel. 0370 69 36 19, www.asmara-group. com, tgl. 11–24 Uhr. Gerichte 40 000– 250 000 Rp.

für 420 US-$, ein einzelner Tauchgang für 35 US-$ und ein Nachttauchgang für 45 US-$ angeboten. In der Hochsaison sind in vielen Tauchschulen auch deutschsprachige Dive Guides verfügbar. Gut zu wissen: Fast alle Tauchzentren vermieten auch Zimmer.

Infos zu den einzelnen **Tauchspots** auf den Inseln s. S. 280 und 282. Weiterführende Informationen, Kartenmaterial und Tipps auf den Websites der einzelnen Anbieter.

Gili Air ▶ Q 2

Die **Wasserinsel** (so die wörtliche Übersetzung von Gili Air) liegt Lombok am nächsten. Sie ist das kleinste, aber mit

Im Hafen von Gili Air: Badefreuden

rund 1800 Bewohnern das bevölkerungsreichste der drei Eilande. Außer schneeweißen Sandstränden, lauschigen Palmenhainen und vielfarbigen Korallenbänken vor der Ostküste hat die verschlafene Insel Besuchern wenig zu bieten. Der Zauber von Gili Air liegt in seinem Frieden, im gemächlichen Dahinschreiten des Lebens.

Wer Abwechslung zum Strandleben sucht, kann auf einem schmalen Pfad die Insel umrunden – ein gemächlicher Spaziergang von rund 2 Std.

Folgt man den Trampelpfaden ins Inselinnere, kommt man in ein malerisches Dorf, dessen Holzhäuser sich um eine Moschee gruppieren.

Tauchen im Hans Reef

Einer arten- und erlebnisreichen Unterwasserwelt begegnen Taucher und Schnorchler beim Hans Reef, das dem nordöstlichen Strand von Gili Air vorgelagert ist.

An diesem Riff können auch Anfänger erste Tauchgänge zwischen Seepferdchen und Fangschreckenkrebsen absolvieren. Auch Muränen und Glaswelse werden hier bisweilen gesichtet.

Übernachten

Bungalowresort im Lombokstil – **Sunrise Cottages:** Tel. 0819 16 01 03 60, www.sunrisegiliair.com. Bungalow 55–165 US-$. Zweistöckige, klimatisierte Bungalows, die im Stil von traditionellen Reisspeichern *(lumbung)* errichtet sind, mit gemütlicher Wohnterrasse. Ein gutes Restaurant und ein herrlicher Pool stehen den Gästen zur Verfügung.

Angenehme Atmosphäre – **Gili Air Santay Bungalows:** Tel. 0878 78 32 99 14, www.giliair-santay.com. Bungalow 400 000–750 000 Rp. Traditionelle Bungalows unterschiedlicher Ausstattung im Tropengarten. Im Bambus-Restaurant mit Meerblick gibt es gute indonesische, thailändische und europäische Gerichte. Bestens geführt von der Österreicherin Rosi und ihrem indonesischen Mann Andy.

Aktiv

Ein »Dream Service« für Taucher – **Dream Divers:** Tel. 0370 613 44 96, www.dream-divers.eu. Die professionell geführte Tauchschule bietet neben Tauchkursen auf Deutsch auch Schnorcheln für 5 US-$ an. Auch auf Gili Trawangan vertreten.

Gili Meno ▶ P 2

Urlauber, die wirklich Ruhe suchen, sind auf der mittleren Insel bestens aufgehoben. Dort leben nur einige Hundert Einheimische und wegen des höheren Preisniveaus kommen auch deutlich weniger Besucher als auf die Nachbarinseln. Die entspannte Atmosphäre in den sehr stilvoll errichteten Resorts von **Gili Meno,** die sich in der Südostecke der Insel in lichten Palmenhainen konzentrieren, lassen Stress und Hektik des Alltags schnell vergessen. Die geschwungenen Strände mit ihrem hellen, feinkörnigen Sand und wogenden Palmen eignen sich hervorragend zum Relaxen.

Hinzu kommt, dass auf der kleinen Gili Meno weder knatternde Mopeds noch dröhnende Musikboxen die Idylle stören. Hier trifft ohne Einschränkungen zu, was als Bonmot unter Inselurlaubern kursiert: »Gili Meno lieben heißt die aufregende Ereignislosigkeit lieben.«

Für Abwechslung sorgt ein Spaziergang ins Inselinnere, wo es ein Dorf mit Moschee, einen kleinen Salzsee und einen **Vogelpark** (Taman Burung) mit Hunderten von Tieren aus Asien und Australien gibt (tgl. 9–17 Uhr, 75 000 Rp.).

Tauchen im Simon Reef

Ein gutes Stück nördlich zwischen Gili Meno und Gili Air liegt das Simon Reef in 14–35 m Tiefe, das sich vor allem für erfahrene Taucher anbietet, mit schönen, intakten Korallen, verschiedenen Großfischen und Leopardenhaien.

Übernachten

Bestes Inselresort – **Villa Nautilus:** Tel. 0370 64 21 43, www.villanautilus.com. Bungalow 95–130 US-$, exkl. Steuer/ SC. Die komfortablen Chalets der Anlage sind geschmackvoll mit Holz, Bambus und Marmor eingerichtet, sie besitzen großzügige Wohnterrassen mit Sofa oder Daybed. Restaurant mit indonesischer und internationaler Karte.

Cottages im Inselstil – **Mallias Bungalows:** Tel. 0812 38 15 50 58, http:// malliasgili.com. Bungalow 500 000– 1 200 000 Rp. Gemütliche, mit Rattan- und Bambusmöbeln ausgestattete Bungalows am Strand im traditionellen Stil, mit populärem Restaurant.

Originell & ökologisch – **The Sunset Gecko:** Tel. 0813 53 56 67 74, www.the sunsetgecko.com, Bungalow 320 000– 780 000 Rp., exkl. Steuer/SC. Bodenständige Anlage am westlichen Strand, einfache A-Frame-Bungalows mit sanitären Gemeinschaftseinrichtungen, 2-stöckige Holz-Bambus-Bungalows mit Bad/WC, stimmungsvolles Restaurant.

Infos

Im Internet: www.gili-paradise.com

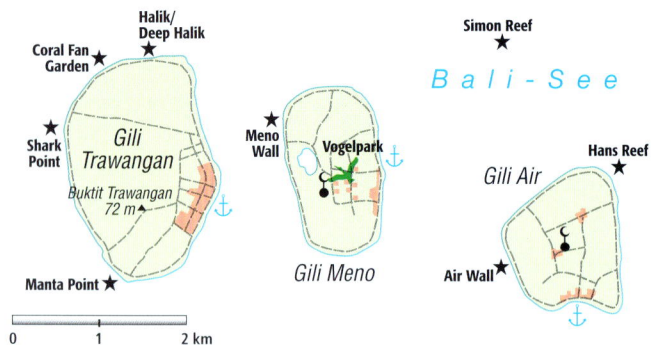

Tauchspots vor den Gilis

Gili Trawangan ▶ P 2

Auch die größte und vor allem bei jugendlichen Strandurlaubern beliebteste der drei Gilis ist weitgehend Fußgängerzone. Als einziges Transportmittel dienen auf **Gili Trawangan** Pferdekutschen. Fast alle Unterkünfte konzentrieren sich im Südosten der Insel, wo abends in einfachen Bambus-Diskotheken die Post richtig abgeht – was Gili Trawangan auch den Beinamen Partyinsel eingebracht hat.

Korallengärten mit idealen Bedingungen zum Schnorcheln erstrecken sich vor der Ostküste, die mit einem puderzuckerfeinen Sandstrand lockt.

Tauchreviere vor Gili Trawangan

Ein beliebtes Tauchrevier ist der **Shark Point** östlich von Gili Trawangan mit Tiefen von 10–40 m. Hier kann man im flacheren Wasser Weichkorallen und Schildkröten beobachten und in den tieferen Gefilden Bekanntschaft mit Riffhaien, Barrakudas und Rochen machen. Wer sich für die Haibestände der

Inseln interessiert, findet Informationen und Hinweise zu Veranstaltungen rund um das Thema auf der Website der Gili Shark Foundation (www.facebook.com/gilisharkfoundation).

Etwas nördlich vom Shark Point ist im **Coral Fan Garden** der Name Programm. Man taucht in einen bunten Korallengarten mit Fächerkorallen und unzähligen Kleinfischen. Am planktonreichen **Manta Point** tummeln sich vor allem in der Regenzeit viele dieser faszinierenden Rochen.

Der Tauchspot **Halik,** ein Steilabfall, der in einer Reihe von Schluchten mit Tiefen bis zu 35 m endet, bietet neben sehr schönen Hartkorallen, Papageienfischen, Schildkröten und Moränen im flacheren Teil erfahrenen Tauchern im **Deep Halik** auch die Möglichkeit, auf die Suche nach Mantas, Oktopussen und Haien zu gehen.

An der **Meno Wall** östlich von Trawangan geht es bis zu 25 m in die Tiefe. Hier tummeln sich vor allem Schildkröten, eine Vielzahl kleiner Korallenbewohner und manchmal sogar Ammenhaie. In den außergewöhnlichen Bogen und Überhängen der mit Weichkorallen bewachsenen und bis zu 30 m tiefen **Air Wall** kann man quirligen Korallenbewohnern, Oktopussen und Skorpionfischen begegnen. Taucht man noch etwas tiefer ab, trifft man auf Haie und Anglerfische.

Übernachten

Bungalows im Ethno-Look – **Vila Ombak:** Tel. 0370 64 23 36, www.vilaom bak.com. DZ 186–328 US-$. Komfortables Bungalowhotel am Strand im Sasakstil mit Restaurant, herrlichem Pool und Tauchzentrum.

Im traditionellen Lombokstil – **Dream Village:** Tel. 0370 664 43 73, 0821 45 33 66 52, www.dreamvillagetrawan gan.com. Bungalow 82–106 US-$. Hübsche, einem indonesischen Dorf nachempfundene Anlage. In den fünf klimatisierten Bungalows im Stil von *lumbung* bzw. *lumbung padi* (Reis-

speichern) verbinden sich Tradition und moderner Komfort harmonisch. Liegewiese und kleines Restaurant mit italienischen Gerichten.

Für gehobene Ansprüche – **Alam Gili:** Reservierung: Alam Indah, Ubud, Tel. 0361 97 46 29, www.alamindahbali. com. Bungalow 65–125 US-$, exkl. Steuer/SC. Sieben klimatisierte Steinbungalows mit Open-Air-Bad. Hervorragendes Restaurant, Salzwasserpool.

Modern-behaglich – **Marta's Hotel:** Tel. 0812 372 27 77, www.martasgili. com. DZ/Bungalow ab 650 000 Rp. Gut geführtes Strandhotel mit klimatisierten, schnörkellos-eleganten Zimmern, Einzelbungalows und einladendem Pool in einem üppigen Tropengarten.

Beliebt bei Tauchern – **Dream Divers:** 0370 613 44 96, www.dream-divers. eu. DZ/Bungalow 45–80 US-$. Gemütliche Zimmer/Bungalows mit Ventilator/AC, mit Pool.

Ein Biorock vor Gili Trawangan – mithilfe dieser Technologie wachsen die künstlichen Riffe immer weiter

Aktiv

Erste 5-Sterne-Tauchschule – **Blue Marlin Dive:** Tel. 0370 613 24 24, www.bluemarlindive.com. Das alteingesessene, große Zentrum war die erste 5-Sterne-Tauchschule auf Trawangan. Ausgezeichnet gewartete Ausrüstung; kompetente Lehrer.

Kurse auch auf PADI-Niveau – **Diversia:** Tel. 0813 39 60 78 49, www.diversiadiving.com. Die Tauchschule unter italienischer Leitung verfügt über ein modernes Equipment und einen großen Pool. Im Angebot sind auch PADI-Kurse.

Tauchen ohne Ausrüstung – **Freedive Gili:** Tel. 0370 614 05 03, 0871 57 18 71 70, www.freedivegili.com. Der auf den Gili-Inseln erste Anbieter für Tauchen ohne Ausrüstung führt Neulinge in zwei- bis viertägigen Kursen für 275–475 US-$ in die Welt des Apnoetauchens (Freitauchen) ein. Mit ein wenig Übung im 25 m langen Pool und der richtigen Technik kann man seinen Atem doppelt so lange anhalten und bis zu 20 m tief hinabsteigen.

Tauchen und mehr – **Lutwala Dive:** Tel. 0877 65 49 26 15, www.lutwala.com/de. In kleinen Gruppen bis 4 Pers. werden auch Anfänger professionell ans Tauchen herangeführt. Das Grundstück verfügt über einen originell integrierten Pool und eine Minigolfanlage.

Kurse auch auf PADI- und SSI-Niveau – **Manta Dive:** Tel. 0370 614 36 49, www.manta-dive.com. Alteingesessene Schule mit deutschsprachigen Tauchlehrern, die neben PADI- auch nach SSI-Standard unterrichtet.

Tauchen und Schnorcheln – **Scuba Froggy:** Tel. 0819 17 23 49 86, www.scubafroggy.com. Die professionell geführte Tauchschule bietet neben Tauchkursen auch Schnorchelausflüge für Familien.

Infos

Zahlreiche Gesellschaften bieten mehrmals tgl. Schnellboot-Verbindungen von Padang Bai (Bali) nach Gili Trawangan, Gili Meno und Gili Air sowie Teluk Nara bei Senggigi (Lombok). Die 70–90 Min. dauernde Überfahrt kann bei hohen Wellen, v. a. von Dezember bis Februar, unangenehm sein.

Gili Gili: Tel. 0361 76 33 06, www.giligilifastboat.com.

Marina Srikandi: Tel. 0361 72 98 18 (Denpasar) oder 0370 69 33 83 (Gili Trawangan), http://marinasrikandi.com.

Ocean Star Express: Tel. 0361 927 10 19, www.lombokfastboats.com/ocean-star-express/.

Perama Tours & Travel: Tel. 0363 414 19 (Padang Bai) oder 0370 613 85 14 (Gili Trawangan), www.peramatour.com.

Schnellboot-Verbindungen bestehen zwischen Amed (Bali) und den Gilis (z. B. Freebird Express, Tel. 0821 40 52 70 73, www.freebird-express.com; Gili Sea Express, Tel. 0853 39 25 39 44, www.gili-sea-express.com), zwischen Sanur und den Gilis via Nusa Lembongan (z. B. Scoot Fast Cruises, Tel. 0361 28 55 22, www.scootcruise.com; Semaya One Cruise, Tel. 0361 28 41 94, www.semayacruise.com) sowie zwischen Benoa Port (Bali) und Gili Trawangan (Blue Water Express, Tel. 0361 895 11 11, www.bluewater-express.com).

Gunung Rinjani❗

▶ T 4

Den Norden Lomboks dominiert der 3726 m hohe **Rinjani-Vulkan.** Aus der Entfernung betrachtet wirkt das mächtige Massiv wie ein Gebirge. Bei den vermeintlichen Gipfeln handelt es sich indes um die Zacken auf dem zer-

Die Caldera des Gunung Rinjani mit Kratersee und Vulkan Gunung Baru

klüfteten Rand eines urzeitlichen Kraters. Die höchste Erhebung ist der Gipfel des Rinjani. Die Caldera mit einem Durchmesser von 5 km wird zum Teil von dem smaragdgrünen Kratersee **Segara Anak** (▶ S/T 4) ausgefüllt. Aus dessen Mitte erwuchs ein neuer, aktiver Vulkan, der **Gunung Baru** (▶ T 4). Das majestätische Rinjani-Massiv liegt im Zentrum eines rund 400 km² großen Nationalparks mit dichten weitgehend unberührte Regenwäldern.

Vulkantouren im Massiv des Gunung Rinjani

Start: Batu Koq/Senaru oder Sembalun Lawang, Dauer: je nach Route 1–5 Tage, Schwierigkeitsgrad: moderat bis schwierig, Übernachten: Gästehäuser in Batu Koq/Senaru und Sembalun Lawang, Schutzhütten und Campingplätze entlang der Wanderwege und am Kratersee; beste Zeit: Mai bis Oktober; Infos: Rinjani Trek Management Board, Hotel Lombok Raya, Jl. Panca Usaha 11, Mataram, Tel. 0370-64 11 24, www.lombokrinjanitrek.org und www.rinjaninationalpark.com

Der klassische, von den meisten Bergwanderern bevorzugte dreitägige Auf- und Abstieg zum Kratersee Segara Anak erfolgt von Norden über die Dörfer Bayan, Batu Koq und Senaru. Diese Route erfordert zwar eine gute Kondition, kann aber auch ohne bergsteigerische Erfahrung durchgeführt werden. Allerdings ist selbst bei Trockenheit der Abstieg vom Kraterrand zum Segara Anak eine nicht ganz ungefährliche Kletterpartie. Wer wenig Zeit hat, kann in einem strammen Tagesmarsch vom Sasak-Dorf Senaru zum Rand des Vulkankraters auf und wieder absteigen. Bergsteiger, die den höchsten Gipfel im Rinjani-Massiv erreichen wollen, können zwischen zwei Aufstiegsrouten wählen (je 4–5 Tage). Sie starten in Batu Koq/Senaru oder wählen die als anspruchsvoller geltende Route, die von Sembalun Lawang von Nordosten zum Gipfel führt. Agenturen in Senggigi und Senaru bieten geführte Bergwanderungen an und stellen auch die notwendige Ausrüstung wie Zelte und Zubehör (ab 150 US-$/Pers.). Wer eine Rinjani-Tour selbst organisiert, sollte sich unbedingt bereits in Mataram oder Senggigi mit allem Notwendigen versorgen. Führer und Träger kann man in den Bergdörfern anheuern.

Aufstieg von Batu Koq/Senaru

1. Tag: Mit dem Bus geht es zunächst von **Sweta** bei Cakranegara nach **Bayan** und von dort zu Fuß oder per Motorradtaxi hinauf ins 5 km südlich gelegene **Batu Koq** oder ins weitere 2 km südliche Sasak-Dorf **Senaru** auf 601 m. Nahe Senaru befindet sich das **Rinjani Trek Centre (RTC),** wo man sich registrieren lässt und die Parkgebühren

(150 000 Rp.) entrichtet. Aufwärmen kann man sich mit einem 2 km langen Spaziergang zum rund 40 m hohen Wasserfall **Air Terjun Sindanggile.**

2. Tag: Aufbruch vor Sonnenaufgang. An der Weggabelung hinter Senaru hält man sich links und folgt dem bergaufwärts führenden Pfad, der an den steilsten Stellen mit Stufen befestigt ist. Nach ca. 3 Std. erreicht man die **Schutzhütte Montong Satas** (Pos 2) auf 1500 m und nach weiteren 2 Std. die Blockhütte **Mondokan Lolak** (Pos 3) auf 2000 m. Zum Kraterrand sind es noch einmal 2 Std. Der Regenwald geht in lichten Pinienwald und schließlich in busch- und steppenartige Vegetation über.

Vom **Campingplatz Plawangan 1 Senaru** am Kraterrand auf 2641 m bietet sich vor allem vormittags ein fantastischer Blick auf den türkisfarbenen See **Segara Anak.** Für den steilen Abstieg in den 600 m tiefen Kraterkessel benötigt man weitere 2 Std. und dann nochmals etwa 30 Min., um am felsigen Seeufer entlang (links halten) zu einem **Campingplatz mit einer Schutzhütte** (Pos 4) unweit der heißen Quellen Aik Kalak zu gelangen.

Vulkantouren im Massiv des Gunung Rijani

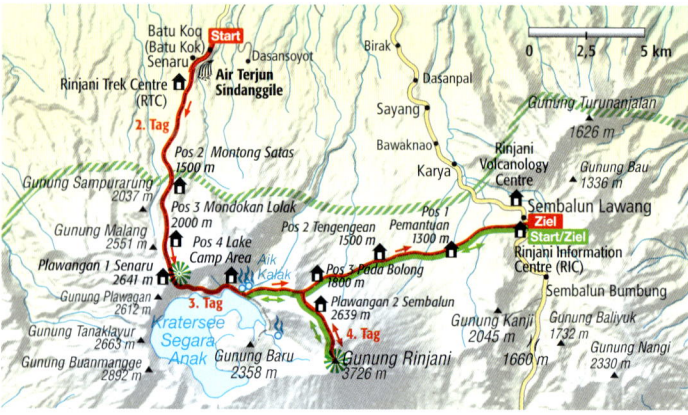

3. Tag: Wer in der **Blockhütte Mondokan Lolak** (Pos 3) übernachtet hat, steigt bis zum Kraterrand auf, um dort den Sonnenaufgang zu genießen. Danach Abstieg auf der gleichen Route.

Wer es am Vortag bis zum Kratersee geschafft hat, kann das Kraterinnere erkunden oder auf dem gleichen Weg wie am Vortag nach **Batu Koq** zurückkehren. Nur Bergwanderer, die über etwas alpine Erfahrung verfügen, wagen sich an die Besteigung des Rinjani-Gipfels, ein strapaziöses Unterfangen, für das man zwei weitere Tage benötigt. Zunächst steigt man noch am dritten Tag in ca. 3 Std. hinauf zum **Campingplatz Plawangan 2 Sembalun** am östlichen Kraterrand auf 2639 m.

4. Tag (5. Tag): Frühaufsteher (3 Uhr!) werden auf dem Gipfel des **Gunung Rinjani,** den man nach einem harten, dreistündigen Aufstieg erreicht, mit einem atemberaubenden Sonnenaufgang und einem gigantischen Panoramablick belohnt. In einem ca. 10,5-stündigen Marsch kann man noch am selben Tag Richtung Nordosten nach Sembalun Lawang hinabsteigen oder man plant eine weitere Übernachtung auf dem **Campingplatz Plawangan 2 Sembalun** ein und erreicht **Sembalun Lawang** am 5. Tag.

Aufstieg von Sembalun Lawang

1. Tag: Mit Bus und Bemo von **Sweta** über Aik Mel und Sapit nach **Sembalun Lawang** auf 1156 m, wo man sich im **Rinjani Information Centre (RIC)** registrieren lässt und die Parkgebühren in Höhe von 150 000 Rp. entrichtet. Besuch des **Rinjani Volcanology Centre.**

2. Tag: Durch offenes Grasland geht es über die Rastplätze **Pemantuan** (Pos 1) auf 1300 m und **Tengengean** (Pos 2) auf 1500 m in ca. 4 Std. zum **Campingplatz Pada Bolong** (Pos 3) auf 1800 m. Durch

Pinienwald wandert man anschließend steil bergaufwärts in ca. 3,5 Std. zum **Campingplatz Plawangan 2 Sembalun** am Kraterrand auf 2639 m.

3. Tag: Wer den Sonnenaufgang auf dem **Gunung Rinjani** erleben will, muss gegen 3 Uhr zum anstrengenden, dreistündigen Gipfelsturm aufbrechen. Danach steigt man in ca. 6 Std. hinab zum **Kratersee** auf 2000 m.

Übernachten

… in Batu Koq/Senaru

Bestes Haus am Platz – **Pondok Senaru:** Tel. 0370 62 28 68, 0818 03 62 41 29, tiwi.pondoksenaru@yahoo.com. Bungalows 500 000–700 000 Rp. Gemütliche Bungalows mit Terrasse; gutes Restaurant, Blick auf den Wasserfall Sindanggile und Reisterrassen. Organisation von Rinjani-Besteigungen, Ausrüstungsverleih (Zelt, Schlafsack u. a.).

… in Bayan

Naturverbunden wohnen – **Rinjani Mountain Garden:** Tel. 0818 56 97 30, rinjanigarden@hotmail.com. Bungalow/ÜF 250 000–400 000 Rp., Zelt/ÜF für 2 Pers. 200 000 Rp. Am Fuß des Rinjani bieten Roland und Toni einfache Logis in Bungalows und Zelten sowie leckere Hausmannskost. Bungalows und Zelte.

... in Sembalun Lawang

Mit Rinjani-Blick – **Lembah Rinjani:** Tel. 0818 03 65 25 11, lembahrinjani@ gmail.com. DZ 300 000–400 000 Rp. Schlichte, aber ordentliche Zimmer in Einzel- und Doppelbungalows, Restaurant, Rinjani-Trekking und Ausrüstungsverleih.

Infos

Rinjani Trek Management Board: s. S. 285.

Sprachführer

In Bahasa Indonesia plagt man sich nicht mit Zeitformen der Verben oder der Beugung der Hauptwörter. Die Aussprache entspricht bis auf folgende Ausnahmen der deutschen: c wird tsch, j dsch, yj und ny wie nj gesprochen. Doppelvokale spricht man getrennt aus. Zu empfehlen: »Indonesisch – Wort für Wort« von Gunda Urban, Bielefeld 2011.

Allgemeines

willkommen	selamat datang
guten Morgen	selamat pagi
guten Tag (mittags/ nachmittags)	selamat siang/sore
guten Abend	selamat malam
gute Nacht	selamat tidur
auf Wiedersehen	sampai bertemu lagi
Entschuldigung	saya (minta) mohon maaf
Gestatten Sie?	permisi
bitte	tolong (im Sinne von bitten um etwas)
danke	terima kasih
ja/nein	ya/tidak (mit Adjektiv oder Verb), bukan (mit Substantiv)
Wann?	kapan?

Unterwegs

hier/dort	disini/disana
wo/wohin?	dimana/kemana
rechts/nach rechts	kanan/kekanan
links/nach links	kiri/kekiri
geradeaus	terus
Straße	jalan
(Bus-)Haltestelle	setasiun (bis)
Fahrrad	sepeda
Auto/Motorrad	mobil/(sepeda) motor
Tankstelle	pompa bensin
Benzin	bensin
Schiff/Fähre	kapal laut/kapal feri
Hafen	pelabuhan
Flughafen	airport/bandar udara
Ausfahrt/-gang	jalan/pintu keluar
Einfahrt/-gang	jalan/pintu masuk

Touristenauskunft	kantor informasi turis
Telefon/Postamt	telepon/kantor pos
Stadtplan	peta kota
geöffnet	buka
geschlossen	tutup
Kirche	gereja
Museum	museum
Palast/Tempel	puri/pura
Strand	pantai
Brücke	jembatan

Zeit

Stunde	jam
Tag/Woche	hari/minggu
Monat/Jahr	bulan/tahun
heute/gestern	hari ini/kemarin
morgen	besok
frühmorgens	pagi-pagi
morgens/vormittags	pagi hari
nachmittags	sore
abends	malam
vor/nach	sebelum/sesudah
Montag	hari senin
Dienstag	hari selasa
Mittwoch	hari rabu
Donnerstag	hari kamis
Freitag	hari jumat
Samstag	hari sabtu
Sonntag	hari minggu
Feiertag	hari libur

Notfall

Hilfe!	tolong!
Polizei	polisi
Arzt	dokter
Zahnarzt	dokter gigi
Apotheke	apotik
Krankenhaus	rumah sakit
Unfall	kecelakaan
Schmerzen	sakit
Zahnschmerzen	sakit gigi
Durchfall	berak-berak
Autopanne	mobil mogok/mobil rusak

Übernachten

Hotel/Pension	hotel/losmen
Einzel-/Doppelzimmer	kamar untuk satu/ dua orang
Doppelbett	kingsize bed/ double bed
Einzelbetten	single beds/twin bed
mit/ohne Bad	dengan/tanpa kamar mandi
Dusche/Toilette	shower/kamar kecil
mit Frühstück	dengan makan pagi
Gepäck/Preis	bagasi/harga
Rechnung	kwitansi/bon

Einkaufen

Geschäft/Markt	toko/pasar
Kreditkarte	kartu kredit
Geld/Geldautomat	uang/ATM
Lebensmittel	bahan makanan
teuer	mahal
billig	murah
Kleider-/Schuhgröße	ukuran/ nomor
bezahlen	bayar

Zahlen

1	satu	30	tiga puluh
2	dua	100	seratus
3	tiga	110	seratus
4	empat		sepuluh
5	lima	200	dua ratus
6	enam	1000	seribu
7	tujuh	1100	seribu seratus
8	delapan	2000	dua ribu
9	sembilan	10 000	sepuluh ribu
10	sepuluh	50 000	lima puluh
11	sebelas		ribu
12	duabelas	100 000	seratus ribu
21	dua puluh satu	500 000	lima ratus ribu
		1 000 000	sejuta

Die wichtigsten Sätze

Allgemeines

Sprechen Sie Deutsch/Englisch?	Apakah anda berbicara Bahasa Jerman/ Inggris?
Ich verstehe (nicht).	Saya (tidak) mengerti.
Ich spreche kein Indonesisch.	Saya tidak berbicara Bahasa Indonesia.
Ich heiße …	Nama saya …
Wie heißt du/ heißen Sie?	Siapa nama(nya) anda?
Wie geht's?	Apa khabar?
Danke, gut.	Khabar baik.
Wie viel Uhr ist es?	Jam berapa?
Kann man hier gefahrlos schwimmen?	Aman berenang disini?

Unterwegs

Wie komme ich zu/nach …?	Bagaimana saya sampai ke …?
Wo ist …?	Dimana ada …?
Könnten Sie mir bitte … zeigen?	Tolong tunjukkan …?

Notfall

Können Sie mir bitte helfen?	Tolonglah saya?
Ich brauche einen Arzt.	Saya perlu dokter..
Hier tut es weh.	Disini sakit.

Übernachten

Haben Sie noch freie Zimmer?	Masih ada kamar kosong disini?
Wie teuer ist dieses Zimmer?	Berapa harga untuk kamar ini?
Gibt es ein Moskitonetz?	Ada kelambu?
Ich habe ein Zimmer bestellt.	Saya telah pesan kamar

Einkaufen

Wie viel kostet das?	Berapa harga (nya) ini?
Ich brauche …	Saya memerlukan …
Wann öffnet/ schließt …?	Kapan dibuka/ ditutup …?

Kulinarisches Lexikon

Spezialitäten

Ayam Bumbu Betutu	in Kräutersud gekochtes Huhn
Ayam Tutu	in Bananenblättern gedünstetes Huhn
Babi Guling	knuspriges Spanferkel, das über offenem Feuer zubereitet wird
Bakmi Goreng	gebratene Nudeln
Bakmi Kuah	Nudeln in Brühe
Bebek Betutu	Ente mit Koriander, Zitronengras, Kurkuma und Chili gefüllt und in Bananenblättern gegart
Bebek Panggang	geröstete Ente
Bubur Ayam	dicke Reissuppe mit Huhn
Cap Cai	kurz angebratenes Gemüse mit Fleisch
Gado Gado	blanchiertes kaltes oder lauwarmes Gemüse mit Erdnusssauce
Ikan Bakar Bumbu Bali	gebratener Fisch mit Sambal-Gewürzmischung
Ikan Pepes	pikantes Fischfilet, im Bananenblatt gedämpft
Krupuk	in Öl gebackene Cracker aus Tapiokamehl und gemahlenen Krabben oder Fisch
Lumpia	gebratene Frühlingsrollen
Martabak	Pfannkuchen mit Lammfleisch, Zwiebeln und Gewürzen
Mie Kuah	Nudeln mit Brühe
Nasi Campur/ Nasi Rames	Reis mit verschiedenen Beilagen
Nasi Goreng	gebratener Reis
Mie Goreng	gebratene Nudeln mit Gemüse und Fleisch oder Krabben
Opor Ayam	in frischer Kokosmilch gekochtes Huhn
Pangsit Goreng	gefüllte, gebratene Teigtaschen
Rujak Manis	scharfer Obstsalat aus Ananas, grünen Mangos, Papaya, Gurken und Jambu (ähnlich Kohlrabi) mit pikanter Sauce aus braunem Palmzucker und Chili
Sambal	scharfe Paste aus roten Pfefferschoten, Salz, Tomaten, Knoblauch, Zwiebeln und Öl
Sate (oder Satay)	marinierte, über Holzkohle gegrillte Fleischspieße mit Erdnusssauce
Soto	mit Kokosmilch eingedickte Suppen, z. B. Soto Ayam (kräftige Hühnersuppe) und Soto Madura (Kuttelsuppe)
Tahu Goreng	gebackene Würfel aus Sojabohnenquark
Tempe Goreng	gebackene Stückchen aus zusammengepressten Sojabohnen

Gewürze

lombok	Chili
terasi	Garnelenpaste
jahe	Ingwer
bawang putih	Knoblauch
merica	Pfeffer
garam	Salz
kecap asin/manis	Sojasauce, salzig/süß
gula	Zucker

Zubereitung

bakar	gegrillt
goreng	gebacken, gebraten
matang	durchgebraten
rebus	gekocht
manis, asam manis	süß, süß-sauer
pedas	scharf gewürzt

Fleisch, Fisch und Meeresfrüchte

apitan	Muschel
ayam/bebek	Huhn/Ente

hati/jantung	Leber/Herz
cumi-cumi	Tintenfisch
daging	Fleisch
daging sapi/babi	Rind/Schwein
domba/kambing	Hammel/Ziege
ikan	Fisch
kepiting/udang	Krabben
udang karang	Hummer

Gemüse

asparagus	Spargel
kacang	Bohne/Nuss
kacang tanah	Erdnüsse
kacang kedelai	Sojabohnen
kacang mete	Cashewnuss
kacang panjang	Spargelbohnen
kentang/bawang	Kartoffel/Zwiebel
sayur-sayuran	Gemüse
tahu	Tofu/Doufu
terong	Aubergine
tomat	Tomate
kangkung	Wasserspinat, -kresse

Beilagen

bakmie/mie	Eiernudeln (Weizen)
bihun	Reisnudeln
ketan	Klebreis
lontong	Klebreis im Bananen-blatt
nasi	Reis (gekocht)

Tropische Früchte

delima	Granatapfel
jambu	Guave
jeruk	Zitrusfrüchte
- jeruk asam	Limone
- jeruk bali	Pomelo
- jeruk manis	Orange
kelapa	Kokosnuss
mangga	Mango
manggis	Mangosteen
melon	Honigmelone
nangka	Jackfruit
nanas/pepaya	Ananas/Papaya
pisang	Banane
rambutan	(behaarte) Litchi
salak	Schlangenhautfrucht
semangka	Wassermelone

Nachspeisen und Gebäck

buah buahan	Fruchtsalat
bubuh injin	Reispudding mit Kokos-milch und Früchten
gula-gula	Süßigkeiten
kue-kue	Gebäck
nagasari	Bananenkuchen im Bananenblatt
pisang goreng	panierte und frittierte Bananen

Getränke

bir	Bier
kopi/teh	Kaffee/Tee
air minum	Trinkwasser
air matang	abgekochtes Wasser
air soda	Mineralwasser
air jeruk	Zitrusfruchtsaft
susu	Milch
anggur putih/merah	Weiß-/Rotwein

Im Restaurant

Ich möchte einen Tisch reservieren.	Saya mau pesan meja.	
Die Speisekarte, bitte.	Saya minta daftar.	
Weinkarte	wine menu	
Die Rechnung, bitte.	Saya minta kwintansi/ Saya mau bayar	
Suppe	sop/soto	
Messer	pisau	
Löffel/Gabel	sendok/garpu	
Teller	piring	
Glas	gelas	
Flasche	botol	
Kellner/Kellnerin (man ruft die Be-dienung aber nicht!)	waiter/waitress, pelayan	

Register

Register

Das Klima im Blick

Reisen bereichert und verbindet Menschen und Kulturen. Wer reist, erzeugt auch CO_2. Der Flugverkehr trägt mit einem Anteil von bis zu 10 % zur globalen Erwärmung bei. Wer das Klima schützen will, sollte sich für eine schonendere Reiseform (z. B. die Bahn) entscheiden – oder die Projekte von *atmosfair* unterstützen. *Atmosfair* ist eine gemeinnützige Klimaschutzorganisation. Die Idee: Flugpassagiere spenden einen kilometerabhängigen Beitrag für die von ihnen verursachten Emissionen und finanzieren damit Projekte in Entwicklungsländern, die dort den Ausstoß von Klimagasen verringern helfen. Dazu berechnet man mit dem Emissionsrechner auf *www.atmosfair.de,* wie viel CO_2 der Flug produziert und was es kostet, eine vergleichbare Menge Klimagase einzusparen (z. B. Berlin – London – Berlin 13 €). *Atmosfair* garantiert die sorgfältige Verwendung Ihres Beitrags. Klar – auch der DuMont Reiseverlag fliegt mit *atmosfair!*

Autor/Abbildungsnachweis/Impressum

Der Autor: Seit rund 30 Jahren arbeitet Roland Dusik als Journalist, Buchautor und Fotograf, versteht sich zuallererst aber als wissbegieriger Reisender. So entdeckt er auch auf Bali, das er seit den 1980er-Jahren kennt, immer wieder Neues. Für den DuMont Reiseverlag schrieb der Autor auch mehrere Reise-Handbücher: u. a. Indonesien, Australien sowie Laos und Kambodscha, und die »direkt«-Titel Bali, Bangkok, Nürnberg, Sydney, das Reise-Taschenbuch Franken und das Stefan Loose Travel Handbuch Philippinen.

Umschlagfotos

Titelbild: Ein für ein Büffelrennen reich geschmückter Bulle
Umschlagklappe vorn: Traditionelle Reisbehälter

Hinweis: Autor und Verlag haben alle Informationen mit größtmöglicher Sorgfalt geprüft. Gleichwohl erfolgen alle Angaben ohne Gewähr. Bitte schreiben Sie uns! Über Ihre Rückmeldung und Ihre Verbesserungsvorschläge freuen wir uns: **DuMont Reiseverlag,** Postfach 3151, 73751 Ostfildern, info@dumontreise.de, www.dumontreise.de

5., aktualisierte Auflage 2017
© DuMont Reiseverlag, Ostfildern
Alle Rechte vorbehalten
Redaktion/Lektorat: Britta Rath, Christiane Wagner
Grafisches Konzept: Groschwitz/Blachnierek, Hamburg
Printed in China